本书是国家社科基金青年项目“最低工资制定、调整机制分析及其对劳动参与、流动的影响与反贫效应研究”（17CJY014）的结项成果，结项鉴定为优秀。

中国最低工资制度研究

RESEARCH ON
MINIMUM WAGE SYSTEM
IN CHINA

马 双 著

社会科学文献出版社
SOCIAL SCIENCES ACADEMIC PRESS (CHINA)

序一

欣悉马双教授著作《中国最低工资制度研究》出版在即，期约作序，当即允诺。时值我国收入分配领域改革的窗口期和攻坚期，本书从最低工资制度这一视角实证考察最低工资制度在收入分配领域发挥的作用，得出了一些有价值的研究结论。

共同富裕是我国经济社会发展的长期目标，推进共同富裕是国家的重大发展战略，是一篇理论上和实践中需要做好的大文章。实现共同富裕不仅需要继续做大“蛋糕”，不断提高总体的发展水平和人民的生活水平，增进人民福祉，还需要分好“蛋糕”，公平合理地分配发展成果，实现公共资源的高度共享。

同时，推进共同富裕与经济增长相向而行、并行不悖。推进共同富裕能够不断缩小收入差距，培育大量中等收入群体，借助其强劲的消费动能扩大内需，带来消费升级乃至产业升级，最终实现公平和效率的动态平衡。党的十九届五中全会指出，到 2035 年共同富裕要取得更为明显的实质性进展。2021 年 6 月，国家将浙江省作为首个共同富裕示范区，共同富裕已然进入实质性探索和建设阶段。

共同富裕有两个目标要达成：一是实现“富裕”，即全国人民的平均生活水平稳步达到发达国家的富裕程度；二是实现更大程度的“共享”，逐步缩小城乡之间、区域之间、群体之间的发展差距，实现全社会公平地分享经济发展的成果，人人达到富裕标准。提高富裕程度需要提高经济增长速度，平衡发展与共享的关系，不能只注重分享而忽视效率，只注重分配而忽视发展。实现发展成果的公平共享，要以社会公平、机会公平、权利公平为基准，使得人人享有平等的发展机会，提高发展能力。从近几年的分配状况来看，我国的收入差距还较大，2020 年国家统计局测得的基尼系数为 0.468，2018 年基尼系数达到了 0.7 左右。这主要是因为部分居民的收入差距和财产差距受一定程度的收入分配不公的影响，如户籍制度、行业垄断带来的收入分配不公。这种收入差距和财产差距是在推进共同富裕过程中尤其需要关注的问题。

进一步缩小收入差距和财产差距需要改革和创新收入分配制度，系统发力解决收入分配不公问题。在过去十年中，中国居民收入差距基本处于高位波动状态，城乡之间收入差距有所缩小，但城镇内部和农村内部的收入差距仍然在扩大。我国的收入差距还未形成稳定的缩小趋势。

缩小收入差距也可以针对不同的收入人群采取不同的政策措施，即“提低”“扩中”“调高”。虽然近年来对“扩中”的重要性强调颇多，但是“提低”比“扩中”更重要，因为未来新增的中等收入人群主要来自低收入人群。如果低收入人群的收入都有所提高，那么他们中一部分人会成为中等收入人群，有助于“扩中”，他们中处于相对贫困状态的一部分人，贫困会有所缓解。“提低”的政策有很多种，其中一种是实施最低工资制度。从该制度中受益的往往是低工资人群，他们在很大程度上又是低收入人群。

最低工资制度是一项保障被雇劳动者合法工资权益的制度，体现了国家对弱势群体的保护，有“提低”的功能，是收入分配政策体系中的一个选项。最低工资制度已在全球存在 120 多年，近 190 个国家建立或引入这一制度。该制度覆盖广泛，涉及各行业，也引起了广泛争议。最低工资制度具有不同的功能，对就业及工资水平和工资差距会产生不同的影响，而且这种影响在不同的环境和条件下会有所不同。最低工资制度在中国的制度背景下究竟会给劳动力市场带来什么样的影响？这是一个值得深入、系统研究的问题，而这正是本书的研究初衷。

全书系统梳理了中国最低工资制度的特点，又以多个数据库为支撑，利用中国家庭金融调查数据、中国工业企业数据、中国海关数据、企业法律纠纷数据以及百度搜索指数数据等，客观细致地展现了最低工资制度在中国的实践过程及其发挥的作用。本书的研究成果对这一领域的学术研究、政策制定有一定的理论价值和实践意义。

本书有几个点值得向读者介绍。

其一，本书较为系统地对最低工资制度进行了研究，既借助法律案件数据考察最低工资标准上涨与劳动仲裁、劳动合同案件数之间的关系，直接探讨最低工资在实践中的执行效力，又从家户层面，如居民劳动参与、劳动力跨区县流动的视角考察最低工资标准上涨对家庭决策的影响；既从企业视角考察最低工资制度对企业出口结构、出口行为、核心产品和边缘产品出口的影响，又从人力资本视角考察最低工资制度对企业在职培训、家庭健康人力资本存量的长期影响。本书最后从居民福利视角综合评估最低工资制度的影响。

其二，一些研究结论具有创新性。比如关于最低工资的执行情况现有研究已从多个角度进行了分析，它们或关注最低工资在执行中的违规率，或考察最低工资对员工或企业支付工资的影响，抑或从最低工资的溢出效应角度进行考察，却没有对最低工资制度的影响机制进行细致考察。本书第 4 章基于 2001～2020 年 8000 万余条法律文书数据、2011～2017 年全国 333 个城市关于“最低工资”和“劳动仲裁”等关键词的百度搜索指数，考察最低工资与劳资纠纷的关系。这在最低工资制度的影响机制研究上前进了一步。再比如，有关最低工资的研究文献很多，得出的结论也大相径庭，有的发现该政策具有积极影响，有的发现该政策具有消极影响，对最低工资的总体影响也没有形成一致的结论，而且缺乏综合视角的研究。本书第 14 章基于居民幸福感视角考察最低工资上涨的综合效应，这也算是一种有益的尝试。

其三，本书的一些研究呼应我国一些重大问题。共同富裕和高质量发展是我国未来需要实现的两大长期战略目标，既要将收入差距缩小在合理区间，又要实现经济的高质量发展。前者更多落脚在收入分配、财产分配以及公共服务领域，注重发展成果分配和分享的公平性；后者侧重于经济增长或效率，注重提高发展水平和全体人民的富裕程度。本书第 13 章从最低工资提升人力资本水平的视角进行研究，是对共同富裕和高质量发展内在互动机制的一种有益探索。

总体而言，本书中的一些有益探索以及取得的研究成果，彰显了作者严谨治学的态度和创新的精神，相信本书的价值能够得到读者的认可。希望关于中国最低工资制度的研究，能够继续受到社会各界的关注。也期待在决策者、研究者与应用者的共同努力下，中国的学术研究与社会实践取得更大的进步，在国际学术界有更多的声音，受到更大的关注。

李　实

浙江大学文科资深教授、共享与发展研究院院长

序二

获悉马双的专著《中国最低工资制度研究》即将出版，作为他的博士生导师和他研究上的合作者，我很高兴为他的专著作序。马双在中国最低工资领域研究近10年，产出了许多研究成果，本书的出版是对之前研究的一个梳理和总结。

本书是关于我国收入分配的一项研究。对我国当前的收入分配格局，我的判断是更像“金字塔”形，远非“橄榄”形，表现为中等收入群体占比偏低，低收入群体占比过高。国家统计局定义的低、中、高收入群体，以典型三口之家为基准，对应的家庭年收入分别为低于10万元、10万~50万元和高于50万元。结合2017年中国家庭金融调查数据测得我国低收入群体占比71.5%，中等收入群体占比26.8%，高收入群体占比1.7%。按照全国14亿人口推算，我国低收入群体规模约为10亿人，中等收入群体为3.75亿人。

提高低收入家庭的收入能有效促进消费、提振经济，夯实共同富裕的物质基础，是实现经济高质量发展以及全体人民共同富裕的关键。根据我的测算，收入最低的20%的家庭将补贴用于消费的比例高达82.9%，相比之下收入最高的20%的家庭仅为5%。低收入群体的边际消费倾向更高，倘若能提高低收入家庭的收入，将对消费产生十分显著的拉动效果，对生产和投资也将产生重要的带动作用，并最终促进经济增长。实现低收入家庭收入增长至少有两种方法值得重点关注。一是被动的、政府主导的转移支付制度。转移支付政策既是缩小收入差距的政策也是促进经济增长的政策，但现阶段转移支付政策在我国明显没有发挥足够大的作用，转移支付的支出力度还远远不够。2011年我国社会保障支出占财政支出的比重为21.2%，而美国为46.7%。值得注意的是，转移支付政策也可以变被动为主动，可以参照拉美国家模式由无条件转移支付向有条件转移支付转变，实现公平和效率同时提升。二是培育低收入群体内生动能，实现主动增收。劳动收入奖励制度是一个值得尝试的方向。多劳多奖，在奖励劳动的同时培育劳动积极性，劳奖结合，共同促进收入增长。这种增收是主动的，家庭和社会的目标是一致的。两种措施瞄准不同的低收入群体，相互配合，可以源源不断地将低收入群体提升为中等收入群体，促进收入分配格局合理化。在具体实践中，我的团队在这方面做了一些有益探索，主要包括自 2014 年起在四川部分地区开展的“劳动收入奖励计划”和“青少年教育促进计划”两项政策实验研究项目。项目自实施以来，在促进就业、提高收入、增加消费、提高学生成绩和贫困地区教育质量等方面均取得显著成果。本书关注中国最低工资制度虽然也着眼于低技能群体的收入，但跟前面两类制度有本质区别，即最低工资制度对政府来讲几乎没有财政支出负担。政府以制度制定者和执行者的角色介入最低工资调整，但对该项制度的控制力却是较弱的，对最低工资的调整亦缺乏科学评估。根据我们的研究，最低工资制度在缩小收入差距上的作用不大。早在 2011 年，马双、徐舒和我就在《中国社会科学报》发表的《缩小收入差距：最低工资制度作用有限》一文中，对最低工资制度的收入分配作用做了这样的判断，即使最低工资标准在现有基础上上涨 1 倍，衡量收入差距的基尼系数也仅会下降 8%，这还是在最低工资制度被严格执行和不产生溢出效应的前提条件下。倘若放松这些假设，那么最低工资标准上涨对收入差距的影响会更弱。

尽管如此，最低工资制度作为初次分配中保障低收入群体工资收入的重要尝试，在我国已有 28 年的历史，其政策效果值得系统研究。首先，最低工资制度是否通过对劳动力雇用价格的管制，保障了劳动者获得满足基本生活需要的报酬，提高了劳动报酬在初次分配中的比重？最低工资制度自诞生之初就争论不断，至今已持续 120 余年。现有研究也发现了该制度在失业、物价上涨、出口等方面的负面影响，但最低工资制度的综合作用如何需要更多的研究进行判断。其次，相关研究结论在不同国家不同制度背景下差异显著。中国是国情和制度与欧美国家存在较大差异的人口大国，因此考察中国最低工资制度的影响需要立足中国本土进行研究，而不是照搬国外的研究结论。虽然相关研究陆续出现，但还不够。最后，2000 年以来，中国最低工资标准以年均 13%的速度增长，远超同期 GDP 的增速，这种快速上涨的动力来自何方？在最低工资制度制定过程中包括政府在内的各方是如何决策并相互影响的？最低工资制度在执行层面具体执行力如何？最优最低工资标准是多少？等等。这些问题都需要学者跟进研究。这10年马双持续研究中国最低工资制度，写就这本《中国最低工资制度研究》，对上述几方面均有涉及，是很好的研究尝试，也凸显了本书的价值所在。

本书立足中国社会实际，考察最低工资方方面面的影响。综观全书，内容充实，数据翔实，逻辑性强，涉及面广。就本书的优点，我在此简单罗列一二，供读者参考。

首先，《中国最低工资制度研究》视角全面。本书紧紧围绕最低工资制度开展相关研究，对最低工资的起源、国外最低工资的实施情况、国内最低工资制度实施推进的历程均有梳理，同时也对最低工资的政策含义进行了诠释。阅读本书可以对最低工资制度的政策背景和发展历程有较全面的了解。从研究视角上看，本书从家户视角和企业视角考察了最低工资制度的影响效应，视角全面。本书从家户视角的收入、收入分布、已婚女性劳动参与、老一代农民工和新生代农民工劳动参与以及本地户籍居民跨区县流出等5个切入点，企业视角的外商直接投资、小微企业再投资、出口结构以及核心产品出口等4个切入点进行了具体分析，同时还从企业在职培训、家庭健康视角考察了最低工资对健康人力资本投资的影响，从居民幸福感视角综合评价最低工资的作用。由此可见，本书对我国最低工资制度对家庭和企业等微观经济主体的影响讨论较为全面。

其次，本书采用的数据翔实。本书使用一些新颖的数据，如2017年中国家庭金融调查（CHFS）中关于最低工资知晓情况的调查，首次收集了居民对最低工资的知晓率和维权数据；与中石油合作，对加油站员工进行抽样调查，掌握最低工资制度在现实中的执行情况。在分析家庭个体层面的问题时使用了中国家庭金融调查数据，在企业层面则综合使用了中国工业企业数据、中国海关数据、中国小微企业调查数据等多种数据。除此之外，本书还使用了一些独特数据，如中国裁判文书数据和百度搜索指数等。这些数据很好地描绘了中国劳动力市场的现状，作者利用这些数据对最低工资在经济社会中产生的影响进行了全方位、多角度的分析。

最后，除仔细梳理最低工资研究的理论文献外，本书运用恰当的实证方法对最低工资的作用机制进行了检验。研究得到了一些有趣的发现，例如省、市、县三级地方政府主要负责人特征对最低工资的调整有一定的解释力，尤其是省政府主要负责人特征；最低工资制度对居民幸福感的提升作用明显，正向效果超出负向效果；等等。根据本书的研究，最低工资制度的影响好坏参半，因此政府在最低工资调整上要更为审慎和科学，要兼顾效率和公平，这样才能最大限度地发挥最低工资制度在提升低收入群体收入、扩大中等收入群体方面的作用。

总之，《中国最低工资制度研究》较为系统和全面地研究了中国最低工资制度及其对家户和企业等微观主体的影响，不仅在学术层面丰富了相关理论、测算了最低工资的影响效应，还在实践层面为我国最低工资政策的优化提供了重要参考，具有一定的学术价值和应用价值。希望本书能够对广大读者朋友有所启发，对政府不断完善中国最低工资制度有所启示。

甘　犁
西南财经大学经济与管理研究院院长、
中国家庭金融调查与研究中心主任

目　录

第1章　绪论

1.1　研究现实背景与研究现状

1.1.1　研究现实背景

与本书相关的研究现实背景体现在以下四个方面。

1. 劳动力成本持续高涨

进入2000年以来，我国劳动力成本持续高涨，这与我国的资源禀赋是不匹配的。独立于生产率的外生劳动成本上涨，如法律法规、工会等因素推动的劳动力成本上涨，将对企业、家庭产生方方面面的影响，既包括正向影响，也包括负向影响，需要系统地、综合地分析和研究。具体地，根据2001~2019年《中国统计年鉴》数据，城镇单位就业人员人均工资从2000年的9333元提高到2018年的82413元，年均增速为12.9%，显著高于名义GDP的增速。中国大多数行业仍是劳动密集型行业，产品在国际市场上的销售仍依赖于价格竞争优势，对劳动力成本的依赖还很严重，对其变化也很敏感。借助中国工业企业数据测算，2000年劳动力成本占比较高的行业，如“印刷业和记录媒介的复制业”，劳动力成本占企业总成本的比重高达73%。2007年，“纺织服装、鞋、帽制造业”劳动力成本占企业总成本的比重高达69.8%。偏离企业生产率的劳动力成本快速上涨必然会给企业带来沉重的打击，包括短期营业利润缩减（Ashenfelter and Smith，1979）、死亡率增加（孙楚仁等，2013a）、雇用减少（马双等，2012；罗小兰，2007a；丁守海，2010）、国际市场上产品价格比较优势消失（马双、邱光前，2016）、投资减少、中长期在职培训减少（马双、甘犁，2014）等。从家户角度来看，外生劳动力成本上涨可能意味着就业机会减少，家庭收入减少，中长期教育投资减少（Neumark and Wascher，

2003)，教育人力资本和健康人力资本减少。当然，文献对这些问题的回答还在探索中，结论不系统也不统一，需要从理论和实证上加以严谨分析。本书试图基于中国最低工资制度带来劳动力成本上涨视角，对部分问题有所解答。

中国的最低工资制度很有可能是推动劳动力成本持续上涨的主因之一，这是一个非常好的研究切入点。近30年来，中国最低工资标准调整较频繁。根据收集整理的数据，上海市从1993年第一次发布最低工资标准开始，截至2019年共调整26次，除1999年调整2次、2009年没有调整外，其他年份均做一次调整，平均1年调整一次最低工资标准。河北省1995~2019年共调整14次，平均1.71年调整一次。广东省（除深圳外）从1995年1月1日第一次发布最低工资标准开始，截至2019年共调整最低工资标准12次，平均2年调整一次。调整频率最低的是黑龙江省，从1995年第一次发布，截至2019年共调整9次，平均2.7年调整一次。全国31个省（区、市）平均1.88年调整一次最低工资标准。从累计涨幅上看，上海市最低工资标准累计涨幅最大，为1081%，年均涨幅9.96%；西藏自治区最小，2004年以来，累计涨幅233%，年均涨幅8.36%。

2. 人口结构出现老龄化、少子化特征

进入2010年，中国人口结构出现老龄化、少子化特征，劳动力规模急转直下，年均缩减近500万人（马双等，2017）。人口结构改变将给经济发展带来深远影响，亟须进行理论和实证研究，并提出应对措施，尤其是要系统分析劳动成本上涨对企业的影响。作为前瞻性研究，从最低工资视角分析可以实现该目的。同时，研究最低工资制度对劳动供给的影响，尤其是对劳动参与的影响，对政府在短期内借助工资干预政策缓解劳动存量缩减问题有重要的指示作用。

进入2010年，中国劳动力市场发生显著改变。按照联合国的标准，中国在2010年已完全进入老龄化社会，其中60岁及以上人口为1.78亿人，占总人口的13.3%；65岁及以上人口为1.19亿人，占总人口的8.9%。[①] 根据中国家庭金融调查（CHFS）数据，从2011年到2015年中国60岁以上人口占比以年均1.66%的速度上涨，中国人口加速老龄化趋势十分明显。与此同时，中国0~30岁的人口比例却在持续下降，青年劳动力人数增长乏力。2015年，相

① 《2010年第六次全国人口普查主要数据公报》，中国政府网，https：//www.gov.cn/guoqing/2012-04/20/content_2582698.htm。

比中国人口占世界人口的 18.8%，中国新生儿占比不到 12%，居民生育率低于世界平均水平，中国劳动人口减少的局面将持续更久。为缓解中国老龄化、少子化带来的劳动人口减少危机，单独二孩政策于 2014 年开始在全国推行，2016 年政府实施全面两孩政策，2021 年实施三孩政策。然而，在缺少相关鼓励政策的情况下，中国生育政策的调整能否带来预设目标的实现仍不确定。据 2017 年国家统计局的数据，全面两孩政策实施后，2016 年出生人口为 1750 万人，仅比 2015 年多 100 万人，2018~2019 年预计的生育高峰并未出现。虽然中国目前由于经济高质量发展需要、劳动供需结构性失衡以及就业摩擦等原因还存在一定的就业压力，但持续的低生育率和不断加速的人口老龄化进程都将使劳动力供给不足问题日益凸显，并使中国迎来劳动人口负增长的历史拐点，人口结构恶化导致的劳动力供给不足问题将长期困扰中国。劳动人口不足必将进一步使劳动成本增加，脱离资源禀赋的劳动成本上涨对家庭、企业的影响也更加突出并长期存在，从这个角度讲，这与本书基于最低工资视角研究的出发点是吻合的。同时，在短期和中长期缓解劳动供给缩减问题，人口结构改变对经济的冲击是亟须解决的问题。理论上人口生育政策的调整是增加劳动力供给的长期且根本的措施，但研究如何借助工资干预政策激活现有劳动力存量，形成短期有效的劳动力供给增量，对中国经济的顺利过渡以及后续的健康发展有非常重要的现实意义。

3. 加快形成新发展格局

我国现阶段的头等大事是加快形成“以国内大循环为主体、国内国际双循环相互促进的新发展格局”，这既要求我们释放和扩大内需形成国内经济大循环，又要求我们以更高的开放程度融入全球贸易。全球化有助于资源的全球流动、整合，发挥各个国家的比较优势。结合中国自身的资源禀赋特点，研究独立于生产率的外生劳动力成本上涨对企业参与国际贸易的影响，以及在逆全球化趋势抬头、国际贸易不确定性增加的背景下，基于最低工资和企业出口产品结构、多产品企业出口视角研究企业如何突围从而进一步融入全球化，有重要的理论和现实意义。

进入 21 世纪以来，凭借着改革开放与加入 WTO 带来的红利，我国对外出口贸易迅速发展，也推动了我国经济的迅猛发展。但这种繁荣发展的背后，也包含隐忧。我国出口的商品中以劳动密集型产品为主，资本密集型产品与高新技术产品份额较少。劳动密集型产品的生产相对而言要投入更多的劳动力要素，这就决定了我国对外贸易受劳动力成本制约。而且，劳动密集型产品的出口以加工贸易为主，产品的技术水平与附加值较低，主要依靠价格优势在国际市场上与对手竞争，盈利的方式以赚取加工费用为主。随着近几年劳动力成本的不断提高，我国出口贸易额增速开始下滑，从 2004 年的 35.3%下滑至 2014 年的 6.0%。2015 年增速更是下降到了负数的冰点，全年出口额下滑至 2.27 万亿美元，下降 1.8%，除 2009 年金融危机以外，增速首次为负。出口商面对的不再是薄利，而可能是零利润甚至是亏损。近两三年，珠三角与长三角地区出现了大批出口加工型企业倒闭的现象便是贸易严冬的最好例证。

在劳动力成本不断上涨的背景下，劳动密集型企业的存续受到很大影响，中国对外贸易产业的结构问题再一次显现出来，对经济结构进行转型，寻求可持续发展与具备国际竞争力的对外贸易模式刻不容缓。劳动力要素价格不断提高会倒逼企业调整生产结构进而影响中国企业的出口结构。劳动力成本上涨会迫使企业减少劳动力要素的使用，增加资本要素与技术要素的使用，购买更多的机器设备，改变生产技术结构，转向生产和出口更多的资本密集型产品。出口企业在研发和生产高技术水平商品的过程中，由于利润率提高，会对其他企业产生示范效应，生产要素也会流向这个产业，从而推动整个行业生产率提高，进一步激励企业创新并增加出口额（Hausmann and Rodrik，2003）。对于劳动力成本提高是否能够倒逼企业进行创新与转型升级，调整企业的出口结构，这方面的研究基本还停留在理论层面，缺乏有力的实证分析。面对严峻的出口贸易形势以及提高人民生活水平的施政目标，对于这些问题进行研究对我国对外贸易行业制定未来的发展战略具有现实的参考意义，也有助于平衡收入增长过快与出口结构调整之间的关系。

4. 经济已由高速增长阶段转向高质量发展阶段

中国经济已由高速增长阶段转向高质量发展阶段，必然会对劳动力人力资本水平提出更高的要求。与之匹配的劳动力人力资本水平有助于高质量发展方式的实现，反之必然起阻碍作用。劳动力成本的外生上涨可能会促进人力资本形成，如增加家庭教育投资以及健康人力资本投资，也有可能会抑制人力资本的形成，如减少企业提供的在职培训、降低非义务教育阶段的入学率等，影响角度多样，影响方向各异。综合考察劳动力成本上涨对人力资本形成的长期影响，并判断其是否适应我国高质量发展要求，对政府顺利实现经济发展方式转变有重要政策指导意义。

人力资本从广义的口径来看，分为教育人力资本与健康人力资本，教育人力资本又分为规范的学校教育和企业在职培训等继续教育。从数据上看，学校教育作为人力资本形成的主要方式，在过去 50 年取得长足进步，但也存在一些不足。根据中国家庭金融调查 2015 年的数据，我国居民平均受教育年限为 9.14 年，整体水平还不高，仅略高于 9 年义务教育的年限要求。其中，义务教育的完成率仅为 68.9%，有 11.1%的人完全未上过学，高中及以上学历的完成率也只有 37.3%。但分阶段来看，我国学校教育的进步还是很明显的。占总人口 31.9%的出生年份在 20 世纪 50 年代及之前的居民，平均受教育年限仅为 6.7 年，小学和初中教育的完成率为 44.3%，未上学的占比高达 23.4%。相比之下，占总人口 35.8%的“60 后”和“70 后”居民，作为现有劳动力的主力军，平均受教育年限为 9.4 年，显著提高 2.7 年，义务教育完成率为 71.9%，较“50 后”及之前的居民提高近 28 个百分点。更进一步地，出生年份大于 1980 年的“80 后”、“90 后”以及“00 后”居民，平均受教育年限为 11.2 年，又显著提高 1.8 年，义务教育完成率为 86.6%，较“60 后”和“70 后”居民显著提高近 15 个百分点。但换个角度讲，学校教育的性别差异和户籍差异还较大。其中，男性居民平均受教育年限为 9.7 年，女性仅为 8.5 年。完全未上学的男性居民与女性居民占比分别是 6.4%和 15.9%。分农业户籍和非农户籍来看，农业户籍居民平均受教育年限仅为 7.6 年，相比非农户籍居民（11.3 年）少 3.7 年，未上学的农业户籍和非农户籍居民占比分别为 15.5%和 4.5%，前者是后者的 3 倍多。从家庭年收入角度看，年收入最低 20%的家庭，居民平均受教育年限仅为 7.3 年，相比年收入最高 20%的家庭（11.2 年），平均受教育年限少近 4 年；完全未上学年收入最低 20%家庭的占比为 19.4%，而年收入最高 20%家庭的占比仅为 5.7%。从义务教育的完成率上看，年收入最低 20%家庭与年收入最高 20%家庭分别为 50.6%和 82.1%，相差近 32 个百分点。有 58.8%的高收入居民完成高中及以上教育，相反年收入最低 20%家庭的居民，这一比例仅为 20.9%。总的来看，学校教育虽然相比 50 年前有显著进步，但现有劳动力的人力资本水平还需进一步提升，尤其是年龄偏大、农业户籍以及低收入家庭的女性劳动力，缩小人力资本水平在性别、城乡、地区，特别是收入维度的差异是提升人力资本水平的重要途径。

人力资本的提升也离不开企业在职培训等继续教育的发展，尤其是对年龄稍大的劳动者，他们是劳动力市场的主力军，但已很难接受普遍的学校教育。总的来看，经过30多年的发展，中国的企业在职培训虽然有大幅改进，但也有诸多不足，而且根据理论研究（Becker，1962，1964；Hashimoto，1982），企业是否提供在职培训与企业的用工成本有直接的关系。从数据来看，我国企业在员工培训上有一定程度的发展。国务院发展研究中心企业研究所对全国2100多家企业进行的调查显示，制订员工培训计划的企业占比高达69%。尤其是西部企业、国有企业，制订培训计划的企业占比更是分别高达72%、76%。同样地，以网络形式开展的中国企业培训管理现状调查也表明，企业已逐步认识到在职培训的重要性。2010年，在被调查的3106家企业中，“有健全培训体系”的企业占24%，“有基本培训管理”的企业占65%，“培训毫无章法”或“从不进行培训管理”的企业仅占10%。[①] 根据国家统计局收集的规模以上制造业企业2004~2007年的数据，有将近41%的制造业企业计提非零的“职工教育经费”。尽管如此，我国企业的在职培训还是存在一系列问题。第一，企业在员工培训上的经费投入偏低。根据国务院发展研究中心企业研究所的调查，企业在员工培训上的花费占公司销售收入比例在3‰~5‰的企业仅为8.7%，在0.5‰以下的企业却高达48.2%。第二，员工培训计划的执行情况较差。在制订培训计划的企业中，“严格执行”的企业只有42.9%，“执行不力”的有近57.1%。第三，培训后的跟踪与评估还不足。根据国务院发展研究中心企业研究所的调查，接受调查的企业中对培训效果进行跟踪评价的比例为48.6%，没有进行或准备进行跟踪评价的企业比例高达51.4%。

综合来看，中国的劳动力成本已经快速上涨近20年（现实背景一），而且未来由于人口结构问题仍会持续上涨（现实背景二），对中国经济已经而且还会继续产生重大影响。借助2000~2020年的历史数据，系统、严谨地量化分析外生劳动力成本上涨对家户视角下的劳动供给和流动（现实背景二）、企业投资引资、企业出口（现实背景三）以及中长期的人力资本形成（现实背景四）等的影响，可以就目前政府关注的问题，包括人口结构优化（现实背景二）、“以国内大循环为主体、国内国际双循环相互促进的新发展格局”实现（现实背景三），以及高速增长阶段向高质量发展阶段转

① 《2010年中国企业培训管理现状调查》，吴江经济技术开发区人力资源网，http：//www.wjhr.net/Information/Read.aspx？id=3266。

变（现实背景四）等给出政策建议。在这样的背景下，本书得以形成。

1.1.2　研究现状

已有研究对这些问题均有或多或少的涉及，也得出了非常重要的结论，对问题的解决有重要的参考意义。总的来看，现有研究存在以下几方面不足。

第一，现有研究多侧重最低工资制度对工资、就业的影响，对本书的研究视角要么涉及较少，要么未形成一致结论。具体来讲，在家户视角下，Wessels（2005）考察了最低工资对青少年劳动参与的影响，并发现二者之间呈负相关关系。但从最低工资角度研究中国居民劳动参与的文献不多，目前仅有马双等（2017）的研究成果，更多的研究是从收入差距、家务劳动变化、女性教育状况、人力资本积累、离婚率等角度研究女性劳动力参与率（郑恒，2003；郭晓杰，2012；陆利丽，2014）。研究农民工劳动参与的更少，现有研究集中在农民工就业上，而且结论也存在争议。罗小兰（2007a，2007b）发现，最低工资标准对农民工就业的影响存在一个阈值。在该阈值之前，最低工资标准的上升会促进农民工就业，而超过该阈值后，农民工就业就会随着最低工资标准的上升而减少。其对上海农民工劳动力市场的研究发现，存在买方垄断性质使得最低工资标准上涨促进了农民工就业。但是，农民工市场的最低工资标准的就业效应依旧存在争论。张世伟和杨正雄（2016）、杨娟和李实（2016）均以微观数据结合自然实验的方法发现，最低工资标准提升对女性农民工就业产生了显著的负面影响，导致男性农民工工作时间延长。在劳动力流动方面，国内研究基本未涉及，国外虽有学者开始探讨最低工资标准对劳动力流动的影响，但研究结论远未达成共识。Martin 和 Termos（2015）对美国最低工资标准的研究发现，当州最低工资标准提升时，美国本土的低技能劳动者因劳动生产率不足，会被挤出当地劳动力市场，前往最低工资标准较低的地方务工。而 Boffy-Ramirez（2013）和 Giulietti（2014）的研究则发现，低技能的海外劳动者更有可能选择流入美国最低工资标准较高的州，与 Martin 和 Termos（2015）的结论截然相反。

同样，从企业视角看劳动力成本是影响外商直接投资（FDI）进入的重要因素，在实证研究中备受关注，但相关研究结论也未统一。第一种观点是劳动力成本上涨抑制 FDI 进入，认为劳动力成本上涨会增加企业成本，削弱外资投资意愿，如 Cheng 和 Kwan（2000）、刘刚和胡增正（2013）、熊广勤和殷宇飞（2014）的研究。第二种观点是劳动力成本上涨促进 FDI 进入，认为工资水平是投资者识别人力资本（Na and Lightfoot，2006；Mody and Srinivasan，1998；Akinlo，2004；徐康宁、陈健，2008）和市场潜力（杨用斌，2012；张先锋、陈婉雪，2017）的信号，工资上涨会吸引 FDI 进入。第三种观点认为劳动力成本与外商直接投资为非线性关系。在这类研究中，学者们考虑了劳动力成本对 FDI 的门槛效应或拐点作用，得出劳动力成本对 FDI 的影响为非线性的结论（杨用斌，2012；徐康宁、陈健，2008；熊广勤、殷宇飞，2014）。国内关于最低工资与出口贸易的研究也非常少，学者们将研究的重点放在了企业的出口额与出口行为上。孙楚仁等（2013a，2013b）将企业的异质性因素纳入分析中，研究发现当最低工资处于市场均衡价格以下时，其对企业出口额与出口选择方面并无影响；当其处于市场均衡价格以上时，便会对这两个方面产生影响，且这个影响是负向的。不同于从企业层面进行研究的文献，范玉波和刘小鸽（2016）将研究方向聚焦于产业结构的调整，经过实证研究后发现，最低工资制度的实施能优化产业结构，经济重心会向第三产业转移。赵瑞丽和孙楚仁（2015）则是分析最低工资对城市出口复杂度产生的影响。最低工资能够促进企业进行创新，对市场产生优胜劣汰作用，将传统的低效率企业淘汰出市场，从而提高整个行业的技术水平与生产效率，提高城市整体出口的复杂度。

第二，国外相关研究丰富，国内研究相对缺乏，但国外的研究与中国国情不符，我们需采用中国数据进行相关研究。例如，在青年人的入学选择上，Neumark 和 Wascher（1995a，1995b，2003）、Crofton 等（2009）均进行了详细的分析，Neumark 和 Nizalova（2007）还考察了最低工资对个体产生的长期影响。国内关于最低工资与青少年教育的研究还较少。那么，是否能将国外的研究结论推广至中国呢？基于两方面的国情差异，本书认为中国不能直接沿用国外的研究结论。①与欧美发达国家的家庭文化相比，中国家庭具有典型的儒家文化特点（Pye，1974）。从内容上看，华夏文化协会列出了 40 条中国文化价值观（Chinese Culture Values，CCVs），很重要的一条就是“节俭”。同时，中国文化价值观列表将谨慎、保守列为中国文化的特有形式，相反源自市场经济的西方文化，竞争、冒险特质更突出。最重要的是，东西方文化巨大的差异是对集体主义的认知。中国传统文化比较强调人的社会属性，强调个人价值因群体的存在而存在，尤其是在家族文化中，人处于以血缘关系维系的家庭和宗族集团之中。陈志武（2007）

认为家庭有两个主要功能：一是经济互助，即家庭内部存在种种隐性契约；二是社会精神互助，即因血缘关系，家庭能在一定程度上降低成员之间的交易和执行风险。而“家文化”的产生对家庭的这两个功能的实现起到了非常重要的作用。家庭的节俭、保守、互助特征意味着中国家庭与个人的价值判断和效用函数有别于西方国家，最低工资标准上涨对个体行为的影响理应与西方国家不一致。比如，在最低工资上涨对教育的影响上，Neumark 和 Wascher（1995a，1995b，2003）的研究得出，美国20世纪90年代最低工资标准上涨显著增加了“未在校且未就业”青少年个体的占比，最低工资标准上涨提高了青少年整体辍学率。相比之下，对大多数中国家庭而言，教育具有举足轻重的作用，除了传授知识，教育还肩负着改变家族命运的重任，因此青少年入学还是辍学是家庭的集中决策和重大决策。在这样的背景下，最低工资标准上涨可能不仅不会影响我国家庭的入学或辍学决策，还会通过收入的增加促进教育投资，这也是我们实证研究所得到的结论。②从企业特征来看，中国的国有企业和集体企业还占有一定比例，而不论是在目标函数、组织架构还是在价值取向上，国有企业和集体企业均显著区别于西方理论所简单假设的利润最大化企业，最低工资标准上涨对国有企业的影响显然不能用西方国家的理论直接推导得出。例如，根据官员的晋升锦标赛理论，官员追求最大的晋升概率。在改革开放后的30多年里，GDP增长率被作为地方政府官员治理绩效最重要的显性指标，增长率越高晋升概率越大。国有企业官员类似，企业产值增长率、就业增长率是国企官员晋升概率的决定性因素。就业既是官员的晋升依据，又与民生、社会稳定密切相关，因此最低工资标准上涨对国有企业就业的影响会显著区别于私有企业。最低工资标准上涨尽管会降低企业利润，但在软预算约束背景下，国有企业减少雇用的动机不足。

第三，现有文献缺少对最低工资制度综合效应的判断，更多的研究是基于特定视角进行。视角不同，最低工资标准提升带来的效果就不同，有的是有益的、正向的，有的是有害的、负向的，但是现有文献对收益和损失缺少整体对比，政府很难对最低工资标准提升与否做出准确的判断。针对最低工资制度产生的效应，学界已从工资收入、就业、员工培训、企业出口、创新创业等多个角度进行了讨论（马双等，2012；杨娟、李实，2016；马双、甘犁，2014；许和连、王海成，2016；周广肃，2017），角度不同得出的最低工资制度的作用也不同。研究显示，最低工资的上涨会增加劳动者的工资收入

（马双等，2012；邸俊鹏、韩清，2015；杨娟、李实，2016），尤其对于低工资收入的劳动者而言，最低工资制度的收入效应会更加显著。但是，最低工资上涨对工资的积极影响是以最低工资对就业的负向影响为代价的，即最低工资对就业的抑制作用（丁守海，2010；马双等，2012；杨翠迎、王国洪，2015；张世伟、杨正雄，2016）。除此之外，最低工资上涨可能会影响劳动者参与创业，如最低工资上涨可能抑制创业（吴群锋、蒋为，2016），或促进创业（周广肃，2017）。这些研究是必要且有意义的，同一事物可以从多角度进行考察，分析角度越全面，对事物的认识才越准确。但从综合视角出发，研究和评价最低工资制度的总效应也是必要的，目前国内还缺少这方面的研究。相比之下，国外部分研究考察了最低工资制度的综合效应，如 Wessels（2005）从劳动参与的角度考察了最低工资对青少年的影响；Brown（1988）和 Manning（1995）讨论了美国最低工资标准是否过高的问题；van den Berg（2003）在具有信息摩擦的劳动力市场上讨论最低工资制度对效率提升的作用；Flinn（2003）在搜寻模型的框架下，基于不同口径的福利指标，考察最低工资标准上涨对福利水平提升的促进作用。

第四，现有研究着重对最低工资标准上涨的经济后果进行分析，缺少对最低工资标准制定、调整、执行方面的研究。新古典模型下，最低工资制度被视为完美执行、完全遵守。然而，越来越多的证据表明不遵守最低工资法规的现象普遍存在（Gindling and Terrell，1995）。20 世纪 70 年代初，美国最低工资法规的遵守率只有 64%（Ashenfelter and Smith，1979），2008 年美国违规率仅有 2.6%（Belser and Rani，2010）；2004 年，印度全国最低工资标准的违规率为 25.3%，邦最低工资标准的违规率为 27.2%（Belser and Rani，2010）；1995~2002 年，阿根廷最低工资标准的遵守率仅为 48.26%（Ronconi，2010）。尽管数据在时间、地区及统计口径上存在差异，但无论是发达国家还是发展中国家，企业对最低工资标准都有不同程度的不遵守。国内关于企业对最低工资标准的遵守的研究也有一些，如叶林祥等（2015）借助企业-员工的匹配数据，考察了企业对最低工资标准的遵守情况；张军等（2017）分行业考察了最低工资标准在正规部门和非正规部门的遵守情况；Xing 和 Xu（2016）讨论了政治竞争等因素在最低工资标准决定中的作用。但更多的研究或从员工工资或从企业平均工资的角度考察最低工资，间接讨论企业对最低工资标准的遵守问题。也有研究将最低工资标准遵守问题做黑箱处理，考察最低工资标准对企业和家庭其他方面的影响。现有研究直接打破黑箱并讨论最低工资标准制定、调整、执行的不多。

1.2 研究框架

全书共计 14 章，研究框架如图 1-1 所示。

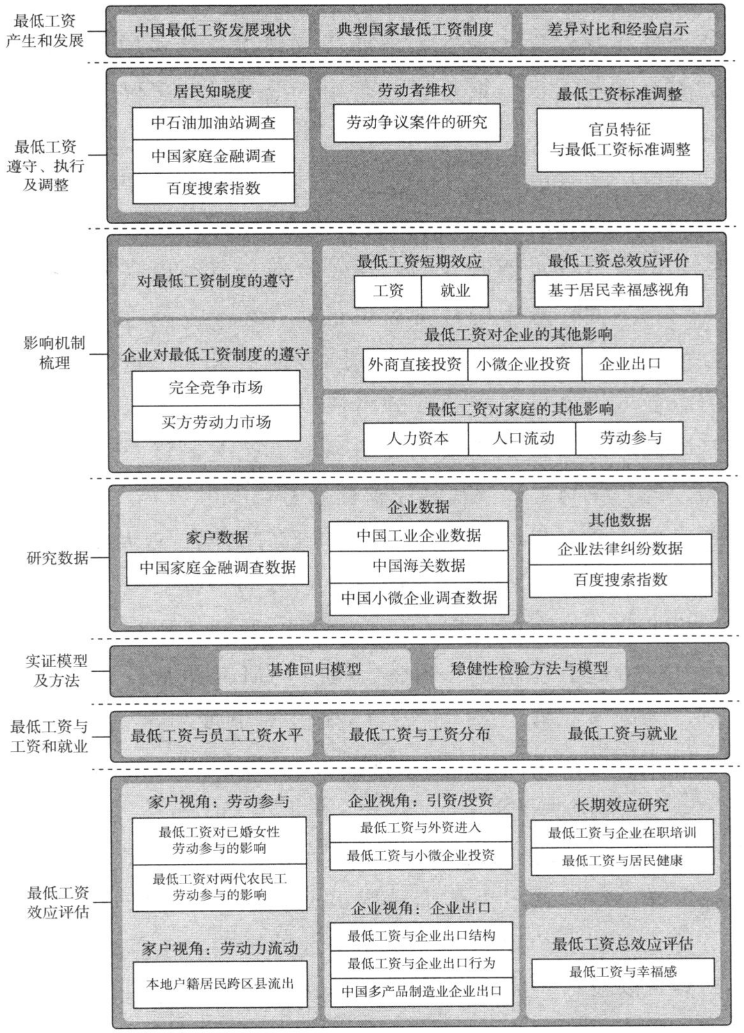

图 1-1 研究框架

第 1 章是绪论，交代本书的研究背景、研究现状，以及后续研究中得到的结论。综合来看，中国的劳动力成本已经快速上涨近 20 年，而且未来由于人口结构问题仍会持续上涨，借助 2000~2020 年的历史数据，系统、严谨地量化分析外生劳动力成本上涨对家户视角下的劳动供给和流动、企业投资引资、企业出口以及中长期的人力资本形成等的影响，可以切实回应政府在未来相当长时间内可能面临的劳动力成本上涨对家庭、企业的影响问题，并就目前政府关注的，包括人口结构优化、“以国内大循环为主体、国内国际双循环相互促进的新发展格局”实现以及高速增长阶段向高质量发展阶段转变等问题给出政策建议。而相比现有研究多侧重最低工资制度对工资、就业的影响，本书的研究视角更全面，既有家户视角又有企业视角，既有短期效应考察也有长期效应考察，既有单一视角也有整体视角。

第 2 章和第 3 章分别介绍中国的最低工资制度、最低工资制度的区域差异以及与主要国家最低工资制度的对比。最低工资制度在各国的实施历程不同、制度内容不同，产生的经济后果也存在差异。梳理欧美主要国家最低工资制度的发展历程以及对比中国和欧美国家最低工资制度的差异有助于我国政府全面认识最低工资制度的内核以及不同制度设计可能产生的后果，从而打破固有的对最低工资制度的认知，拓宽制度设计思路，为我国最低工资制度的后续制定、调整和完善提供有益参考。

第 4 章讨论我国企业对最低工资制度的遵守情况，以及最低工资制度在现实雇用关系中所发挥的作用，并从地方官员的特征出发，考察官员特征对最低工资标准调整的影响。现有研究着重对最低工资标准上涨的经济后果进行分析，对最低工资制定、调整、执行的研究非常缺乏，但这些问题又非常重要。具体地，第 4 章从居民对最低工资制度和标准的知晓情况、最低工资制度被违反后产生的劳动争议情况以及最低工资的调整情况入手进行考察。

第 5 章是影响机制的理论梳理。该部分首先考察了企业对是否遵守最低工资制度的选择逻辑，然后再基于最低工资制度的遵守情况讨论最低工资标准上涨对员工工资、企业雇用、就业率等的影响。本章也从家户的人口流动、劳动参与以及人力资本投资视角，从企业的投资引资、出口视角进行文献和机制梳理。

第 6 章是本书使用数据的介绍，包括中国家庭金融调查的家户数据，以及中国工业企业数据、中国海关数据以及中国小微企业调查数据。一些有特色的数据也在本章进行统一交代，包括企业法律纠纷数据、百度搜索指数等。

第 7 章是本书的研究方法。本书各章的研究方法基本一致，识别基础均来自各地区最低工资标准在调整幅度上的差异，但由于数据的不同，各部分也采用了一些特定的分析方法。

第 8 章从企业的用工成本、员工的工资收入以及区县内居民收入分布中各分位数工资入手考察最低工资的影响，既有水平效应的考察，也有分布效应的考察。最低工资标准上涨对企业就业、投资、出口等产生影响，首要的条件就是其对劳动力成本产生影响，为此本书将这部分内容放在家户和企业视角下评估最低工资效应之前。

第 9 章是从家户视角对最低工资效应进行考察，包括特定人群的劳动参与率，如已婚女性和两代农民工的劳动参与率。虽然已婚女性的劳动参与率整体上有所提高，但近几年呈下降趋势。相较于男性劳动参与率，在家务劳动市场化的前提下已婚女性劳动参与率有较大提升空间。考察最低工资标准上涨对已婚女性劳动参与率的影响，从短期来讲有助于政府挖掘劳动潜力，缓解劳动力减少带来的经济冲击。从老一代农民工和新生代农民工的差异入手，考察最低工资对其劳动参与率的影响，一方面可以了解并掌握两代农民工的劳动供给弹性差异；另一方面有助于政府掌握、预判以及引导农村过剩劳动力的流动方向。

第 10 章从人口流动的视角考察最低工资的影响。人口的跨区域流动，尤其是与最低工资变动相关的流动，对判断现有研究结论的内在一致性是非常关键的。从个体角度出发的就业率研究和从企业角度出发的雇用规模研究，在无人口区域流动的情况下，只是数字公式上的差异。但若存在区域间的人口流动，从个体角度的就业率和从企业角度的雇用规模研究就有一定的相关性，对应两个研究对象，最低工资标准上涨与劳动力流动方向至关重要。同时，本章还有助于政府掌握和发挥最低工资制度在劳动力区域配置上的作用。

第 11 章和第 12 章是从企业视角进行的研究，分别是对企业引资、小微企业投资（包括再投资）以及企业出口行为等的研究。最低工资标准上涨带来劳动力成本的增加，企业首先的反应是用资本替代劳动，用相对便宜的要素替代较为昂贵的要素。为讨论这些问题，第 11 章从外资的引入、外资规模以及企业利润再投资视角考察了最低工资与投资之间的关系。第12章重点考察企业的出口行为和出口结构，以及多产品制造业企业在核心产品和边缘产品之间的出口选择。

第13章是对最低工资标准上涨带来的人力资本效应进行考察，包括居民健康和企业在职培训两方面内容。结合马双和甘犁（2014）关于企业在职培训的研究结论，本章可以帮助政府了解最低工资的长期效应。

第14章是基于居民幸福感视角综合评价最低工资的各种效应。最低工资作为政府直接干预收入分布、要素价格的政策措施，给家庭和企业带来多种积极影响和消极影响。居民幸福感作为一个主观的评价指标，在某种程度上可作为福利的代理变量，用以综合考察最低工资的影响。合理的最低工资标准应提升居民幸福感，与国家经济发展和政策制定目的相吻合（田国强、杨立岩，2006）。

1.3 研究结论与创新

1.3.1 研究结论

借助中国最低工资数据以及家庭、企业等微观数据，本书重点分析了最低工资制度的执行、调整情况，以及最低工资对员工工资、收入分配、劳动力流动、企业投资、企业出口等的影响，并从教育人力资本投资和健康人力资本投资视角考察最低工资的长期效应，得出以下研究结论。

1. 中国最低工资制度及其国际比较

中国最低工资制度和其他国家最低工资制度存在显著差异，中国的最低工资制度虽然更符合中国实际需要，但也有需要改进之处。

第一，中国可以建立国家统一的最低工资标准，为地区最低工资标准调整提供风向标，缩小地区之间最低工资的差距。同时，中国最低工资标准应考虑到行业、工种的异质性。经制度对比发现，各国在不同地区层级、不同年龄、不同工种上实施了不同的最低工资标准。就不同地区层级而言，英国、德国、美国、印度等均建立国家最低工资标准。印度、美国均从邦、州级开始实施最低工资制度。印度在各邦最低工资基础上，于1991年缓慢推进国家最低工资立法。相比之下，中国地区之间经济发展情况差异大，未建立国家最低工资标准，由各省（区、市）制定适合各自经济发展水平的最低工资标准，随之而来的结果是各省（区、市）最低工资标准差距拉大，如 2019 年最低工资标准最高的为上海，达 2480 元/月，最低的为新疆，达 1441 元/月，二者在数值上相差较大。从这个角度看，建立国家最低工资标准，为地区提供最低工资调整的风向标也是有必要的。中国最低工资标准较为单一，仅根据地区经济发展水平进行区分，未涉及行业、工种的异质性。最低工资标准体系简单明了，虽有利于监督管理，但不利于保护特殊行业工人的利益，如建筑工人、煤矿工人等。中国应适当从更多维度制定最低工资标准。

第二，尽管明文规定了正常工作时长，以及超时工作的计薪方式，但中国企业主要按月支付工资，相比小时最低工资，雇主更容易延长劳动者工作时长。针对最低工资应建立小时最低工资标准、日最低工资标准、周最低工资标准、月最低工资标准，并设置相互换算机制。随着互联网的普及，最低工资情况应进一步汇总集中，方便咨询查阅。目前最低工资相关数据发布分散，不便于查询、对比和了解。

第三，我国《最低工资规定》明确最低工资标准由政府、工会、企业三方协商拟订，但执行中劳动者的利益更多由政府部门去争取。政府部门由于时间、人力、信息等因素的制约，对最低工资的调整变动难免出现偏差。政府应在最低工资的调整上更多地动员员工，由工会收集整理信息并及时反馈给政府部门，使得劳动者能从自身角度出发，更准确地表达诉求。另外，政府应将有限资源更多地集中在监督职能上，在保护劳动者权益的同时，顾及企业负担能力，同时实现最低工资的严格执行。

2. 官员特征对最低工资标准调整的影响

地方官员，尤其是一把手的个人特征对最低工资标准的调整影响显著。本书采用 2000~2016 年月度最低工资数据和地方官员数据进行回归，结果显示，省长和省委书记对最低工资标准上涨的影响相差不大，不论是省长还是省委书记，受教育年限越长，最低工资标准越低。若是经管专业的省长，最低工资标准显著降低 10%。从性别上看，省委书记若是男性，最低工资标准显著降低 10%；省长若是男性，最低工资标准显著提高 15%，这可能与省级主要官员中女性占比相对较低有关。从民族特征上看，汉族出身的省长或省委书记显著降低最低工资标准，少数民族出身的省长或省委书记显著提高最低工资标准。从年龄上看，与官员锦标赛理论预测相反，年长的官员更倾向于降低最低工资标准。从任职期限上看，本届任职时间越长，最低工资标准越高。党龄越长的省长或省委书记越倾向于提高最低工资标准。考察地市主要官员对最低工资调整的影响，结果显示，整体上地市官员特征对最低工资的调整也有显著影响，但影响较省级主要官员小。具体回归结果显示，市委书记的受教育年限越长，最低工资标准越高。若市长或市委书记为经管专业，则最低工资标准显著降低1%或3%。从性别上看，市委书记若是男性，本区县最低工资标准显著降低3%。从民族特征上看，汉族出身的市长或市委书记倾向于提高本区县最低工资标准，但市长回归结果不显著。从年龄上看，与官员锦标赛理论预测相反，年长的市委书记、市长更倾向于降低最低工资标准。从任职期限上看，本届任职时间越长，最低工资标准越高。党龄越长的市长和市委书记越倾向于提高最低工资标准。区县主要负责人即县长或县委书记主要特征的回归结果显示，县委书记除受教育年限和专业特征外，其他特征均对最低工资有影响；县长则除年龄特征外，其他特征均对最低工资有影响。

3. 最低工资执行情况

虽然有雇用工资低于最低工资标准的现象，但是现实中我国的最低工资制度仍被良好执行，产生一系列直接且积极的影响。

首先，研究显示，最低工资标准上涨显著增加了居民对有关最低工资制度的信息搜索。总体上看，最低工资标准上涨10%，“最低工资”关键词的百度搜索量增加0.2%。以“劳动仲裁”为关键词的回归结果显示，最低工资标准上涨10%，“劳动仲裁”关键词的百度搜索量减少1.3%。

其次，最低工资制度使劳资双方利用相关法律维护自身合法权益。以各区县案件总数、刑事案件数以及民事案件数的自然对数为因变量的回归结果显示，从案件总数上看，最低工资标准上涨，案件总数显著增加，最低工资标准上涨10%，案件总数增加4.5%，在1%的统计水平下显著。分刑事案件和民事案件看，最低工资标准上涨，刑事案件减少，但在10%的统计水平下不显著；最低工资上涨10%，民事案件数增加6.6%，在1%的统计水平下显著。这些结果与预期是一致的。最低工资标准上涨10%，涉及劳动纠纷的案件显著增加3.8%。以案件密度为因变量的回归结果也显示，最低工资标准上涨1%，涉及劳动纠纷的案件显著增加4.5%。

为排除同一案件在初级人民法院、中级人民法院和高级人民法院多次审理带来的回归偏差，仅保留初级人民法院的法律文书数据，以每万人中各类案件数的自然对数为因变量进行回归，结果显示，最低工资标准上涨10%，每万人案件总数显著增加5.2%，每万人民事案件数显著增加7.7%，每万人劳动纠纷案件数显著增加4.3%，每万人工资纠纷案件数显著增加4.2%，每万人社保纠纷案件数显著增加5.8%。分时间段来看，以2008年《劳动法》修订为时间分界点的回归结果显示，2008年及以前，最低工资标准上涨对每万人中各类案件数的正向作用虽然存在，但在10%的统计水平下不显著。相反，在2008年以后，最低工资标准上涨10%，每万人案件总数显著增加8.0%，每万人民事案件数显著增加11.2%，每万人劳动纠纷案件数显著增加6.2%，每万人工资纠纷案件数显著增加5.9%，每万人工资拖欠纠纷案件数显著增加3.4%，每万人社保纠纷案件数显著增加6.8%，每万人加班工资纠纷案件数显著增加7.3%。

4. 最低工资影响工资以及工资分布

平均来看，劳动力成本占企业生产总成本的30%~50%。最低工资标准上涨显著提升企业平均工资，进而显著增加企业的生产成本。从个人的工资收入和分布来看，最低工资上涨显著提升低工资水平雇员的工资，显著改变员工的工资分布，但对缩小家庭的收入差距作用有限。回归结果显示，最低工资每上涨10%，企业的平均工资将整体上涨0.5%，且在1%的统计水平下显著。1998~2007年我国最低工资平均上涨了95.84%，这意味着员工平均工资近4.8%的增长归功于最低工资标准的上涨。

借助中国家庭金融调查数据，以区县工资分布中各分位数上工资水平对最低工资标准进行逐一回归发现，与Belman和Wolfson（1997）的研究结论类似，最低工资标准上涨对低收入职工工资的影响最大，对中高收入职工工资的影响不显著。具体来看，最低工资标准的提升将使前11%的分位数上的税前工资显著增加。考虑到企业或雇主很可能增加员工的工作时间，规避最低工资上涨对其产生的影响，本书以区县小时工资和有效小时工资分布中各分位数的工资水平为因变量对最低工资标准进行回归。结果显示，最低工资上涨对小时工资分布中前20%的分位数上的税前工资有显著影响。同样，最低工资上涨显著增加前20%分位数上的有效小时工资。

5. 最低工资影响居民劳动参与

最低工资标准上涨提升已婚女性以及老一代农民工的劳动参与率，对新生代农民工的劳动参与率影响较小；同时，最低工资标准上涨还显著降低本地户籍居民流出概率。最低工资标准上涨有助于短期内增加本地劳动力的供给，地方政府可以借助最低工资标准的提升措施，化解人口老龄化带来的劳动力短缺危机。

第一，就最低工资标准上调对已婚女性劳动参与的影响，借助西南财经大学中国家庭金融调查与研究中心开展的中国家庭金融调查项目的2011~2013年两轮调查数据，以及各区县最低工资标准2011~2013年上涨幅度的差异进行研究。主要研究结果显示，在控制个体特征、家庭特征、区县宏观经济特征、时间趋势以及区县固定效应后，最低工资每上涨10%，已婚女性的劳动参与率将显著提升1.9个百分点。改变模型设定以及对务农个体进行处理后进行回归，结论仍成立，最低工资每上涨10%，已婚女性的劳动参与率显著提高1.6~2.9个百分点。

最低工资每上涨10%，工资收入处于最低25%的已婚女性劳动参与率显著提高3.0个百分点。最低工资每上涨10%，工资收入介于50%~75%分位数的已婚女性劳动参与率仅提高1.4个百分点。进一步地，根据年龄、受教育年限以及区域的不同，最低工资上涨对已婚女性劳动参与的影响存在显著差异。最低工资上涨对35~44岁已婚女性劳动参与率的影响最显著，最低工资每上涨10%，其劳动参与率显著提高3.6个百分点。对受教育年限小于等于9年的已婚女性，最低工资每上涨10%，其劳动参与率显著提高1.9个百分点。最低工资每上涨10%，西部地区已婚女性劳动参与率将显著提高6.4个百分点。相比非农户籍的已婚女性，最低工资上涨将更多地提升农业户籍已婚女性的劳动参与率。从政策含义上讲，最低工资上涨在短期内对激活现有劳动力资源，缓解中国劳动力短缺问题有重要作用。根据中国家庭金融调查数据推算，最低工资标准上涨10%，女性劳动参与率将提高1.9个百分点，增加约675万劳动力。

第二，考察最低工资上涨对老一代农民工和新生代农民工劳动参与率的影响，研究发现，最低工资上涨提升了老一代农民工的劳动参与率。在基准样本回归中，最低工资的上涨显著地提高了老一代农民工的劳动参与率；在单独考察受雇样本时发现，提升作用依旧显著，且影响系数更大。

经过双重差分模型和固定效应模型的稳健性检验，结论依然成立。在基准样本回归和剔除丧失劳动能力与在校学生样本后的回归中，最低工资的上涨对新生代农民工劳动参与没有显著影响。这是因为新生代农民工自身人力资本水平相对较高，与老一代农民工表现出差异性，他们已不再满足于最低工资制度所能囊括的基本生活保障，而是对更高层次的物质文化表现出需求。此外，他们的整体工资水平相比老一代农民工也更高，因此最低工资对其的影响总体不显著。

而在考虑非农劳动参与时发现，最低工资提升显著降低了新生代农民工的劳动参与意愿。经过异质性分析发现，这部分人群主要是工资水平相对较高的男性劳动者。相对其他工作已经趋于稳定的劳动者和女性劳动者，他们更换工作的流动成本更小，因此他们的劳动力市场应该更趋近于竞争性劳动力市场而不是买方垄断性质的劳动力市场，导致其面临更高的失业预期，加之更高的收入水平，工资上涨带来的收入效应大于替代效应，综合来看表现为最低工资上涨降低了其劳动参与意愿。

第三，就最低工资标准上调对本地户籍居民跨区县流动的影响，利用中国家庭金融调查 2013 年和 2015 年的面板数据回归得出，最低工资每上涨 10%，当地的劳动力发生跨区县流动的可能性会显著下降 2.0 个百分点。进一步研究还发现，最低工资调整对不同特征劳动者流动的影响存在异质性。对于不同收入劳动者的流动，最低工资的作用效果不同。相较其他群体，个人年收入最低的 20%劳动者的流动受最低工资增长的影响最大。最低工资每上涨 10%，其发生流动的概率显著下降 2.9 个百分点。男性和女性劳动者的流动受最低工资调整的影响相同。在跨区县流动的决策上，最低工资变动对中老年劳动者（51~65 岁）没有显著的影响，但对青年劳动者（16~30 岁）影响最大，最低工资每上涨 10%，其流动的概率显著下降 3.4 个百分点。未婚劳动者的流动受到的影响较已婚劳动者更大，系数分别为 -0.35和-0.16。不同受教育程度的劳动者的流动受到的影响也存在异质性，受教育程度低和高的劳动者的流动均受到显著影响，而受教育程度中等的劳动者的流动不受影响。工作时间越短的劳动者的流动受到的影响越大，工作时间在 0~10 年的劳动者在最低工资上涨 10%的情况下流动的概率会有 3.3 个百分点的下降，工作时间超过 20 年的劳动者的流动不受最低工资的显著影响。考虑家庭规模，发现 4~5 人的中等家庭中的劳动者的流动不受最低工资调整的显著影响，而 5 人以上的大家庭中的劳动者的流动受影响较大。进一步区分家庭结构，发现家庭中有 0~16 岁子女的劳动者和家庭中没有 65 岁以上老人的劳动者的流动均显著受最低工资调整的影响，且影响较大。分城乡看，最低工资的增长不显著影响城镇劳动者的流动，但显著降低了农村劳动者的流动概率。最低工资标准每上涨 10%，农村劳动者流动的可能性降低 2.2 个百分点。分区域来看，最低工资仅对中部地区的劳动者产生了显著的负向影响。

6. 最低工资影响企业引资和投资

从企业引资视角看，最低工资标准上涨显著抑制外商直接投资的进入。最低工资每提高 10%，企业含有 FDI 的概率降低 0.1 个百分点。又因为样本企业含有 FDI 的平均概率为 21.95%，折合为弹性，即最低工资上涨 10%，企业含有 FDI 的概率下降 0.46 个百分点，弹性为-0.046。同时，最低工资与企业实收 FDI 也呈显著的负相关关系。以含有 FDI 的企业为样本，回归发现，最低工资每上涨 10%，企业实收 FDI 减少 1.0%。外生劳动力成本上涨显著减少 FDI 进入主要是通过内延边际实现，即通过减少已有 FDI 企业的外商直接投资实现。

通过异质性分析发现，在劳动力质量高、竞争力强的企业中，最低工资上涨对 FDI 进入及实收 FDI 的影响较小；在产品目标市场为境外（出口导向型）的企业中，最低工资上涨对 FDI 进入的负向影响较大。最低工资上涨对 FDI 进入的抑制作用，在短期对就业的影响有限，但在长期不利于企业生产率的提高。借助城市工业用地均价评估政府短期政策的有效性，发现地价优惠有效缓解了劳动力成本上涨对外资进入的负向冲击。

基于小微企业数据的分析发现，最低工资标准上涨还显著降低小微企业利润再投资比例、新投资企业占比以及企业招聘人数。最低工资对小微企业利润再投资的回归结果显示，在 1%的水平下，最低工资与盈利企业的利润再投资比例显著负相关，如果最低工资水平提高 10%，则盈利企业利润再投资的比例会下降 2.8 个百分点。最低工资每提高 10%，开展新投资的企业占比降低 7.0 个百分点。最低工资水平越高，小微企业招聘新员工的可能性越低，而且招聘人数也会越少。最低工资上涨 10%，小微企业招聘新员工的可能性将降低 4.0 个百分点。为了缓解劳动力成本上升压力，小微企业可能会寻求转变，实现转型升级。研发是我国小微企业转型升级、建立竞争优势的主要渠道之一。小微企业在减少劳动力投入的同时，可能会增加在研发方面的投资。最低工资对小微企业研发投入的回归结果发现，最低工资提高 10%，则小微企业研发投入占比上升 19.0 个百分点。

7. 最低工资影响企业出口

从企业出口视角看，最低工资影响企业出口结构和出口行为。最低工资标准上涨显著降低企业的出口概率以及出口价值。在出口结构方面，最低工资标准上涨显著增加企业资本密集型产品的出口比重。

第一，利用 1998~2007 年中国工业企业数据库数据，研究最低工资变化对企业出口决策（扩展边际）和出口价值（集约边际）的影响。回归结果表明，最低工资调整显著影响企业的出口决策。最低工资每提升 1%，企业出口概率将降低 0.09 个百分点。结合样本企业 29%的平均出口概率，折合为弹性即为-0.31。此外，当地最低工资与企业出口价值呈负相关关系。以出口企业为样本，研究发现，最低工资每上涨 1%，企业出口价值下降 0.08%。当进一步控制特定子样本期间的出口可能性时，结果表明这种负相关关系继续保持或增强。

本书还采用别的估计方法对上述结论进行稳健性检验。借助“准自然实验”对比了福建和广东两省的相邻城市 2006~2007 年最低工资的显著差异对企业出口行为的影响，同样得到最低工资与企业出口决策存在负相关关系的结论。使用 2004~2006 年海关交易数据进行回归也得到类似的结果。进一步分析发现，人均工资水平、资本-劳动力比率和年度差异等因素会使得最低工资调整对不同企业产生不同的影响。就年度差异效应而言，最低工资的提高对企业出口可能性的影响在样本期间的初期逐年减少，但 2004 年后又呈现增强趋势。

研究结果表明，中国的出口和在国际市场上的比较优势在一定程度上受最低工资标准调整的影响。因为最低工资提高使企业劳动力成本上升，同时也反映了劳动法规的强约束力。即使不存在最低工资制度，在企业生产率存在差异和劳动力市场分割的情况下，当地劳动力市场紧缩仍然可能导致企业出口减少，特别是生产率较低的企业。

第二，以资本密集型产品和劳动密集型产品出口比重作为因变量进行回归，结果显示，最低工资每提高 1%，企业资本密集型产品的出口比重将提高 1.37 个百分点。以资本密集型产品出口额对数为因变量、最低工资对数为自变量进行分析，最低工资每提高1%，企业资本密集型产品的出口额将增加0.41%。最低工资标准不断提高的大背景下，出口企业确实在积极寻求转型，以出口劳动密集型产品为主的出口贸易是不可持续的，只有出口更多具备核心技术的产品，才能不惧劳动力成本的上涨。具备核心技术与自主创新的产品，产品附加值更高，出口企业不再依赖赚取加工费而盈利，利润空间更大。这些产品在市场上与其他产品存在差异，不容易被替代，企业能有更多的定价权。而且，生产资本密集型产品所需要的劳动力要素的比例更低，能在一定程度上避免劳动力成本上涨带来的约束。企业需要考虑的是继续加大研发投入，提高企业的创新能力。

第三，采用"企业-产品-时间"三个维度和"企业-产品-出口市场-时间"四个维度的数据揭示最低工资上涨对中国多产品制造业企业出口的影响，结果表明最低工资上涨的激励效应大于成本效应，表现为最低工资上涨使得企业劳动生产率提高，从而促进了产品出口额的增加。这一激励效应对非核心产品的影响更加显著，因而非核心产品在现有出口目的国市场的出口额增长更快且出口占比提高。核心产品在现有出口目的国市场的出口额增长较慢且出口占比下降，但在全球范围内，核心产品出口占比并未显著下降。究其原因，核心产品分销成本较低，虽然最低工资对核心产品的激励效应较小，但其更容易出口到之前未出口的新增市场。这些结论在控制高维个体效应、时间效应以及各类随时间变化的因素后仍然稳健。此外，对持续出口的非核心产品而言，最低工资上涨还可能存在创新效应，表现为最低工资上涨迫使企业增加研发投入，进而使企业出口的产品种类增加；最低工资上涨使得低效率的企业更容易退出出口市场；最低工资对低收入城市、低技术产业和低价格产品出口额的影响更为显著。

利用高维数据检验的结果说明，最低工资合理增长是有一定的积极效应的，至少从产品维度看到了其激励效应，这是以往的研究忽略的效果之一。所以，最低工资上涨引致的劳动力成本上升目前并不是中国劳动力市场不能容忍的现象。然而，最低工资上涨的激励效应是有限的，其作用效果主要体现在低收入城市、低技术产业和低价格产品上，对城市集群的建设、产业结构的优化和产品质量的提升并未起到促进作用。而且，最低工资上涨后，低效率的企业更容易退出，这很可能导致真正需要最低工资保护的人失去获得最低工资的机会。所以，最低工资政策是一把"双刃剑"，其激励效应可以提高劳动生产率，推动中国制造业发展战略进一步实施，但仍需警惕，对以高新技术为主的产业，最低工资的激励作用十分有限，不能片面追求低收入城市、低技术产业劳动生产率的提高而忽略就业市场的波动。

8. 最低工资影响居民健康和企业在职培训

考察最低工资的长期影响发现，一方面，最低工资标准上涨显著减少企业在职培训投入；另一方面，最低工资标准上涨显著提升居民自评健康水平，促进家庭教育投资。

9. 最低工资影响居民幸福感

幸福感能体现出居民对国家政策制度的认可度，相关研究可为政策制定和调整提供建设性意见。最低工资制度是国家干预工资分配并保障低收入劳动者基本生活的制度，是保障劳动者权益的重要工具，可以看作一种特殊的社会保障制度。国家应结合实际，在进一步改革最低工资制度的情况下，更积极地发挥最低工资的作用。

研究发现可总结为以下几个方面。第一，基于固定效应模型的回归分析，在控制所有的控制变量后，最低工资每上涨 10%，个体感到幸福的可能性提高 2.0 个百分点。最低工资制度对国民幸福感的提升作用明显。第二，分别从限定样本范围、调整变量定义方式以及改变模型设定等角度进行稳健性检验。将样本限定为劳动年龄群体以及有工作的劳动群体，结果发现最低工资上涨对幸福感的影响略微变大，这可能是由于全样本中含有部分未工作的个体。进一步考察没有工作的样本是否会受到最低工资制度的影响，回归结果发现最低工资制度并不会对无工作群体的幸福感产生任何作用。基于实验组和控制组分类的 DID 和 DID+Matching 的回归结果显示，最低工资涨幅较快的实验组比涨幅较慢的控制组感到幸福的可能性高；加入区县级和市级当期以及滞后期的宏观经济变量与政治竞争性因素后，最低工资制度对个体幸福感的影响变化不大。第三，在进一步的机制分析中，发现最低工资上涨能显著促进工资收入增加，对创业具有抑制作用，而工资收入的增加和更少的创业参与均对居民幸福感提高有促进作用。此外，本书还选取个体对政府各项公共服务的满意度作为因变量进行检验，结果发现最低工资上涨能促进个体对政府就业服务的满意度提高。这些机制分析均为本章结论提供了更多的解释和依据。第四，在异质性分析方面，基于个体特征的异质性分析的回归结果得出，最低工资制度对幸福感的提升作用在女性、低学历以及年轻群体和老年群体等职场相对弱势群体中更加显著，这部分群体也是受最低工资制度保障的主要群体。最低工资制度对低收入者、不稳定工作者、雇员和非创业群体的幸福感提升有显著作用。

1.3.2 研究创新

本书从中国最低工资制度的执行，最低工资标准的制定，家户视角下已婚女性和两代农民工的劳动参与、劳动力流动，企业视角下企业投资、引资、稳资、出口等方面入手考察最低工资标准上涨的影响，最后再从居民幸福感角度综合评价最低工资的效应，不论是在研究内容、研究数据还是在研究方法上均有一定的创新。

第一，本书的研究内容更全面，研究视角更独特，不论在理论层面还是在政策层面均具有创新性。就已有研究来看，国外有关最低工资的研究文献较多，研究历史也较长，但主要还是集中在讨论最低工资与就业的关系上，研究结论也相互对立，统一意见未能形成。有研究发现最低工资上涨会降低就业，但也有研究得出最低工资上涨将增加就业的结论（Card，1992；Katz and Krueger，1992；Card and Krueger，1995）。为解决研究分歧，许多理论研究从不同角度切入建模，如 Flinn（2006）试图从劳动力市场买方垄断的角度构建理论解释，Wessels（1997）针对快餐行业的工资特点进行重点分析，Rebitzer 和 Taylor（1995）从效率工资角度给出了可能性的解释。进入 21 世纪后，学者从更多的角度研究最低工资上涨的影响，新视角包括最低工资对工资分布（Lemos et al.，2004；Manning，2003；Neumark and Wascher，2007）、收入差距（Burkhauser and Sabia，2007；Sabia，2006）、青少年入学率（Neumark and Wascher，2003；Turner and Demiralp，2001）、在职培训（Acemoglu and Pischke，2003）、企业出口（Gan et al.，2016）、产品价格（Lemos，2006a；Fajnzylber，2001）、企业利润（Draca et al.，2006）、通货膨胀（Lemos，2006b）等的影响。国内研究选题大多来自欧美国家的已有研究，针对中国最低工资制度的制定与调整、居民知晓率、政府执行率的研究还较少。2010 年后，国内研究主要考察了最低工资对工资、就业的影响（孙中伟、舒玢玢，2011；罗小兰、丛树海，2009；丁守海，2010；Fang and Lin，2015；贾朋、张世伟，2012a；Huang et al.，

2020)，少量研究关注最低工资对企业在职培训（马双、甘犁，2014）、企业出口（孙楚仁等，2013a；Gan et al.，2016）、企业生产率（刘贯春等，2017）等的影响。

在现有文献的基础上，本书从五个独特视角进一步分析最低工资的影响。一是区别于现有文献从最低工资对工资的影响视角间接考察最低工资制度的执行情况（叶林祥等，2015），本书借助我国2000年以来的法律案件数据，直接考察最低工资标准上涨与劳动仲裁、劳动合同案件数之间的关系，探讨最低工资在现实中的执行效力，而最低工资执行效力的讨论在理论和实践层面有重要意义（Ashenfelter and Smith，1979；Grenier，1982；Yaniv，1988）。二是从居民劳动参与、跨区县流动视角考察最低工资标准上涨的影响。对居民劳动参与进行分析有助于综合讨论最低工资对工资、就业的影响（Wessels，2005），同时对我国目前老龄化、少子化带来的劳动力萎缩问题的解决也有很强的政策意义，特别是对两代农民工劳动参与差异的考察。政府可以借助对最低工资标准的调整，盘活劳动力资源存量，短期内抵消劳动力萎缩对经济的冲击。考察最低工资与居民跨区县流动关系，从理论上讲，有助于学者进一步认识最低工资对雇用、失业、失业率等影响的研究结论差异（Mincer，1976）。在没有人口流动的情况下，最低工资对雇用、失业、失业率的影响只是数学公式上的差异，但若存在人口流动，则情况完全不同，研究结论的差异与人口流动方向密切相关。三是基于企业视角，本书仔细考察了最低工资对出口的影响，包括对出口概率、出口额，以及出口产品结构和核心产品出口的影响。相比马双和邱光前（2016）的研究，本书采用“企业-产品-时间”和“企业-产品-出口市场-时间”等更高维度的数据发现了不同的结论，最低工资上涨对持续出口产品的激励效应大于成本效应，表现为最低工资上涨使得企业劳动生产率提高，从而促进了持续出口产品出口额的增加。对非核心产品，这一激励效应更加显著，随之而来的是非核心产品在现有出口目的国市场的出口额增长更快且出口占比增加。核心产品在现有出口目的国市场出口额增长较慢且出口占比下降，但在全球范围内，核心产品出口占比并未显著下降。原因可能是核心产品分销成本较低，虽然最低工资标准上涨对核心产品的激励效应较小，但其更容易出口到之前未出口的新增市场。四是基于人力资本投资视角考察了最低工资标准上涨的长期影响。一方面，最低工资标准上涨显著减少企业在职培训投入，抑制了人力资本提升；另一方面，最低工资标准上涨显著提高居民自评健康水平，促进教育投资，使人力资本水平提升。在需求端，基于智联招聘的数据也发现，最低工资标准上涨增加企业对员工的人力资本需求。综合来看，最低工资标准提高在长期助推人力资本水平提升。五是从居民福利水平的视角综合评估最低工资标准上涨的影响。虽然最低工资标准上涨降低居民就业率，减少企业在职培训，不利于企业投资和外资引进，但总体来看，其对居民幸福感的提升作用明显，正向效果超出负向效果。最低工资制度是国家干预工资分配并保障低收入劳动者基本生活的制度，是劳动者保障权益的重要工具，国家应结合中国实际，在进一步改进最低工资制度情况下，更积极地发挥最低工资制度的作用。

第二，数据创新。一方面，本书在研究中采用了五类独特的数据，支撑相关研究的推进。一是为具体掌握最低工资制度在现实中的执行情况，以中石油全国加油站为抽样框进行抽样，并对加油站的负责人和员工进行访谈，访谈的内容涉及受访者个体特征（如性别、年龄、受教育程度等），年收入和五险一金的购买情况，个人的加班加点信息，各加油站员工总数，合同工、市场化用工人数，受访者对最低工资的知晓程度（包括对最低工资制度的知晓度以及对本区县最低工资标准的知晓度），执法人员就最低工资制度执行的检查次数，以及加油站因违反最低工资制度而受到处罚的情况等。二是在 2017 年中国家庭金融调查中植入最低工资模块，收集居民关于最低工资知晓情况的信息，最终获得来自全国 29 个省（区、市）355 个区县 40011 户家庭的信息，不但具有全国代表性，而且具有省级代表性和副省级、重点城市代表性。三是 2011~2017 年全国 333 个市关于“最低工资”和“劳动仲裁”这两个关键词的百度搜索指数。百度搜索引擎作为重要的搜索工具，在国内搜索市场占据绝对优势地位，为居民了解各类相关信息提供了重要的技术支撑。“最低工资”关键词的搜索量一定程度上反映了居民对最低工资标准以及最低工资制度的相关信息需求。四是使用 8700 万条法律文书数据，从全国县级层面案件尤其是涉及劳动工资、社保等纠纷的案件发生情况入手，考察最低工资标准上涨与各类案件发生数的因果关系。数据来源于北京元素咨询有限公司的“元数+”企业数据实验室。五是 2015 年中国家庭金融调查与研究中心开展的中国小微企业调查（CMES）数据，调查对象为全国具有独立法人资格的小型企业、微型企业和家庭作坊式企业，总样本规模为12000余家，包括全国28个省（区、市）（除青海、新疆、西藏、港澳台）80个市/区/县240个街道的5601家法人小微企业，以及分布在全国各地的6500余家个体工商户，具有全国代表性。中国小微企业调查收集了企业的基本信息、人力资源、研发创新、融资、财务、税费、组织管理等各方面的微观数据，为本书研究提供了较好的数据支持。另一方面，本书还手工整理了2000~2019年各区县的最低工资标准数据，最大程度细化最低工资数据，相比已有文献（孙中伟、舒玢玢，2011；罗小兰、丛树海，2009；丁守海，2010；Fang and Lin，2015；贾朋、张世伟，2012a；Huang et al.，2020），可以进一步控制地市层面的差异，以及地市层面随时间变动的趋势，回归结果更稳健，回归偏差更小。

第三，研究模型创新。本书在因果关系的识别上与现有文献基本保持一致，即借助各区域最低工资随时间变动的增幅差异（孙中伟、舒玢玢，2011；罗小兰、丛树海，2009；Fang and Lin，2015；贾朋、张世伟，2012b；Huang et al.，2020），回归模型通过区域固定效应消除区域不随时间变化的水平差异，通过时间虚拟变量消除共同宏观因素的影响。微观个体只受政策的影响，很难影响政策的制定和调整，不同区域最低工资增长快慢相对微观家户个体或企业个体是比较外生的。但为使结论更加严谨，那些可能同时影响最低工资标准涨幅以及结果变量的因素也被加入回归模型（Huang et al.，2020，Gan et al.，2016），如市GDP或人均GDP、市就业率或失业率、通货膨胀率等，这些变量的遗漏也会带来回归偏差。现有文献的处理方法是尽可能加入这些变量，如Xing和Xu（2016）、马双等（2017）考虑了最低工资调整中的政治因素，Gan等（2016）考虑了GDP增长率，以及增长率的增长率等。与这些文献不同，本书从三个角度进行了模型改进。一是多采用区县层面的最低工资数据而非地市层面或者省级层面的最低工资数据，允许模型进一步加入地市虚拟变量与时间虚拟变量的交乘项，用以控制地市随时间的变化趋势，更好地捕捉地市随时间变化的因素，它们可以是观测的也可以是非观测的。二是借助最低工资标准调整的事实冲击，即借助最低工资标准的调整时点差异识别最低工资的影响。该识别是将最低工资的调整生成0-1变量，调整之后即为1，调整之前为0，通过事件分析法进行研究，有效规避最低工资调整面临的内生性问题。三是借助Card和Krueger（1994）的研究思路，寻找实验组和控制组背景相似的样本进行 DID 回归，如地域相近的广东省和福建省、湖南省和湖北省。该方法的好处是不需要直接控制同时影响最低工资标准涨幅以及结果变量的因素。为增加实验组和控制组的可比性，本书还沿着地理边界，采用边界附近的区县样本构建实验组和控制组。例如，考察最低工资影响企业出口行为部分，以福建省漳州市企业为控制组，以广东省潮州市、汕头市和揭阳市企业为实验组，构建 DID 回归模型。从计量方法上，将 PSM 与 DID 结合，根据实验组和控制组样本事前受政策影响的概率倾向进行配对，尽可能控制不同组别之间的个体差异。模型创新的第二个方面体现在将 Kyriazidou（1997）的两步法应用到面板数据中，相较传统的 Heckman 两步回归模型，该方法可以消除个体固定效应对选择概率以及特定行为的影响，这也是该方法首次应用到相关研究中。

第2章 中国最低工资的产生与发展

2.1 中国最低工资制度发展历程

中国的最低工资制度最早可以追溯到新中国成立后，但正式以法律制度出现还是在20世纪90年代初。1956年，中国工资制度改革开始推行，相关改革文件明确了工人的起始工资，也就是工资收入的最低额。早期的最低工资制度适用范围仅为国有企业员工，除此之外，个体户、私营企业的工人无法得到相关保障。1989年广东省广州市海珠区最先为企业制定了最低工资标准，执行最低工资保障制度。截至20世纪90年代初，中国员工的最低工资始终未能以法律形式确立。

为了适应社会主义市场经济发展的需要，尤其在1992年邓小平同志南方谈话后，根据《中共中央关于建立社会主义市场经济体制若干问题的决定》提出的“要在本世纪末初步建立适应社会主义市场经济的法律体系”的目标和任务，保障劳动者个人及其家庭成员的基本生活，促进劳动者素质的提高和企业公平竞争，1993年11月24日，劳动部（现为人力资源和社会保障部）颁布《企业最低工资规定》，以部门规章的形式首次明确提出了中国实行最低工资制度的要求。1994年7月5日，第八届全国人民代表大会常务委员会通过《劳动法》，其中，第四十八条明确规定，“国家实行最低工资制度。最低工资的具体标准由省、自治区、直辖市人民政府规定，报国务院备案。用人单位支付劳动者的工资不得低于当地最低工资标准”，正式确定了最低工资制度的法律地位。1994年10月8日，劳动部发布《关于实施最低工资保障制度的通知》，敦促各级部门力争在1995年1月1日《劳动法》实施前拟定出本地区最低工资标准，保证最低工资制度的顺利实施。

根据《1994年劳动事业发展年度公报》给出的数据，截至1994年底，全国（除港澳台，下同）共有13个地区正式发布了本地区的月最低工资标准。结合数据统计发现，最早发布最低工资标准的是上海市（1993年），随后北京、福建、海南和浙江也开始实施最低工资制度。1995年公布并执行最低工资制度的省（区、市）有安徽、广东、广西、贵州、河北、河南、黑龙江、湖北、湖南、吉林、江苏、江西、辽宁、内蒙古、宁夏、青海、山东、山西、陕西、四川、天津、新疆、云南。截至1995年底，全国仅甘肃、重庆和西藏未实行最低工资制度，其中甘肃和重庆在1996年、西藏在2004年才开始实施最低工资制度（见表2-1）。

表2-1　不同地区最低工资制度开始实施的年份

地区	年份
上海	1993
北京	1994
福建	1994
海南	1994
浙江	1994
安徽	1995
广东	1995
广西	1995
贵州	1995
河北	1995
河南	1995
黑龙江	1995
湖北	1995
湖南	1995
吉林	1995
江苏	1995
江西	1995
辽宁	1995
内蒙古	1995
宁夏	1995
青海	1995
山东	1995
山西	1995
陕西	1995

续表

地区	年份
四川	1995
天津	1995
新疆	1995
云南	1995
甘肃	1996
重庆	1996
西藏	2004

资料来源：笔者通过浏览各省份政府网站收集整理得到。

随着非公有制经济占比的持续增加，为适应新形势下经济社会发展的需要，劳动部于 2003 年 12 月 30 日通过《最低工资规定》，并于 2004 年 3 月 1 日起执行。相较于 1994 年的《企业最低工资规定》的六章 32 条，2004 年《最低工资规定》条文更少，仅 15 条，但在适用范围、调整次数、惩罚力度、调整因素、小时最低工资标准等方面均有所变化（见表 2-2）。

表 2-2　最低工资规定细则变动

	1994 年《企业最低工资规定》	2004 年《最低工资规定》
目的	为适应社会主义市场经济发展的需要，保障劳动者及其家庭成员基本生活、促进劳动者素质的提高和企业公平竞争	为了维护劳动者取得劳动报酬的合法权益，保障劳动者个人及其家庭成员的基本生活
适用对象	中国境内各种经济类型的企业以及在其中领取报酬的劳动者；乡镇企业是否适用本规定由省、自治区、直辖市人民政府决定	中国境内的企业、民办非企业单位、有雇工的个体工商户和与之形成劳动关系的劳动者
计算单位	最低工资率一般按月确定，也可按周、日或小时确定；各种单位时间的最低工资率可以互相转换	月最低工资标准适用于全日制就业劳动者；小时最低工资标准适用于非全日制就业劳动者
划分标准	不同区域和行业	不同行政区域
工资中合理扣减项	加班加点工资	加班加点工资
	中班、夜班、高温、低温、井下、有毒有害等特殊工作环境、条件下的津贴	中班、夜班、高温、低温、井下、有毒有害等特殊工作环境、条件下的津贴
	国家法律、法规和政策规定的劳动者保险、福利待遇	国家法律、法规和政策规定的劳动者保险、福利待遇
正常工作	因探亲、结婚、直系亲属死亡按照规定休假期间，以及依法参加国家和社会活动	增加带薪年休假、生育（产）假、节育手术假

续表

	1994 年《企业最低工资规定》	2004 年《最低工资规定》
企业违反规定惩罚	限期补发工资；根据欠付工资时间的长短向劳动者支付 20%～100%的赔偿金	限期补发所欠劳动者工资，并可责令其按所欠工资的 100%～500%支付劳动者赔偿金
调整频率	每年最多调整一次	每两年至少调整一次

第一，从最低工资制度文件所用题目看，1994 年出台的文件是《企业最低工资规定》，而 2004 年的文件为《最低工资规定》，取消了适用主体中企业的限制。1994 年《企业最低工资规定》包含各种经济类型的企业及向其领取报酬的劳动者，而乡镇企业是否适用需由省、自治区、直辖市人民政府决定。2004 年《最低工资规定》将民办非企业单位、有雇工的个体工商户也纳入适用范围。

第二，最低工资调整频率从 1994 年每年不超过一次，改为 2004 年的至少每两年调整一次，前者着眼于调整频次的上限，后者规定了调整频次的下限。

第三，企业违反最低工资规定的，由当地政府劳动行政主管部门责令其限期补发所欠劳动者工资，赔偿金从所欠工资的 20%～100%调整为 100%～500%，赔偿标准提高。但 2004 年的文件中，劳动行政主管部门的执法边界更模糊，具体表现在文件并未对各种违规情况作进一步规定。

第四，2004 年《最低工资规定》规定最低工资调整不再考虑劳动生产率，并补充城镇居民消费价格指数、职工个人缴纳的社会保险费和住房公积金等调整因素。

第五，1994 年的《企业最低工资规定》提出了不同经济发展区域和行业可以确定不同的最低工资标准，允许行业最低工资标准存在差异，但 2004 年《最低工资规定》仅允许不同行政区域有不同的最低工资标准。2005～2011 年，山西省执行了中国唯一的行业最低工资标准。山西省煤矿企业多，由于井下职工劳动强度大、职业危害大的特点，2005 年山西省人民政府办公厅发布《山西省煤矿井下从业人员最低工资标准的通知》，规定井下采掘人员月最低工资标准为 1200 元，井下辅助人员月最低工资标准为 1000 元，同年山西省最低工资标准最高档为 520 元。2012 年，山西停止发布煤矿井下从业人员最低工资标准。除 2005～2011 年出现的山西煤矿井下从业人员最低工资标准外，中国始终以单一的地区维度制定最低工资标准。

第六，1994 年《企业最低工资规定》第八条规定最低工资率一般按月确定，也可按周、日或小时确定。各种单位时间的最低工资率可以相互转换，小时最低工资标准可由当地月最低工资标准除以21.75天，再除以8小时计算得出。而2004年《最低工资规定》规定月最低工资适用于全日制就业劳动者，小时最低工资标准适用于非全日制就业劳动者，月最低工资标准与小时最低工资标准不再要求相互转换，可以存在差异。

关于最低工资标准的制定主体，1994年文件与2004年文件基本一致，即省、自治区、直辖市人民政府会同同级工会、企业联合会/企业家协会研究制定。由于我国地区经济发展不平衡，工资水平、物价水平、人民生活水平差距大，并没有制定出一个全国统一的最低工资标准。用人单位支付给员工的工资应高于当地的最低工资标准，但应是扣减必要项目后的工资。具体来看，扣减项目包括三方面的内容：一是延长工作时间的工资；二是中班、夜班、高温、低温、井下、有毒有害等特殊环境、条件下的津贴；三是国家法律、法规和政策规定的劳动者保险、福利待遇。

2004年《最低工资规定》使得最低工资标准的覆盖范围增大、调整频率提高、违规惩罚力度加大。截至2004年，我国31个省（区、市）均建立了最低工资制度。2007年，劳动和社会保障部发布《关于进一步健全最低工资制度的通知》，强调根据本地区经济发展水平、职工平均工资、城镇居民消费价格指数和就业状况等相关因素变化情况，及时提出调整月最低工资标准和小时最低工资标准的方案。现行最低工资标准档次偏多的地区，要进行合理归并，适当减少不同行政区域的最低工资标准档次。2008年的《劳动合同法》第十条规定，建立劳动关系，应当订立书面劳动合同；第二十条规定，劳动者在试用期的工资不得低于本单位相同岗位最低档工资或者劳动合同约定工资的百分之八十，并不得低于用人单位所在地的最低工资标准。这是为了有效防止企业以试用期为由支付低于最低工资标准的工资。至此，最低工资的相关政策已基本稳定。

2.2　中国最低工资制度的基本框架

2.2.1　最低工资标准的制定主体

根据1994年《企业最低工资规定》，最低工资率的确定实行政府、工会、企业三方代表民主协商原则。具体来讲，是由省、自治区、直辖市人民政府劳动行政主管部门会同同级工会与企业家协会研究确定。在2004年的《最低工资规定》中，制定主体增加企业联合会，省、自治区、直辖市人民政府劳动行政主管部门可以在企业家协会和企业联合会中二选一。省、自治区、直辖市人民政府劳动行政主管部门必须将制定的最低工资标准及制定的依据、详细说明和最低工资标准的适用范围上报国务院劳动行政主管部门备案，国务院劳动行政主管部门在接到备案后，需要会同全国总工会和全国企业家协会进行研究，并对不妥之处提出变更意见。省、自治区、直辖市人民政府劳动行政主管部门25日内未接到变更意见或者接到变更意见并做出修改调整后，需将制定的最低工资标准报省、自治区、直辖市人民政府批准。最低工资标准制定过程中，省、自治区、直辖市人民政府劳动行政主管部门、人民政府以及国务院，包括同级工会、企业家联合会等，均不同程度参与，各级官员在最低工资标准的制定中均发挥不同的作用（见图2-1）。具体实践中，全国基本由省、自治区、直辖市人民政府制定最低工资标准，仅少数几个地级市单独确定该市的最低工资标准，如深圳市、厦门市。由于各省（区、市）内各地区经济发展水平存在差异，省、自治区、直辖市人民政府在制定最低工资标准时往往会给出多档最低工资标准，由各地市或区县进行自主选择。如2009年，新疆确定了9档最低工资标准，广东和黑龙江确定了7档最低工资标准。

省、自治区、直辖市人民政府劳动行政主管部门负责提出调整最低工资标准的建议，再由省、自治区、直辖市人民政府批准实施。如1994年的《北京市最低工资规定》提出，“市劳动局根据……变动情况，商有关部门后，可以提出调整本市最低工资标准的意见，报市人民政府批准后发布实施”。

2.2.2 最低工资标准的扣减项

中国劳动者报酬具有多种形态。具体地，工资总额包括6部分内容，即计时工资、计件工资、奖金、津贴和补贴、加班加点工资以及特殊情况下支付的工资。最低工资标准的内涵和外延对最低工资制度的执行至关重要。根据1994年《企业最低工资规定》，下列各项不作为最低工资的组成部分。一是加班加点工作的工资，即延长工作时间的工资；二是中班、夜班、高温、低温、井下、有毒有害等特殊工作环境、条件下的津贴；三是国家法

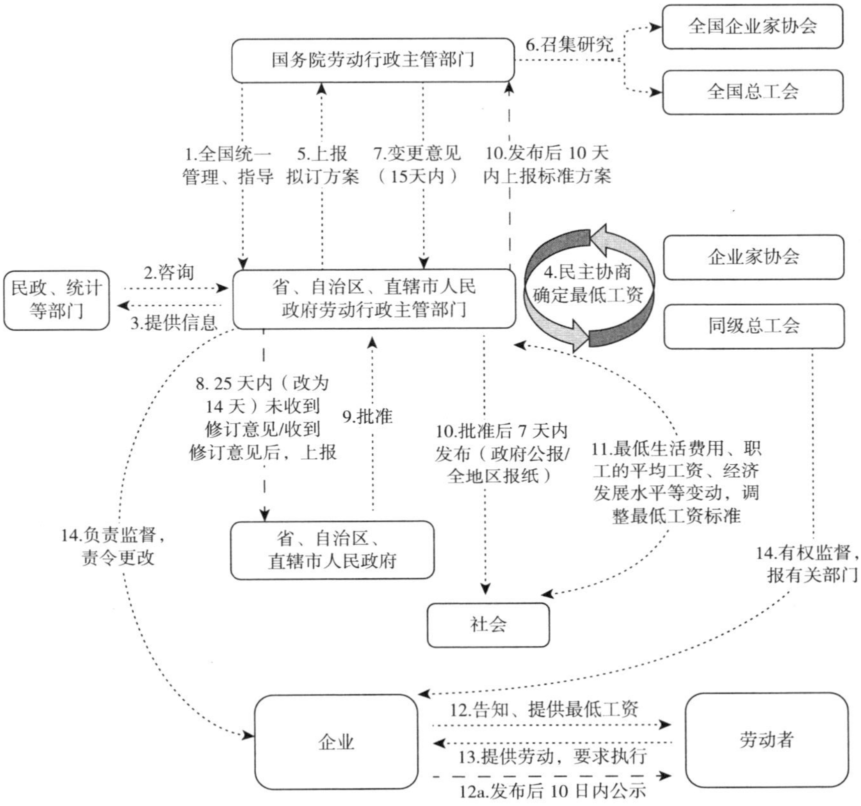

图 2-1　最低工资制度涉及主体关系

注：— — ➤为 2004 年变更情况

律、法规和政策规定的劳动者保险、福利待遇。根据《劳动部关于实施最低工资保障制度的通知》要求，用人单位通过补贴伙食、住房等支付给劳动者的非货币性收入也不作为最低工资的组成部分。虽然国家层面有统一的指导文件，但不同省（区、市）最低工资标准的扣减项还是存在细微差异。比如，根据 2018 年《四川省人民政府关于调整全省最低工资标准的通知》，最低工资标准包含劳动者个人缴纳的社会保险费和住房公积金，但根据《北京市人力资源和社会保障局关于调整北京市 2019 年最低工资标准的通知》，北京市最低工资标准在执行过程中，不包括劳动者个人应缴纳的各项社会保险费和住房公积金（最低缴费额）。《广东省企业职工最低工资规定》中明确要求，最低工资中不包含夜餐费。

2.2.3 最低工资标准的公布

根据1994年《企业最低工资规定》要求，省、自治区、直辖市人民政府劳动行政主管部门在政府批准后7日内，在当地政府公报和至少一种全地区性报纸上发布最低工资标准。各市应当在至少一种地区性报纸和电台、电视台上进行公布。2004年《最低工资规定》还提出，用人单位应在最低工资标准发布后10日内将该标准向本单位全体劳动者公示。

2.2.4 最低工资制度的执行及违反后的纠正和惩罚措施

《最低工资规定》和《劳动法》都明确要求，在劳动者提供正常劳动的情况下，用人单位应支付给劳动者的工资不得低于当地最低工资标准。为保障最低工资制度的执行，县级以上地方人民政府劳动保障行政部门负责对本行政区域内用人单位的执行情况进行监督、检查。各级工会组织有权对最低工资执行情况进行监督，如果发现用人单位支付给劳动者的工资低于最低工资标准，有权要求当地劳动保障行政部门进行处理。任何组织和个人都有权检举和控告违反最低工资规定的行为。对违反最低工资规定的，县级以上人民政府劳动保障行政部门可以根据违反情况，责令企业和责任人向劳动者限期补发最低工资差额，支付赔偿金，对拒不改正的进行经济处罚。1994年，劳动部印发《工资支付暂行规定》，对工资支付形式做出规定，避免企业混淆工资的各个组成部分，规避最低工资制度的约束。具体地，《工资支付暂行规定》要求，用人单位在支付工资时应向劳动者提供一份其个人的工资清单。

2.2.5 最低工资标准的测算方法

根据2004年《最低工资规定》给出的附件材料，最低工资标准的测算应当考虑六大类因素，即城镇居民生活费用支出、职工个人缴纳社会保险费、住房公积金、职工平均工资、失业率、经济发展水平等因素。不同省（区、市）可能还考虑了不同因素，如广东省明确要求还应考虑物价消费指数以及劳动生产率的水平。这些因素是最低工资调整过程中的一些主要参考因素，有些容易测算，如职工平均工资、消费价格指数、职工个人缴纳社会保险费、住房公积金等，但有些较难测度，包括经济发展水平、劳动生产力水平等，不同的学者也有不同的测算方法。最低工资标准的测算方法通常有两种，即比重法和恩格尔系数法。前者指按照贫困户（按一定比例确定）人均生活费用支出水平，乘以赡养系数得到；而后者指根据相关数据计算出最低食物支出标准，然后除以恩格尔系数，再乘以赡养系数得到。

2.3　中国最低工资标准统计

1993 年劳动部颁布《企业最低工资规定》。1993 年 6 月 1 日上海最先发布最低工资标准（210 元/月），1994 年北京、浙江、福建、海南陆续发布最低工资标准。1995 年又有大批省份加入最低工资标准执行行列，1996 年重庆、甘肃加入。实施之初，最低工资只是在部分城市和地区得到执行，1995 年全国约 130 个城市采用该政策。2004 年，随着《最低工资规定》的实施，西藏首次发布最低工资标准，至此全国有 31 个省（区、市）建立最低工资制度。2004 年，除黑龙江、湖北、吉林、山东、陕西、福建外，有 25 个省（区、市）上调了最低工资标准。2008 年《劳动合同法》的施行加大了对企业执行最低工资标准的监管力度，同年除四川、海南、贵州、河南、辽宁、安徽、吉林、江苏、江西、宁夏、福建外，全国有 20 个省（区、市）进行了上调。但为应对 2008 年的金融危机，2009 年人力资源和社会保障部要求各省级政府暂缓上调最低工资标准，31 个省（区、市）均未上调。随着经济的复苏，2010 年全国除重庆外，有 30 个省（区、市）上调最低工资标准，平均上调幅度为 24.4%，最高的为四川，相较上一调整年增长了 46.6%，最低的是天津，相较上一调整年增长了 12.2%。

最低工资标准调整频率从 1994 年《企业最低工资规定》的每年最多调整一次变为 2004 年《最低工资规定》的每两年至少调整一次，各省级部门积极调整最低工资标准。根据收集整理的数据，表 2-3 给出了 31 个省（区、市）最低工资标准自公布以来的调整次数、调整频率、调整幅度及 2019 年的最低工资标准。从表 2-3 可以看到，上海市从 1993 年第一次发布最低工资标准开始，截至 2019 年共调整 26 次，除 1999 年调整 2 次、2009 年没有调整外，其他年份均做一次调整，平均 1 年调整一次最低工资标准。河北省最低工资标准 1995~2019 年调整 14 次，平均 1.71 年调整一次。广东省（不含深圳）从 1995 年 1 月 1 日第一次发布最低工资标准开始，截至

2019年共调整最低工资标准12次，平均2年调整一次。除西藏外，调整频率最低的是黑龙江省和青海省，从1995年第一次发布最低工资标准至2019年，共调整9次，平均2.67年调整一次。全国31个省（区、市）平均1.88年调整一次最低工资标准。从累计涨幅上看，上海市最低工资标准累计涨幅最大，为1081%，年均涨幅9.96%；涨幅最小的为西藏，从2004年以来，累计涨幅233%，年均涨幅8.36%。

表2-3　全国31个省（区、市）调整情况（取最低工资标准最高档）

省（区、市）	首发年份	首发标准（元/月）	最低工资标准（元/月）（2019年）	累计调整次数（次）	调整频率（年/次）	累计调整幅度（%）	年均调整幅度（%）
山东	1995	170	1910	15	1.60	1024	10.60
河南	1995	170	1900	12	2.00	1018	10.58
上海	1993	210	2480	26	1.00	1081	9.96
河北	1995	180	1900	14	1.71	956	10.32
北京	1994	210	2200	25	1.00	948	9.85
四川	1995	180	1780	13	1.85	889	10.02
重庆	1996	190	1800	12	1.92	847	10.27
内蒙古	1995	180	1760	13	1.85	878	9.97
天津	1995	210	2050	20	1.20	876	9.96
浙江	1994	200	2010	16	1.56	905	9.67
江苏	1995	210	2020	18	1.33	862	9.89
贵州	1995	190	1790	13	1.85	842	9.80
吉林	1995	190	1780	13	1.85	837	9.77
甘肃	1996	180	1620	10	2.30	800	10.02
宁夏	1995	180	1660	12	2.00	822	9.70
云南	1995	185	1670	13	1.85	803	9.60
陕西	1995	200	1800	14	1.71	800	9.59
湖南	1995	190	1700	17	1.41	795	9.56
江西	1995	190	1680	11	2.18	784	9.51
湖北	1995	200	1750	10	2.40	775	9.46
辽宁	1995	210	1810	11	2.18	762	9.39
山西	1995	200	1700	14	1.71	750	9.33

续表

省（区、市）	首发年份	首发标准（元/月）	最低工资标准（元/月）（2019 年）	累计调整次数（次）	调整频率（年/次）	累计调整幅度（%）	年均调整幅度（%）
黑龙江	1995	200	1680	9	2.67	740	9.27
广西	1995	200	1680	12	2.00	740	9.27
新疆	1995	180	1441	13	1.85	701	9.05
青海	1995	190	1500	9	2.67	689	8.99
安徽	1995	198	1550	12	2.00	683	8.95
福建	1994	225	1700	16	1.56	656	8.43
广东	1995	320	2100	12	2.00	556	8.15
海南	1994	280	1670	13	1.92	496	7.40
西藏	2004	495	1650	5	3.00	233	8.36

资料来源：通过浏览地方政府网站、阅读地方政策法规和统计公报等搜集整理，下表同。

从 2004 年前后来看，2004 年后政府调整最低工资标准的频率明显增加，频率最高的如上海、北京每年调整一次，频率较低的如黑龙江也 2.50 年调整一次。除黑龙江和西藏之外，其余 29 省（区、市）均满足《最低工资规定》的要求，每两年至少调整一次。相比 2004 年及以后，2004 年以前大部分省份最低工资标准调整时间均超出两年，最长的为青海省，每 8.00 年调整一次最低工资标准，最短的是北京市，每 0.90 年调整一次。从年均增幅上看，2004 年及以后，最低工资标准年均增幅显著高于 2004 年前的增幅（见表 2-4）。

表 2-4　2004 年前后全国 31 个省（区、市）最低工资标准调整情况对比

省（区、市）	2004 年前					2004 年及以后				
	调整次数（次）	调整频率（年/次）	调整幅度（元/月）	累计调整幅度（%）	年均增长率（%）	调整次数（次）	调整频率（年/次）	调整幅度（元/月）	累计调整幅度（%）	年均增长率（%）
山东	4	2.00	240	141	11.63	11	1.36	1500	366	10.80
河南	2	4.00	120	71	6.90	10	1.50	1610	555	13.35
河北	4	2.00	170	94	8.67	10	1.50	1550	443	11.94
重庆	4	1.75	130	68	7.73	8	1.88	1480	463	12.20
甘肃	1	7.00	100	56	6.52	9	1.67	1340	479	12.41
四川	5	1.60	160	89	8.27	8	1.88	1440	424	11.67

续表

省（区、市）	2004年前					2004年及以后				
	调整次数（次）	调整频率（年/次）	调整幅度（元/月）	累计调整幅度（%）	年均增长率（%）	调整次数（次）	调整频率（年/次）	调整幅度（元/月）	累计调整幅度（%）	年均增长率（%）
内蒙古	3	2.67	150	83	7.87	10	1.50	1430	433	11.81
上海	11	0.91	360	171	10.50	15	1.00	1910	335	10.30
天津	7	1.14	270	129	10.89	13	1.15	1570	327	10.16
江苏	7	1.14	330	157	12.53	11	1.36	1480	274	9.19
北京	10	0.90	285	136	10.00	15	1.00	1705	344	10.46
贵州	3	2.67	160	84	7.94	10	1.50	1440	411	11.49
吉林	5	1.60	170	89	8.32	8	1.88	1420	394	11.24
宁夏	3	2.67	170	94	8.67	9	1.67	1310	374	10.94
浙江	5	1.80	320	160	11.20	11	1.36	1490	287	9.43
云南	3	2.67	175	95	8.68	10	1.50	1310	364	10.77
陕西	3	2.67	120	60	6.05	11	1.36	1480	463	12.20
湖南	6	1.33	210	111	9.75	11	1.36	1300	325	10.13
江西	2	4.00	60	32	3.49	9	1.67	1430	572	13.54
湖北	2	4.00	200	100	9.05	8	1.88	1350	338	10.34
辽宁	2	4.00	110	52	5.41	9	1.67	1490	466	12.25
山西	3	2.67	140	70	6.86	11	1.36	1360	400	11.33
黑龙江	3	2.67	190	95	8.71	6	2.50	1290	331	10.23
广西	3	2.67	140	70	6.86	9	1.67	1340	394	11.24
新疆	4	2.00	280	156	12.44	9	1.67	981	213	7.91
青海	1	8.00	70	37	4.00	8	1.88	1240	477	12.39
安徽	4	2.00	172	87	8.13	8	1.88	1180	319	10.02
福建	7	1.29	175	78	6.60	9	1.67	1300	325	10.13
西藏	—	—	—	—	—	5	3.00	1155	233	8.36
广东	4	2.00	190	59	6.00	8	1.88	1590	312	9.89
海南	4	2.25	170	61	5.41	9	1.67	1220	271	9.14

表2-5的A部分以5年为时间段计算全国及部分省（市）最低工资标准增长幅度。我们可以看到，1995~2019年，每5年名义最低工资标准都有大幅度上涨。政策实施初期以及受2008年金融危机影响，1995~1999年及2005~2009年两个时期最低工资增长幅度较小，如广东增长幅度分别为40.63%、25.73%。2010~2014年，全国最低工资增长幅度最大。1995~2019年，全国名义最低工资增长了755%。

表 2-5　以最低工资标准最高档计算的增幅

单位：%

全国及代表省（市）	时期					
	(1)	(2)	(3)	(4)	(5)	(6)
	1995～1999 年	2000～2004 年	2005～2009 年	2010～2014 年	2015～2019 年	累计增幅
A 部分：名义增长率						
上海	37.04	42.70	39.13	62.50	22.77	819
北京	33.33	32.28	37.93	62.50	27.91	947
四川	22.22	66.67	28.89	64.71	18.67	889
天津	66.67	51.43	38.98	82.61	10.81	876
广东	40.63	52.00	25.73	40.91	10.82	556
贵州	36.84	53.85	62.50	50.60	11.88	842
黑龙江	62.50	20.00	74.36	31.82	13.51	740
全国	43.83	44.93	43.35	59.59	16.93	755
B 部分：实际增长率（以 1995 年为基期）						
上海	12.44	-0.28	-9.92	18.69	-5.01	35.34
北京	19.62	-7.56	-10.70	18.69	-1.04	36.52
四川	-12.28	16.47	-16.55	20.30	-8.19	59.61
天津	4.67	5.82	-10.02	33.37	-14.27	39.24
广东	0.93	6.22	-18.60	2.92	-14.26	49.66
贵州	-1.79	7.51	5.21	10.00	-13.44	71.60
黑龙江	16.63	-16.14	12.88	-3.72	-12.17	51.63
全国	2.68	1.28	-7.19	16.56	-9.53	56.62

表 2-5 的 B 部分以 1995 年为基期，计算剔除通货膨胀后的最低工资增幅，发现相较最低工资制度提出时施行的最低工资标准，现行最低工资呈上涨趋势，全国最低工资标准上涨 56.62%。同时应注意到，2015～2019 年最低工资标准不增反降，其中黑龙江、贵州、广东以及天津降幅达到 10%以上，这可能与其调整频率下降有关。

表 2-6 给出全国 31 个省（区、市）最低工资标准分档情况。2004 年全国 31 个省（区、市）最低工资平均档数为 3.97 档，其中有 8 个省（区）最低工资标准分 5 档及以上，新疆最多，分 9 档；广东、黑龙江次之，分 7

档；仅上海、北京只有 1 档。2007 年劳动和社会保障部发布《关于进一步健全最低工资制度的通知》，强调现行最低工资标准档次偏多的地区，要进行合理归并，并适当减少不同行政区域的最低工资标准档次。2010 年 31 个省（区、市）平均档数为 3.61 档。2019 年 31 个省（区、市）平均档数为 3.06 档，其中 13 个省（区）有 4 档。除北京、上海外，天津（2008 年）、西藏（2015 年）、青海（2017 年）先后调整为 1 档。各省（区、市）根据自身发展情况进行合理调整，最低工资档数整体上呈缩减趋势。

表 2-6 31 个省（区、市）最低工资标准分档情况

单位：档

省（区、市）	2004 年	2010 年	2019 年	省（区、市）	2004 年	2010 年	2019 年
上海	1	1	1	安徽	5	4	3
北京	1	1	1	黑龙江	7	8	3
天津	2	1	1	辽宁	3	3	4
西藏	3	3	1	甘肃	3	4	4
青海	4	3	1	吉林	3	4	4
重庆	4	3	2	内蒙古	3	4	4
宁夏	3	3	3	河北	3	4	4
贵州	3	3	3	江苏	4	3	4
河南	3	3	3	山西	4	4	4
云南	3	3	3	浙江	4	4	4
海南	3	3	3	湖北	5	4	4
陕西	4	4	3	福建	6	4	4
广西	4	4	3	湖南	6	5	4
四川	4	4	3	广东	7	5	4
江西	4	5	3	新疆	9	5	4
山东	5	3	3	均值	3.97	3.61	3.06

除此之外，我国台湾地区从 1956 年就公布最低工资标准。香港特区立法会于 2010 年 7 月 17 日通过了《最低工资条例》，并于 2011 年 5 月 1 日起实施，这是香港首个法定最低工资制度条例。澳门特区政府于 2016 年执行《物业管理业务的清洁及保安雇员的最低工资》，仅涉及特定行业。立法会 2020 年 4 月 16 日通过《雇员的最低工资》法案，明确了澳门首个法定全面最低工资。法案给出月、周、日、时最低工资标准建议，月最低工资标准

为 6656 澳门元，周最低工资标准为 1536 澳门元，日最低工资标准为 256 澳门元，时最低工资标准为 32 澳门元。《雇员的最低工资》法案将从 2020 年 11 月 1 日起生效，每两年调整一次。

2.4 中国最低工资标准的地区比较

中国最低工资标准由各省（区、市）政府根据自身经济情况自行制定，因此一个显著的特点是，各地最低工资标准存在一定差异，主要体现在最低工资的水平不同、分档情况不同、组成部分不同。最低工资分档情况如上一节所述，本部分主要讨论最低工资水平及其组成部分。

文献中通常采用最低工资占平均工资的比例，考察最低工资水平。以 2018 年为例，基于国家统计局 2018 年各城镇职工平均工资，计算最低工资占比情况，如表 2-7 所示。31 个省（区、市）最低工资占平均工资的比例集中在 25%上下，最高为河南 32.13%，最低为西藏，仅 17.07%。经济发达的省（市），如北京、上海、广东，最低工资占职工平均工资的比例分别为 17.45%、20.68%、21.51%。这些省（市）最低工资绝对值虽然较高，但由于城镇职工平均工资更高，所以最低工资的相对水平仍较低。

表 2-7 2018 年中国 31 个省（区、市）最低工资占城镇平均工资比例

单位：%

省（区、市）	比例	省（区、市）	比例	省（区、市）	比例
西藏	17.07	福建	23.45	内蒙古	26.13
北京	17.45	浙江	23.48	江苏	26.33
新疆	18.15	贵州	23.66	江西	26.38
上海	20.68	宁夏	23.73	河北	26.50
安徽	20.89	广西	24.12	黑龙江	26.82
青海	21.08	天津	24.42	吉林	27.07
广东	21.51	辽宁	24.55	山东	27.83
湖南	21.73	海南	25.10	山西	27.85
重庆	22.24	陕西	25.40	河南	32.13
云南	22.32	四川	25.67		
湖北	22.41	甘肃	25.73		

注：国家统计局公布的城镇职工平均工资最早为 2018 年，因此只能计算 2018 年最低工资占比。

最低工资的组成部分常被忽略，但却显著影响最低工资的“含金量”。2004 年《最低工资规定》第十二条明确，在劳动者提供正常劳动的情况下，用人单位应支付给劳动者的工资在剔除下列各项以后，不得低于当地最低工资标准：一是延长工作时间的工资；二是中班、夜班、高温、低温、井下、有毒有害等特殊工作环境、条件下的津贴；三是国家法律、法规和政策规定的劳动者保险、福利待遇等。《最低工资规定》并未明确劳动者福利待遇的范畴，部分地方政府就此方面有进一步的详细规定，如 2006 年《陕西省最低工资规定》第四条第三项指出，最低工资不包括劳动者社会保险费用、职工住房公积金以及劳动者的福利费用、劳动保护费用、职工教育费用、用人单位与劳动者解除劳动关系支付的一次性补偿费用等；2018 年《云南省人力资源和社会保障厅关于调整最低工资标准的通知》指出，最低工资标准，包括按规定应由劳动者个人缴纳的基本养老保险费、失业保险费、基本医疗保险费和住房公积金。2019 年，北京、上海、海南、河南、山西、安徽、湖南、陕西 8 个省（市）最低工资不包含社会保险和住房公积金，四川、重庆、广西最低工资包含社会保险和住房公积金，贵州、新疆①、云南、内蒙古最低工资包含三险一金，江西、宁夏最低工资包含社会保险，江苏最低工资不包含住房公积金，其余省（区、市）没有做具体说明。表 2-8 给出了 2019 年 31 个省（区、市）最低工资组成情况及其现行最低工资标准，可以看出，北京、上海等地剔除社会保险和住房公积金后的最低工资“含金量”最高。各地最低工资标准是否包含个人缴纳的社会保险费和住房公积金存在差异，各地最低工资标准口径有所不同，很难进行比较。

表 2-8　2019 年 31 个省（区、市）最低工资组成情况

单位：元/月

省（区、市）	最低工资	省（区、市）	最低工资	省（区、市）	最低工资
不包含社会保险和住房公积金		包含社会保险和住房公积金		没有说明	
上海	2480	重庆	1800	天津	2050
北京	2200	广西	1800	浙江	2010

① 新疆还公布了不包含三险一金的最低工资。

续表

省（区、市）	最低工资	省（区、市）	最低工资	省（区、市）	最低工资
河南	1900	四川	1780	山东	1910
陕西	1800			河北	1900
山西	1700			辽宁	1810
湖南	1700			福建	1800
海南	1670			吉林	1780
安徽	1550			湖北	1750
				青海	1700
不包含住房公积金		包含社会保险		黑龙江	1680
江苏	2020	江西	1680	西藏	1650
		宁夏	1660	甘肃	1620
不包含三险一金		包含三险一金			
新疆	1441	新疆	1820		
		贵州	1790		
		内蒙古	1760		
		云南	1670		

第 3 章　最低工资制度的国际比较

最低工资制度在各国的实施历程不同、制度内容不同，产生的经济后果也存在差异。梳理欧美主要国家最低工资制度的发展历程以及对比中国和欧美国家最低工资制度的差异有助于我国政府全面认识最低工资制度的内核以及预测不同制度设计可能产生的后果，从而打破对最低工资制度的固有认知，拓宽制度设计思路，为我国最低工资制度的后续制定、调整和完善提供有益的参考。

3.1　国外最低工资制度的产生与发展概述

从全球来看，最低工资制度最早可以追溯到十九世纪末。1894 年，新西兰出台了《产业调解仲裁法》，以对最低工资方面的争议进行具有法律约束力的裁定。1907 年澳大利亚的《收割机决定》规定了公平和合理的工资标准，以满足工人及其家庭的需要。1909 年，为保护不同行业工人，英国贸易局主席丘吉尔建立了一套工资制度。随后，欧洲其他国家也开始尝试建立最低工资制度（卢小波，2016），如法国（1915 年）、挪威（1918 年）、奥地利（1918 年）、捷克斯洛伐克（1919 年）、德国（1923 年）、西班牙（1926 年）、比利时（1934 年）。美国马萨诸塞州、加拿大阿尔伯塔省分别在 1912 年和 1917 年建立了各自的最低工资制度，是美洲最早制定最低工资制度的地区或国家。1918 年阿根廷颁布《家庭工作法》，对工人实施最低工资保护。相比欧美发达国家，亚洲的最低工资制度发展起步较晚。1948 年，印度《最低工资法》为不同行业和不同工作环境制定最低工资标准。1947 年，日本颁布了《劳动标准法》，规定了最低工资，但直到 1959 年才作为一项具体措施得以颁布执行。1994 年，南非为合同清洁工实行最低工资制度（Bhorat et al.，2013）。

最低工资制度在发展初期在各国的覆盖范围仅限于部分群体，如美国（1912 年）最低工资制度仅适用妇女和未成年人，英国（1909 年）最低工资制度适用范围仅限 4 个产业，法国（1915 年）最低工资制度仅适用纺织行业的家庭工人。国际劳工组织不断推动最低工资制度发展，1926 年国际劳工组织全体大会通过《制定最低工资确定办法公约》，要求“凡批准本公约的国际劳工组织会员国，承允制订或维持一种办法，以便能为那些在无从用集体协议或其他方法有效规定工资且工资特别低廉的若干种行业或其部分（特别在家中工作的行业）中工作的工人，确定最低工资率”。

3.2　典型发达国家最低工资制度

本部分尝试以澳大利亚、英国、法国、德国、美国、加拿大、韩国和日本的最低工资制度进行典型分析，尝试从这些国家最低工资制度的发展、历年最低工资调整情况入手讨论典型发达国家最低工资制度的特点。

3.2.1　澳大利亚最低工资制度

由于 19 世纪 90 年代经济衰退加剧了劳资矛盾，1891 年南澳大利亚认为需要设立“对整个英联邦具有管辖权的调解和仲裁法院，以解决工业争端”。维多利亚工资委员会根据《工厂和商店法》制定第一个最低工资标准，即每周两先令六便士。从 1913 年起，最高法院开始根据物价的变化调整生活工资，即基本工资。1966 年，基本工资被成年男性的最低工资取代。1972 年，最低工资适用范围扩大到成年妇女。1997 年 4 月，澳大利亚工业关系委员会采用了新的联邦最低工资，并为全职成年员工制定每周 359.4 澳元的最低工资，即联邦最低工资。联邦最低工资覆盖范围逐步扩大到除西澳外的独资贸易商、合伙企业和其他非法人实体。2007 年、2008 年、2010~2019 年澳大利亚均对最低工资进行了调整。

表 3-1 给出了 2007~2019 年澳大利亚最低工资标准及其增长情况。可以看到，澳大利亚最低工资调整幅度在 2.37%~4.82%（2009 年未调整）。除小时最低工资标准外，澳大利亚还公布了周最低工资标准，每周最多工作 38 小时，多出的按加班时间计算。澳大利亚最低工资制度具有如下特点。第一，联邦最低工资由公平工作委员会制定，公平工作委员会由雇主代表、

雇员代表及各级政府代表组成。第二，联邦最低工资适用于大部分雇员，全国最低工资主要适用于不受现代裁定待遇制度和企业协议保护的雇员。第三，州劳资关系部在联邦最低工资基础上，根据地区、行业、经验和资历等裁定不同最低工资标准、未成年员工工资、残疾员工工资、培训员工工资及特殊岗位津贴和计件工资。第四，在联邦最低工资标准基础上，澳大利亚还执行州、行业最低工资标准。第五，除小时最低工资标准之外，澳大利亚还执行周最低工资标准。第六，联邦最低工资标准的涨幅总体在3%左右，很少出现10%以上的调整幅度。调整也较为频繁，每1~2年至少调整一次最低工资标准。第七，企业违反联邦最低工资标准，以行政罚款为主。

表 3-1　2007~2019 年澳大利亚历年最低工资标准

单位：澳元,%

年份	小时最低工资	周最低工资	小时最低工资增长率（相比上一年）
2007	13.74		
2008	14.31	543.78	4.15
2009	14.31	543.78	0.00
2010	15.00	569.90	4.82
2011	15.51	589.30	3.40
2012	15.96	606.40	2.90
2013	16.37	622.20	2.57
2014	16.87	640.90	3.05
2015	17.29	656.90	2.49
2016	17.70	672.70	2.37
2017	18.29	694.90	3.33
2018	18.93	719.20	3.50
2019	19.49	740.80	2.96

资料来源：澳大利亚公平工作委员会官网，https://www.fwc.gov.au/。

3.2.2　英国最低工资制度

1909 年英国贸易委员会要求工资委员会为不同的行业设定最低工资，一直持续到 1993 年（Kronenberg et al.，2017）。1993 年，政府以提高工资降低了就业率为由，废除工资委员会。在 6 年的时间里，除农业以外，任何经济部门都不存在法定最低工资标准。1997 年，低薪酬委员会（Low Pay Commission）成立。1999 年 4 月 1 日，低薪酬委员会引入最低工资标准。成年人的最低工资为每小时 3.60 英镑，受正规培训的成年人前六个月的最低工资为每小时 3.20 英镑，18~21 岁的劳动者最低工资为每小时 3.00 英镑。2004 年 10 月 1 日，英国政府又为 16~17 岁的年轻人引入了最低工资。

自 1999 年以来，英国法定最低工资标准每年都在提高，即每年至少 1 次调整，2016 年有两次。英国最低工资标准的年均涨幅介于 2%~7%，2020 年英国最低工资标准相比 2019 年上涨 4.15%，24 岁以上劳动者小时最低工资为 8.72 英镑。2012~2020 年英国最低工资标准见表 3-2 和表 3-3。

表 3-2　2012~2015 年英国最低工资标准

单位：英镑/时，%

年份	20 岁以上	18~20 岁	18 岁以下	学徒	最高档增长率（相比上次调整）
2012	6.19	4.98	3.68	2.65	
2013	6.31	5.03	3.72	2.68	1.94
2014	6.50	5.13	3.79	2.73	3.01
2015	6.70	5.30	3.87	3.30	3.08

资料来源：英国低薪酬委员会官网，https://www.gov.uk/government/organisations/low-pay-commission。

表 3-3　2016~2020 年英国最低工资标准

单位：英镑/时，%

年份	24 岁以上	21~24 岁	18~20 岁	18 岁以下	学徒	最高档增长率（相比上次调整）
2016	7.20	6.70	5.30	3.87	3.30	7.46
2016	7.20	6.95	5.55	4.00	3.40	0.00
2017	7.50	7.05	5.60	4.05	3.50	4.17
2018	7.83	7.38	5.90	4.20	3.70	4.40
2019	8.21	7.70	6.15	4.35	3.90	4.85
2020	8.72	8.20	6.45	4.55	4.15	6.21

资料来源：英国低薪酬委员会官网，https://www.gov.uk/government/organisations/low-pay-commission。

英国最低工资制度有五个特点。第一，最低工资由国会参照低薪酬委员会建议制定。第二，最低工资从 1909 年涵盖 4 个行业，发展至今涵盖所有行业，适用于按照合同在英国从事工作或者正常工作，且超过法定上学年龄的工人。除此之外，军人、分账渔民、自雇人员、公务员、董事、就学儿童、志愿者工人、为家庭事务工作的家庭成员、不满 26 岁的学徒、依据监狱规则而工作的囚犯等不受最低工资制度保护。第三，英国最低工资制度的一大特点是，低薪酬委员会为不同年龄层的劳动者提供了最低工资标准。除不同年龄段的成年人、未成年人外，还为学徒设定特殊最低工资标准。第四，最低工资标准年均涨幅在 2%~7%，调整非常频繁，每年至少调整一次。第五，违反最低工资制度将面临高额罚款，针对恶意上报虚假最低工资记录或拒绝向执法机关提供记录的违法行为，执法官员将采取刑事处罚。

3.2.3 法国最低工资制度

1915 年，法国开始建立最低工资制度，起初最低工资只适用于纺织行业的家庭工人，随后迅速扩展到其他家庭工人。1950 年，法国引入各行业最低保证工资，确保了所有职业的法定最低工资。1952 年，法国开始用消费物价指数调整最低工资，当物价上涨超过 2%时，最低工资就会自动上涨同样的幅度（Whitton，1989）。1970 年，法国引入法定最低工资，并使用消费物价和平均工资水平两个指数作为调整最低工资的依据（李清香，1991）。法律规定，最低工资每年必须根据过去一年的消费者价格指数、蓝领工人基本小时工资实际年增长率以及政府相关决策三个因素进行调整，最低工资增幅不能小于当年观察到的通货膨胀率（Marbot et al.，2011）。关于工作时长，《奥布里法》规定，所有公司必须在 2000 年 1 月 1 日前将每周正常工作时间减少到 35 小时，超过 35 小时的公司需支付加班费。

在法国，行业集体商定的最低工资，用于特定的行业；法国政府制定的最低工资标准（SMIC），普遍适用于法国所有行业的工人，二者同时存在。1970~2009 年，每年的 7 月 1 日为最低工资的法定上调日；从 2010 年开始每年 1 月 1 日为法定上调日。法定最低工资的调整会带动行业最低工资调整。自 2019 年 1 月 1 日起，每月最低工资标准（含社保）为 1521 欧元，较 2018 年的增长幅度为 1.52%。

总的来看，法国最低工资制度有五个方面的特点。第一，法国国家最低工资标准由国家部长会议根据全国集体谈判委员会的建议制定。第二，法国最低工资标准适用范围是逐步扩展的，从最初仅适用于家庭工人，到适用于部分行业，再到最终适用于所有行业内 18 岁以上雇员，但目前仍不适用于某几类劳动者，如推销员、公务员、学徒等。第三，最低工资标准同时有几个层级。现行最低工资标准包括国家最低工资标准、行业最低工资标准和企业最低工资标准。行业、企业最低工资标准不得低于国家最低工资标准。第四，政府对最低工资调整幅度的干预较为强势和严格。最低工资标准调整受市场通货膨胀率、工人平均工资水平、工人生活水平及家庭需要等因素影响，每年至少调整一次。第五，针对违反最低工资制度行为，法国以罚款为主。

3.2.4　德国最低工资制度

德国相对紧缺的劳动力以及强大的产业工会通过行业性集体谈判为工人带来了较高的工资，因而直到 1996 年，德国都未制定最低工资制度。在欧盟扩大的背景下，为保护德国建筑业免受东欧竞争对手的影响（Apel et al.，2012），德国法定最低工资标准开始在建筑和屋顶施工（1997 年）、油漆工和清漆工（2003 年）以及护理部门（2010 年）等少数产业内执行。为了保护德国劳动者的合法权益，防止外国劳动者对德国劳动力市场进行“工资倾销”，自 2015 年 1 月 1 日起，德国《关于规制一般性最低工资的法律》规定最低工资标准为每小时税前 8.5 欧元，这是全德国范围内实行的统一的最低工资标准。

德国最低工资标准适用于在德国境内的外国员工以及被外国公司聘用的员工，德国几乎所有的雇员都有资格获得法定的最低工资。但年龄未满 18 岁者、未完成职业培训者、接受正规职业培训者、义工、长期失业者（至少在劳动局登记失业一年）、雇用关系在最初的六个月内者、短期实习生等不适用最低工资制度。

2017 年最低工资标准从 2015 年的 8.50 欧元/时提高到 8.84 欧元/时，在全职工作情况下，相当于每月 1498 欧元；自 2019 年 1 月 1 日起提升至每小时 9.19 欧元；自 2020 年 1 月 1 日起提升至每小时 9.35 欧元（见表 3-4）。

表 3-4　德国最低工资标准

单位：欧元/时，%

执行时间	全国最低工资	相比上一次调整涨幅
2015 年 1 月 1 日	8.50	

续表

执行时间	全国最低工资	相比上一次调整涨幅
2017 年 1 月 1 日	8.84	4.00
2019 年 1 月 1 日	9.19	3.96
2020 年 1 月 1 日	9.35	1.74

资料来源：笔者通过浏览人民网、中华网、商务部网站收集整理得到。

德国最低工资制度有如下特点。第一，最低工资标准适用于在德国境内的外国员工以及被外国公司聘用的员工，既有属地特征，又有属人特征，德国几乎所有的雇员都有资格获得法定的最低工资。第二，德国最低工资标准大约每两年进行一次调整。第三，在德国违反集体协议工资，除了面临罚款外，企业经营管理还会受到限制。第四，德国最低工资标准考虑到受最低工资标准影响而就业困难的群体，明确将长期失业者、短期实习生以及未满 18 周岁个体排除在最低工资制度的适用对象之外。

截至 2018 年，欧盟 28 个成员国中有 22 个国家执行法定最低工资标准，仅丹麦、芬兰、意大利、奥地利、瑞典和塞浦路斯尚未设定法定最低工资标准。2019 年，欧洲执行最低工资标准的国家中，卢森堡每小时最低工资标准为 11.97 欧元，居欧洲首位；其后依次为法国 10.03 欧元、荷兰 9.91 欧元、爱尔兰 9.8 欧元、比利时 9.66 欧元，捷克仅为 3.31 欧元；俄罗斯、乌克兰居末位，分别为 0.88 欧元和 0.75 欧元。

3.2.5 美国最低工资制度

1912 年美国马萨诸塞州颁布了第一部最低工资法。1938 年《公平劳动标准法》通过立法程序确定联邦最低工资，适用于从事州际贸易或为州际贸易生产商品的雇员。1961 年修正案将范围扩大到大型零售和服务企业的雇员，以及当地的交通、建筑和汽油加油站的雇员。1966 年将医院、疗养院和学校的州和地方政府雇员，以及洗衣店、干洗店、大型酒店、汽车旅馆、餐馆和农场的雇员纳入。随后又将联邦、州和地方政府雇员，零售和服务行业的工人，以及私人家庭就业的家政工人逐步纳入。

根据美国劳工部发布的数据，表 3-5 给出了美国历年的联邦最低工资标准。1938~2020 年美国共发布了 23 次联邦最低工资标准。1939~1945 年处于第二次世界大战期间，美国最低工资标准长达六年未做调整。1945~

1981 年最低工资标准调整了 14 次，名义最低工资从 1945 年的 0.40 美元/时，上涨至 1981 年的 3.35 美元/时。20 世纪 80 年代里根政府上台，将降低通货膨胀作为首要目标，最低工资标准长达 9 年未做调整。在 1990 年、1991 年、1996 年最低工资调整后，美国联邦最低工资经历了 1997~2007 年为期 10 年停滞期。2007~2009 年美国最低工资标准连续 3 年调整至 7.25 美元/时，随后又经历了 10 余年的冻结。2009 年前，美国联邦最低工资平均调整幅度为 4.86%，平均调整周期约为 3 年。

表 3-5　美国历年联邦最低工资标准

单位：美元/时，%

调整日期	联邦最低工资标准	相比上一次调整涨幅
1938 年 10 月 24 日	0.25	
1939 年 10 月 24 日	0.30	20.00
1945 年 10 月 24 日	0.40	33.33
1950 年 1 月 25 日	0.75	87.50
1956 年 5 月 1 日	1.00	33.33
1961 年 9 月 3 日	1.15	15.00
1963 年 9 月 3 日	1.25	8.70
1967 年 2 月 1 日	1.40	12.00
1968 年 2 月 1 日	1.60	14.29
1974 年 5 月 1 日	2.00	25.00
1975 年 1 月 1 日	2.10	5.00
1976 年 1 月 1 日	2.30	9.52
1978 年 1 月 1 日	2.65	15.22
1979 年 1 月 1 日	2.90	9.43
1980 年 1 月 1 日	3.10	6.90
1981 年 1 月 1 日	3.35	8.06
1990 年 4 月 1 日	3.80	13.43
1991 年 4 月 1 日	4.25	11.84
1996 年 10 月 1 日	4.75	11.76
1997 年 9 月 1 日	5.15	8.42
2007 年 7 月 24 日	5.85	13.59
2008 年 7 月 24 日	6.55	11.97
2009 年 7 月 24 日	7.25	10.69

资料来源：美国劳工部。

美国联邦最低工资更多地受政治意识形态的影响（Flavin and Shufeldt, 2017）。尽管2009~2019年美国联邦最低工资始终保持7.25美元/时，但许多州通过州立法或公民投票为雇员提供了高于联邦最低工资标准的最低工资，以应对联邦的不作为。如俄勒冈州最低工资标准从2009年的8.40美元/时，经过8次调整变为2019年的11.25美元/时；纽约从2009年的7.15美元/时，经过7次调整变为2019年的11.80美元/时；哥伦比亚特区从2009年的7.55美元/时，经过6次调整变为2019年的14美元/时。

2020年7月1日美国劳工部发布的数据显示，美国加利福尼亚州、俄勒冈州、哥伦比亚特区、关岛和维尔京群岛等的最低工资高于联邦最低工资，其中最高为哥伦比亚特区，为15美元/时，最低为佛罗里达州8.56美元/时；北马里亚纳群岛联邦、佐治亚州、波多黎各等地区最低工资与联邦最低工资标准一致；亚拉巴马州等5个州没有设立最低工资标准（见表3-6）。

表3-6 2020年美国各州最低工资标准

单位：美元/时

州最低工资高于联邦最低工资	最低工资标准	使用联邦最低工资标准	没有执行最低工资标准
哥伦比亚特区	15	北马里亚纳群岛联邦	亚拉巴马州
马萨诸塞州	12.75	佐治亚州	路易斯安那州
亚利桑那州	12	艾奥瓦州	密西西比州
加利福尼亚州	12	爱达荷州	南卡罗来纳州
科罗拉多州	12	堪萨斯州	田纳西州
缅因州	12	肯塔基州	
俄勒冈州	12	北卡罗来纳州	
纽约州	11.8	北达科他州	
康涅狄格州	11	新罕布什尔州	
马里兰州	11	俄克拉何马州	
新泽西州	11	宾夕法尼亚州	
罗得岛州	10.5	得克萨斯州	
维尔京群岛	10.5	犹他州	
阿拉斯加州	10.19	弗吉尼亚州	
夏威夷州	10.1	威斯康星州	
阿肯色州	10	怀俄明州	

续表

州最低工资高于联邦最低工资	最低工资标准	使用联邦最低工资标准	没有执行最低工资标准
伊利诺伊州	10	波多黎各	
明尼苏达州	10		
密歇根州	9.65		
密苏里州	9.45		
特拉华州	9.25		
内华达州	9.00/8.00		
内布拉斯加州	9		
新墨西哥州	9		
关岛	8.75		
俄亥俄州	8.7		
蒙大拿州	8.65		
佛罗里达州	8.56		

资料来源：美国劳工部。

美国最低工资制度具有如下特点。第一，最低工资标准由国会及州立法机关制定，州最低工资高于联邦最低工资，而且州与州之间的差异大。第二，最低工资适用范围从企业规模（如雇员人数、年销售额等）和员工工作性质方面给予明确的界定，并且其适用范围在逐步扩大。最低工资标准制定之初是为了保障妇女及未成年工人。随着 1938 年《公平劳动标准法案》的多次修正，最低工资标准被不断提高，适用范围从州际商贸不断扩大至护理行业、建筑业等众多行业。明确界定豁免人群，如行政人员、管理人员、专业人士、对外销售员、电脑行业雇员、捕鱼业雇员、送报纸雇员等不受最低工资制度保护。第三，设立特殊最低工资标准。为在读职业学校学生，受雇于零售业、服务业、农业的全职学生，伤残工人，小费雇员等群体设立特殊最低工资标准。第四，未从法律上规定联邦最低工资标准的调整频率，但州最低工资标准频繁调整。美国联邦最低工资更多地受政治意识形态的影响，尽管 2009~2019 年美国联邦最低工资始终保持 7.25 美元/时，但是许多州通过州立法或公民投票为雇员提供了高于联邦最低工资标准的州最低工资，以应对联邦的不作为。第五，违法处罚较重。违反最低工资制度的雇主将面对高额的罚款，若蓄意违反则可能面临刑事起诉。第二次定罪，雇主最高能被判处监禁。

3.2.6 加拿大最低工资制度

1918 年，加拿大曼尼托巴省和不列颠哥伦比亚省引入最低工资，安大略省、魁北克省、新斯科舍省和萨斯喀彻温省在 1920 年也进行了最低工资立法。至 1960 年，爱德华王子岛省建立最低工资制度，加拿大各省均实行最低工资制度。1970 年《加拿大劳工法》中规定了联邦最低工资，州长理事会有权通过法规调整这个比率。联邦最低工资最初设定为每小时 1.25 加元，到 1986 年升至每小时 4.00 加元，此后十年左右一直保持不变。到 20 世纪 90 年代中期，联邦工资水平已经大大落后于各省和地区的最低工资水平（平均每小时 5.95 加元）。1996 年修订的《加拿大劳工法》重新规定，联邦最低工资将随着各省和地区最低工资的变化而自动调整，从而确保联邦最低工资在全国不同的经济和社会条件下长期保持其相关性。加拿大最低工资与 CPI 挂钩，以通货膨胀指数为指导进行调整，以维持居民生活水平。

加拿大最低工资标准不一定每年都进行调整，有时一年也可能调整多次。如 2015 年加拿大 13 个司法管辖区中，3 个管辖区仅在 1 月 1 日调整了最低工资，另外 10 个除了在 1 月 1 日调整，还在 4 月、5 月、6 月、9 月、10 月等不同月份进行了一次调整（Battle，2015）。2019 年各省（地区）每小时最低工资处于 11.32~15.00 加元。表 3-7 是 2019 年加拿大各省（地区）的最低工资情况。阿尔伯塔省最低工资最高，为 15 加元/时，萨斯喀彻温省最低，仅为 11.32 加元/时。

表 3-7　2019 年加拿大各省（地区）最低工资情况

单位：加元/时

省（地区）	最低工资	执行时间
阿尔伯塔省	15.00	2018 年 10 月 1 日
安大略省	14.00	2018 年 1 月 1 日
不列颠哥伦比亚省	13.85	2019 年 6 月 1 日
西北地区	13.46	2018 年 4 月 1 日
努纳武特地区	13.00	2016 年 4 月 1 日
育空地区	12.71	2019 年 4 月 1 日
魁北克省	12.50	2019 年 5 月 1 日
爱德华王子岛省	12.25	2019 年 4 月 1 日

续表

省（地区）	最低工资	执行时间
曼尼托巴省	11.65	2019 年 10 月 1 日
新斯科舍省	11.55	2019 年 4 月 1 日
新不伦瑞克省	11.50	2019 年 4 月 1 日
纽芬兰与拉布拉多省	11.40	2019 年 4 月 1 日
萨斯喀彻温省	11.32	2019 年 10 月 1 日

资料来源：搜狐新闻网等。

加拿大最低工资制度有如下特点。第一，加拿大没有统一的全国最低工资标准，各省议会在《加拿大劳工法》指导下制定地方最低工资标准。第二，最低工资适用范围由特殊雇用的女工，扩大到绝大部分全职或兼职者。部分省将一些职业排除在外，如牙医、工程师、律师等。同时，部分省也为年轻雇员、残疾雇员、家庭雇员、农场工人等设立不同的最低工资标准。第三，大部分省没有明确规定最低工资调整频率。第四，对于违反最低工资制度的行为以罚款为主并逐级加大力度。

3.2.7　韩日最低工资制度

韩国 1986 年制定了《最低工资法》，并从 1988 年开始施行。2019 年，韩国国会环境劳动委员会拟定的《最低工资法》修订案在国会会议获得通过。按其规定，截至 2024 年员工获得的所有奖金和福利津贴都被纳入最低工资范围。

韩国最低工资制度有如下特点。第一，最低工资标准是由就业和劳动部根据最低工资委员会建议制定。第二，最低工资适用于所有雇员，包括全职人员、兼职人员、临时工、小时工等。对于伤残个人、试用工人、接受培训工人、短期工人等雇主享有最低工资豁免权。第三，最低工资调整频率为每年一次。第四，违反最低工资标准将面临三年以下有期徒刑或罚款，严重者将被同时执行两项惩罚。

1978 年日本中央最低工资委员会开始向地方委员会提出提高特定地区最低工资。日本各县被划分为四个等级，每一个等级都规定了最低工资增加的目标。然而，政府、劳工和管理层仅在头三年就就最低工资增长达成一致。自 1981 年，劳资双方均以书面形式表达了对各地区提出的目标的不满。1982年针对特定行业的最低工资制度出现，该制度虽然针对的行业较少，但要求最低工资标准高于地区最低工资标准。此外，2007年，日本引入了适用于合同工人的特定行业最低工资制度。

日本各都道府县劳动局已就2019年的最低工资标准进行调整。日本所有都道府县每小时工资均增加26日元以上，自10月1日起陆续开始实施。东京时薪为1013日元、神川奈时薪为1011日元，两地时薪均超过1000日元，最低的熊本、长崎等地，时薪为790日元。

日本最低工资制度的特点可以归纳为以下4点。第一，中央、各县、不同行业最低工资审议会分别制定全国最低工资标准、地区最低工资标准及行业最低工资标准。第二，最低工资的适用范围从起初的小部分劳动者发展至全体劳动者，包括全职和兼职人员等。对于伤残个人、试用工人、接受培训工人、短期工人等雇主享有最低工资豁免权。第三，最低工资调整频率为每年一次。第四，违反最低工资制度将被罚款，甚至被监禁。

3.3 发展中国家最低工资制度

中国是世界上最大的发展中国家，关注和梳理发展中国家最低工资制度及特点，对中国最低工资制度的制定和完善具有重要的借鉴意义。一是中国产品在国际市场上的主要竞争对手均是劳动力资源丰富的发展中国家。二是部分发展中国家与中国的发展模式相似，遇到的问题也可能相似，因此部分成功经验可以相互借鉴。

首先关注的是中国产品的主要竞争对手印度。1948年印度《工厂法》规定成年劳工每周工作时长不超过48小时，规定了最低的光照、通风、安全等工作环境标准。同年，《最低工资法》授权政府针对不同行业和不同工作环境制定最低工资标准，并在邦一级为每个涉及的行业规定了每日最低工资。它们是由州政府制定、实施和执行的，每年至少调整一次，最多两次。由于每个州不同行业、职业的最低工资标准不同，印度的最低工资制度非常复杂。根据2015年印度《最低工资法案的工作书》，印度中央根据地区或企业规模为45种行业制定了不同的最低工资标准，最低的为石头的破碎和粉碎工人，189卢比/天，最高为A经济区武装守卫，430卢比/天。36个地区分别根据地区、行业制定最低工资标准。简化的，如拉克沙群岛，只囊括渔业、畜牧业、农业等 9 个行业，最低工资标准为 256 卢比/天（基本工资 200 卢比/天+补贴 56 卢比/天）。也有细致的，如北阿坎德邦为 58 个行业制定了多达 30 种最低工资标准，最低为农业 160 卢比/天，最高为工程行业，雇用的工人多于 500 人的企业为 284 卢比/天。同一行业不同地区、不同规模的企业可能有不同最低工资标准，如旅馆和餐饮业中星级旅馆在不同经济区分为 3 档，高至 272 卢比/天，低至 249 卢比/天。少于 10 名雇员的企业在不同经济区，最低工资标准的范围在 226～249 卢比/天。目前印度共有不少于 1171 种最低工资标准。

为了有一个统一的工资结构和缩小全国最低工资的差距，根据 1991 年全国农村劳工委员会的建议，印度提出了全国最低工资最低水平的概念。1996 年全国最低工资的最低水平定为 35 卢比/天。经过 9 次调整，2015 年全国最低工资的最低水平为 160 卢比/天（见表 3-8）。然而，国家最低工资标准没有法律支持，意味着中央政府可以制定全国最低工资标准，但对各州没有约束力。2017 年印度审批通过工资法案，明确了最低工资标准的法律地位。

表 3-8 印度全国最低工资

单位：卢比/天，%

年份	全国最低工资	相比上一次调整涨幅
1996	35	
1998	40	14.29
1999	45	12.50
2002	50	11.11
2004	66	32.00
2007	80	21.21
2010	100	25.00
2011	115	15.00
2013	137	19.13
2015	160	16.79

资料来源：印度政府官网发布的 2015 年全国农村劳工委员会的工作书。

印度最低工资制度有以下特点。第一，2017 年前，国家最低工资标准没有法律的支持，意味着中央政府可以制定全国最低工资标准，但对各州没有约束力。第二，不同地区、不同行业以及不同规模企业有不同的最低工资标准，最低工资制度非常复杂。第三，最低工资标准实行日最低工资。第四，全国最低工资标准每次调整幅度在10%～30%，年均上涨8.33%。

其次是墨西哥。墨西哥规定员工每星期最长工作时间为48小时，日班为8小时，夜班为7小时，每星期工作6天。最低工资标准每年由代表劳工、雇主和国家利益的三方委员会制定一次。最低工资标准适用于不同行业和职业，包括建筑工人、收银员、卡车司机和加油站服务员等。最低工资的地区差异在逐年缩小，从分为三个经济区，到分为两个经济区，再到全国统一标准。

2004年1月1日起，墨西哥全国平均最低工资标准为43.30比索/天。A类地区最低工资标准为45.24比索/天，包括下加利福尼亚州、南下加利福尼亚州、奇瓦瓦州部分地区、联邦区、格雷罗州部分地区、墨西哥州部分地区、索诺拉州部分地区、塔毛利帕斯州部分地区、韦拉克鲁斯州部分地区；B类地区最低工资标准为43.73比索/天，包括哈利斯科州部分地区、新莱昂州部分地区、索诺拉州部分地区、塔毛利帕斯州部分地区、韦拉克鲁斯州部分地区。2015年墨西哥国家最低工资委员会向国会提请取消A区和B区的日工资差异，寻求在2015年10月开始实行全国统一的最低工资标准。2019年墨西哥最低工资标准为102.68比索/天，北部边境最低工资标准为176.72比索/天。

最后是巴西。1943年巴西颁布的《统一劳工法》是巴西第一部系统的劳工法。按照法律规定，“正常工作时间”为每日8小时，每周44小时，轮班每班6小时。“正常工作时间”之外为加班时间，报酬按“正常工作时间”小时工资的150%计算。2011年，巴西联邦政府开始实行月最低工资标准，即545雷亚尔/月，并制定了2011～2023年最低工资标准定期增长政策。各行业劳资双方在遵守政府最低工资标准的基础上，还可商定本行业的最低工资标准。在佣金、小费等各种酬金形式下，劳工的月收入不得低于最低工资标准。最低工资至少应有30%以货币形式发放。未成年徒工的最低工资在前半个学徒期为法定最低工资的1/2，在后半个学徒期为法定最低工资的2/3。劳工在工作满12个月以后，可获得一个月的额外工资。没有正当理由解雇工人，雇主必须继续支付一个月工资。

巴西最低工资制度有以下特点。第一，最低工资制度由联邦政府制定，各地区经济部门可以设定更高的地区最低工资标准，特殊行业可以通过集体谈判设定不高于全国最低工资标准的行业最低工资。第二，巴西从1940年开始实行全国最低工资制度，各行各业的劳动者均受最低工资制度保护。第三，最低工资调整受通货膨胀及上一年度经济增长影响，每年调整一次。

3.4　国内外最低工资制度差异及启示

本部分将从最低工资的制定、类别、水平、调整频率、调整幅度及其他制度细则等方面对比中国和主要国家的最低工资制度。

第一，现行最低工资制定机制主要有法定、集体商议或工资委员会制定等，这些制定机制经常在一个国家或地区同时出现。执行法定最低工资的国家有美国、中国、德国等，如美国通过联邦立法和州立法制定国家最低工资标准和部分州最低工资标准；2015年德国发布法定最低工资标准，以解决集体谈判覆盖面不足和工资不平等加剧的问题（Garloff，2016）。通过集体商议确定最低工资标准的主要有奥地利、意大利、法国等国家。集体谈判由工会和雇主协会在行业或企业层面就代表性职业或岗位的最低工资进行谈判（Fougere et al.，2016）。为确保集体谈判的最低工资标准的覆盖率（Schulten et al.，2006），奥地利的雇主必须成为奥地利联邦经济商会的成员。英国、法国、比利时、澳大利亚等国家均建立工资委员会制度。公平工作委员会（澳大利亚）、低薪酬委员会（英国）、行业委员会（比利时）通常由工会和雇主双方相同人数的代表以及政府代表组成，劳资双方进行谈判，政府进行协调商议。

比较三种制定机制，集体商议方式可以更全面、细致地表达劳资双方的诉求，但集体商议有赖于强势的工会，在工会弱势及政府不提供帮助的情况下，缺乏对雇主的有力约束，从而可能降低最低工资。法定最低工资下，政府居于主导地位。正如中国的情况，尽管《最低工资规定》明确最低工资标准由政府、工会、企业三方协商拟订，但劳动者的利益更多的是由政府部门去争取。综合对比三种制度来看，恰当的做法是政府推动工会代表劳动者发声，工会从劳动者角度出发，最大限度地表达诉求。政府集中资源行使监督职能，保护劳动者权益的同时，顾及企业的负担能力。

第二，各国在不同地区层级、年龄、工种上实施了不同的最低工资标准。就不同地区层级而言，英国、德国、美国、印度等均建立国家最低工资标准。印度、美国均从邦、州级开始实施最低工资制度。印度在各邦最低工资基础上，于1991年缓慢推进国家最低工资立法。相比之下，中国地区之间经济发展差异大，未建立国家最低工资标准，由各省（区、市）制定适合本省（区、市）经济发展情况的最低工资标准，结果是各省（区、市）最低工资标准差距拉大，如2019年最低工资标准最高的为上海，2480元/月，最低的为新疆，1441元/月，二者在数值上相差较大。从这个角度看，建立国家最低工资标准，为地区提供最低工资调整的风向标也是有必要的。中国最低工资标准较为单一，仅根据地区经济发展情况进行区分，未涉及行业、工种的异质性。最低工资标准体系简单明了，虽有益于监督管理，但不利于保护特殊行业工人，如建筑工人、煤矿工人等。中国应适当从更多维度制定最低工资标准。

第三，最低工资水平常用Kaitz指数度量，即最低工资与加权平均行业工资的比率（Kaitz，1970）。Kaitz指数包含关于最低工资相对于市场决定的工资的水平和覆盖范围的信息，能够准确地衡量最低工资水平。借助国际劳工组织数据，以2017年美元购买力平价计算，表3-9给出了主要国家2013年最低工资占城镇平均工资的比例。

表3-9　2013年主要国家最低工资占城镇平均工资的比例

单位：%

发达国家	比例	发展中国家	比例
葡萄牙	70	波兰	43
比利时	50	巴西	44
法国	49	匈牙利	40
爱尔兰	48	保加利亚	40
以色列	47	哥斯达黎加	39
英国	46	中国	32
加拿大	46	南非	30
西班牙	40	牙买加	24

注：以2017年美元购买力平价计算。

资料来源：国际劳工组织。

比利时、法国、爱尔兰等欧盟成员的最低工资占城镇平均工资的比例均在 50%左右，葡萄牙更是高达 70%。相比发达国家，发展中国家大多低于 50%，巴西、匈牙利、保加利亚、哥斯达黎加等国均在 40%左右，南非为 30%，牙买加仅为 24%，而中国为 32%。从发展中国家看，中国的最低工资相对水平处于中下位置，较之发达国家尚有一定差距。国际劳工组织利用 75 个国家的数据分析发现，多数国家最低工资占平均工资的比例为 40%左右（叶林祥等，2015），这与我们的计算结果相一致。

分地区来看，根据从国家统计局获取的 31 个省（区、市）城镇单位就业人员平均工资以及手工收集的最低工资数据，可以看出，一线城市北京、上海这一比例最低，仅为 18%、21%。30%以上的有吉林、河南、河北三省（见表 3-10）。

表 3-10 2013 年中国 31 个省（区、市）最低工资占城镇平均工资比例

单位:%

省（区、市）	比例	省（区、市）	比例	省（区、市）	比例
北京	18	湖北	26	云南	28
上海	21	福建	26	宁夏	28
新疆	22	浙江	27	湖南	29
贵州	23	江苏	27	江西	29
安徽	23	辽宁	27	甘肃	30
重庆	24	四川	27	山东	30
西藏	24	广西	27	吉林	32
青海	24	海南	27	河南	34
陕西	24	黑龙江	27	河北	34
广东	25	内蒙古	28		
天津	26	山西	28		

注：取各省（区、市）最低工资的平均值。

资料来源：国家统计局。

表 3-11 显示了 2018 年中国 31 个省（区、市）最低工资占城镇平均工资的比例。相比 2013 年，2018 年比例整体有所下降。西藏、北京、新疆均在 20%以下，上海、广东在 21%左右。30%以上的仅河南一省。中国经济在快速发展，最低工资虽有上涨，但相对平均工资上涨有所放缓。

表 3-11 2018 年中国 31 个省（区、市）最低工资占城镇平均工资比例

单位：%

省（区、市）	比例	省（区、市）	比例	省（区、市）	比例
西藏	17	福建	23	内蒙古	26
北京	17	浙江	23	江苏	26
新疆	18	贵州	24	江西	26
上海	21	宁夏	24	河北	27
安徽	21	广西	24	黑龙江	27
青海	21	天津	24	吉林	27
广东	22	辽宁	25	山东	28
湖南	22	海南	25	山西	28
重庆	22	陕西	25	河南	32
云南	22	四川	26		
湖北	22	甘肃	26		

注：取各省（区、市）最低工资的平均值。

资料来源：国家统计局。

第四，对比中国和其他国家在最低工资调整频率、幅度上的差异，数据显示，2010 年后澳大利亚最低工资标准每年都进行调整，调整幅度在 2%~5%。英国在 1997 年引入法定最低工资后，法定最低工资每年都在提高，调整频率也较高。从涨幅上看，2012~2015 年涨幅在 1.94%~3.08%，2019 年涨幅接近 5%，2020 年超 6%。德国法定最低工资调整幅度一般在 1%~4%，每 1~2 年调整一次。2009 年前美国联邦最低工资平均调整幅度为 4.86%，3 年左右调整一次。2009 年以来，尽管联邦最低工资近 10 年没有调整，但部分州在此期间频繁上调本州的最低工资，每 1~2 年就进行一次调整。中国《最低工资规定》要求各省（区、市）至少每两年调整一次最低工资，实际操作上，除北京、上海几乎每年都进行调整外，其他省（区、市）2~3 年调整 1 次。就年均调整幅度而言，北京为 9.85%，四川为 10.02%，甘肃为 10.02%。对比发现，发达国家如澳大利亚、英国等，调整频率高、涨幅较小，相比较之下，中国最低工资尽管水平较低，调整频率也低，但每次增幅大。

第五，各国最低工资制度细则不同。各国在工作时长上的规定有所差异，法国是每周 35 小时，澳大利亚是每周 38 小时，中国是每周 40 小时，

巴西是每周 44 小时，墨西哥最长，为每周 48 小时。尽管规定了正常工作时长，以及超时工作的计薪方式，但中国实行月最低工资标准，现实中雇主会延长劳动者工作时长以规避最低工资的影响。针对最低工资应建立小时最低工资标准、日最低工资标准、周最低工资标准、月最低工资标准，并设置相互换算机制。

第4章　中国最低工资的执行及调整

不同于印度、德国、澳大利亚等国家发布小时最低工资标准，中国为全日制劳动者提供月最低工资标准，而为非全日制劳动者提供小时最低工资标准。国内学者更多地关注全日制劳动者，因而多将月工资收入与月最低工资标准进行比较。叶林祥等（2015）利用中国39个地级市2835家企业的521501个员工个体的工资数据进行分析，发现基本工资加业绩工资、基本工资加业绩工资加津贴和补贴两个不同统计口径月工资的违规率分别为3.4%和2.1%。最低工资虽然可以显著增加员工的基本工资和加班工资，但是业绩工资和津贴很可能被相应调减。

虽然《劳动法》第四十四条明文规定，“安排劳动者延长工作时间的，支付不低于工资的百分之一百五十的工资报酬；休息日安排劳动者工作又不能安排补休的，支付不低于工资的百分之二百的工资报酬；法定休假日安排劳动者工作的，支付不低于工资的百分之三百的工资报酬”。但中国普遍存在加班现象。一是政府监管缺位；二是正常工作与加班的界定不清，尤其是技术工人和脑力劳动者；三是企业和员工习惯月工资的支付方式，缺少对小时最低工资的认识。为此谢勇（2010）、叶静怡和杨洋（2015b）的研究建立了全日制小时最低工资标准以考察叶林祥等（2015）所忽略的延长工作时间问题。首先是基于不同样本考察月最低工资的问题，谢勇（2010）组织了“江苏省农民工就业和职业培训调查”，于2009年10～11月在南京、苏州、无锡三个城市发放问卷500份，最终回收有效问卷485份。调查发现，低于所在地月最低工资标准的仅占3.92%。而叶静怡和杨洋（2015b）则关注受雇农民工样本，利用2008年中国城乡劳动力流动调查（RUMIC-2008），针对上海、广州、深圳、东莞、南京、无锡等15个城市的5000个流动人口家庭的微观数据进行研究，结果发现样本的月最低工资违规率仅为4.26%。其次是分析小时最低工资的违规情况，谢勇（2010）

的研究显示，有 25.75%的农民工工资低于全日制小时最低工资标准，是月最低工资标准违规率的 6.6 倍。而叶静怡和杨洋（2015a）换算全日制小时最低工资标准，研究发现农民工的小时最低工资平均违规率为 32.21%，是月最低工资标准违规率的 7.6 倍。显然借助数据仔细考察最低工资制度在执行层面的影响是很有必要的。

4.1　最低工资制度的居民知晓度

4.1.1　基于中石油加油站负责人和员工数据的考察

为具体掌握最低工资在现实中的执行情况，我们以中石油全国加油站为抽样框进行抽样，并对加油站的负责人和员工进行访谈。访谈的内容涉及以下几方面问题：一是受访者个体特征，如性别、年龄、受教育程度等；二是受访者的收入和五险一金的购买情况，以及个人的加班信息；三是加油站的信息，包括加油站员工总数，合同工、市场化用工的具体人数；四是负责人和员工对最低工资的知晓程度，包括对最低工资制度的知晓情况以及对本区县最低工资标准的知晓情况，执法人员就最低工资执行的检查情况，以及加油站因违反最低工资制度而受到处罚的情况。本次调查以中石油内部线上访问的形式进行，整体受访率为 20.2%。

具体地，本次调查覆盖 6363 个加油站，平均每个加油站有 7.2 个员工，但平均仅有 1.48 个员工受访，累计访问 9443 人。其中，作为加油站负责人的站长和副站长分别为 3135 人和 326 人，占比分别为 33.20%和 3.45%，其余工作人员 5982 人，占比 63.35%（见表 4-1）。加油站负责人除回答个人部分问题外，还需回答加油站的整体情况。表 4-2 显示了加油站各省（区、市）分布情况。

表 4-1　受访个体的工作岗位分布

单位：%

工作岗位	占比
负责人，站长	33.20
负责人，副站长	3.45

续表

工作岗位	占比
工作人员，核算员或财务	15.16
工作人员，计量员、加油员或营业员	45.93
其他工作人员	2.25

表 4-2 受访加油站的省（区、市）分布情况

单位：个，%

省（区、市）	加油站个数	占比	省（区、市）	加油站个数	占比
北京	99	1.6	辽宁	471	7.4
安徽	222	3.5	内蒙古	361	5.7
福建	420	6.6	宁夏	51	0.8
甘肃	234	3.7	青海	31	0.5
广东	26	0.4	山东	414	6.5
广西	264	4.1	山西	237	3.7
贵州	28	0.4	陕西	32	0.5
海南	113	1.8	上海	15	0.2
河北	214	3.4	四川	778	12.2
河南	138	2.2	天津	82	1.3
黑龙江	16	0.3	西藏	130	2.0
湖北	33	0.5	新疆	283	4.4
湖南	78	1.2	云南	13	0.2
吉林	936	14.7	浙江	190	3.0
江苏	225	3.5	重庆	119	1.9
江西	110	1.7	全国	6363	100

从受访者的人口特征来看，男性占比 46.2%，女性占比 53.8%。年龄主要集中在 26~45 岁。19~25 岁个体仅占 7.05%，超过 45 岁的个体仅占 10.25%（见表 4-3）。

表 4-3 受访者年龄分布

单位：%

年龄分组	占比
19 岁以下	0.07

续表

年龄分组	占比
19~22 岁	2.22
23~25 岁	4.83
26~30 岁	19.78
31~35 岁	25.36
36~40 岁	20.03
41~45 岁	17.44
46~50 岁	7.87
51~60 岁	2.36
60 岁以上	0.02

关于受访者对最低工资制度的知晓情况，问卷设计了两个问题进行直接询问。首先是“是否知道政府制定最低工资标准这个事情”。从受访者的回答来看，全样本中有 77.50%的个体知道最低工资制度，了解并掌握国家为调节收入分配所做出的努力。但根据回答群体的特征分类，这一比例有一定的差异。加油站负责人中，有 85.60%的个体知道最低工资制度，相比之下，仅 72.90%的普通员工知道最低工资制度，二者相差 12.7 个百分点。分学历来看，随着受访者的受教育程度提高，员工对最低工资制度的知晓率提高，从小学和初中群体的 64.70%上升到大专/高职及以上群体的 78.30%（见表 4-4）。这些信息告诉我们两方面的内容：一是整体上，加油站员工这一群体对最低工资制度的知晓率为 77.50%，22.50%的员工不清楚最低工资制度，知晓率较高；二是不同学历、不同职位的员工对最低工资制度的知晓程度不一样，所以最低工资制度的宣传需更有针对性，不能笼统地以媒体宣传为唯一形式。

表 4-4　知晓最低工资制度的员工占比

单位：%

知晓情况	全样本	负责人	普通员工	小学和初中	高中	大专/高职及以上
知道	77.50	85.60	72.90	64.70	72.40	78.30
不知道	22.50	14.40	27.10	35.30	27.60	21.70

其次是受访者对本区县最低工资标准的知晓程度。对回答知晓最低工

资制度的受访者来讲，有 79.30%的个体知道本区县的最低工资标准，20.70%的个体只知道最低工资制度而不清楚具体标准。加油站负责人这一比例是 85.50%，普通员工是 75.10%。按学历来看，对本区县最低工资标准知晓率最高的是高中学历员工，为 76.70%，大专/高职及以上学历员工知晓率反而最低，为 72.60%（见表 4-5）。同时考虑员工对最低工资制度以及具体最低工资标准的知晓率，整体上，员工对最低工资的知晓度为 60%。

表 4-5 知道最低工资制度的个体中，知道具体最低工资标准的员工占比

单位:%

	全样本	负责人	普通员工	小学和初中	高中	大专/高职及以上
知道	79.30	85.50	75.10	75.50	76.70	72.60

关于个体的工资收入，问卷进行了必要的调查，分别从税后货币工资、税后奖金以及食物补贴三个角度进行。根据最低工资制度中对最低工资标准的界定，我们将税后货币工资与税后奖金加总，计算对应的税前工资，然后与本地市最低工资的最小值进行比较，判断个体的工资是否符合最低工资制度要求，即客观上反映的最低工资的达标率。同时，问卷也直接询问了受访者主观的最低工资达标情况，即“您认为您的工资是否达到最低工资标准?”从受访者主观的最低工资达标情况上看，认为自己的工资达到最低工资标准的员工占比 67.20%。其中，小学及初中学历员工主观达标率为 62.40%，大专/高职及以上员工为 69.80%（见表 4-6）。

表 4-6 认为自己的工资达到最低工资标准的员工占比

单位:%

	全样本	小学和初中	高中	大专/高职及以上
达到	67.20	62.40	67.20	69.80

从是否知道最低工资标准和是否达到最低工资标准的交叉对比来看（见表 4-7），达到最低工资标准且知道最低工资标准的员工占 59.10%，相比之下，有 16.10%的员工未达到最低工资标准但知道最低工资标准，这部分群体占未达到最低工资标准员工的 2/3，占知道最低工资标准员工的

21%。从逻辑上讲，员工主观判断工资是否达到最低工资标准首先需要知晓最低工资标准，因此未达到最低工资标准的员工有 2/3 知道最低工资标准是可以理解的。值得注意的是，知道最低工资标准的员工中，有 20%的员工工资低于最低工资标准，这部分群体明知最低工资标准而愿意接受低于最低工资标准的工资，表明虽然工资水平低于最低工资标准，但还是有员工愿意接受低工资工作，最低工资制度的实行可能会损害这部分人的利益，对他们来讲，接受低工资的雇用比失业更好。

表 4-7　是否知道最低工资标准和是否达到最低工资标准

单位：%

		是否知道最低工资标准	
		不知道	知道
是否达到最低工资标准	未达到	8.80	16.10
	达到	16.00	59.10

表 4-8 以受访者是否知道最低工资制度为因变量进行回归，考察个体特征、最低工资水平以及受教育程度等因素的影响。第（1）~（5）列均加入省份虚拟变量控制不同省份员工在最低工资制度知晓上的差异，其中对比省份为北京市。从省份虚拟变量的回归结果来看，居民对最低工资制度的知晓度存在明显的差异，其中，江苏、广东、山东、上海、天津等省（市）处于第一梯队，员工知晓度最高，相比北京高出 21%~31%。其次是安徽、福建、贵州、海南、河南、湖北、吉林、陕西、湖南、河北、浙江，相比北京居民的知晓度，这些省份高出 10%~19%。除省份虚拟变量外，第（1）列仅控制受访者性别与年龄等，回归结果显示，男性受访者对最低工资制度的知晓率显著高于女性受访者 7 个百分点，在 1%的统计水平下显著。第（2）列继续加入本市最低工资（最小值）的自然对数，结果显示最低工资每增加 1 个单位，本市居民最低工资制度知晓率显著增加 0.13 个单位。第（3）和第（4）列是分受访者类型进行的回归，第（3）列对应加油站负责人，第（4）列对应普通员工。结果显示，相比加油站负责人，普通员工对最低工资制度的知晓程度更容易受性别以及最低工资标准的影响。第（5）列加入更多的个体特征变量，包括是否为本区县户籍以及个体受教育程度，回归结果显示这些变量对理解居民知晓度作用有限，变量系数均不显著。

表 4-8 知晓最低工资制度的因素分析（因变量：是否知道最低工资制度）

变量	(1)	(2)	(3)	(4)	(5)
	全样本	加入最低工资	负责人	普通员工	加入更多个体特征变量
男性	0.07*** (0.00)	0.07*** (0.00)	0.02* (0.01)	0.03*** (0.01)	0.02* (0.01)
ln（最低工资）		0.13* (0.07)	-0.07 (0.10)	0.24** (0.09)	0.20*** (0.09)
本区县户籍					0.00 (0.01)
19~22 岁	-0.07 (0.15)	-0.07 (0.15)	-0.46 (0.37)	-0.06 (0.16)	-0.05 (0.16)
23~25 岁	0.06 (0.15)	0.06 (0.15)	-0.13 (0.34)	0.06 (0.16)	0.05 (0.16)
26~30 岁	0.08 (0.15)	0.07 (0.15)	-0.15 (0.34)	0.04 (0.16)	0.04 (0.16)
31~35 岁	0.12 (0.15)	0.12 (0.15)	-0.13 (0.34)	0.09 (0.16)	0.09 (0.16)
36~40 岁	0.13 (0.15)	0.13 (0.15)	-0.15 (0.34)	0.10 (0.16)	0.12 (0.16)
41~45 岁	0.13 (0.15)	0.13 (0.15)	-0.13 (0.34)	0.08 (0.16)	0.10 (0.16)
46~50 岁	0.13 (0.15)	0.12 (0.15)	-0.17 (0.34)	0.10 (0.16)	0.13 (0.16)
51~60 岁	0.18 (0.15)	0.18 (0.15)	-0.11 (0.34)	0.16 (0.17)	0.18 (0.17)
60 岁以上	-0.15 (0.32)	-0.15 (0.32)		-0.67 (0.46)	-0.58 (0.46)
小学					0.12 (0.23)
初中					0.13 (0.21)

续表

变量	(1)	(2)	(3)	(4)	(5)
	全样本	加入最低工资	负责人	普通员工	加入更多个体特征变量
高中					0.21 (0.21)
中专/职高					0.23 (0.21)
大专/高职					0.28 (0.21)
大学本科					0.33 (0.21)
硕士研究生					0.26 (0.30)
博士研究生					0.019 (0.30)
安徽	0.10*** (0.03)	0.17*** (0.05)	0.03 (0.08)	0.22*** (0.07)	0.24*** (0.07)
福建	0.10*** (0.03)	0.15*** (0.04)	0.09 (0.07)	0.17*** (0.05)	0.18*** (0.05)
甘肃	0.01 (0.03)	0.05 (0.04)	-0.09 (0.07)	0.11** (0.05)	0.07 (0.05)
广东	0.21*** (0.08)	0.26*** (0.08)	0.06 (0.12)	0.34*** (0.10)	0.37*** (0.10)
广西	-0.01 (0.03)	0.07 (0.06)	-0.04 (0.10)	0.13 (0.08)	0.13 (0.08)
贵州	0.19*** (0.07)	0.23*** (0.07)	0.17 (0.11)	0.22** (0.10)	0.19* (0.10)
海南	0.19*** (0.04)	0.25*** (0.05)	0.14* (0.08)	0.30*** (0.06)	0.31*** (0.06)
河北	0.14*** (0.04)	0.19*** (0.04)	0.08 (0.07)	0.22*** (0.01)	0.20*** (0.06)
河南	0.13*** (0.04)	0.17*** (0.05)	0.07 (0.07)	0.16** (0.07)	0.14** (0.06)

续表

变量	(1)	(2)	(3)	(4)	(5)
	全样本	加入最低工资	负责人	普通员工	加入更多个体特征变量
黑龙江	0.01	0.07	-0.08	0.10	0.09
	(0.08)	(0.09)	(0.11)	(0.15)	(0.15)
湖北	0.17**	0.22***	0.16	0.17	0.15
	(0.07)	(0.07)	(0.11)	(0.11)	(0.11)
湖南	0.15***	0.22***	0.07	0.26***	0.26***
	(0.05)	(0.06)	(0.09)	(0.08)	(0.08)
吉林	0.10***	0.14***	0.03	0.19***	0.19***
	(0.03)	(0.04)	(0.06)	(0.05)	(0.05)
江苏	0.24***	0.28***	0.13*	0.32***	0.32***
	(0.04)	(0.04)	(0.07)	(0.05)	(0.05)
江西	0.07	0.14**	0.07	0.06	0.08
	(0.04)	(0.06)	(0.08)	(0.08)	(0.08)
辽宁	0.05	0.11**	0.00	0.15**	0.15**
	(0.03)	(0.04)	(0.07)	(0.06)	(0.06)
内蒙古	-0.00	0.02	-0.06	0.01	0.00
	(0.03)	(0.04)	(0.06)	(0.05)	(0.05)
宁夏	0.00	0.03	-0.09	0.07	0.04
	(0.06)	(0.06)	(0.08)	(0.08)	(0.08)
青海	-0.10	-0.06	-0.30***	0.09	0.07
	(0.07)	(0.07)	(0.09)	(0.11)	(0.11)
山东	0.23***	0.27***	0.08	0.34***	0.31***
	(0.03)	(0.04)	(0.07)	(0.05)	(0.05)
山西	0.09**	0.13***	0.09	0.14**	0.14**
	(0.03)	(0.04)	(0.07)	(0.05)	(0.05)
陕西	0.19***	0.23***	0.16*	0.22**	0.20*
	(0.07)	(0.07)	(0.09)	(0.10)	(0.10)
上海	0.31***	0.29***	0.25*	0.30*	0.23
	(0.09)	(0.09)	(0.11)	(0.17)	(0.16)
四川	0.07**	0.12***	0.042	0.14**	0.12**
	(0.03)	(0.04)	(0.07)	(0.05)	(0.05)

续表

变量	(1) 全样本	(2) 加入最低工资	(3) 负责人	(4) 普通员工	(5) 加入更多个体特征变量
天津	0. 23***	0. 23***	0. 17**	0. 25***	0. 22***
	(0. 04)	(0. 04)	(0. 07)	(0. 06)	(0. 06)
西藏	-0. 13***	-0. 09*	-0. 20**	-0. 04	-0. 05
	(0. 04)	(0. 05)	(0. 03)	(0. 06)	(0. 06)
新疆	0. 02	0. 11*	-0. 12	0. 21***	0. 18**
	(0. 03)	(0. 06)	(0. 09)	(0. 07)	(0. 07)
云南	0. 00	0. 06	-0. 40***	0. 48***	0. 47***
	(0. 10)	(0. 11)	(0. 14)	(0. 17)	(0. 17)
浙江	0. 11***	0. 13***	0. 09	0. 14**	0. 13**
	(0. 04)	(0. 04)	(0. 07)	(0. 05)	(0. 05)
重庆	0. 05	0. 10**	-0. 06	0. 18***	0. 16**
	(0. 04)	(0. 05)	(0. 08)	(0. 06)	(0. 06)
截距项	0. 53***	-0. 47	1. 51*	-1. 27*	-1. 62**
	(0. 15)	(0. 58)	(0. 90)	(0. 75)	(0. 78)
样本量	9442	9442	3461	5981	5996
R^2	0. 05	0. 05	0. 06	0. 04	0. 06

注：***、**、*分别表示在 1%、5%和 10%的水平下显著，括号中数值为标准误，下表同。

表 4-9 是以是否知道本区县最低工资标准为因变量的回归结果。与表 4-8 的回归结论类似，男性相比女性知晓度更高，加油站的雇工数量显著增加员工的知晓度。与表 4-8 结论略微有差异的地方有三处：第一，最低工资对员工最低工资标准的知晓度影响更大，最低工资标准每上涨 1%，员工知晓最低工资标准的概率显著提高 0. 18 个百分点；第二，受教育程度对员工知晓最低工资标准的影响显著，随着受教育程度的提高，居民知晓最低工资标准的概率整体显著增加；第三，户籍在本区县的受访者，对最低工资标准的知晓度更高。

表 4-9　知晓最低工资标准的因素分析（因变量：是否知道本区县最低工资标准）

变量	(1)	(2)	(3)	(4)	(5)	(6)
	全样本	加入最低工资	负责人	普通员工	加入更多个体特征变量	控制加油站雇用规模
男性	0.06***	0.06***	-0.00	0.05***	0.05***	0.00
	(0.01)	(0.01)	(0.01)	(0.01)	(0.01)	(0.01)
ln（最低工资）		0.18**	0.33***	0.13	0.16	0.33***
		(0.08)	(0.12)	(0.11)	(0.11)	(0.12)
本区县户籍					0.04**	
					(0.02)	
19~22岁	-0.27	-0.28	0.65	-0.25	-0.24	0.65
	(0.20)	(0.20)	(0.40)	(0.22)	(0.22)	(0.40)
23~25岁	-0.34*	-0.35*	0.73**	-0.34	-0.33	0.72**
	(0.20)	(0.20)	(0.35)	(0.22)	(0.22)	(0.35)
26~30岁	-0.29	-0.30	0.80**	-0.31	-0.30	0.79**
	(0.20)	(0.20)	(0.35)	(0.21)	(0.21)	(0.35)
31~35岁	-0.26	-0.26	0.83**	-0.28	-0.28	0.82**
	(0.20)	(0.20)	(0.35)	(0.21)	(0.21)	(0.35)
36~40岁	-0.22	-0.23	0.88**	-0.26	-0.26	0.86**
	(0.20)	(0.20)	(0.35)	(0.21)	(0.21)	(0.35)
41~45岁	-0.23	-0.24	0.87**	-0.27	-0.28	0.85**
	(0.20)	(0.20)	(0.35)	(0.21)	(0.21)	(0.35)
46~50岁	-0.22	-0.23	0.87**	-0.27	-0.28	0.85**
	(0.20)	(0.20)	(0.35)	(0.22)	(0.22)	(0.35)
51~60岁	-0.24	-0.24	0.86**	-0.31	-0.32	0.84**
	(0.20)	(0.20)	(0.35)	(0.22)	(0.22)	(0.35)
60岁以上	-1.04**	-1.06**				-0.65
	(0.45)	(0.45)				(0.40)
小学					0.75**	
					(0.32)	
初中					0.84***	
					(0.30)	

续表

变量	(1) 全样本	(2) 加入最低工资	(3) 负责人	(4) 普通员工	(5) 加入更多个体特征变量	(6) 控制加油站雇用规模
高中					0.85*** (0.30)	
中专/职高					0.86*** (0.30)	
大专/高职					0.84*** (0.30)	
大学本科					0.81*** (0.30)	
硕士研究生					0.78** (0.39)	
博士研究生					1.19*** (0.43)	
省份虚拟变量	是	是	是	是	是	是
本站员工数量						0.00* (0.00)
合同化员工数						0.00 (0.00)
截距项	1.07*** (0.20)	-0.32 (0.65)	-2.50** (0.98)	0.14 (0.86)	-1.03 (0.92)	-2.45** (0.98)
样本量	7322	7322	2962	4360	4373	2965
R^2	0.04	0.04	0.04	0.04	0.05	0.04

本次调查还询问了关于最低工资执法的情况。从数据来看，2016 年有劳动执法人员来检查最低工资标准的执行情况的加油站占比 18.8%。被执法人员检查的加油站中，因违反最低工资制度而受罚的加油站占比 4.59%。在被执法人员检查且未违反最低工资制度的加油站中，有 58.2%存在员工工资水平低于最低工资标准的情况，执法效率还需进一步提高。

从劳动争议或劳动仲裁来看，2016 年有员工与加油站产生争议或者进行劳动仲裁的加油站占比 4.79%，但从员工角度这一数值为 11.31%。争议的主要原因是工资过低，占比 93.37%。

基于中石油加油站的调查类似于解剖麻雀的典型调查，对了解最低工资制度的知晓度、执行情况有一定的帮助，但对了解整个劳动力市场中最低工资的知晓、执行情况帮助不大。一是样本的代表性问题。中石油加油站的员工无法代表整个劳动力市场的雇员，而且中石油作为一个大型国有企业，也无法代表劳动力市场中的企业。从调查的受访率来看，仅 20%，因此调查数据能否反映中石油加油站员工的整体知晓情况也是存疑的。二是典型调查由于存在人力物力的限制，问卷设计的科学性，包括问卷涉及的内容、循环逻辑、质量控制等都有一定的局限性。正是由于这两方面的原因，有必要基于现有的大型微观数据库再一次考察居民对最低工资标准的知晓情况以及最低工资制度的执行情况。这正是下一部分要讨论的内容。

4.1.2 基于 2017 年中国家庭金融调查数据的考察

中国家庭金融调查是西南财经大学从 2011 年开始的调查项目，每两年进行一次面访，目前已调查 6 轮。其主要目的是收集家庭金融资产、负债以及收入和支出方面的信息。2017 年，中国家庭金融调查收集了全国 29 个省（区、市）355 个区县 40011 户家庭的信息，是非官方调查中规模最大的调查，不但具有全国代表性，而且具有省级代表性和副省级、重点城市代表性。中国家庭金融调查整体拒访率为 10%，是同类调查中拒访率最低的。2017 年，为压缩整体访问时间，部分模块只询问随机生成的部分受访者。具体地，2017 年，中国家庭金融调查将受访者随机归入 A 组和 B 组，每组受访者仅询问部分主观问题。关于最低工资知晓情况，问卷主要设计了两个问题进行访问。一是“您是否知道本区县实行的最低工资标准?”该问题仅询问 A 组受访者。二是“您周围是否有朋友通过最低工资相关法律规定来保障自己的权益？”该问题仅询问 B 组受访者。前者想要借助全国代表性微观数据揭示居民对最低工资标准的知晓率，后者是针对最低工资制度执行情况进行的考察。

在分析最低工资标准知晓和执行情况之前，我们有必要介绍中国家庭金融调查的样本构成，尤其是户主的构成情况，因为户主是主观问题的直接受访者。通过对比中石油调查数据样本和中国家庭金融调查数据样本的异同，我们既可以了解代表性样本的具体构成情况，又可以知道中石油调查数据样本的偏差方向，为本章后续对比结论差异提供数据视角。

从中国家庭金融调查的户主构成来看，40011 个户主中男性占比 79.3%，女性占比 20.7%，相比之下，中石油调查的受访者男女比例更均衡。从户主的学历构成上看，占比最高的为初中学历，占比 33.13%，其次是小学学历，占比 24.09%，高中学历户主占比 19.55%（见表 4-10）。加油站数据样本中，受访者为没上过学的占比 0.04%，初中学历占比为 11.28%，高中或中专/职高占比为 31.34%，大专/高职占比为 15.88%，大学本科占比为 4.62%，研究生占比为 0.08%。两相对比，中国家庭金融调查受访者整体受教育程度更低。从前文的分析来看，学历越高，居民对最低工资标准的知晓率越高，本书预计，中国家庭金融调查反映的整体知晓率比中石油调查低。

表 4-10　户主的学历构成

单位:%

最高学历	占比
没上过学	7.39
小学	24.09
初中	33.13
高中	19.55
中专/职高	7.34
大专/高职	7.41
大学本科	0.88
研究生	0.19

从年龄结构上看，相比中石油调查的受访者，中国家庭金融调查的受访者年龄更大。具体地，中国家庭金融调查样本中，46~50 岁的受访者占比为 10.50%，51~60 岁受访者占比为 26.69%，60 岁以上受访者占比最大，为 37.62%，累计占总样本的 74.81%（见表 4-11）。相比之下，中石油调查的受访者主要集中在 26~45 岁，这部分群体占总样本的 82.61%。相比老年群体，青年群体对最低工资标准的知晓率更高，因此，从这个角度看，中国家庭金融调查反映的整体知晓率可能较中石油调查低。

表 4-11　户主的年龄构成

单位：%

年龄分组	占比
19 岁以下	0.11
19～22 岁	0.50
23～25 岁	0.50
26～30 岁	3.50
31～35 岁	4.81
36～40 岁	6.25
41～45 岁	9.51
46～50 岁	10.50
51～60 岁	26.69
60 岁以上	37.62

居民对最低工资标准的知晓率，与样本的偏差方向一致。就整体样本反映的平均知晓率而言，中石油调查数据为 60%，中国家庭金融调查数据为 20%，仅为中石油调查的 1/3。男性户主中知道政府目前实行的最低工资标准的占比 16.7%，而女性户主中知道最低工资标准的比例略高，为 19.4%。中石油调查数据显示，男性对最低工资标准的知晓率显著高于女性 7 个百分点，而中国家庭金融调查的数据显示男性低于女性 2.7 个百分点。当然这种偏差很有可能随着男性样本和女性样本学历结构的进一步控制而消失。

分年龄段看，对最低工资标准知晓率最高的是 36～40 岁居民，为 25.73%，最低的为 19 岁以下居民，仅 10.53%。总体上，19～45 岁群体的知晓率较高（见表 4-12）。原因可能有两个：一是青年群体工资水平一般较中老年群体低，更容易受最低工资影响，因而对最低工资标准较为熟悉；二是青年群体更活跃，与外界接触更多，接触方式也更为多样，因此更容易知晓最低工资标准。

表 4-12　分年龄看居民对最低工资标准的知晓情况

单位：%

年龄分组	知道本区县实行的最低工资标准	周围有朋友通过最低工资相关法律规定来保障自己的权益
19 岁以下	10.53	16.67

续表

年龄分组	知道本区县实行的最低工资标准	周围有朋友通过最低工资相关法律规定来保障自己的权益
19~22 岁	23.91	16.83
23~25 岁	21.84	13.64
26~30 岁	24.73	12.14
31~35 岁	23.34	14.36
36~40 岁	25.73	12.73
41~45 岁	20.99	13.71
46~50 岁	19.30	12.39
51~60 岁	17.52	11.80
60 岁以上	12.54	6.59

基于中国家庭金融调查数据，受教育程度为初中、高中、中专/职高以及大专/高职的居民对最低工资的知晓率为 15%~33%，低于中石油调查得到的知晓率（见表 4-13）。中石油调查仅访问了加油站的员工，样本来源单一，缺乏代表性。中国家庭金融调查数据更能反映整体知晓度，中石油调查适合典型调查，可以揭示最低工资制度在执行过程中的深层次问题。

表 4-13　分受教育程度看居民对最低工资标准的知晓情况

单位：%

受教育程度	知道本区县实行的最低工资标准	周围有朋友通过最低工资相关法律规定来保障自己的权益
没上过学	5.90	5.01
小学	8.19	5.91
初中	15.82	10.58
高中	22.32	13.87
中专/职高	32.38	16.36
大专/高职	31.46	13.90
大学本科	25.71	15.29
硕士研究生	25.71	5.26
博士研究生	26.32	3.33

与中石油调查数据反映的现象一致，本地户籍居民与外地户籍居民在

最低工资标准的知晓率上存在差异。数据显示，户籍在本区县的居民中，约 16.53% 知晓本区县的最低工资标准，而户籍非本区县的居民，有 19.18%知道本区县的最低工资标准，高出本地户籍居民 2.65 个百分点。

在排除外地户籍居民后，以本地户籍居民计算的知晓率存在显著的地区差异。基于中国家庭金融调查数据，居民知晓率最高的是上海市，超过 50%的居民知晓最低工资标准。北京、天津、广东、江苏位于第二梯队，居民对最低工资标准的知晓率介于 20%～30%，其中北京和天津几乎达到 30%。其余省（区、市）为第三梯队，居民对最低工资标准的知晓率小于 20%。居民对最低工资标准知晓率最低的是内蒙古和贵州，两个省（区）仅 5%左右（见图 4-1）。

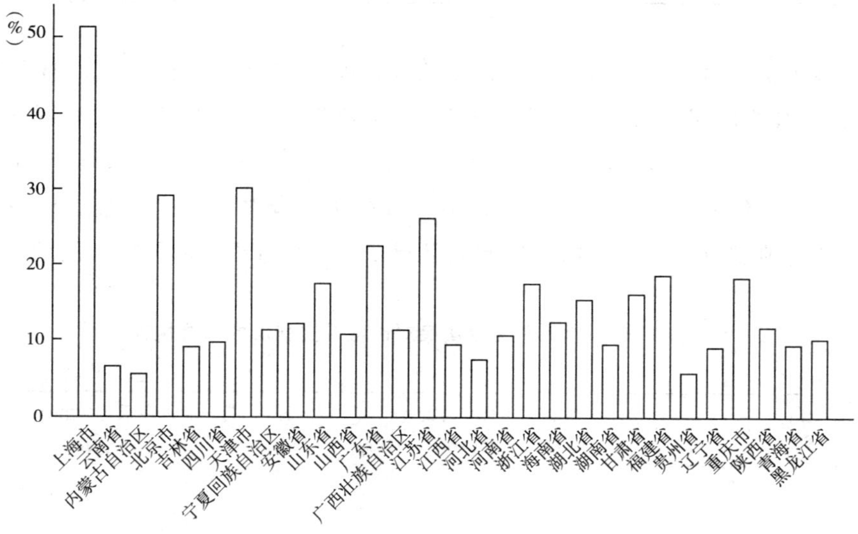

图 4-1　部分省（区、市）居民对最低工资标准的知晓率

按家庭的收入水平看，随着家庭收入水平的提高，居民对最低工资标准的知晓率也显著提升。收入处于最低 20%的家庭，居民对最低工资标准的知晓率仅在 5%左右。相比之下，收入最高 20%的家庭，居民对最低工资标准的知晓率为 28%（见图 4-2）。按家庭资产 10 等分，资产越多的家庭，居民对最低工资标准的知晓率越高。最高的为 32%，对应资产最高 10%的家庭（见图 4-3）。居民的知晓率随着收入或资产的增加而提高，不太可能

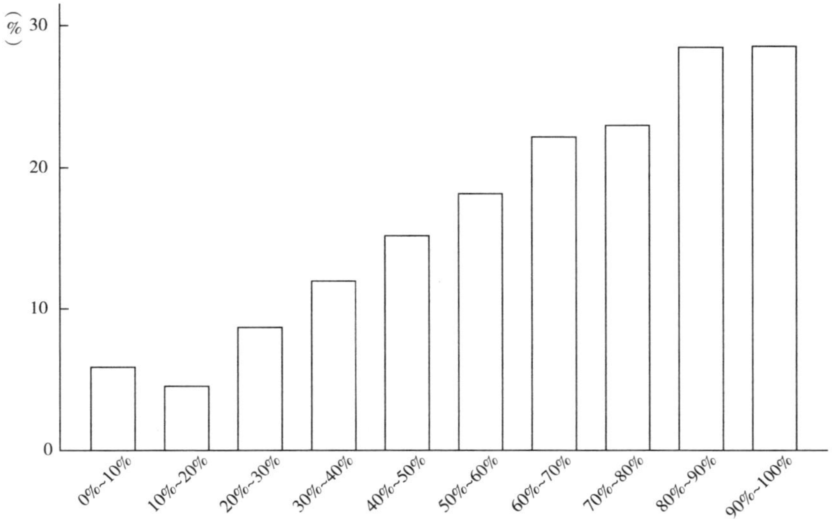

图 4-2　按家庭收入 10 等分看居民对最低工资标准的知晓率

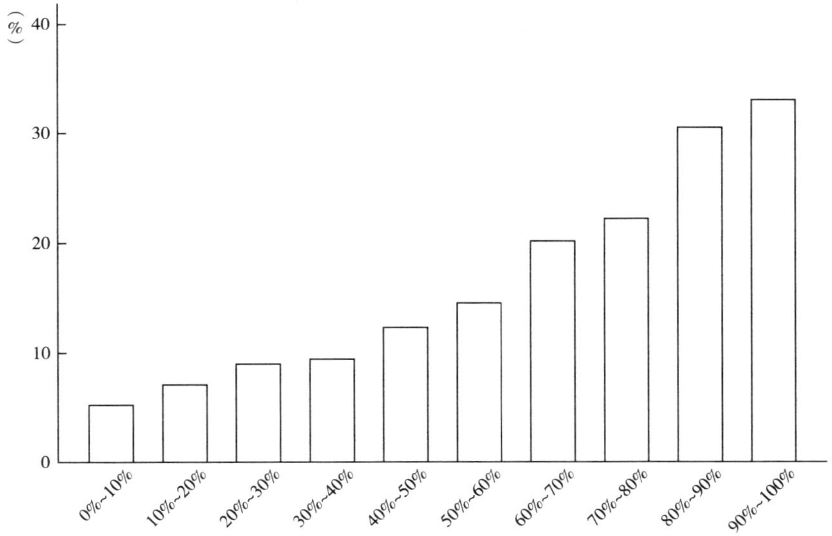

图 4-3　按家庭资产 10 等分看居民对最低工资标准的知晓率

是最低工资的影响导致的，因为高收入或高资产家庭很有可能不受最低工资的影响。居民对最低工资标准的知晓率与家庭收入或资产相关的一个可能解释是受教育程度不同，高收入或资产家庭户主的受教育程度较高，而受教育程度高的个体，对最低工资标准的知晓率也更高。

图 4-4 是按照月均工资与本区县最低工资的比值进行分组考察居民对最低工资标准的知晓率。具体地，我们用月均工资除以最低工资，计算月均工资与最低工资的相对倍数。根据现有研究，在最低工资标准附近的劳动者受最低工资制度的影响最大，因此这些居民对最低工资的知晓率应该最高。正如预计的那样，图 4-4 的结果显示，月均工资与最低工资比值在 0.8~1.1 的居民对最低工资标准的知晓率非常高，在 20%以上。相比之下，月均工资与最低工资比值低于 0.7 的居民，对最低工资标准的知晓率仅为 10%左右。比较有意思的是，高于最低工资标准的居民，即月均工资与最低工资比值介于 1.3~2.0 的居民，对最低工资标准的知晓率也较高。原因可能有两个：一是与前文的原因一致，月工资水平高的劳动者受教育程度也高，教育程度提高显著使居民对最低工资标准的关注度提高；二是最低工资产生溢出效应，即最低工资不仅影响工资水平低于最低工资的个体，对工资水平略高于最低工资的个体也产生影响，这在很多文献中被证实。

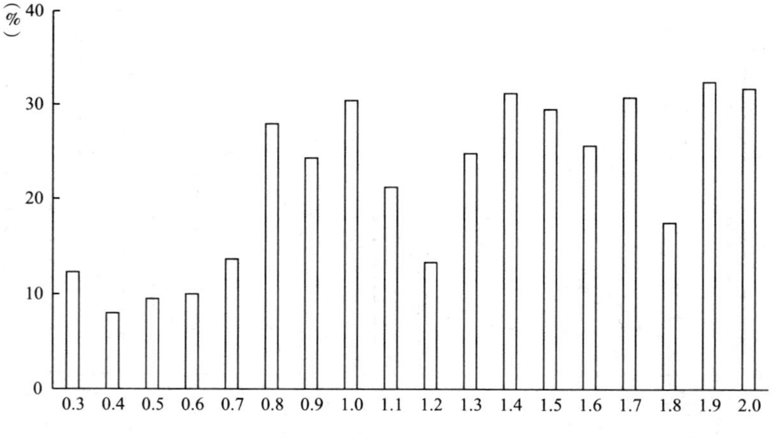

图 4-4　按月均工资与最低工资的比值看居民对最低工资标准的知晓率

最低工资的绝对水平也会影响居民的知晓率。根据图 4-5，随着最低工资标准的提高，居民对最低工资标准的知晓率提高，但增速存在明显差异。最低工资标准小于 1400 元/月时，即最低工资标准 10 等分中前 4 组，最低工资标准提高后居民知晓率提高得非常缓慢。最低工资标准从 1650 元/月增加到 1700 元/月，即从第 7 组到第 8 组时，最低工资知晓率的提升非常大，约提高 10 个百分点。最低工资最高的第 10 组（最低工资标准为 2200 元/月），居民对最低工资标准的知晓率最高，为 43%。

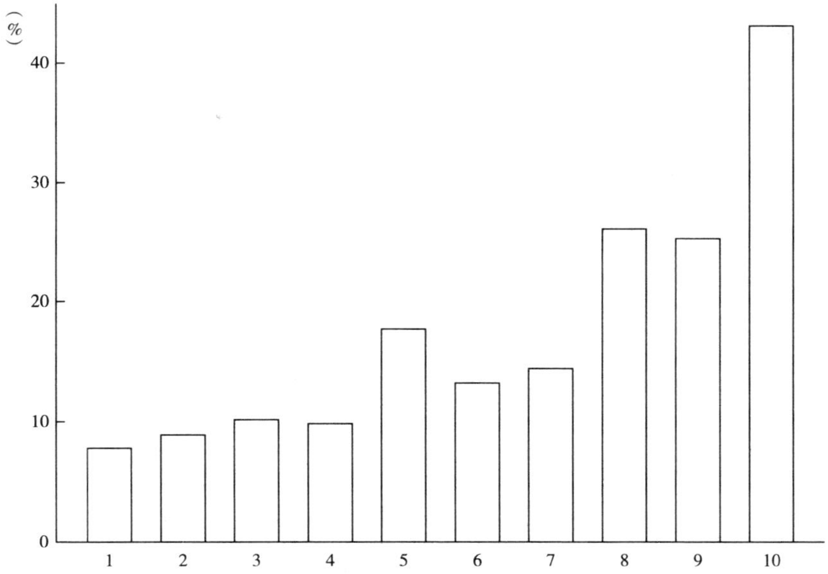

图 4-5　按最低工资标准 10 等分看居民对最低工资标准的知晓率

问卷还就最低工资的执行情况进行询问，即“您周围是否有朋友通过最低工资相关法律规定来保障自己的权益?”从全样本来看，有 10.35% 的居民回答“是”，男性样本中回答“是”的占 10.14%，女性样本中回答“是”的占 11.22%，二者的差异不大。从本地户籍居民和外地户籍居民来看，本地户籍居民回答“是”的占 10.00%，外地户籍居民回答“是”的占 11.62%，二者差距在 2 个百分点以内。同样地，从受访者年龄和受教育程度来看，各组居民回答“是”的比例差异均较知晓率差异小，总体上呈现的趋势是，青年群体以及中低学历群体的占比较大。这与这部分群体更容易受最低工资影响相关。部分省（区、市）居民借助最低工资相关法律规定维权的比例见图 4-6。

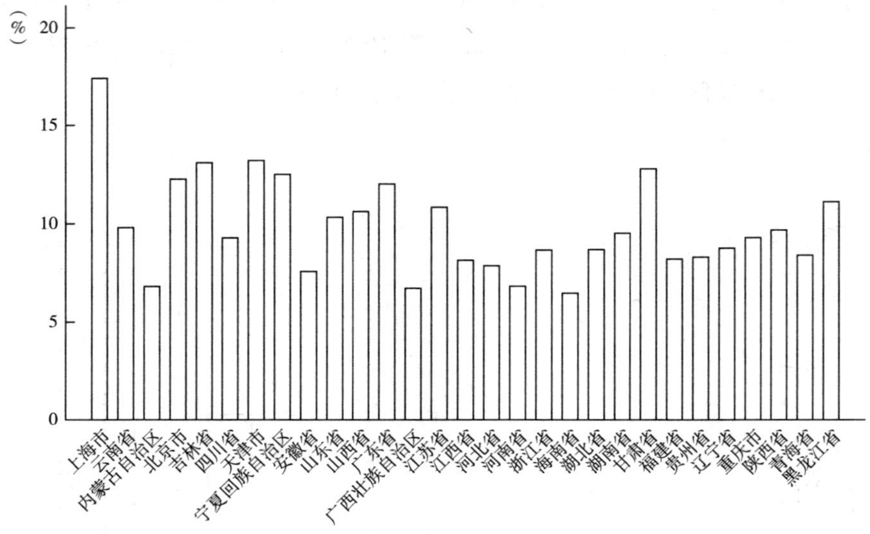

图 4-6 部分省（区、市）居民借助最低工资相关法律规定维权的比例

与前文的分析类似，以居民对最低工资标准的知晓情况为因变量，考察居民个体特征、家庭特征以及最低工资标准对其的影响。表 4-14 中第（1）~（4）列均加入省份虚拟变量以控制省份之间的水平差异。除此之外，第（1）列加入了受访者的户籍类型、性别、受教育程度、年龄、家庭资产等个体和家庭特征。回归结果显示，本地户籍相比外地户籍居民，在最低工资知晓率上并无显著差异，男性与女性在知晓率上的差异也不再显著。从受教育程度上看，大学本科之前，随着学历的提高，居民对最低工资标准的知晓率显著提高，大学本科之后，这一趋势消失，可能的原因是大学本科以上学历样本有限，回归误差较大。从年龄上看，受访者年龄越大，对最低工资标准的知晓率越低。最低工资标准的水平值与最低工资标准的知晓率呈显著的正相关关系，最低工资上涨 1 个百分点，居民对最低工资的知晓率提高 0.28 个百分点，弹性为 1.58。根据月均工资与最低工资所处的位置来看，月均工资与最低工资比值在 0.8~1.2 的居民对最低工资标准的知晓率最高，其次是在 1.3~2.0 的居民，分别反映了直接受最低工资影响的群体和最低工资效应溢出的覆盖群体。最后，家庭资产越多，居民对最低工资的知晓率越高，但二者间的敏感性较低，对应的弹性仅为 0.1。

第（2）列进一步考察了不同单位受访者的知晓率。相比机关团体/事业单位的劳动者，国有企业、集体企业、个体工商户员工对最低工资标准的知晓率均偏低。令人意外的是，私营企业的员工对最低工资标准的知晓率也显著偏低。相比之下，外商投资企业员工对最低工资标准的知晓率与机关团体/事业单位的劳动者无显著差异。

第（3）列考察了雇主和雇员在最低工资标准知晓率上的差异，与预期一致，相比雇主，雇员对最低工资标准的知晓率显著高出 0.04 个百分点。第（4）列进一步探讨了雇员和雇主的合同签订对员工最低工资知晓率的影响。回归结果显示，持有无固定期限合同与持有长期合同、短期或临时合同的员工，对最低工资标准的知晓率无显著差异，但没有合同的员工对最低工资标准的知晓率显著低于持有无固定期限合同员工 0.05 个百分点。

表 4-14　居民知晓最低工资标准的影响因素分析

变量	（1）	（2）	（3）	（4）
本区县户籍	-0.00 （0.01）	-0.00 （0.01）	-0.00 （0.01）	0.00 （0.02）
ln（最低工资）	0.28*** （0.02）	0.28*** （0.03）	0.25*** （0.04）	0.20*** （0.06）
男性	-0.00 （0.00）	0.00 （0.01）	0.00 （0.01）	0.00 （0.01）
小学	0.00 （0.01）	0.00 （0.01）	0.00 （0.03）	0.00 （0.04）
初中	0.03*** （0.01）	0.02* （0.01）	0.04 （0.03）	0.05 （0.04）
高中/中专/职高	0.06*** （0.01）	0.05*** （0.01）	0.08*** （0.03）	0.06 （0.04）
大专/高职	0.14*** （0.01）	0.16*** （0.02）	0.19*** （0.03）	0.17*** （0.04）
大学本科	0.12*** （0.01）	0.12*** （0.02）	0.17*** （0.03）	0.15*** （0.04）

续表

变量	(1)	(2)	(3)	(4)
硕士研究生	0.03 (0.03)	-0.00 (0.03)	0.03 (0.04)	0.01 (0.05)
博士研究生	-0.00 (0.06)	-0.06 (0.06)	0.00 (0.07)	-0.05 (0.09)
年龄	-0.00*** (0.00)	-0.00* (0.00)	-0.00 (0.00)	-0.00 (0.00)
月均工资与最低工资比值在0.8~1.2	0.08*** (0.02)	0.09*** (0.02)	0.07*** (0.02)	0.06** (0.02)
月均工资与最低工资比值在1.3~2.0	0.06*** (0.02)	0.07*** (0.02)	0.06** (0.02)	0.04* (0.02)
月均工资与最低工资比值在2.0以上	0.00 (0.01)	0.03* (0.02)	0.02 (0.02)	0.00 (0.02)
ln（家庭资产）	0.01*** (0.00)	0.01*** (0.00)	0.02*** (0.00)	0.01*** (0.00)
国有企业		-0.06*** (0.01)		
集体企业		-0.06** (0.02)		
个体工商户		-0.09*** (0.01)		
私营企业		-0.07*** (0.01)		
外商投资企业		0.05 (0.03)		
耕地经营承包土地		-0.11*** (0.01)		
其他		-0.02 (0.03)		
云南	-0.23*** (0.02)	-0.28*** (0.03)	-0.31*** (0.04)	-0.39*** (0.05)
内蒙古	-0.300*** (0.02)	-0.37*** (0.03)	-0.39*** (0.05)	-0.44*** (0.06)

续表

变量	(1)	(2)	(3)	(4)
北京	-0.18***	-0.24***	-0.23***	-0.27***
	(0.01)	(0.03)	(0.03)	(0.04)
吉林	-0.26***	-0.33***	-0.33***	-0.35***
	(0.02)	(0.03)	(0.04)	(0.04)
四川	-0.23***	-0.29***	-0.29***	-0.31***
	(0.02)	(0.03)	(0.04)	(0.04)
天津	-0.17***	-0.25***	-0.25***	-0.25***
	(0.02)	(0.03)	(0.03)	(0.04)
宁夏	-0.25***	-0.30***	-0.29***	-0.31***
	(0.02)	(0.03)	(0.04)	(0.05)
安徽	-0.16***	-0.22***	-0.23***	-0.27***
	(0.02)	(0.03)	(0.04)	(0.05)
山东	-0.20***	-0.28***	-0.28***	-0.30***
	(0.02)	(0.02)	(0.03)	(0.04)
山西	-0.23***	-0.31***	-0.32***	-0.36***
	(0.02)	(0.03)	(0.04)	(0.04)
广东	-0.15***	-0.21***	-0.20***	-0.23***
	(0.01)	(0.02)	(0.03)	(0.03)
广西	-0.17***	-0.24***	-0.22***	-0.27***
	(0.02)	(0.03)	(0.04)	(0.06)
江苏	-0.12***	-0.19***	-0.18***	-0.19***
	(0.02)	(0.02)	(0.03)	(0.04)
江西	-0.20***	-0.28***	-0.29***	-0.33***
	(0.02)	(0.03)	(0.04)	(0.06)
河北	-0.28***	-0.36***	-0.39***	-0.43***
	(0.02)	(0.03)	(0.03)	(0.04)
河南	-0.23***	-0.32***	-0.32***	-0.34***
	(0.02)	(0.03)	(0.04)	(0.04)
浙江	-0.24***	-0.32***	-0.32***	-0.35***
	(0.01)	(0.02)	(0.03)	(0.03)
海南	-0.19***	-0.25***	-0.21***	-0.31***
	(0.02)	(0.03)	(0.05)	(0.06)

续表

变量	(1)	(2)	(3)	(4)
湖北	-0.17*** (0.02)	-0.26*** (0.03)	-0.25*** (0.03)	-0.31*** (0.04)
湖南	-0.20*** (0.02)	-0.27*** (0.03)	-0.29*** (0.04)	-0.33*** (0.05)
甘肃	-0.21*** (0.02)	-0.32*** (0.03)	-0.33*** (0.00)	-0.36*** (0.05)
福建	-0.18*** (0.02)	-0.24*** (0.03)	-0.229*** (0.03)	-0.26*** (0.04)
贵州	-0.26*** (0.02)	-0.34*** (0.03)	-0.35*** (0.04)	-0.42*** (0.06)
辽宁	-0.23*** (0.02)	-0.33*** (0.03)	-0.35*** (0.03)	-0.40*** (0.04)
重庆	-0.15*** (0.02)	-0.22*** (0.03)	-0.21*** (0.04)	-0.23*** (0.05)
陕西	-0.25*** (0.02)	-0.30*** (0.03)	-0.30*** (0.041)	-0.32*** (0.04)
青海	-0.27*** (0.02)	-0.33*** (0.03)	-0.34*** (0.04)	-0.39*** (0.05)
黑龙江	-0.23*** (0.02)	-0.29*** (0.03)	-0.35*** (0.04)	-0.32*** (0.01)
雇员			0.04*** (0.01)	
长期合同				0.01 (0.01)
短期或临时合同				-0.01 (0.02)
没有合同				-0.05*** (0.01)
截距项	-1.81*** (0.22)	-1.78*** (0.28)	-1.76*** (0.37)	-1.23*** (0.46)
样本量	15800	9554	6660	4868
R^2	0.13	0.17	0.13	0.14

4.1.3　基于百度搜索指数的考察

前文采用的中石油调查数据和 2017 年中国家庭金融调查数据都只是单期数据，很大程度上难以规避最低工资标准这一变量的内生性问题。比如，我们无法排除地区层面的经济特征对最低工资标准制定以及最低工资制度知晓情况的影响。为解决这一问题，本部分采用 2011～2017 年全国 333 个市关于“最低工资”和“劳动仲裁”这两个关键词的百度搜索指数，进一步考察最低工资标准与居民的知晓情况。百度搜索引擎作为重要的搜索工具，在国内搜索市场占据绝对优势地位，为居民了解各类相关信息提供重要的技术支撑。“最低工资”关键词的搜索量一定程度上反映了居民对最低工资标准以及最低工资制度的相关信息需求，信息需求背后的原因可能是多样的。一是对最低工资制度或最低工资标准的进一步了解。二是借助最低工资制度进行维权从而进行的必要信息搜索。不管是基于哪种目的，“最低工资”这一关键词的搜索量都可以用来粗略考察最低工资制度在执行过程中是否会产生一定影响。如果最低工资制度在现实中产生积极影响，则最低工资标准上涨，居民对“最低工资”这一关键词的搜索量也应该会增加。一是更高的最低工资标准使得受最低工资制度影响的群体增加，搜索量会增加；二是更高的最低工资标准更能引起居民的关注，从而增加搜索量；三是最低工资标准提高，关于最低工资制度的劳动纠纷也会增加，从而会增加对“最低工资”这一关键词的搜索量。

表 4-15 是对应的回归结果。其中，因变量是“最低工资”关键词百度搜索量除以城市总人口自然对数，反映每万人中使用百度搜索引擎搜索“最低工资”的频率。除各市最低工资标准的自然对数外，回归中还加入了市经济指标，用以消除同时影响最低工资标准制定与相关关键词搜索量的因素。这些经济指标包括市 GDP 的自然对数、市平均工资自然对数以及市人口自然对数。此外，回归中还加入了一系列时间虚拟变量以消除平均水平上的时间趋势，包括年份、月份虚拟变量，周以及星期（星期几）虚拟变量。回归采用固定效应模型，城市固定效应在回归中也被消除。

表 4-15 最低工资与“最低工资”关键词的百度搜索量：电脑端

变量	(1)	(2)	(3)	(4)	(5)	(6)
	全样本	搜索指数>57	省会城市	省会城市且搜索指数>57	大城市	大城市且搜索指数>57
ln（最低工资）	0.00	0.09	0.06**	0.15**	0.05**	0.14**
	(0.01)	(0.06)	(0.02)	(0.07)	(0.02)	(0.06)
ln（GDP）	-0.01	-0.09	-0.00	-0.04	-0.02	-0.06
	(0.01)	(0.07)	(0.03)	(0.09)	(0.02)	(0.08)
ln（平均工资）	0.03	0.16**	0.03	0.12	0.04	0.14
	(0.02)	(0.07)	(0.04)	(0.09)	(0.03)	(0.09)
ln（人口）	-0.82***	-0.79***	-0.86***	-0.82***	-0.68***	-0.59***
	(0.03)	(0.08)	(0.03)	(0.08)	(0.04)	(0.12)
年份虚拟变量	是	是	是	是	是	是
月份虚拟变量	是	是	是	是	是	是
周虚拟变量	是	是	是	是	是	是
星期虚拟变量	是	是	是	是	是	是
城市虚拟变量	是	是	是	是	是	是
样本量	37245	10392	20075	8055	26657	8707
R^2	0.20	0.25	0.17	0.236	0.18	0.20

从最低工资与“最低工资”关键词的电脑端百度搜索量的回归结果来看，最低工资标准提高，“最低工资”关键词的百度搜索量也会受到相应影响。电脑端与手机端百度搜索量的区别在于使用主体的不同，前者需要固定的电脑设备或移动电脑作为支撑，因此使用最多的可能是办公室职员、有固定或移动电脑的家庭成员。由于有设备要求，这些个体的收入和受教育水平也更高。手机相对于电脑具有便携、语音通话便利等特点，手机端百度搜索量能更多反映低端劳动者的信息需求。表 4-15 中（1）~（6）列采用不同的样本进行回归。其中，第（1）列是全样本回归，结果显示，最低工资标准上涨，“最低工资”关键词的百度搜索量正向增加，但在 10%的统计水平下不显著。由于百度搜索指数是基于搜索量构建的，从指数的分布上看，87.1%的样本均取 0 值，8.06%的样本取值 57，一种合理的理解是 0 值样本为数据缺失样本，搜索指数等于 57 为数据截断值，0 值样本在因变量取自然对数过程中被排除在回归样本之外，因此第（2）列进一步排除搜

索指数小于等于 57 的样本。回归结果显示，最低工资标准上涨，“最低工资”关键词的百度搜索量正向增加，但仍在 10%的统计水平下不显著。第（3）~（4）列采用省会城市样本进行回归，主要是考虑大城市百度搜索引擎使用频率更高，缺失值更少。回归结果显示，最低工资标准上涨 10%，“最低工资”关键词的百度搜索量正向增加 0.6%，且在 5%的统计水平下显著。第（4）列排除搜索指数小于等于 57 的样本后，最低工资标准上涨 10%，“最低工资”关键词的百度搜索量正向增加 1.5%。第（5）~（6）列采用人口规模定义大城市，即人口规模大于 500 万人的城市为大城市，利用大城市样本进行回归。回归结果与第（3）~（4）列结果类似，最低工资标准上涨 10%，“最低工资”关键词的百度搜索量分别正向增加 0.5% 和 1.4%。

表 4-16 显示了以“最低工资”关键词的手机端百度搜索量为因变量的回归结果。总体上看，最低工资标准上涨，来自手机端的“最低工资”关键词搜索量也增加，尤其是第（3）列和第（5）列，最低工资标准上涨 10%，来自手机端的“最低工资”关键词搜索量分别显著增加 0.6% 和 0.5%。

表 4-16　最低工资与“最低工资”关键词的百度搜索量：手机端

变量	(1)	(2)	(3)	(4)	(5)	(6)
	全样本	搜索指数>57	省会城市	省会城市且搜索指数>57	大城市	大城市且搜索指数>57
ln（最低工资）	0.00	0.01	0.06**	0.06	0.05**	0.03
	(0.01)	(0.03)	(0.02)	(0.04)	(0.02)	(0.04)
ln（GDP）	-0.01	0.00	-0.00	0.04	-0.02	0.00
	(0.01)	(0.03)	(0.03)	(0.05)	(0.02)	(0.04)
ln（平均工资）	0.03	0.09**	0.03	0.07	0.04	0.11*
	(0.02)	(0.04)	(0.04)	(0.06)	(0.03)	(0.06)
ln（人口）	-0.82***	-0.82***	-0.86***	-0.91***	-0.68***	-0.68***
	(0.03)	(0.05)	(0.03)	(0.06)	(0.04)	(0.07)
年份虚拟变量	是	是	是	是	是	是
月份虚拟变量	是	是	是	是	是	是
周虚拟变量	是	是	是	是	是	是

续表

变量	(1)	(2)	(3)	(4)	(5)	(6)
	全样本	搜索指数>57	省会城市	省会城市且搜索指数>57	大城市	大城市且搜索指数>57
星期虚拟变量	是	是	是	是	是	是
城市虚拟变量	是	是	是	是	是	是
样本量	37245	17145	20075	11689	26657	13415
R^2	0.20	0.24	0.17	0.19	0.18	0.22

以“最低工资”关键词的手机端和电脑端百度搜索量总和为因变量的回归结果由表4-17给出。从回归结果来看，最低工资标准上涨，居民对“最低工资”的搜索量显著增加，不管采用的样本范围如何。列（2）显示，在搜索指数>57的样本中，最低工资标准上涨10%，“最低工资”的搜索量显著增加0.7%。

表4-17　最低工资与“最低工资”关键词的百度搜索量：手机端+电脑端

变量	(1)	(2)	(3)	(4)	(5)	(6)
	全样本	搜索指数>57	省会城市	省会城市且搜索指数>57	大城市	大城市且搜索指数>57
ln（最低工资）	0.02*	0.07***	0.25***	0.20***	0.012	0.06**
	(0.01)	(0.02)	(0.02)	(0.03)	(0.018)	(0.03)
ln（GDP）	0.16***	0.19***	-0.06*	-0.02	0.24***	0.18***
	(0.01)	(0.02)	(0.03)	(0.04)	(0.02)	(0.03)
ln（平均工资）	-0.06***	-0.15***	-0.16***	-0.27***	-0.12***	-0.25***
	(0.01)	(0.02)	(0.04)	(0.05)	(0.01)	(0.03)
ln（人口）	-0.59***	-0.75***	-0.71***	-0.87***	-0.65***	-0.74***
	(0.02)	(0.03)	(0.03)	(0.04)	(0.04)	(0.05)
年份虚拟变量	是	是	是	是	是	是
月份虚拟变量	是	是	是	是	是	是
周虚拟变量	是	是	是	是	是	是
星期虚拟变量	是	是	是	是	是	是
城市虚拟变量	是	是	是	是	是	是
样本量	109049	47906	39504	26753	65259	34293
R^2	0.12	0.27	0.22	0.32	0.16	0.30

以“劳动仲裁”关键词的手机端百度搜索量为因变量的回归结果由表 4-18 给出。列（2）显示，最低工资标准上涨 10%，“劳动仲裁”关键词的手机端百度搜索量增加 0.8%，在 1%的统计水平下显著。

表 4-18　最低工资与“劳动仲裁”关键词的百度搜索量：手机端

变量	(1)	(2)	(3)	(4)	(5)	(6)
	全样本	搜索指数>57	省会城市	省会城市且搜索指数>57	大城市	大城市且搜索指数>57
ln（最低工资）	0.00	0.08***	0.11***	0.17***	0.16***	0.28***
	(0.00)	(0.01)	(0.0)	(0.02)	(0.01)	(0.01)
ln（GDP）	0.17***	0.15***	0.12***	0.12***	0.11***	0.11***
	(0.00)	(0.00)	(0.02)	(0.02)	(0.01)	(0.01)
ln（平均工资）	-0.02***	0.09***	0.47***	0.42***	-0.06***	0.04**
	(0.00)	(0.01)	(0.03)	(0.03)	(0.01)	(0.01)
ln（人口）	-0.25***	0.23***	0.22***	0.26***	0.44***	0.75***
	(0.01)	(0.02)	(0.03)	(0.03)	(0.02)	(0.03)
年份虚拟变量	是	是	是	是	是	是
月份虚拟变量	是	是	是	是	是	是
周虚拟变量	是	是	是	是	是	是
星期虚拟变量	是	是	是	是	是	是
城市虚拟变量	是	是	是	是	是	是
样本量	138217	84631	34095	32363	76485	55468
R^2	0.27	0.36	0.56	0.56	0.36	0.43

以“劳动仲裁”关键词的电脑端百度搜索量为因变量的回归结果（见表 4-19），与手机端的结果略微不同，虽然全样本中最低工资标准上涨，“劳动仲裁”关键词的搜索量显著增加，但省会城市样本中，“劳动仲裁”关键词的搜索量却反而显著下降。可能的原因有两个，一是最低工资所影响的群体使用的搜索设备存在差异。最低工资更多影响低工资群体，这一群体缺少固定或移动电脑设备，因而只能采用手机搜索。二是手机与电脑设备之间的替代关系，在信息搜索上，居民可以用手机替代电脑。从百度搜索指数的平均值上看，手机端“劳动仲裁”关键词的平均搜索指数为 70，而电脑端该值仅为 62。

表 4-19　最低工资与“劳动仲裁”关键词的百度搜索量：电脑端

变量	(1)	(2)	(3)	(4)	(5)	(6)
	全样本	搜索指数>57	省会城市	省会城市且搜索指数>57	大城市	大城市且搜索指数>57
ln（最低工资）	0.00***	-0.00	-0.04***	-0.06***	0.00	-0.01*
	(0.00)	(0.00)	(0.01)	(0.01)	(0.00)	(0.00)
ln（GDP）	-0.01***	-0.00	0.06***	0.07***	0.02***	0.03***
	(0.00)	(0.00)	(0.01)	(0.01)	(0.00)	(0.01)
ln（平均工资）	0.01***	0.03***	0.05***	0.09***	0.01***	0.05***
	(0.00)	(0.00)	(0.01)	(0.01)	(0.00)	(0.00)
ln（人口）	-0.9***	-0.96***	-0.92***	-0.91***	-0.98***	-0.97***
	(0.00)	(0.01)	(0.01)	(0.01)	(0.01)	(0.01)
年份虚拟变量	是	是	是	是	是	是
月份虚拟变量	是	是	是	是	是	是
周虚拟变量	是	是	是	是	是	是
星期虚拟变量	是	是	是	是	是	是
城市虚拟变量	是	是	是	是	是	是
样本量	174143	87012	49554	41027	94701	58333
R^2	0.19	0.20	0.27	0.27	0.18	0.20

以手机端和电脑端“劳动仲裁”关键词搜索量之和为因变量的回归结果见表 4-20。总体来看，与“最低工资”关键词搜索量的结果完全相反，最低工资标准上涨反而使居民对“劳动仲裁”关键词的搜索量显著减少。最低工资标准上涨 10%，居民对“劳动仲裁”关键词的搜索量显著下降 1.3%。

表 4-20　最低工资与“劳动仲裁”关键词的百度搜索量：手机端+电脑端

变量	(1)	(2)	(3)	(4)	(5)	(6)
	全样本	搜索指数>57	省会城市	省会城市且搜索指数>57	大城市	大城市且搜索指数>57
ln（最低工资）	-0.13***	-0.03***	-0.03*	0.03	-0.20***	-0.07***
	(0.00)	(0.01)	(0.01)	(0.0)	(0.01)	(0.01)
ln（GDP）	0.25***	0.23***	0.15***	0.20***	0.28***	0.36***
	(0.00)	(0.01)	(0.02)	(0.02)	(0.01)	(0.01)

续表

变量	(1)	(2)	(3)	(4)	(5)	(6)
	全样本	搜索指数>57	省会城市	省会城市且搜索指数>57	大城市	大城市且搜索指数>57
ln（平均工资）	−0.02*** (0.00)	0.00 (0.01)	0.19*** (0.02)	0.16*** (0.02)	−0.05*** (0.01)	−0.05*** (0.01)
ln（人口）	−0.19*** (0.01)	−0.08*** (0.02)	−0.43*** (0.02)	−0.38*** (0.02)	−0.22*** (0.03)	−0.13*** (0.04)
年份虚拟变量	是	是	是	是	是	是
月份虚拟变量	是	是	是	是	是	是
周虚拟变量	是	是	是	是	是	是
星期虚拟变量	是	是	是	是	是	是
城市虚拟变量	是	是	是	是	是	是
样本量	249754	145987	55010	51072	128653	90609
R^2	0.25	0.38	0.65	0.65	0.37	0.47

分时间段看，最低工资上涨带来的搜索量增加的效应总体上是增强的（见表 4-21）。2011～2012 年的回归结果显示，最低工资上涨 10%，“最低工资”关键词的百度搜索量显著增加 0.7%，其中电脑端增加 0.4%。由于当时智能手机的普及程度较低，因而基于手机端的搜索较少，样本缺失严重，回归样本不足，不进行相关回归。2013～2014 年，最低工资上涨 10%，“最低工资”关键词的百度搜索量显著增加 2.6%，其中电脑端显著增加 0.2%，手机端显著增加 1.5%。2015～2017 年，最低工资上涨 10%，居民对“最低工资”关键词的百度搜索量显著增加 1.6%，其中电脑端显著增加 0.4%，手机端增加 0.3%，但不显著。

表 4-21　分时间段看最低工资与“最低工资”百度搜索量

	(1)	(2)	(3)
	电脑端	手机端	手机端+电脑端
2011～2012 年			
ln（最低工资）	0.04*** (0.00)		0.07*** (0.00)

续表

	(1)	(2)	(3)
	电脑端	手机端	手机端+电脑端
2013~2014 年			
ln（最低工资）	0.02** (0.01)	0.15*** (0.04)	0.26*** (0.04)
2015~2017 年			
ln（最低工资）	0.04*** (0.01)	0.03 (0.03)	0.16*** (0.05)

不同时间段的最低工资上涨对“劳动仲裁”关键词的百度搜索量的影响也不同。2015 年以前，最低工资上涨，不管是手机端还是电脑端，居民对“劳动仲裁”的搜索量均显著增加，总量上的影响效应也大幅度提升。2015~2017 年，最低工资上涨对电脑端和手机端“劳动仲裁”关键词百度搜索量的影响相反。最低工资标准上涨 10%，基于电脑端的“劳动仲裁”关键词百度搜索量显著减少 0.9%，但基于手机端的“劳动仲裁”关键词百度搜索量显著增加 1.6%（见表 4-22）。

表 4-22　分时间段看最低工资与“劳动仲裁”百度搜索量

	(1)	(2)	(3)
	电脑端	手机端	手机端+电脑端
2011~2012 年			
ln（最低工资）	0.01*** (0.00)		0.03*** (0.00)
2013~2014 年			
ln（最低工资）	0.04*** (0.01)	0.04*** (0.0)	0.14*** (0.03)
2015~2017 年			
ln（最低工资）	-0.09*** (0.01)	0.16*** (0.01)	-0.00 (0.02)

总之，最低工资标准上涨增加了居民对最低工资制度方面相关信息的搜索，使居民利用最低工资相关法律，维护自身合法权益。尽管现实中有 5%~10%的劳动者工资低于最低工资标准，但无法否认的是，最低工资制

度在现实劳动力市场和劳资关系中产生了实实在在的影响。这种影响可能体现在以下几个方面：一是改变劳资双方的谈判势力，增强劳动者的议价能力，从而使劳动者获得更高的工资；二是提升劳动者的保留工资水平，影响劳动力供给，从而提升市场工资；三是劳动者借助最低工资制度对雇主支付的工资施加约束，即基于法律的手段强制要求雇主支付不低于最低工资标准的工资。

4.2　最低工资与劳动者维权——基于劳动争议案件的研究

为进一步讨论最低工资在实践中的实际执行情况，本部分借助 8000 万余条法律文书，包括全国县级层面案件尤其是涉及劳动工资、社保纠纷等的案件，并基于 2001～2020 年全国各区县最低工资标准数据，考察最低工资标准上涨与各类案件发生的因果关系。虽然有研究显示从长期来看，最低工资标准上涨提升了企业的创新能力，但从理论上讲，最低工资标准提高对企业主要是负向影响，包括雇用减少、利润缩减、出口降低等。对劳动者来讲，最低工资标准上涨的影响根据劳动者的不同而不同。对被雇用劳动者，最低工资标准的提升增加了雇用工资，其收入可能会随之增加。对失业的劳动者，最低工资标准上涨带来的失业率上涨成本主要由他们承担，因而影响以负向为主。对代表性劳动者，最低工资标准上涨既有正向影响即工资增加，又有负向影响如失业概率增加，综合效果取决于两者的相对大小。从后续的研究来看，最低工资标准上涨显著增强了居民的幸福感，可以合理推测，正向作用超过负向作用，最低工资标准上涨，劳动者整体上是获益的。这种收益在企业和劳动者之间的再分配不是自动发生的，而是最低工资标准调整带来的，企业与员工的冲突会增加，劳动纠纷案件相应也会增加。从刑事案件上看，由于劳动者整体是受益的，刑事案件的发生率会相应降低。

在数据处理上，本书将 8000 万余条法律文书按内容进行分类，首先是刑事案件与民事案件的划分，这是法律文书自有的分类变量。其次是根据文书内容是否涉及“劳动纠纷”“劳动合同纠纷”“人事争议纠纷”“人事争议”“劳动关系”“雇用关系”“劳动合同”“聘用合同”“工资”“最低工资”“拖欠”“加班工资”“扣发/扣罚”“社保”“社会保险费”“劳动报酬”“经济补偿金”“经济损失补偿”“社会保险”“五险一金”等关键词，将文书定义为劳动纠纷案件与其他案件。其中，劳动纠纷案件根据关键词涉及的内容不同，进一步分为工资纠纷案件、社保纠纷案件。工资纠纷案件又包含两方面的内容，一是工资拖欠纠纷案件；二是加班工资纠纷案件。

表 4-23 是以各区县案件总数、刑事案件数以及民事案件数的自然对数为因变量的回归结果，其中控制变量为年度虚拟变量，控制案件数量在时间维度上的平均趋势。回归采用固定效应模型，标准差聚类到区县层面。回归结果显示，最低工资标准上涨 10%，案件总数增加 4.5%，在 1%的统计水平下显著。分刑事案件和民事案件看，最低工资标准上涨，刑事案件减少，但在 10%的统计水平下不显著；最低工资上涨 10%，民事案件数增加 6.6%，在 1%的统计水平下显著。这些结果与预期一致。

表 4-23　最低工资与各类案件数

变量	(1)	(2)	(3)
	ln（案件总数）	ln（刑事案件数）	ln（民事案件数）
ln（最低工资）	0.45***	-0.17	0.66***
	(0.14)	(0.13)	(0.15)
时间=2001 年	0.55**	0.48**	0.50*
	(0.26)	(0.24)	(0.27)
时间=2002 年	0.74**	0.52*	0.79**
	(0.33)	(0.29)	(0.35)
时间=2003 年	0.32	0.18	0.26
	(0.28)	(0.26)	(0.28)
时间=2004 年	0.41	0.24	0.32
	(0.28)	(0.26)	(0.28)
时间=2005 年	0.43	0.52**	0.23
	(0.30)	(0.25)	(0.30)
时间=2006 年	0.39	0.38	0.26
	(0.30)	(0.20)	(0.30)
时间=2007 年	0.58*	0.56**	0.35
	(0.30)	(0.26)	(0.31)

续表

变量	(1)	(2)	(3)
	ln（案件总数）	ln（刑事案件数）	ln（民事案件数）
时间 = 2008 年	0.57 * (0.30)	0.53 ** (0.27)	0.38 (0.31)
时间 = 2009 年	0.94 *** (0.31)	0.83 *** (0.27)	0.61 * (0.32)
时间 = 2010 年	1.36 *** (0.31)	1.13 *** (0.27)	1.09 *** (0.32)
时间 = 2011 年	1.81 *** (0.32)	1.58 *** (0.28)	1.47 *** (0.34)
时间 = 2012 年	2.31 *** (0.33)	2.25 *** (0.29)	1.94 *** (0.35)
时间 = 2013 年	4.22 *** (0.34)	4.20 *** (0.30)	3.85 *** (0.36)
时间 = 2014 年	6.55 *** (0.35)	6.76 *** (0.30)	6.13 *** (0.37)
时间 = 2015 年	6.63 *** (0.36)	6.94 *** (0.31)	6.19 *** (0.38)
时间 = 2016 年	7.21 *** (0.36)	7.59 *** (0.32)	6.74 *** (0.38)
时间 = 2017 年	7.51 *** (0.36)	7.83 *** (0.32)	7.09 *** (0.39)
时间 = 2018 年	7.55 *** (0.37)	7.97 *** (0.33)	7.09 *** (0.39)
时间 = 2019 年	7.72 *** (0.37)	8.53 *** (0.33)	6.88 *** (0.40)
时间 = 2020 年	5.75 *** (0.39)	6.39 *** (0.34)	5.02 *** (0.41)
截距项	-2.80 *** (0.88)	0.33 (0.79)	-4.33 *** (0.91)
样本量	27817	27817	27817
R^2	0.85	0.85	0.83

为了排除其他因素对结果的干扰，表 4-24 进行了稳健性考察。一是从回归样本中剔除 0 值样本。案件数作为可数变量，在回归模型上最好采用泊松分布模型，但在多期面板数据中，泊松分布模型估计起来非常复杂，而且很难得到收敛解。可数变量带来的一大问题是 0 值样本占比过大，为解决这个问题，我们首先区分 0 值样本和非 0 值样本，然后将非 0 值样本视为连续变量，采用固定效应模型进行回归，表 4-24 的 A 部分是对应的回归结果。从回归结果来看，剔除 0 值样本对结论的影响不大，最低工资标准上涨仍显著增加案件总数和民事案件数，虽然刑事案件数减少，但在 10%的统计水平下不显著。二是加入市经济特征变量，尽可能消除同时影响最低工资标准调整和案件数量的因素，如人口总数、失业或就业情况、市 GDP 等。B 部分的回归结果与前文基本一致，尽管加入了市经济特征变量，最低工资标准上涨仍使案件总数增加、刑事案件数量减少以及民事案件数增加，三个结果均至少在 5%的统计水平下显著。从回归系数上看，消除市经济特征的影响后，最低工资标准对刑事案件的负向影响和对民事案件的正向影响都变大，且对刑事案件的影响变显著了。三是用各市的人口规模计算每万人的各类案件数，以案件发生密度为因变量进行回归。结果仍类似，最低工资增加 10%，每万人对应的案件总数增加 5.0%、刑事案件数减少 3.3%、民事案件数增加 8.0%，且结果均至少在 10%的统计水平下显著。

表 4-24　最低工资与案件数关系的稳健性考察

变量	(1)	(2)	(3)
	ln（案件总数）	ln（刑事案件数）	ln（民事案件数）
A 部分：剔除 0 值样本			
ln（最低工资）	0.45***	-0.12	0.60***
	(0.14)	(0.13)	(0.16)
B 部分：加入市经济特征变量			
ln（最低工资）	0.44**	-0.37**	0.70***
	(0.17)	(0.15)	(0.18)
ln（人口）	-1.15***	-0.58**	-1.25***
	(0.31)	(0.29)	(0.35)
ln（GDP）	-0.58***	-0.29**	-0.75***
	(0.12)	(0.11)	(0.12)

续表

变量	(1)	(2)	(3)
	ln（案件总数）	ln（刑事案件数）	ln（民事案件数）
ln（平均工资）	-0.12 (0.11)	-0.24** (0.11)	-0.07 (0.11)
ln（就业人口）	0.29*** (0.10)	0.16** (0.07)	0.27** (0.10)
C 部分：以案件密度为因变量			
ln（最低工资）	0.50** (0.19)	-0.33* (0.18)	0.80*** (0.21)
ln（人口）	-2.31*** (0.34)	-1.99*** (0.33)	-2.75*** (0.40)
ln（GDP）	-0.64*** (0.13)	-0.38*** (0.13)	-0.72*** (0.14)
ln（平均工资）	-0.10 (0.12)	-0.18 (0.112)	-0.02 (0.14)
ln（就业人口）	0.28*** (0.10)	0.00 (0.08)	0.38*** (0.12)

总之，最低工资标准的提升在现实中的确产生了效果，尽管从微观家户数据看仍有 5%~10%的个体月工资收入低于当地月最低工资标准。

民事案件也涉及多个方面。根据案由分类，有人格权纠纷、婚姻家庭继承纠纷、物权纠纷、合同纠纷、无因管理纠纷、不当得利纠纷、知识产权与竞争纠纷等。其中合同纠纷、无因管理纠纷、不当得利纠纷包含日常发生在劳动雇用中的劳动合同纠纷。表 4-25 给出了最低工资标准上涨与各区县劳动纠纷案件数之间的关系。从基准回归的结果来看，最低工资上涨 10%，涉及劳动纠纷的案件显著增加 3.8%。剔除 0 值样本后，最低工资上涨 10%，涉及劳动纠纷的案件显著增加 3.8%，系数没有什么改变。进一步加入市经济特征变量的第（3）列显示，最低工资上涨 10%，涉及劳动纠纷的案件增加 2.6%，且在 10%的统计水平下显著。以案件密度为因变量的回归结果也显示，最低工资上涨 10%，涉及劳动纠纷的案件显著增加 4.5%。

表 4-25 最低工资与劳动纠纷案件数

变量	(1)	(2)	(3)	(4)
	基准结果	剔除 0 值样本	加入市经济特征变量	以案件密度为因变量
ln(最低工资)	0.38***	0.38***	0.26*	0.45**
	(0.12)	(0.12)	(0.14)	(0.19)
ln(人口)			-0.63**	-2.06***
			(0.26)	(0.35)
ln(GDP)			-0.59***	-0.71***
			(0.10)	(0.11)
ln(平均工资)			-0.24**	0.13
			(0.10)	(0.12)
ln(就业人口)			0.37***	0.52***
			(0.10)	(0.09)
样本量	27817	22619	18381	14172
R^2	0.81	0.71	0.82	0.72

根据产生劳动纠纷的具体原因，本部分特别关注了工资纠纷案件、工资拖欠纠纷案件、社保纠纷案件、加班工资纠纷案件。根据既有的研究，最低工资标准上涨最直接的影响是使企业支付大于等于最低工资的工资，以前领取工资低于最低工资标准的员工可以据此要求雇主增加工资。因此，关于工资的劳动纠纷案件相应增加。企业为应对劳动力成本的上涨，很有可能会采取一系列的策略进行调整，比如延长工作时间。虽然《最低工资规定》《劳动法》等相继规定日常加班工资不得低于最低工资的 1.5 倍，但由于国内主要实行月最低工资标准，且政府的监管漏洞无法避免、处罚力度不足，企业加班且不支付加班工资的现象时有发生，这必然会对涉及加班工资的劳动争议案件数产生影响。再有，企业可能调整人员成本的结构，以达到既满足最低工资标准要求又不增加用工成本的目的，如缩减实物工资或者减少社保缴费等，因此从社保纠纷角度考察也是有必要的。

从回归结果来看（见表 4-26），最低工资标准上涨，显著增加各区县工资纠纷案件数。最后一列的回归结果显示，最低工资增加 10%，每万人对应的工资纠纷案件数显著增加 4.8%。

表 4-26　最低工资与工资纠纷案件数

变量	(1)	(2)	(3)	(4)
	基准结果	剔除 0 值样本	加入市经济特征变量	以案件密度为因变量
ln（最低工资）	0.42***	0.48***	0.18	0.48***
	(0.10)	(0.12)	(0.12)	(0.18)
ln（人口）			-0.54**	-2.02***
			(0.23)	(0.34)
ln（GDP）			-0.46***	-0.44***
			(0.09)	(0.11)
ln（平均工资）			-0.31***	0.05
			(0.10)	(0.11)
ln（就业人口）			0.38***	0.37***
			(0.09)	(0.09)
样本量	27817	22619	18381	13089
R^2	0.77	0.66	0.79	0.64

最低工资标准上涨对工资拖欠纠纷案件没有显著的影响，尽管剔除 0 值样本的回归中，最低工资标准上涨 10%，工资拖欠纠纷案件显著增加 3.3%，但继续加入市经济特征变量或以案件密度为因变量后，回归结果的显著性消失（见表 4-27）。

表 4-27　最低工资与工资拖欠纠纷案件数

变量	(1)	(2)	(3)	(4)
	基准结果	剔除 0 值样本	加入市经济特征变量	以案件密度为因变量
ln（最低工资）	0.11	0.33**	-0.17	0.22
	(0.11)	(0.13)	(0.12)	(0.19)
ln（人口）			0.07	-1.45***
			(0.22)	(0.30)
ln（GDP）			-0.63***	-0.72***
			(0.09)	(0.11)
ln（平均工资）			-0.09	0.33***
			(0.09)	(0.12)

续表

变量	(1)	(2)	(3)	(4)
	基准结果	剔除0值样本	加入市经济特征变量	以案件密度为因变量
ln（就业人口）			0.41*** (0.10)	0.55*** (0.10)
样本量	27817	22619	18381	12563
R^2	0.73	0.61	0.75	0.57

就社保纠纷案件来看，表4-28第（1）～（3）列的回归结果与第（4）列结果相反。结果显示，最低工资上涨10%，社保纠纷案件数显著减少1.8%，但仅在10%的统计水平下显著，剔除0值样本和加入市经济特征变量后，显著性也进一步消失。第（4）列的回归结果表明，最低工资标准上涨10%，每万人案件数显著增加6.4%。

表4-28　最低工资与社保纠纷案件数

变量	(1)	(2)	(3)	(4)
	基准结果	剔除0值样本	加入市经济特征变量	以案件密度为因变量
ln（最低工资）	-0.18* (0.10)	-0.00 (0.11)	-0.24 (0.15)	0.64*** (0.20)
ln（人口）			-0.42 (0.30)	-1.78*** (0.35)
ln（GDP）			-0.27** (0.12)	-0.12 (0.13)
ln（平均工资）			-0.09 (0.10)	-0.10 (0.14)
ln（就业人口）			0.10 (0.07)	0.00 (0.09)
样本量	27817	22619	14172	10261
R^2	0.56	0.47	0.53	0.40

利用涉及加班工资纠纷的案件数来考察，最低工资标准上涨10%，各区县涉及加班工资的劳动纠纷案件在加入市经济特征变量后显著增加6.0%，在10%的统计水平下显著（见表4-29）。

表 4-29　最低工资与加班工资纠纷案件数

变量	(1)	(2)	(3)	(4)
	基准结果	剔除 0 值样本	加入市经济特征变量	以案件密度为因变量
ln（最低工资）	-0.28***	0.47**	0.60*	0.72*
	(0.07)	(0.19)	(0.31)	(0.39)
ln（人口）			0.59	-0.42
			(0.61)	(0.74)
ln（GDP）			0.16	0.17
			(0.25)	(0.31)
ln（平均工资）			0.07	0.20
			(0.38)	(0.46)
ln（就业人口）			0.00	0.03
			(0.18)	(0.21)
样本量	27817	6188	3805	3805
R^2	0.18	0.09	0.13	0.12

为排除同一案件在初级人民法院、中级人民法院和高级人民法院多次审理带来的回归偏差，表 4-30 仅保留初级人民法院的法律文书数据，以每万人中各类案件数的自然对数为因变量进行回归。结果显示，与前文的结论基本一致，最低工资标准上涨 10%，每万人案件总数显著增加 5.2%，每万人民事案件数显著增加 7.7%，每万人劳动纠纷案件数显著增加 4.3%，每万人工资纠纷案件数显著增加 4.2%，每万人社保纠纷案件数显著增加 5.8%。分时间段来看（见表 4-31），以 2008 年《劳动法》修订为时间分界点的回归结果显示，2008 年及以前，最低工资标准上涨对每万人中各类案件数的正向作用虽然存在，但在 10%的统计水平下不显著。相反，在 2009 年及以后，最低工资标准上涨 10%，每万人案件总数显著增加 8.0%，每万人民事案件数显著增加 11.2%，每万人劳动纠纷案件数显著增加 6.2%，每万人工资纠纷案件数显著增加 5.9%，每万人工资拖欠纠纷案件数显著增加 3.4%，每万人社保纠纷案件数显著增加 6.8%，每万人加班工资纠纷案件数显

著增加 7.3%。

表 4-30　以各区县初级人民法院审理案件数进一步考察

变量	(1)	(2)	(3)	(4)	(5)	(6)	(7)
	ln（每万人案件总数）	ln（每万人民事案件数）	ln（每万人劳动纠纷案件数）	ln（每万人工资纠纷案件数）	ln（每万人工资拖欠纠纷案件数）	ln（每万人社保纠纷案件数）	ln（每万人加班工资纠纷案件数）
ln（最低工资）	0.52**	0.77***	0.43**	0.42**	0.20	0.58***	0.62
	(0.20)	(0.22)	(0.19)	(0.18)	(0.20)	(0.21)	(0.40)
样本量	17131	15905	13091	12068	11638	9215	3215
R^2	0.83	0.80	0.71	0.64	0.57	0.35	0.09

表 4-31　分时间段考察最低工资与各类纠纷案件数

变量	(1)	(2)	(3)	(4)	(5)	(6)	(7)	(8)
	ln（每万人案件总数）	ln（每万人刑事案件数）	ln（每万人民事案件数）	ln（每万人劳动纠纷案件数）	ln（每万人工资纠纷案件数）	ln（每万人工资拖欠纠纷案件数）	ln（每万人社保纠纷案件数）	ln（每万人加班工资纠纷案件数）
A 部分：2008 年及以前								
ln（最低工资）	0.28	0.39	-0.04	0.58	-2.31	-0.06		
	(0.62)	(0.84)	(0.97)	(1.52)	(2.02)	(2.22)		
B 部分：2009 年及以后								
ln（最低工资）	0.80***	-0.25	1.12***	0.62***	0.59***	0.34*	0.68***	0.73*
	(0.20)	(0.19)	(0.22)	(0.18)	(0.17)	(0.18)	(0.20)	(0.39)

4.3　官员特征与最低工资标准调整

本部分将从官员特征出发，考察官员对最低工资调整的影响。根据前文的政策文件梳理，最低工资制度对最低工资调整的各个方面均有明确规定，包括参考因素、周期以及过程等。在中国特有的国情下，研究官员个体特征对最低工资调整的影响是非常有必要的。一是根据官员晋升锦标赛理论，官员有动机促进本地 GDP 快速增长，因而对影响经济增长的各种因素有强烈的干预动机。短期内，最低工资标准对企业的生产成本、利润有显著负向影响，官员基于晋升的考虑将限制本地最低工资标准上涨。按照这一逻辑，年轻官员较年长官员有更强的动机限制最低工资标准上涨，任职周期末较任职之初有更强的动机限制最低工资上涨。二是作为地方上的主要领导，官员具有各种政策的最终决定权，因此官员的个体偏好会对政策的最终决策有重要的影响。如已有研究显示，女性相比男性更关注公平，按照这一逻辑，女性官员相较男性官员更愿意快速提高最低工资标准，提升居民的获得感，保障民生。除此之外，官员所学专业，包括经管类专业与非经管类专业，也可能是重要的影响因素。三是按照官员的分工不同，主管党政业务的官员和主管经济的官员对最低工资的调整也有不同的偏好。例如，任职书记类职务的官员可能更偏重思想政治工作，对公平、民生等更加侧重，相反省长、市长、县长等主抓经济建设的官员对经济增长、生产、就业更为侧重。四是不同层级官员对最低工资标准调整有不同的影响。根据前文的介绍，中国最低工资标准主要由省级人力资源和社会保障部门制定，并报省政府批准，省长、省委书记等对该省最低工资标准的调整有决定性作用，但各市县官员可以决定采用哪一档最低工资标准，从这个角度看，市县官员对最低工资标准有一定的影响，虽然从后期的数据看最低工资标准的档次划分较少更改。

表 4-32 是采用 2000~2016 年月度最低工资数据和官员个体特征数据进行回归的结果。其中，第（1）列是以区县最低工资标准为因变量，省长和省委书记的个体特征为自变量，同时加入年度虚拟变量（消除时间趋势项）以及地区经济特征变量后的回归结果，考察省级主要负责人的特征对最低工资标准变动的影响。结果显示，省长和省委书记个体特征对最低工资标准上涨的影响大部分一致，但仍有少数特征的影响存在差异。不论是省长还是省委书记，受教育年限越长，最低工资标准越低。经管专业的省长，最低工资标准显著降低 10%。从性别上看，省委书记若是男性，最低工资标准显著降低 10%，省长若是男性，最低工资标准显著提高 15%，这与前文预测不一致，一个很重要的原因是省级主要负责人中女性占比较低，回归效度较差。从民族特征上看，汉族出身的省长或省委书记显著降低最低工资标准，少数民族出身的省长或省委书记显著提高最低工资标准。从年龄上看，与官员锦标赛理论的预测相反，年长的官员更倾向于降低最低工资标准。从任职期限上看，本届任职时间越长，最低工资标准越高。党龄越长的省长或省委书记越倾向于提高最低工资标准。

表 4-32　县最低工资和官员个体特征的回归结果

变量	(1)	(2)	(3)
	县最低工资	县最低工资	县最低工资
受教育年限（省委书记）	-0.02*** (0.00)		
经管专业（省委书记）	0.03*** (0.00)		
男性（省委书记）	-0.10*** (0.00)		
汉族（省委书记）	-0.03*** (0.00)		
年龄（省委书记）	-0.00*** (0.00)		
本届任职期限（省委书记）	0.00*** (0.00)		
党龄（省委书记）	0.00*** (0.00)		
受教育年限（省长）	-0.01*** (0.00)		
经管专业（省长）	-0.10*** (0.00)		
男性（省长）	0.15*** (0.00)		
汉族（省长）	-0.10*** (0.01)		
年龄（省长）	-0.01*** (0.00)		
本届任职期限（省长）	0.00*** (0.00)		
党龄（省长）	0.00*** (0.00)		
受教育年限（市委书记）		0.00*** (0.00)	

续表

变量	(1)	(2)	(3)
	县最低工资	县最低工资	县最低工资
经管专业（市委书记）		-0.01*** (0.00)	
男性（市委书记）		-0.03*** (0.00)	
汉族（市委书记）		0.01** (0.00)	
年龄（市委书记）		-0.00*** (0.00)	
本届任职期限（市委书记）		0.00*** (0.00)	
党龄（市委书记）		0.00*** (0.00)	
受教育年限（市长）		0.00 (0.00)	
经管专业（市长）		-0.03*** (0.00)	
男性（市长）		-0.00 (0.00)	
汉族（市长）		0.00 (0.00)	
年龄（市长）		-0.00*** (0.00)	
本届任职期限（市长）		0.00** (0.00)	
党龄（市长）		0.00** (0.00)	
受教育年限（县委书记）			-0.00 (0.00)
经管专业（县委书记）			0.00 (0.00)

续表

变量	(1)	(2)	(3)
	县最低工资	县最低工资	县最低工资
男性（县委书记）			-0.03*** (0.01)
汉族（县委书记）			0.02* (0.01)
年龄（县委书记）			-0.00*** (0.00)
本届任职期限（县委书记）			0.00*** (0.00)
党龄（县委书记）			0.00* (0.00)
受教育年限（县长）			-0.00** (0.00)
经管专业（县长）			0.02*** (0.00)
男性（县长）			0.03*** (0.00)
汉族（县长）			0.04*** (0.01)
年龄（县长）			0.00 (0.00)
本届任职期限（县长）			0.00*** (0.00)
党龄（县长）			-0.00*** (0.00)
ln（市职工数）	0.01*** (0.00)	0.03*** (0.00)	-0.00** (0.00)
ln（平均工资）	-0.02*** (0.00)	0.00 (0.00)	-0.03*** (0.00)
ln（GDP）	0.04*** (0.00)	-0.03*** (0.00)	0.10*** (0.01)

续表

变量	(1)	(2)	(3)
	县最低工资	县最低工资	县最低工资
ln（人口）	0.13***	-0.00	-0.19***
	(0.01)	(0.02)	(0.06)
时间虚拟变量	是	是	是
截距项	5.89***	6.34***	5.78***
	(0.08)	(0.16)	(0.49)
样本量	128346	65345	7291
R^2	0.92	0.88	0.87

第（2）列考察地市主要负责人对最低工资调整的影响。从回归结果来看，整体上地市负责人特征对最低工资的调整也有显著影响，但影响较省级主要负责人小。具体回归结果显示，市委书记的受教育年限越长，最低工资标准越高。若市长或市委书记为经管专业，则最低工资标准显著降低1%或3%。从性别上看，市委书记若是男性，本区县最低工资标准显著降低3%。从民族特征上看，汉族出身的市长或市委书记倾向于提高本区县最低工资标准，但市长回归结果不显著。从年龄上看，与官员锦标赛理论的预测相反，年长的市委书记、市长更倾向于降低最低工资标准。从任职期限上看，本届任职时间越长，最低工资标准越高。党龄越长的市长和市委书记越倾向于提高最低工资标准。

第（3）列是考察区县主要负责人即县长和县委书记主要特征对最低工资调整的影响。结果显示，县委书记除受教育年限和专业特征外，其他特征均对最低工资有影响；县长则除年龄特征外，其他特征均对最低工资有影响。

第5章　最低工资影响机制的理论梳理

5.1　企业对最低工资制度遵守的理论机制

新古典模型下，最低工资制度是被完美执行、完全遵守的。然而，越来越多的证据表明不遵守最低工资法规的现象普遍存在（Gindling and Terrell，1995）。20世纪70年代初，美国最低工资法规的遵守率只有64%（Ashenfelter and Smith，1979），2008年违规率仅有2.6%（Belser and Rani，2010）；2004年，印度全国最低工资标准的违规率为25.3%，邦最低工资标准的违规率为27.2%（Belser and Rani，2010）；1995~2002年，阿根廷最低工资标准遵守率仅为48.26%（Ronconi，2010）。尽管数据在时间、地区及统计口径上存在差异，但无论是发达国家还是发展中国家，企业对最低工资标准都有不同程度的违背。

关于企业是否会遵守最低工资制度，Ashenfelter和Smith（1979）在完全竞争市场条件下最早进行了讨论。在模型构建中，一个标准的风险中性的企业可以选择竞争性的市场工资或最低工资，但在最低工资制度环境下，选择竞争性市场工资会在一定的概率下被政策执行机构发现并受到一定的处罚，企业是否遵守最低工资制度取决于遵守最低工资制度时的利润与不遵守最低工资制度时的期望利润的相对大小。如果企业考虑检查概率和处罚后，不遵守最低工资制度时的期望利润大于遵守最低工资制度时的利润，则企业选择不遵守最低工资制度，反之则反是。但在模型构建中，Ashenfelter和Smith（1979）将不遵守最低工资制度的企业被发现后面临的处罚假设为外生参数。Grenier（1982）对这一假设进行了修正，在他看来，根据美国的政策文件，不遵守最低工资制度的企业一旦被查处后，面临的处罚取决于正在执行的最低工资标准与完全竞争环境下的市场出清工资的差值，以及一个倍数 κ 。现实中，$\kappa \leqslant 1$，但理论中 κ 的取值可以大于 1。在这一修正下，Grenier（1982）得出了与 Ashenfelter 和 Smith（1979）完全相反的结论。Chang 和 Ehrlich（1985）指出，Ashenfelter 和 Smith（1979）与 Grenier（1982）的研究存在一个相同的问题，即没有考虑最低工资制度对就业的影响，虽然企业可以选择不遵守最低工资标准，但只要企业面临被查处的风险和处罚，即使是不遵守最低工资制度，企业也会调整劳动雇用人数。考虑这一劳动雇用人数的影响后，Ashenfelter 和 Smith（1979）与 Grenier（1982）的结论均仅在部分条件下才成立。后续研究中，Yaniv（1988）在模型中考虑劳动力市场买方垄断环境；Chang（1992）考察风险规避型企业在最低工资制度遵守上的选择；丁守海（2010）考虑企业部分遵守最低工资制度的情况，即企业支付的工资水平介于市场出清工资与最低工资之间。

5.1.1　完全竞争市场企业选择

本部分以 Chang 和 Ehrlich（1985）的模型为基础，从理论上讨论企业在面临最低工资制度时的决策机制。假设在完全竞争市场上有一个风险中性的代表性企业，生产单一产品并以价格 P 出售，生产过程中有两种投入要素，即劳动 L 和资本 K，对应的市场价格为 w 与 r。企业将增加劳动投入直至劳动的边际产品价值等于 w，增加资本投入直至资本的边际产品价值等于 r，实现的最大利润由间接利润函数 $\pi(P, w, r)$ 给出。根据利润函数的性质，间接利润是要素价格 w 和 r 的减函数，若企业选择遵守最低工资制度（$M > w$），则实现的利润 $\pi(P, M, r) < \pi(P, w, r)$，其中 M 为最低工资标准。因此，如果政府在最低工资制度执行上没有进一步的监督和处罚措施，企业是不会选择遵守最低工资制度的，因为遵守最低工资制度将降低企业的利润水平。为更好地使最低工资制度产生实际效果，政府会出台两方面的配套措施。一是派出工作人员检查企业是否严格执行最低工资制度。限于政府的人力和物力，监督检查不是 100% 的，因此对代表性企业来讲，如果不遵守最低工资制度被发现的概率为 $\lambda \leqslant 1$，未被发现的概率为 $1 - \lambda$ 。二是未遵守最低工资制度的企业被查处后，将被要求支付 κ 倍最低工资与支付工资的差额。因此，对风险中性的企业来说，在不遵守最低工资制度情形下，其期望利润可以表示为：

$$E(\pi) = (1-\lambda)[PF(L,K) - wL - rK] + \lambda[PF(L,K) - wL - rK - k(M-w)L]$$
$$= PF(L,K) - [w + \lambda k(M-w)]L - rK \tag{5.1}$$

企业将选择最优的劳动 L 和资本 K 的投入，以实现最大利润 $\pi\{P, [w+\lambda k(M-w)], r\}$ 。其中，$[w+\lambda k(M-w)]$ 是企业向每单位劳动支付的期望工资。虽然企业可以选择不遵守最低工资制度而实际支付 w，但这类企业有一定的概率被处罚，$\lambda k > 0$，因此企业面临的边际劳动成本比 w 大。考虑这一影响因素后，企业会减少对 L 的需求。按照 Grenier（1982）的说法，企业将向左移动劳动需求曲线，在支付工资 w 处，只会雇用没有最低工资时工资水平为 $[w+\lambda k(M-w)]$ 的劳动力。

企业是否遵守最低工资制度，取决于未遵守最低工资制度的利润 $\pi\{P, [w+\lambda k(M-w)], r\}$ 与遵守最低工资制度的利润 $\pi(P, M, r)$ 的相对大小。其差值 V 可以反映企业违反最低工资制度的动力：

$$V = \pi\{P,[w+\lambda k(M-w)],r\} - \pi(P,M,r) \tag{5.2}$$

根据式（5.2），Chang 和 Ehrlich（1985）得到了有关企业遵守最低工资制度的几个重要推论。一是如果政府的处罚力度不够，如最高限于最低工资标准与市场工资差额，即 $k \leqslant 1$，则 $w+\lambda k(M-w) \leqslant M$，根据间接利润函数随工资水平递减特点，$V \geqslant 0$，企业不会选择遵守最低工资制度。但需要说明的是，即便企业不遵守最低工资制度，企业的雇用人数也会减少。二是如果政府的处罚力度足够大并超过 $1/\lambda$，那么 $w+\lambda k(M-w) > M$，企业会选择完全遵守最低工资制度。三是对于不遵守最低工资制度的企业（$V \geqslant 0$），支付工资（w）更低的企业不遵守最低工资制度的动机更强烈。换句话讲，工资水平较低的行业，如劳动密集型行业，企业更愿意违反最低工资制度。

若最低工资标准上涨，企业不遵守最低工资制度的动机是否更强烈呢？对此，通过 V 对最低工资 M 求导可得：

$$\frac{\partial V}{\partial M} = \frac{\partial \pi\{P,[w+\lambda k(M-w)],r\}}{\partial[w+\lambda k(M-w)]}\frac{\partial[w+\lambda k(M-w)]}{\partial M} - \frac{\partial \pi(P,M,r)}{\partial M}$$

$$= \lambda kL\{P,[w+\lambda k(M-w)],r\} - L(P,M,r) \tag{5.3}$$

$\partial V/\partial M$ 大于、等于或小于零均可能成立，最低工资上涨，企业违反最低工资制度动机增强的结论只有在一定条件下才成立。

5.1.2　买方劳动力市场企业选择

Card 和 Krueger（1994）的研究指出，最低工资上涨对企业雇用没有负向影响，比如新泽西州最低工资标准的上涨使得新泽西州的快餐企业雇用了相比宾夕法尼亚州快餐企业更多的工人，后续多个研究也发现了最低工资对就业的正向影响。支持该结论的劳动力市场买方垄断特征得到部分经济学家的支持，即使是诸如快餐这样劳动供给弹性大的行业，也有可能在劳动力市场上形成买方垄断特征，如工资加小费的收入制度（Wessels，1997）。因此，对企业是否遵守最低工资制度的分析，有必要在买方垄断市场结构下进行，本部分主要借助 Yaniv（1988）的模型。

与 Ashenfelter 和 Smith（1979）、Grenier（1982）、Chang 和 Ehrlich（1985）讨论完全竞争的劳动力市场不同，Yaniv（1988）假设企业面对一条斜向上的劳动供给曲线，工资水平为 $w(L)$，且 $w'(L)>0$。当企业不遵守最低工资制度时，其面临的期望利润可表示为：

$$\begin{aligned} E(\pi) &= (1-\lambda)[PF(L,K) - w(L)L - rK] + \\ &\quad \lambda\{PF(L,K) - w(L)L - rK - k[M - w(L)]L\} \\ &= PF(L,K) - \{w(L) + \lambda k[M - w(L)]\}L - rK \end{aligned} \tag{5.4}$$

为实现利润最大化，企业选择最优的劳动投入量 L 和资本投入量 K。对于劳动投入量 L，企业实现利润最大化的一阶条件为：

$$\frac{\partial \pi}{\partial L} = PF'(L,K) - \{w(L) + \lambda k[M - w(L)] + w'(L)L - \lambda k w'(L)L\} \tag{5.5}$$

若定义劳动供给的工资弹性为 $\varepsilon = \dfrac{\partial L}{\partial w}\dfrac{w}{L}$，则式（5.5）可写为：

$$\frac{\partial\pi}{\partial L}=PF'(L,K)-\left\{w(L)\left(1+\frac{1}{\varepsilon}\right)+\lambda k\left[M-\left(1+\frac{1}{\varepsilon}\right)w(L)\right]\right\}=0 \quad (5.6)$$

其中，$w(L)\left(1+\frac{1}{\varepsilon}\right)$ 为雇用量 L 对应的边际成本。若没有最低工资制度，企业将按照 $PF'(L,K)=w(L)\left(1+\frac{1}{\varepsilon}\right)$ 来决定最优的劳动雇用和工资水平，即 L_0 和 $w_0=w(L_0)$。当引入最低工资制度后，在 $M-\left(1+\frac{1}{\varepsilon}\right)w(L_0)\geqslant 0$ 的情况下，劳动的边际成本也会增加，企业的最优雇用量较无最低工资制度情况下的雇用量低，工资水平也更低。若最低工资标准小于 $\left(1+\frac{1}{\varepsilon}\right)w(L_0)$，即 $\left[M-\left(1+\frac{1}{\varepsilon}\right)w(L_0)\right]<0$，则企业将在 L_0 的基础上增加雇用，提高工资水平，即 L^* 和 w（L^*），尽管对最低工资制度的遵守可能是不完全的。如果 $w(L)\left(1+\frac{1}{\varepsilon}\right)+\lambda k\left[M-\left(1+\frac{1}{\varepsilon}\right)w(L)\right]=M$，即 $M=\left(1+\frac{1}{\varepsilon}\right)w(L_0)$，则 $PF'(L,K)=M$，企业的雇用量恰好与没有最低工资制度下的雇用量相同，最低工资制度与企业利润最大化行为激励相容。该情况下那最低工资标准小于最优雇用量的边际成本时，不管最低工资制度的监督和处罚力度设置在何种水平，最低工资制度都不会对就业产生任何影响。

第二种情况下，即最低工资标准小于最优雇用量的边际成本时，企业将部分遵守最低工资制度。如果将无最低工资制度的最优解视为完全偏离最低工资制度，第二种情况又可以按照最低工资与完全竞争市场（无买方垄断势力）工资水平的相对大小进行区分，若 $M=w(L^*)=PF'(L^*,K)$，企业将在 $\lambda k=1$ 的情况下完全遵守最低工资制度。若 $M=PF'(L,K)>w(L^*)$，则 $L<L^*$，企业完全遵守最低工资制度需要满足的条件是：

$$M-\left\{w(L)\left(1+\frac{1}{\varepsilon}\right)+\lambda k\left[M-\left(1+\frac{1}{\varepsilon}\right)w(L)\right]\right\}=0 \quad (5.7)$$

因此，当政府政策执行力度满足 $\lambda k = 1$ 时，企业将完全遵守最低工资制度，此时企业的期望工资为 M，遵守和不遵守最低工资制度是无差异的。

关于模型在中国的适用问题，丁守海（2010）进行了很好的讨论。丁守海（2010）的模型改进主要体现在两个方面：一是企业面临的监督概率不再是一个常数 λ，而是关于最低工资与支付工资差额的函数，即 $\lambda = \lambda(M - w)$，最低工资与支付工资差值越大，企业面临的监督检查概率越高；二是 $k = 1$，即根据政策文件，劳动部门会要求违规企业补齐支付工资与最低工资标准的差额。

5.2　最低工资与工资分布

最低工资影响工资以及工资分布的理论和实证研究非常丰富，在理论研究方面，最具代表性的是 Flinn（2003，2006）。Flinn（2003）在劳动力市场摩擦、员工企业相互匹配以及工资劳资谈判决定的模型框架下详细讨论了最低工资制度的引入以及最低工资标准调整对工资分布的影响，本部分着重以该模型为基础，对最低工资影响工资的机制进行梳理。

在模型构建方面，主要分为两个部分：第一部分是构建没有最低工资制度时的均衡；第二部分是在第一部分基础上引入最低工资制度。在模型假设方面，员工是同质的，企业也是同质的，但员工和企业的匹配会获得一个生产率 θ，服从企业与员工均已知的分布函数 $G(\theta)$。劳动是企业生产的唯一投入要素。劳动者与企业有 λ 的概率进行接触，并讨价还价决定工资水平 w。劳动者根据企业支付的工资水平 w，可以决定接受雇用还是继续寻找工作。失业时对应的效用水平为 b。一旦接受企业雇用，劳动者将一直保持被雇用的状态。企业终止其与员工的劳动合同的概率 $\eta > 0$。劳动者的贴现率为 $\rho > 0$。员工和企业之间进行讨价还价决定工资水平，员工对工资的影响势力记为 α，企业的影响势力记为 $1 - \alpha$。$\Psi = [\eta, \rho, G(\theta), \alpha, b]$ 为表征市场环境的参数集合。

V_n 为劳动者未就业时的终身效用贴现值，$V_e(w)$ 为劳动者被雇用且获得工资 w 时的终身效用贴现值。根据贝尔曼方程，在时间段 dt，员工可以获得工资收入 wdt，在 dt 之后，员工有 ηdt 的概率被企业解除合同，进入失业状态，相反有（$1 - \eta dt$）的概率继续被雇用。由于劳动者是无限期的，任意时间点的终身效用相等，即 $V_e(w)$ 相等，其表达式如下：

$$V_e(w) = \frac{wdt}{1+\rho dt} + \frac{1}{1+\rho dt}[\eta dt V_n + (1-\eta dt)V_e(w)] \tag{5.8}$$

通过变形，可得：

$$V_e(w) = \frac{w+\eta V_n}{\rho+\eta} \tag{5.9}$$

也即：

$$V_e(w) - V_n = \frac{w+\eta V_n}{\rho+\eta} - V_n = \frac{w-\rho V_n}{\rho+\eta} \tag{5.10}$$

其中，$\rho+\eta$ 为员工的有效贴现率。后文也假设企业与员工具有相同的有效贴现率。在劳动力市场均衡下，$V_e(w_R) = V_n$，其中 w_R 为保留工资。将 w_R 代入 $V_e(w)$ 的决定式，得 $w_R = \rho V_n$。对劳动者来讲，若 $w \geqslant w_R$，将选择被雇用；若 $w < w_R$，将选择继续寻找工作。假设企业与员工对工资的决定由纳什均衡给出，即：

$$w = \operatorname{argmax}\left\{[V_e(w) - V_n]^{\alpha}\left(\frac{\theta-w}{\rho+\eta}\right)^{1-\alpha}\right\} \tag{5.11}$$

将 $V_e(w) - V_n$ 的表达式代入工资的决定方程，有：

$$w = \operatorname{argmax}[(w-\rho V_n)^{\alpha}(\theta-w)^{1-\alpha}] \tag{5.12}$$

对 w 求导并解得最优的工资水平：

$$w = \alpha\theta + (1-\alpha)\rho V_n \tag{5.13}$$

生产率 θ 与员工的工资水平 w 正相关。当 $w = w_R$ 时，$\theta^* = w_R = \rho V_n$，为企业与员工成功匹配所需的最低生产率，因此对于取自分布函数 $G(\theta)$ 的生产率，仅 $1 - G(\theta^*)$ 的概率会匹配成功，记为 $\widetilde{G}(\theta^*)$，$G(\theta^*)$ 的概率匹配失败。对寻找工作的劳动者来讲，在时间 dt 期间，有 λdt 的概率接触企业，并有 $1 - G(\theta^*)$ 的概率被雇用，$G(\theta^*)$ 的概率继续寻找工作，或者 $1-\lambda dt$ 的概率未接触企业，直接处于失业状态，因此其终身效用的贴现值为：

$$V_n = \frac{bdt}{1+\rho dt} + \frac{\lambda dt}{1+\rho dt}\left[G(\theta^*)V_n + \int_{\theta^*}^{\infty} V_e(w)\mathrm{d}G(\theta)\right] + \frac{1-\lambda dt}{1+\rho dt}V_n \tag{5.14}$$

求得：

$$\begin{aligned}
\rho V_n &= b + \lambda\int_{\rho V_n}^{\infty}\left[V_e(w) - V_n\right]\mathrm{d}G(\theta)\\
&= b + \lambda\int_{\rho V_n}^{\infty}\left(\frac{w-\rho V_n}{\rho+\eta}\right)\mathrm{d}G(\theta)\\
&= b + \lambda\int_{\rho V_n}^{\infty}\left(\frac{\alpha\theta-\alpha\rho V_n}{\rho+\eta}\right)\mathrm{d}G(\theta)\\
&= b + \frac{\lambda\alpha}{\rho+\eta}\int_{\rho V_n}^{\infty}(\theta-\rho V_n)\mathrm{d}G(\theta)
\end{aligned} \tag{5.15}$$

通过求解可以得到 $\theta^*(\theta^* = \rho V_n)$ 的具体值，从而得出模型的各个相关均衡值，如 $w = \alpha\theta + (1-\alpha)\theta^*$。虽然劳动者是同质的，但劳动者与企业的匹配效率服从随机分布 $G(\theta)$，因而存在不同的工资水平。工资 w 下的终身效用为 $V_e(w) = \dfrac{w-\theta^*}{\rho+\eta}$，而工资 w 的分布可表示为：

$$h(w) = \begin{cases} \dfrac{g\left[\dfrac{w-(1-\alpha)\theta^*}{\alpha}\right]}{\alpha\left[1-G(\theta^*)\right]}, \text{if } w \geqslant \theta^* \\ 0, \text{ if } w < \theta^* \end{cases} \tag{5.16}$$

其中，$g(.)$ 为分布函数 $G(\theta)$ 的密度函数。当劳动力市场处于均衡时，失业人数与就业人数是相对稳定的，进入失业状态的人数与新增被雇用的人数相等。在时间 dt，新增被雇人数为 $\lambda dt[1 - G(\theta^*)]U$，$U$ 为失业的总人数。进入失业状态主要取决于企业与劳动者合同的解除，即 $\eta dt(N - U)$，在均衡状态二者相等，即：

$$\lambda dt[1 - G(\theta^*)]U = \eta dt(N - U) \tag{5.17}$$

$$U = \frac{\eta N}{\eta + \lambda[1 - G(\theta^*)]} \tag{5.18}$$

对应的失业率 $u = \dfrac{\eta}{\eta + \lambda[1 - G(\theta^*)]}$，取决于劳动力市场的摩擦程度 η/λ。摩擦程度越高，失业率越高。

前文未考虑最低工资制度，接下来将考虑最低工资的引入对模型求解的影响，以及最低工资对工资分布和就业的影响。

假设有最低工资 $m > w_R$，w_R 为未引入最低工资时模型对应的保留工资，$w_R = \theta^*$。从模型的求解过程来看，首先被改变的是工资的决定方程，即：

$$w = \operatorname{argmax}\left\{[V_e(w) - V_n]^{\alpha}\left(\frac{\theta - w}{\rho + \eta}\right)^{1-\alpha}\right\} \tag{5.19}$$

$$\text{st}: w \geqslant m \tag{5.20}$$

由互补松弛条件：

$$\alpha\theta + (1 - \alpha)\rho V_n - w \leqslant 0 \tag{5.21}$$

$$w \geqslant m \tag{5.22}$$

$$(w - m)[\alpha\theta + (1 - \alpha)\rho V_n - w] = 0 \tag{5.23}$$

若 $w > m$，则 $\alpha\theta + (1 - \alpha)\rho V_n - w = 0$，$w = \alpha\theta + (1 - \alpha)\rho V_n$，即之前的工资决定方程。此时，$\alpha\theta + (1 - \alpha)\rho V_n > m$，对应的 $\theta > \dfrac{m - (1 - \alpha)\rho V_n}{\alpha}$。若 $\theta < \dfrac{m - (1 - \alpha)\rho V_n}{\alpha}$，则根据纳什均衡得到的最优工资使得 $\alpha\theta + (1 -$

$\alpha)\rho V_n - w < 0$，则互补松弛条件 $w - m = 0$，此时最低工资制度为紧约束，$w = m$。根据前文可知，在最低工资环境下，劳动者与企业匹配后的生产率 $\theta > m$，否则企业无利可图，不会与劳动者签订合同。因此，在最低工资制度下，劳动者与企业进行匹配，根据其随机从分布函数中取得的生产率 θ，劳动者获得的工资水平有三种情况：一是工资为 0，劳动者继续等待工作机会，此时的概率为 $G(m)$；二是获得最低工资 m，当且仅当 $m < \theta < \dfrac{m - (1 - \alpha)\rho V_n}{\alpha}$ 时；三是当 $\theta > \dfrac{m - (1 - \alpha)\rho V_n}{\alpha}$ 时，获得工资 $w = \alpha\theta + (1-\alpha)\rho V_n$。据此，劳动者继续寻找工作这一状态的终身效用 V_n 可表示为：

$$V_n = \frac{bdt}{1 + \rho dt} + \frac{1 - \lambda dt}{1 + \rho dt} V_n + \frac{\lambda dt}{1 + \rho dt}\left\{G(m) V_n + \int_m^{\frac{m-(1-\alpha)\rho V_n}{\alpha}} \left(\frac{m + \eta V_n}{\rho + \eta}\right) \mathrm{d}G(\theta) + \int_{\frac{m-(1-\alpha)\rho V_n}{\alpha}}^{\infty} \left[\frac{\alpha\theta + (1 - \alpha)\rho V_n + \eta V_n}{\rho + \eta}\right] \mathrm{d}G(\theta)\right\} \tag{5.24}$$

通过式（5.24），可以求得 $\rho V_n(m)$，它是最低工资制度下隐性的保留工资，与最低工资的关系是 $\rho V_n(m) < m$。关于工资的分布函数 $h(w)$，在有最低工资 m 的情况下调整为：

$$h(w) = \begin{cases} \dfrac{g\left[\dfrac{w - (1 - \alpha)\rho V_n(m)}{\alpha}\right]}{\alpha[1 - G(m)]}, & \text{if } w > m \\ \dfrac{g\left[\dfrac{m - (1 - \alpha)\rho V_n(m)}{\alpha}\right] - G(m)}{1 - G(m)}, & \text{if } w = m \\ 0, & \text{if } w < m \end{cases} \tag{5.25}$$

失业率 $u' = \dfrac{\eta}{\eta + \lambda[1 - G(m)]} > \dfrac{\eta}{\eta + \lambda[1 - G(\theta^*)]}$，因此引入最低工资标准后，失业率将增加。对比引入最低工资标准前后的工资分布可以发现，引入最低工资标准之前，工资分布不存在“密集点”，当 $w > w_R$ 时，分布是连续的；而引入最低工资标准后，工资等于最低工资（$w = m$）的分布密度不为 0，相反概率为 $\frac{g\left[\frac{m-(1-\alpha)\rho V_n(m)}{\alpha}\right]-G(m)}{1-G(m)}>0$。工资分布存在“密集点”，这是很多实证研究观测到的，如 Card 和 Krueger（1994）。

对于 $w>m$，无最低工资标准的分布概率为 $\frac{g\left[\frac{w-(1-\alpha)\theta^*}{\alpha}\right]}{\alpha[1-G(\theta^*)]}$，而有最低工资标准的分布概率为 $\frac{g\left[\frac{w-(1-\alpha)\rho V_n(m)}{\alpha}\right]}{\alpha[1-G(m)]}$，此时若 $\rho V_n(m)\geqslant\theta^*$，则：

$$\frac{1-g\left[\frac{w-(1-\alpha)\rho V_n(m)}{\alpha}\right]}{\alpha[1-G(m)]}\Bigg/\frac{1-g\left[\frac{w-(1-\alpha)\theta^*}{\alpha}\right]}{\alpha[1-G(\theta^*)]}\geqslant 1 \tag{5.26}$$

从直观意义上讲，引入最低工资后，各个分位点上的工资水平均提高，给定任意工资 w，工资小于 w 的概率均下降，概率分布曲线位于最低工资调整之前概率分布曲线之下。

提高最低工资标准带来的影响类似。若 $\rho V_n(m')\geqslant\rho V_n(m)$，其中 $m'>m$，m' 为上涨后的最低工资，则对于 $w>m'$，其概率分布相比最低工资上涨前必定具有一阶随机占优的意义。

最低工资标准上涨很可能带来工资上涨的溢出效应。根据前文推导的工资分布概率，对任意 $w>m'$，其最低工资调整前后的概率密度发生的变化为：

$$PC=\frac{g\left[\frac{w-(1-\alpha)\rho V_n(m')}{\alpha}\right]}{\alpha[1-G(m')]}\Bigg/\frac{g\left[\frac{w-(1-\alpha)\rho V_n(m)}{\alpha}\right]}{\alpha[1-G(m)]} \tag{5.27}$$

两边同时取对数有：

$$\ln(PC) = \ln\left\{\frac{g\left[\dfrac{w-(1-\alpha)\rho V_n(m')}{\alpha}\right]}{g\left[\dfrac{w-(1-\alpha)\rho V_n(m)}{\alpha}\right]}\right\} - \ln\left[\frac{1-G(m')}{1-G(m)}\right] \tag{5.28}$$

其中，$\ln\left[\dfrac{1-G(m')}{1-G(m)}\right]$ 反映分布函数的水平移动，独立于工资水平 w；$\ln\left\{\dfrac{g\left[\dfrac{w-(1-\alpha)\rho V_n(m')}{\alpha}\right]}{g\left[\dfrac{w-(1-\alpha)\rho V_n(m)}{\alpha}\right]}\right\}$ 与工资 w 相关，是真正意义上的溢出效应，体现为分布函数的形状改变。根据 Flinn（2003）的研究，仅两种情况下不存在溢出效应：一是 $V_n(m') = V_n(m)$，即最低工资调整不会带来福利的改变；二是 $G(\theta)$ 的分布密度 $g(\theta)$ 满足特定的函数形式，如 $g(\theta) = \exp(\beta\theta)/[\int_Q^{\infty}\exp(\beta x)\,dx]$。除此之外，最低工资的变动将带来溢出效应。

5.3　最低工资与就业

上文的模型讨论了最低工资对就业的影响，本部分在此基础上有针对性地补充几点。在讨论之前，最低工资制度是否得到严格执行需要事先讨论，因为它也会对最低工资的就业效应产生影响。如前文所述，关于这方面，Grenier（1982）、Ashenfelter 和 Smith（1979）、Chang 和 Ehrlich（1985）做了许多工作，Yaniv（2004）很好地进行了梳理。

如图 5-1 所示，曲线 AB 是没有最低工资制度时的劳动需求曲线，根据企业最优雇用决策，雇用需求与市场工资负相关。w_0 为市场出清工资，此时劳动需求为 L_0。当最低工资 $M(M > w_0)$ 被引入但没有严格执行时，企业可以选择遵守最低工资标准 M，也可以选择不遵守，仍支付员工 w_0 的市场出清工资。而不遵守最低工资标准的企业被发现的概率为 ρ，被发现后需支付 $\lambda(M - w_0)$ 的罚金，λ 可以大于 1。根据 5.1 部分的推导，这部分企业支付的期望工资为 $\widetilde{w} = w_0 + \rho\lambda(M - w_0)$，因此，市场工资为 w_0 时，企业雇用需求从 L_0 下降为 L_1，劳动需求曲线调整为 AB'，其中 AE_1 部分是重合的。若 $\rho\lambda =$

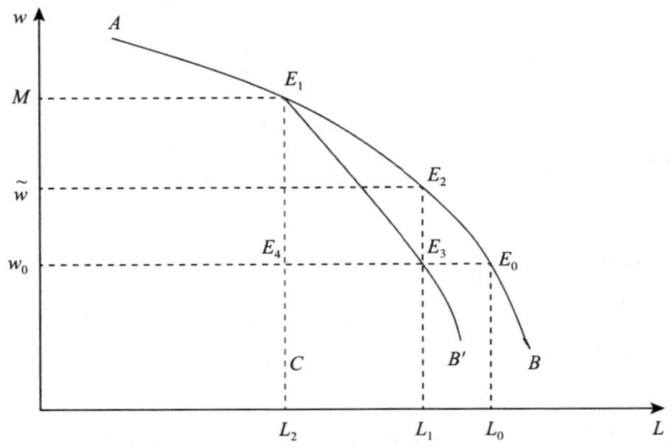

图 5-1 最低工资执行与就业

1，则政策得到完全执行，所有企业将支付最低工资 M，劳动需求进一步下降为 L_2。综上可知，即使最低工资制度未被严格执行，劳动力需求也会受到负向影响，就业会减少。

关于最低工资制度被严格执行后，其对就业的影响讨论最早的是 Stigler（1946）。Stigler 从完全竞争和买方垄断两类市场结构出发，考察最低工资的就业效应。其结论也显而易见，对完全竞争的劳动力市场，企业的最优雇用决策是劳动的边际产品价值等于工资，当最低工资高于市场工资时，企业会有两种反应。一是企业将劳动产品价值低于最低工资的工人解聘，也就是说最优雇用数量由边际产品价值等于最低工资决定。由于边际报酬递减规律，最低工资的引入或上涨必定会减少雇用需求。二是企业采用新的技术，提高劳动生产率。在这方面，最有可能的情况是企业采用了之前不能盈利但由于劳动力价格上涨而变得能盈利的技术，如用更多的机器设备替代劳动力。这种情况下，最低工资对就业的影响与前一种情况是一致的，由于产出水平的下降以及单位产值所需劳动人数的减少，企业雇用量必定下降。虽然新技术的引入可以提高对高技术工人的用工需求，但对低技术工人的需求必定下降。对于另一种市场结构，即买方垄断的劳动力市场，Stigler（1946）认为结论可能完全不同。在买方垄断市场中，企业面对的劳动供给是有限的，即劳动供给曲线向上倾斜，企业的边际劳动成本曲线与平均劳动成本曲线分离，企业的雇用量由劳动的边际产品价值和边际成本决定，最优雇用量少于完全竞争市场上的雇用量。在这种情况下，最低工资的引入反而会削弱企业对工资的控制，使得边际成本与平均成本的分离在最低工资水平上被消除，即最低工资降低了企业的边际劳动成本。因此，雇用量较未引入最低工资时反而会增加。在劳动力买方市场中，最低工资提高会增加就业。早期的研究比较倾向完全竞争市场的结果，因为对适用最低工资水平的低技术工人而言，劳动力市场的买方特征可能是不存在的，雇用低技术工人的企业往往规模较小，雇主多，竞争激烈。

关于劳动力市场的买方垄断特征，Rebitzer 和 Taylor（1995）从效率工资角度给出了解释，这也是最被大家认可的一种解释。在模型中，劳动者有两个劳动强度可以选择，即 $\varepsilon = e$ 和 $\varepsilon = 0$，ε 为劳动强度变量。劳动者的工资为 w。$\varepsilon = 0$ 表示劳动者存在偷懒行为，如被企业发现，将面临被解聘，但由于信息不对称，企业很难准确识别劳动者选择的劳动强度，往往仅投入固定的资源进行监督。偷懒的劳动者被发现的概率为 d，$1 - d$ 的概率未被发现。劳动者的当期效用 $U = w - \varepsilon$。根据贝尔曼方程，可以写出劳动者三种状态下对应的终身效用，即努力工作 V^F、偷懒 V^S 以及无工作 V^U。

$$V^F = w - \varepsilon + \frac{(1 - q)\ V^F}{1 + r} + \frac{qV^U}{1 + r} \tag{5.29}$$

$$V^S = w + \frac{(1 - q)(1 - d)\ V^S}{1 + r} + \frac{[1 - (1 - q)(1 - d)]V^U}{1 + r} \tag{5.30}$$

$$V^U = w_R + \frac{s\ V^F}{1 + r} + \frac{(1 - s)V^U}{1 + r} \tag{5.31}$$

q 为企业与雇员解除合同的外生概率，如企业死亡等；s 为劳动者找到工作的概率；$1/(1 + r)$ 为贴现率；w_R 为保留工资。当 $V^F \geqslant V^S$ 时，则可以求得与劳动者激励相融的工资支付条件，当该条件满足时，劳动者的最优劳动强度为 $\varepsilon = e$。通过求解可得：

$$w \geqslant w_R + e + \frac{e(r + s + q)}{d(1 - q)} \tag{5.32}$$

由于企业追求利润最大化，因此企业实际支付的工资 w 必定等于激励相容条件满足时的最低工资，即 $w = w_R + e + \frac{e(r + s + q)}{d(1 - q)}$。值得说明的是，劳动者偷懒被发现的概率与雇用规模负相关，即 $d'(l) < 0$，雇用人数增加会降低劳动者偷懒被发现的概率。根据激励相容的工资支付方程，此时企业将支付更高的效率工资以弥补监督的不足。企业工资支付水平与雇用人数正相关，符合劳动力市场买方垄断特征。企业的平均雇用成本与边际雇用成本分离，最低工资的引入反而会降低劳动的边际成本，从而增加企业雇用量。受最低工资影响的企业多为低技术的劳动密集型企业，这些企业可能会支付效率工资。

5.4　最低工资对企业的其他影响

5.4.1　外商直接投资

最低工资制度的成本效应会抑制 FDI 进入。比较优势理论和产品生命周期理论认为，发展中国家在劳动力数量和价格方面具有比较优势，因此跨国公司出于节约成本的考虑，会在母国保留研发和运营部门，而将低附加值的部门转移到发展中国家。由此可知，发展中国家或地区的工资水平越低，对 FDI 越有吸引力，反之则会“逼退”FDI。从理论上讲，最低工资的上涨会从两个方面增加企业用人成本，一方面，最低工资上涨会推动企业平均工资上涨（Dube et al.，2010）。其原因在于，最低工资上涨直接提高了原本低于最低工资标准的低收入员工的工资（马双等，2012；陆瑶等，2017），同时根据锦标赛理论（Tournament Theory），为了保持员工工作的积极性，需要根据员工的相对绩效维持一定的薪酬差距，所以高收入劳动者的工资也会有不同幅度的上涨，这又被称为最低工资的“溢出效应”（段志民、郝枫，2019）或“向上传递效应”。另一方面，最低工资上涨会增加企业社保缴纳支出（刘行、赵晓阳，2019）。企业为员工缴纳“五险一金”，缴纳基数的下限是当地上一年度职工平均工资的 60%，最低工资上涨会提高企业平均工资，进而提高当地职工平均工资，从而提高企业为员工缴纳社保的基数。而企业用人成本的增加将对 FDI 产生抑制作用：一方面，用人成本增加挤占了依赖中国廉价劳动力优势的 FDI 企业的利润空间，从而降低了 FDI 来华投资的可能性；另一方面，用人成本增加对产品具有“价格效应”，会导致产品价格提高，对出口导向型 FDI 企业而言，这直接降低了其产品在国际市场上的竞争力，会抑制企业出口，迫使企业通过减少投资、缩小生产规模甚至转移生产来应对。

最低工资的上涨也可能会通过激励效应、替代效应和创新效应三条路径倒逼企业提高生产率，促进 FDI 进入。第一条路径是通过激励效应提高劳动生产率。最低工资上涨一方面直接调动员工工作的积极性，另一方面促使企业或员工加强专业技能培训，最终提高企业的劳动生产率。因此，最低工资上涨会推动当地的人力资本水平提升。尽管出于技术保护的考虑，跨国公司仅会将产品的低附加值环节转移到发展中国家，但这些生产环节对工人的技能有一定的要求，FDI 企业愿意用高工资吸引熟练工人（Na and Lightfoot，2006）。Mody 和 Srinivasan（1998）研究美国和日本的跨国公司、Akinlo（2004）研究尼日利亚的 FDI，都发现劳动力素质显著正向影响 FDI；徐康宁和陈健（2008）使用年总销售收入 1000 万美元以上的跨国公司的微观数据进行研究，发现高端跨国公司在区位选择上对低成本劳动力并不敏感，反而是工资越高的地区对这类公司越有吸引力。因此，最低工资上涨通过激励效应切实提升劳动生产率，同时作为 FDI 识别人力资本的信号降低 FDI 对高技能员工的搜寻成本，吸引 FDI 进入。第二条路径是通过替代效应促使企业用资本替代劳动或者使用新设备等提高企业生产率。相比发展中国家的国内资本，FDI 在资本和技术上具有比较优势，这会吸引市场开拓型 FDI 进行投资。第三条路径是通过创新效应提高生产率。最低工资标准上调会提高员工技能、激发员工创造力，同时促使企业增加研发支出，最终提高企业生产率。创新水平的提升不仅能使企业更好地吸收 FDI 的技术，使 FDI 进入的磨合成本降低，还有可能对 FDI 产生逆向技术溢出效应，因此会吸引 FDI 进入。

最低工资的上涨可能会通过收入分配效应促进 FDI 进入。最低工资上涨会直接提高低收入家庭的收入，同时通过溢出效应提高高收入家庭的收入。收入与消费一般呈正相关关系。张军等（2017）发现，最低工资标准提高对消费支出的刺激作用明显，每 10%的增长预计使广东、上海、四川和辽宁这四个省（市）城镇居民消费增加约 11.67 亿元。因此，最低工资上涨在某种程度上反映了该地区消费能力的增强、市场规模的扩大，这对致力于开拓当地市场的 FDI 无疑有巨大的吸引力（杨用斌，2012；张先锋、陈婉雪，2017）。

根据上述理论分析，最低工资对 FDI 进入的作用具有多样性。然而，从 2000~2013 年中国工业企业数据来看，劳动密集型行业吸收了 40%以上的 FDI，且这部分 FDI 中有 70%是出口导向型的。考虑到成本效应的发挥伴随着最低工资的调整，而激励效应、替代效应、创新效应和收入分配效应的发挥需要一定的时间（奚美君等，2019），我们认为成本效应是当下最低工资上涨影响 FDI 进入的主导效应，但影响程度如何有待实证检验。

5.4.2 小微企业投资

我们还关注了最低工资对小微企业投资的影响。我国小微企业普遍依赖于低价格、低技术、低收益和低附加值的传统发展路径，产业层次普遍不高，而且市场竞争激烈，利润率较低（巴曙松，2013）。相对于大中型企业，我国小微企业起步较晚，发展经验不足，特别是近年来随着租金和劳动力成本的持续上升，小微企业举步维艰，生存和发展面临困难。巴曙松（2013）的调查数据显示，2012 年分别有 75.4%和 73.7%的小微企业在最近一年感到用工成本和原材料成本上升，20%和 17.9%的小微企业分别出现了订单下滑和销量下降，21.5%的小微企业的营业收入出现下降，小微企业的净利润也出现了 30.8%的跌幅。赵惠敏和蔺大勇（2012）发现，中小企业利润率一般在 3%~5%，已经到了危险警戒线，如继续提高成本，中小企业将陷入困境。

首先，随着最低工资制度的普及和执行力度的加大，劳动力成本持续上升（马双等，2012；贾朋、张世伟，2013；孙楚仁等，2013b），直接增加了小微企业的人工成本，进一步降低了小微企业的盈利水平。一方面，小微企业可能会通过减少投资、缩小企业规模，降低对劳动力的投入。另一方面，为了打破劳动力成本上升的被动局面，部分小微企业可能会试图寻求转变，实现产业技术转型升级。不过，由于小微企业在资本、技术、人才、管理经验等关键因素方面积累不足，其转型升级也较为困难。其次，小微企业由于竞争激烈，利润本来就微薄，最低工资的提高，将直接增加小微企业的人工成本，进而侵蚀小微企业的盈利空间。面对最低工资提高造成的利润下滑，小微企业更不可能开展新的投资。最后，最低工资的提高提升了劳动力市场的工资水平，这将增加整个行业的劳动力成本，降低行业利润率，企业主可能会不看好企业所在行业的发展前景，缺乏进行投资的动力。

5.4.3　企业出口

最低工资与出口贸易的相关性问题，从 20 世纪 70 年代开始就进入了西方学者的视野。Brecher（1974a，1974b）认为，最低工资对生产劳动和资本密集型产品的国家在出口方面的影响并不相同。最低工资水平上升将使以生产劳动密集型产品为主的国家减少对相应产品的出口，而增加对资本密集型产品的进口。但对于生产资本密集型产品的国家来说，最低工资上调将使其具有比较优势的资本密集型产品出口减少，而使劳动密集型产品进口增加。不同于 Brecher（1974a，1974b）仅考察两部门的情形，Schweinberger（1978）考虑了多种产品和多种要素，研究发现，在一个小型开放经济中，假设外国商品价格是固定的，最低工资的提高将使出口产品的总金额上升。通过参考 Schweinberger（1978）所提出的办法，Brecher（1980）考察了仅包含资本、土地和劳动三大类要素和两种产品的小国经济情形，研究发现，若某一产品资本除以劳动所获得的值与劳动除以土地所获得的值比另一种产品高，同时本国专业化程度不高，那么最低工资提高会使得本国的就业水平降低，而使第一种产品出口增加。Inoue 和 Itsumi（1992）认为在研究劳动力市场时，闲暇也是一个重要因素，因为工人在获得较高工资收入的时候，会开始重视闲暇。在这个前提下他们得到类似 Brecher（1974a，1974b）的结论。Egger 等（2012）注意到，因为最低工资标准的上调，效率不高的中间商品供应企业会慢慢退出市场，造成最终产品制造企业的生产效率降低，进而全部企业的出口均会降低。

以上的研究均基于企业性质相同的假设。从 20 世纪 90 年代开始，许多注重实证研究的学者注意到企业在是否选择出口、出口商品类别、出口目的国以及贸易额等方面存在很大差异，这些因素与企业产效、规模、资本密度、研发投入等有密切关系（Bernard and Jensen，1995，1997）。企业出口行为的差异意味着一项政策对不同企业产生的影响也许会不一样，所以该领域现有的实证研究无法回答最低工资提高如何影响企业出口这一问题。

因此，从企业层面对最低工资与贸易间的关系展开理论探究以及对它对我国企业出口产生的影响进行实证研究十分重要。对最低工资标准进行调整实质上就是对劳动力价格进行扭曲，从而其不再通过市场进行调节，在这种非均衡的情况下，市场所决定的最低工资水平要比政府制定的高出很多，此时劳动力市场所产生的效应便会影响企业生产成本和产出，从而影响其对外贸易行为（Berg and Vallden，2003）。Egger 等（2012）的研究是为数不多的在企业异质性下考察最低工资与贸易相关关系的研究。他们构建了一个包含单一因素（劳动力）、多个可贸易的中间产品和最终商品并考虑企业生产率异质性的模型。研究发现，一国最低工资的提高将迫使效率低下的中间产品供应商退出市场，从而导致出口下降。然而，他们的分析忽视了企业对中间产品和最终产品的自我选择，并假设所有中间产品生产商都是出口商。

有关贸易与企业异质性的研究，更多地关注出口商和非出口商在企业规模、生产率和工资等方面的产业内差异。Melitz（2003）的论文具有开创性意义，他认为当进入出口市场的成本很高时，贸易只会为生产率较高的企业提供新的盈利机会，也会促使对更高的潜在回报做出反应的潜在企业进入市场。生产率较高的企业和新进入的企业对劳动力的需求增加将带动工资提高，最终迫使效率最低的企业退出市场。Bernard 等（2007）通过加入跨部门要素禀赋（密集度）的差异，扩展 Melitz 的框架，发现贸易开放后，一国根据要素禀赋所确定的比较优势行业会吸引更多企业进入，这使得企业对劳动力的需求大幅增加。因此，考虑到最低工资的变化也反映了当地劳动力状况的变化，我们可以预期最低工资与企业出口之间存在负相关关系，特别是在中国具有比较优势的行业。

现有研究并不能清楚说明最低工资的提高对中国制造业企业和出口企业会带来何种影响。Li（2006）认为，目前中国的劳动力成本仍较低，因此提高最低工资会对企业的出口行为产生温和的影响。他进一步指出，中国在国际市场上的比较优势不一定仅仅是由低廉的劳动力成本驱动的，而外国投资者在中国的投资也不仅仅是被廉价劳动力吸引。Huang 和 Ren（2008）指出，中国的比较优势取决于单位产出的劳动力成本，而不是绝对劳动力成本，因此只要生产率增速快于工资增速，中国的出口竞争力就不会受到太大影响。在这个问题上，Zheng（2004）认为，中国劳动力成本的相对优势被低生产率抵消了，因此，出口可能更多地受到企业低生产率而不是工资提高的影响。

近些年，国内的一些学者也开始从传统的比较优势理论出发，对最低工资和出口贸易之间的关系进行研究。王会娟和陈锡康（2011）提出了区分加工出口生产和非加工出口生产的非竞争型投入产出价格模型，并测算出工资水平提高 10%对物价以及出口产品成本的综合影响均在 3%以内，且可以使劳动者报酬占 GDP 的比重提高 1.8 个百分点。孙楚仁等（2013a）的研究表明，最低工资的提高，将通过选择效应（迫使低效率企业退出出口市场）降低企业的出口概率，最低工资对企业出口可能性和出口额均有显著的负向影响。研究还表明，最低工资对企业出口行为的影响呈现倒“U”形，即存在一个临界值，当最低工资水平低于此临界值时，最低工资上涨会使企业出口额增加、出口概率和出口密集度提高；大于此临界值时情况则相反。

进一步，我们着重分析最低工资上涨对企业出口额的影响。劳动力成本提高首先会对企业的出口额产生影响，进而影响企业的经营方向与生产，改变其对劳动密集型产品与资本密集型产品的出口比重。最低工资标准提高对企业出口额的影响不是单一的。

第一，生产成本效应可能会使企业减少劳动密集型产品的出口。面对用工成本提高，企业可能会削减工人数量、缩小生产规模，企业的出口额因此也会下降。在产品的生产过程中，劳动力要素与资本要素等其他生产要素是互补关系，劳动力要素价格的提高也会带动其他生产要素价格上涨，使生产成本进一步提高，进而导致企业利润减少和出口额下降（孙楚仁等，2013b）。特别是对于以出口劳动密集型产品为主的企业，其劳动力成本占生产成本的比重更大，对劳动力成本提高的敏感性更强，裁减工人对这些企业来说是最直接有效的控制成本的方式。

第二，优胜劣汰效应可能会增加企业对资本密集型产品的出口。最低工资标准的提高使得企业的生产成本上升，效率较低的企业承受不住成本上涨的压力，因为亏损而退出市场。高效率的企业生存下来并逐渐瓜分市场，市场份额增加使得企业的利润增加，能够给予员工更好的待遇，提高员工生产积极性并吸引更多人才进入企业，促进企业创新，转向生产技术含量和附加值更高的资本密集型产品，并形成一个良性循环。赵瑞丽和孙楚仁（2015）认为，最低工资能够促进企业进行创新，对市场产生优胜劣汰作用，将传统的低效率企业淘汰出市场，从而提高整个行业的技术水平与生产效率，增加城市整体出口的复杂度。

第三，创新效应会增加企业对资本密集型产品的出口。劳动力成本的不断提高会引致有偏的技术进步（Acemoglu，2009），企业会减少劳动力要素的使用，增加资本要素与技术的使用。具体体现在企业会选择购买机器设备来替代工人上，机械化程度提升能够提高企业的生产率，进而增加出口额，这是生产模式的创新。在面对成本上涨压力时，企业也可能会增加研发投入，以新技术来提高企业的生产率（David，1975；Broadberry，1997；Broadberry and Gupta，2006），这是生产技术的创新。这两种创新效应都可能会增加企业对资本密集型产品的出口。此外，内生增长理论同样支持较高的劳动力成本将倒逼企业创新的观点。企业会选择减少对劳动力要素的使用，增加资本要素的使用，进而提高单位劳动力的资本存量，企业的研发能力将有所提升。

因此，劳动力成本的提高会直接影响企业对劳动密集型产品与资本密集型产品的出口，从而改变企业的出口结构。劳动力要素价格较低时，企业会更多地使用劳动力要素，避免使用价格较高的资本要素和土地要素等。企业利用较低的劳动力成本进行生产经营就能获得一定的利润，因此较低的劳动力成本会阻碍企业的创新与研发，企业不会主动进行转型升级，而是维持现状（Kleinknecht，1998）。当劳动力成本不断提高时，企业会开始加大研发投入力度，使用更多的资本要素与技术要素，对产品与生产技术进行创新，不再依赖劳动力，逐渐向高新技术企业转型。因此，劳动力成本提高能够促进企业进行创新和转型升级（Broadberry and Gupta，2006；Vergeer and Kleinknecht，2007；Van Reenen，2007）。

孙楚仁等（2013b）的理论分析发现，最低工资上涨导致出口企业劳动力成本上升，推高了出口产品价格，进而降低了企业的出口额和出口概率。他们利用世界银行中国企业调查数据研究发现，最低工资对企业出口行为的影响呈现倒“U”形，而且企业生产率越高，最低工资对其影响越小。许和连和王海成（2016）的研究发现，最低工资降低了企业出口产品的质量，尤其是生产劳动密集型产品的企业。赵瑞丽等（2016）利用工业企业数据研究发现，出口企业可能会通过增加固定资产投资、提高企业生产效率应对最低工资上涨，使得最低工资上涨不仅没有减少企业的出口持续时间，反而增加了企业在出口市场的生存概率。

综上所述，本书认为最低工资标准提高会改变企业的出口结构，降低企业出口劳动密集型产品的比重，增加企业出口资本密集型产品的比重。

5.5　最低工资对家庭的其他影响

5.5.1　人力资本

人力资本模型包含教育和健康两部分，本书从教育决策和健康两方面探讨最低工资制度的影响。首先，在教育决策方面，Becker（1964）的人力资本投资模型认为，如果继续教育的预期收益（未来更高的工资、更低的失业风险）超过成本（学习费用、机会成本），教育投资就会进行。现有文献中，学者们更多地关注个体特征和家庭背景对个体教育选择的作用。如 Rice（1999）使用来自英格兰和威尔士青年群体研究（YCS）的信息研究发现，学校类型、种族和父母教育对个体教育选择有重要影响。但她的研究表明，最大的影响来自考试成绩和父母的社会经济群体。Dickerson 和 Jones（2004）利用普通中等教育证书成绩衡量个体学业成绩，发现学业成绩好的学生更有可能继续接受教育；利用丰富的个体层面的微观数据集进行研究，发现先前的教育成就和父母的社会经济背景对个体教育选择有很大的影响。

关注劳动力市场对个人教育决策影响的文献较少，并且大多集中在失业率上，针对工资收入影响的较少，更不用说最低工资对个人教育决策的影响。理论上，失业率对个人教育需求的影响并不确定。一方面，当前居高不下的青年失业率降低了找工作的预期收益，从而降低了上学的机会成本，这可能会促使个人选择继续接受教育。另一方面，高失业率可能会增加未来失业的可能性，降低对教育的回报预期，从而降低个人在义务教育结束后继续留在学校的可能性（Petrongolo and Segundo，2002）。

工资方面，尤其是最低工资对个人教育决策的影响相关研究较少。在完全竞争市场中，最低工资的引入可能会导致劳动力需求显著下降。若劳动力市场具有垄断特征，最低工资增加会导致劳动力供应的增加，即更多的年轻人会进入劳动力市场（Manning，2003），从而更多的年轻人可能会放弃全日制教育，尤其是那些更喜欢现在和更看重即时经济回报的人。一方面，最低工资的上涨，使得继续接受教育的机会成本上涨，吸引青年人进入劳动力市场（Ehrenberg and Marcus，1982）；另一方面，最低工资的上涨对就业，尤其是工作经验少、受教育水平低的青年人可能存在消极影响，预期到的失业风险，可能促使青年人选择继续接受教育，降低青年人的劳动参与率（Wessels，2005）。Couch 和 Wittenburg（2001）指出，提高最低工资会减少青年人的工作时间。Pereira（2003）指出，在葡萄牙，较高的最低工资减少了最年轻工人的就业机会，使那些经验稍微多一点的工人占有优势。Campolieti（2005）指出，提高最低工资降低了加拿大青年人的就业率，但对入学没有影响。尽管如此，我们仍没有发现最低工资上涨对继续接受教育的积极影响。Chuang（2006）利用中国台湾 1973~2004 年的季度时间序列数据进行研究，发现最低工资的就业效应的产生并不是由青年失业率的下降推动的，而主要是由青年参与率的提高推动的。学者针对不同国家、不同种族的劳动者进行研究。Ehrenberg 和 Marcus（1982）指出，低收入白人家庭的孩子通过降低受教育程度来回应最低工资的提高。Landon（1997）和 Montmarquette 等（2007）认为，提高最低工资降低了加拿大高中的入学率。Turner 和 Demiralp（2001）发现，一些黑人和西班牙裔青年以及贫民区的青年更有可能在最低工资上涨后既不上学也不工作。Marioni（2018）认为，绝对最低工资的提高降低了技能溢价，平均而言，对教育获得产生了负面影响。Chuang（2006）指出，过早辍学不利于青年的资本积累，会对其个人职业和整体经济的长期发展产生影响，这与引入最低工资的初衷背道而驰。

然而，最低工资的消极影响在一定程度上可能会被鼓励继续接受教育的政策（教育津贴、规定退学年龄等）的积极影响所抵消。如 2004 年 9 月英国政府为 16~19 岁仍在接受全日制教育的青少年提供教育津贴。Chaplin 等（2003）指出，在学生可以在 18 岁前辍学的州，较高的最低工资会使青少年入学人数减少，但其对高年级学生或 18 岁前不能辍学的州没有影响。

在健康方面，Grossman（1972）认为个人健康取决于个体出生时的初始健康状况、个体健康折旧率以及个体对健康的投资。我们关注的是最低工资对健康的影响，显然最低工资并不会影响个体的初始健康状况，也不太可能影响个体健康折旧率。最低工资可能会通过时间成本和收入水平的变化影响个体对市场商品和非市场商品的投资分布。学者们对最低工资上涨对就业、收入的影响的看法是不一致的，虽然最低工资上调后仍有工作的拿最低工资的工人将获得潜在的可观收入增长，但这些收入增长可能会被就业损失抵消。最低工资上涨后，收入水平提高的个体，其购买和投资能力随之提高。因为健康商品和非健康商品如香烟、酒等均为市场商品，我们无法确定个体的购买选择，故其健康情况不一定得到改善。而因此失业的个体收入水平会下降，其购买能力下降，健康水平随之下降。从时间成本角度分析，对于保住工作、收入增加的个体来说，其时间成本增加了，相应的非市场商品的投资成本更加高昂，个体可能会选择减少非市场商品的投资；而失业的个体，其对非市场商品的投资成本相对较低，他们有更多的闲暇时间进行锻炼，可能进一步改善健康状况。但若其将额外的时间从事不健康的活动，如饮酒等，健康水平可能会下降。理论上，最低工资对健康的影响也是不确定的。

学者们从酒精使用、婴儿健康、肥胖、快餐消费、休闲娱乐、体重、心理健康、死亡等方面探讨最低工资对健康的影响。部分学者认为，最低工资改善了人们的健康状况。Lenhart（2017a）研究了1999年英国引入国家最低工资的影响，发现最低工资与自我评估健康状况的改善有关，而减少财务压力和改善财务状况则是潜在的途径。Lenhart（2017b）利用1980~2010年24个国家的数据，从宏观层面发现，较高的最低工资与总体死亡率的下降有显著关系，会使贫困人口、医疗需求不被满足的人口比例下降（McCarrier et al.，2011），医生咨询次数上升。最低工资的上涨与身体质量指数（BMI）的下降也有关（Meltzer and Chen，2011）。

Wehby等（2019）利用1988~2012年美国国家卫生统计中心新生儿出生数据进行分析，发现最低工资的提高与出生体重的小幅增加有关，但从统计学上看，体重的显著增加主要是由胎儿生长速度的提高引起的。年轻的已婚母亲受到的影响最大。在机制方面，学者认为最低工资上涨可能会促使孕妇的产前护理使用增加、压力下降、吸烟减少等，使孕妇健康状况得到改善，从而提高婴儿健康水平。但是学者并没有发现任何证据表明，产前保健和孕期减少吸烟是最低工资改善婴儿健康的渠道。

然而部分学者持反对意见，Sabia等（2014）认为提高最低工资一直是并将继续是一种无效的反贫困手段。Kronenberg 等（2017）没有发现最低工资对精神健康的显著影响。Horn 等（2016）使用 1993~2014 年行为风险因素监测调查的低技能工人的数据进行研究，发现提高最低工资导致总体健康状况的恶化，尤其是在失业男性中，而妇女的心理健康状况会得到改善。Adams 等（2012）发现，对于已到驾驶年龄未到饮酒年龄的少年，更高的最低工资会导致更高的交通事故死亡率。但 Adams 等（2012）指出，啤酒税的上升可能可以抵消最低工资上涨对交通死亡率的影响。这些发现加深了我们对提高最低工资对低技能工人的全面影响的了解。

5.5.2 人口流动

学术界对于人口迁移的研究可以追溯到 1885 年，英国的 Ravenstein 对人口迁移特征进行了归纳。19 世纪，推拉理论（Lee，1966）认为流出地和流入地的差异（工资、医疗、教育、住房、环境等）、迁移障碍（距离远近、文化差异、移民网络、移民政策等），以及微观个体因素（受教育水平、年龄、收入等）是人口迁移的重要影响因素。人口迁移通常分为国际迁移和国内迁移。最低工资政策和人口迁移之间的联系首先是在发展中国家城乡迁移的背景下提出的。Harris 和 Todaro（1970）认识到存在一种由政治决定的、远远高于农业收入的最低城市工资，并构建了一个农村—城市迁移模型，认为人口迁移是对城乡预期收入差异的回应，而城市就业率则是这种迁移的平衡力量。这一模型也被运用到国际迁移中。Mincer（1976）的两部门模型也适用于解释劳动力流动。

在竞争激烈的劳动力市场中，提高最低工资将减少对低技能劳动力的需求，因此工人会优先迁移到劳动力需求最高的地方。Martin 和 Termos（2015）发现，当州最低工资提升时，美国本土的低技能劳动者因劳动生产率不高，会被挤出当地劳动力市场，前往最低工资标准较低的地方务工。具体地，两个地区实际最低工资相差 1 美元，低技能工人向最低工资较低地区迁移的人数就会增加 3.1%。而 Boffy-Ramirez（2013）和 Giulietti（2014）的研究则发现，低技能的海外劳动者更有可能选择迁入美国最低工资较高的州，结论与 Martin 和 Termos（2015）的结论截然相反。Giulietti（2014）提出，移民流入是由最低工资引起的预期工资增长的函数，并发现预期工资增长相对较快（约 20%）的州，其流入率增长幅度是预期工资增长率低于 10%的州的 4~5 倍。理论上，最低工资的上涨会直接提高工资水平，但也可能会降低寻找工作的工人，尤其是低技能劳动力在被覆盖部门找到工作的可能性。劳动力市场的这两种变化对求职工人的吸引力是相反的。提高最低工资可能会增加或减少找工作的工人的预期收入，因此地区间的最低工资的变化可能有利于或阻碍人口流动。

现有文献对最低工资对人口流动的影响研究大多集中在移民上。移民的位置选择对劳动力市场条件的变化的反应比本地人更强烈（Borjas，2001；Cadena，2013）。在新古典模型中，工资和就业效应都取决于需求和供给的弹性。如果低技能劳动力的需求对最低工资的变化的弹性特别大，那么移民就会倾向于迁出最低工资更高的州。但如果低技能劳动力的需求是刚性的，移民就会倾向于迁入最低工资更高的州（Cadena，2014）。部分学者认为，最低工资提高会导致低技能工人流出增多或流入减少，从而缓解最低工资上涨带来的失业问题。如 Castillo-Freeman 和 Freeman（1992）发现，波多黎各因最低工资而失业的低技能工人移居到了美国本土。Cadena（2014）发现，一个州的最低工资每上涨 10%，居住在该州的新移民数量就会减少大约 8%。Orrenius 和 Zavodny（2008）的分析显示，低技能移民是随着最低工资的提高而离开的，并倾向于居住在最低工资停滞不前的地区，所以最低工资对移民的失业影响要大于对本地工人的失业影响。也有学者认为，最低工资提高会导致移民流入增加。Boffy-Ramirez（2013）发现，移民目的地的选择对最低工资的变化是敏感的，而这种影响在很大程度上取决于移民在美国居住的年限。一个州的最低工资每增加 50 美分，吸引到的在美国生活了 2~4 年的移民人数就会增加 13%，但不影响最近抵达美国的人和已经在美国居住 4 年以上的人。Cadena（2014）、Giulietti（2014）、Giulietti（2015）、Martin 和 Termos（2015）均认为最低工资并不影响高技能工人的迁移决策。

Giulietti（2015）利用墨西哥移民边境调查数据进行研究，发现美国联邦最低工资只吸引了合法移民迁入美国。由于无证移民经常在不受管制的经济领域中工作，他们的流动可能不会受到最低工资的影响。

研究发达国家得到的结论对中国的借鉴意义有限。发达国家和发展中国家分别有其特有的问题，发展中国家的最低工资水平难以与美国等发达国家相比，难以对国际劳动者产生足够的吸引力。在美国，劳动力的流动多指国际劳动力的流动，而在中国等发展中国家，实际问题更多的是劳动力在国内各地区间的流动。过去20多年来发生在中国城乡和区域之间的大规模的劳动力流动，吸引了大量研究者的关注。在何种因素影响劳动力流动的研究上，除了研究性别、年龄、受教育程度、婚姻状况等个体特征（Hare，1999；都阳、朴之水，2003；朱农，2004），家庭人均土地、家中未成年子女数量、家庭的资源禀赋等家庭特征（Du et al.，2005；Rozelle et al.，1999），以及公共服务提供（夏怡然、陆铭，2015）等迁入、迁出地特征以外，一些研究进一步根据国情加入了中国特有的元素。如郭云南和姚洋（2013）从宗族网络的角度考察了中国农村的劳动力流动，研究发现，家庭的宗族网络强度对外出打工的可能性产生了重要的影响。正如陆铭（2011）所强调的，制度约束是理解中国劳动力流动非常关键的环节。户籍制度是中国特有的且影响深远的一项制度，近年来的户籍制度改革促使大量永久移民出现（邓曲恒、古斯塔夫森，2007），虽然孙文凯等（2011）的研究表明，户籍制度改革可能对短期劳动力的流动并不产生显著影响。除了户籍制度，中国还存在大量可能影响劳动力流动的政策，如农村土地转让权（谢冬水，2014）、农业税（Meng，2010）等。认识和深入理解政策对劳动力流动可能产生的影响对引导中国劳动力有序流动和推进中国新型城镇化进程至关重要，也是当前政策制定者迫切关心的问题。

对移民来说，地区的最低工资比其他社会福利更易获得，同时信息获取成本低，这为相关研究提供了便利，然而实证研究过程中仍有许多困难。Dube等（2010）指出，单个变化的案例研究可以分析最低工资制度的即时影响，但不能确定影响是否存在时滞。而最低工资在国家、地区或行业层面的不同水平上设定，以及劳动力市场制度、移民政策甚至移民流动的数据收集使得评估最低工资对跨国移民的影响较为困难。

5.5.3 劳动参与

20世纪70年代，McFadden（1974）、Heckman和Thomas（1980）先后提出二元离散选择模型和修正样本选择偏差的两阶段方法，使劳动力供给行为的经验研究取得了突破性进展。目前的经验研究具体包括两个方面，即劳动力参与行为分析和劳动力参与后的劳动时间选择分析。在劳动力供给理论中，一般会假定最大化问题存在内点解，因此，劳动力供给理论主要是研究代理人如何选择劳动时间。当最大化问题只有角点解时，就变成了劳动力参与问题。Mincer（1962）的开创性研究点燃了学者们对女性劳动力供给行为进行系统性研究的热情。Neumark 和 Postlewaite（1998）经过研究发现，女性劳动参与决策与其他女性（比如姐妹）是否参与劳动力市场呈正相关关系，同时丈夫的相对收入对女性的就业决策也会产生影响；Greenwood 等（2015）则用家庭部门的技术进步和工资结构的改变解释“二战”后美国女性劳动参与率、结婚率、离婚率的一系列变化，因为技术进步使家用耐用消费品更便宜、使用更方便，有助于女性从家庭中解放出来从事市场工作。此外，在新古典家庭分工理论框架下，Sasaki（2002）基于日本 1993 年 25~34 岁已婚女性的数据资料，研究发现与父母公婆同住对已婚女性劳动参与程度的提高有显著影响。除此之外，很多经济学家也研究了幼儿看护、生育率、离婚率等因素对女性劳动参与率的影响。贾朋和张世伟（2012b）研究发现，提升最低工资标准明显降低了女性劳动力供给，而且相对工资的上升将使男性就业、男性工作时间和女性工作时间增加。

然而，从最低工资角度考察劳动参与的文献并不多，仅 Wessels（2005）考察了最低工资对青少年劳动参与的影响，并发现二者之间呈负相关关系。区别于从需求侧展开研究，本章的理论模型从劳动者自身的角度，探讨其劳动参与的意愿。考虑工资水平对个人决策的影响时，我们暂不考虑对劳动力需求的影响，只从劳动力供给的角度分析。工资率变化对劳动供给的影响分为替代效应和收入效应，替代效应即工资上涨，劳动者的闲暇成本会上升，工作的效用提高会产生对闲暇的替代；而收入效应则是指工资上涨，劳动者在相同的总收入下只需要工作更少的时间，因此可能会增加闲暇时间。当替代效应大于收入效应时，提高工资率能增加劳动供给；若替代效应小于收入效应，工资率上升会使得劳动供给减少。在存在保留工资的劳动力市场，只有达到保留工资，劳动者才会选择工作，若工资上涨使得预算约束线变平坦，使工资上涨达到保留工资，工作时间就会从 0 开始增加，也就是从劳动力市场以外进入劳动力市场。而处在劳动力市场边缘的劳动者，其替代效应肯定大于收入效应，因此若最低工资上涨超过保留工资会使劳动力供给增多，并改变劳动者的个人决策。对农民工来说，工资普遍较低，利用后弯的劳动供给曲线同样可以说明最低工资上涨使劳动力供给增多。

Arango 和 Pachón（2008）通过对哥伦比亚最低工资制度悠久历史的考察，发现最低工资对户主就业的可能性和工作时间都有显著的负向影响，这种负向影响在女性、年轻人和受教育程度较低的人群中最为强烈。对于非户主家庭成员，他们发现最低工资的提高显著提高了劳动参与率，减少了工作时间，增加了失业的可能性。

5.6 最低工资制度与居民幸福感

Pesta 等（2010）指出，解释幸福需要跨越心理学、经济学、社会学、犯罪学和公共政策等多个学科。影响幸福的因素有很多，宏观上，包括一个国家或地区的经济发展水平、文化、制度、社会治安等；微观上，包括文化程度、收入和财富、健康、婚姻等。大部分学者基于最低工资与劳动者工资收入视角探讨最低工资对幸福的影响。

生活贫困与个体的身心健康息息相关（Simmons et al.，2010）。传统理论认为，幸福与绝对收入水平相关，收入增加，幸福感会增强，特别是在低收入人群中（Ferrer-i-Carbonell，2005）。行为理论表明，幸福不仅依赖与自己过去的对比，还依赖与其他个体的比较。许多研究已经表明，相对收入和幸福感之间存在正相关关系。学者在最低工资提高了劳动者收入的基础上，认为最低工资的上涨有助于提高幸福感。然而，在前面章节的讨论中，我们认为最低工资对不同群体的工资的影响是不同的，所以理论上，提高最低工资对幸福的影响也是不明确的（Hill and Romich，2018）。

我们不考虑最低工资的上涨带来的生活成本上涨问题，并开始分析不同群体。第一，最低工资上涨后保留就业的劳动者。对于高收入人群，最低工资没有溢出效应时，其是不受影响的。劳动者的工资收入取决于单位时间报酬以及工作时间。对于低收入人群，最低工资的上涨使其单位时间报酬上涨，在工作时间不变的情况下，低收入人群收入增加，使其有能力增加消费、投资健康、改善生活。同时，摆脱公共援助，感受到独立的自豪感，可能会增加工人的工作满意度（Bossler and Broszeit，2017）。但是，在小时工资下，聪明的雇主通常会通过减少工作时间来抵消最低工资上涨带来的劳动成本增加，调整工作中的非工资成分（附加福利、工作安全、接受培训的机会、健康保险、养老保险）也是可能的手段（Simon and

Kaestner，2004；Neumark and Wascher，2001）。虽然劳动者保住了工作，但可能面临工作时间减少（Sabia，2009）、工资收入降低、工作环境恶化的困境（Lopresti and Mumford，2016）。更糟糕的是，在固定月工资标准下如中国，雇主可能会通过加班，增加工作量、工作时间，达到降低单位时间报酬的目的。即使劳动者保留工作，企业也可以通过为边际生产率低于最低工资的工人创造更艰苦的条件或减少非工资补偿来抵消最低工资上涨的影响（Fraja，1999），员工的工作满意度、薪酬满意度不一定是向好的。第二，由于最低工资上涨而新失业的人群，以及更难就业的人群，最低工资的上涨更可能使其幸福感下降。

针对最低工资对幸福的影响的实证研究不多。Flavin 和 Shufeldt（2017）发现，提高最低工资水平的州中低收入公民的生活满意度更高。Pesta 等（2010）发现，更高的最低工资水平与更高的州一级幸福指数相关。但是，Easterlin（1974）认为，宏观层面幸福的汇总数据掩盖了幸福在人口中的不均衡分配。也有学者从微观个体层面进行探讨，Kuroki（2018）利用美国 2005~2010 年行为风险因素监测系统的月度州最低工资和个体层面数据，发现最低工资提高 10%，没有高中文凭的工人的生活满意度增加 0.03 分（满分 4 分）；并且没有发现对个体经营者的消极影响。虽然 Kuroki（2018）的实证结果较为积极，但忽略了因为提高最低工资而失去工作的低技能工人、因为更高的最低工资而不得不关闭企业的人、在最低工资提高之前没有工作的人。Gulal 和 Ayaita（2019）则将德国 2015 年引入最低工资作为一个准实验，利用 2014 年和 2015 年具有代表性的 SOEP 数据，并把最低工资上涨后失业的劳动者包含在其中，在生活满意度、工作满意度和薪酬满意度不同维度均发现显著的积极影响。较多学者发现最低工资提高对幸福具有积极影响，但均缺乏对相关机制的实证检验。

第 6 章　研究数据

6.1　家户数据

中国家庭金融调查（China Household Finance Survey，CHFS）是西南财经大学中国家庭金融调查与研究中心在全国范围内开展的抽样调查项目，主要收集家庭金融微观层面的信息。该调查于 2011 年启动，每两年执行一次。数据库主要内容包括住房资产与金融财富、负债与信贷约束、收入与消费、社会保障与保险、代际转移支付、人口特征与就业以及支付习惯等相关信息，对家庭经济、金融行为进行了全面细致的刻画。2011 年基线调查涵盖全国 25 个省（区、市）80 个区县的 320 个村（居）委会，样本规模达 8438 户，数据具有全国代表性。2013 年首轮追踪调查覆盖全国 29 个省（区、市）267 个区县的 1048 个村（居）委会，样本规模达 28141 户，数据具有全国和省级代表性。2015 年第二轮追踪调查覆盖全国 29 个省（区、市）351 个区县的 1396 个村（居）委会，样本规模达 37289 户，数据具有全国、省级和副省级城市代表性。2017 年第三轮追踪调查覆盖全国 29 个省（区、市）355 个区县的 1428 个村（居）委会，样本规模达 40011 户，数据具有全国、省级和副省级城市代表性。2019 年第四轮追踪调查业已完成，采集完成全国 34000 余户家庭数据。

中国家庭金融调查数据库适合家户视角下最低工资效应的评估，理由如下。①中国家庭金融调查采用科学抽样设计，家户数据具有代表性。中国家庭金融调查的抽样方案采用了分层、三阶段与规模度量成比例（PPS）的抽样设计。初级抽样单元（PSU）为全国除港澳台、西藏、新疆外的 29 个省（区、市）的 2500 余个市/县。第二阶段抽样直接从市/县中抽取村（居）委会。第三阶段抽样在村（居）委会中抽取住户。每个阶段的抽样都采用了 PPS 抽样方法，其权重为该抽样单位的人口数（或户数）。其中，第二阶段的抽样按照各市/县的非农人口比例的分位数把各市/县分成 5 个组，再据此确定村（居）委会分配的样本比例，以保证所得样本具有代表性。②数据信息全面，为研究提供了数据支持。本书从家户视角主要考察最低工资对劳动力流动及家户创业的影响，该数据库的数据可以满足研究需求。以 2017 年的数据为例，主要分为人口统计学特征、资产与负债、保险与保障、支出与收入和金融知识、基层治理与主观评价五大部分内容。在人口统计学特征部分，数据库详细记录了受访家庭每一个家庭成员的基本信息，包括性别、年龄、户籍所在地、居住地、工作及学习情况等。通过受访户家庭成员的户籍所在地和现居住地、工作性质及工作地点变更、跨区县迁移户口经历等信息，可以识别劳动力流动。在资产与负债部分的生产经营项目模块，询问了受访家庭最近一次创业项目的情况，包括创业起始年份、结束年份、所在行业、组织形式、总投资、总资产、营业收入、盈利状况等 13 个方面的信息，能有效识别家户创业情况。数据库的其他指标可以用于异质性分析，为推进研究提供可能。此外，数据库还记录了每个受访者的访问日期以及访问地址信息，这为准确匹配城市或区县最低工资提供了便利。

6.2　企业数据

6.2.1　中国工业企业数据

最低工资对企业行为的影响主要使用国家统计局 2000~2013 年中国工业企业数据库的数据进行分析。该数据库的统计对象为规模以上工业法人企业，2010 年及以前统计的是年主营业务收入 500 万元及以上的非国有工业法人企业及全部国有企业，2011 年开始，非国有工业法人企业的统计口径改为 2000 万元及以上。该数据库涉及的门类有三个，分别是采掘业、制造业，以及电力、燃气及水的生产和供应业，其中制造业总产值所占比重在 90%以上。该数据库包含企业的两类信息：一是企业的基本情况；二是企业的财务数据。其中，基本情况包括法人代码、企业名称、所属行业、注册类型、职工人数等指标，财务数据包括工业总产值、出口交货值、工资总额、实收资本、固定资产等，全部指标约为 130 个。

中国工业企业数据库适合本书的研究，原因有三个。第一，中国工业企业数据库对制造业具有较强的代表性。以 2004 年为例，该年数据库内的企业产出占中国制造业总产出的 90%，就业人数占工业就业人数的 71%（Brandt et al.，2012）。第二，该数据库所含指标信息能满足研究需求。本书在企业视角下对最低工资效应的评估包括最低工资对就业和企业雇用、外资进入、企业出口行为的影响。研究所需的企业全部职工数、应付职工薪酬、企业出口交货值等指标以及实收资本模块的细分指标均能在中国工业企业数据库中得到，且数据库中的样本具有很强的代表性。以外商直接投资指标为例，我们将数据库中外商资本和港澳台资本两者的加总值定义为企业吸收的外商直接投资，统计发现数据库中的企业吸纳了我国近半外商直接投资。数据显示，2001~2006 年中国工业企业数据库中企业每年新增 FDI 占中国 FDI 总流入的比重为 44%，与国家统计局公布的 2000~2013 年超过 55%的 FDI 集中在制造业相近。第三，制造业是对劳动力成本变化最为敏感的行业，与本书的研究视角吻合。通过统计并对比 2000 年和 2007 年各行业劳动力成本发现，皮革、毛皮、羽毛（绒）及其制品业，纺织服装、鞋、帽制造业等传统劳动密集型行业的劳动力成本占工业增加值的比重均超过 40%。世界银行在 2012 年发布的有关中国企业的各项成本构成数据显示，企业的劳动力成本占到总成本的 28%，仅次于原材料和中间产品 56%的成本占比。这说明制造业的劳动力成本占比高于全部行业的平均水平，该行业最先受到劳动力成本上涨的冲击。因此我们根据两位行业代码识别出数据库中的制造业企业，作为研究样本。

本书使用该数据库时，主要参照聂辉华等（2012）的做法对数据进行清洗。具体依照的标准有：①剔除销售额、职工人数、总资产或固定资产净值缺失的样本；②剔除职工人数少于 8 人的样本；③剔除总资产小于流动资产、总资产小于固定资产净值或累计折旧小于当期折旧的样本；④剔除实收资本小于或等于 0 的样本。在此基础上，本书只保留营业状态为“营业”、执行会计制度类别为“企业”的样本[①]（马双等，2012）。

尽管目前可获得的数据库样本时间为 1998~2013 年，但从现有使用中

① 有些年份“营业状态”及“执行会计制度类别”这两个指标的数据缺失，这些年份默认所有企业的营业状态为“营业”、执行会计制度类别为“企业”。

国工业企业数据库的文献来看，1998～2007 年或 2000～2007 年数据使用最为普遍，2008～2013 年数据使用较少。究其原因，2008～2013 年数据存在以下几方面的问题。一是变量缺失严重。2004～2007 年的数据库中有 100 多个指标，其中 2004 年为第一次全国经济普查年，还收集了学历、职称等职工信息，指标数量达 135 个。2008～2013 年的指标数为 54～86 个，指标数量的减少将使部分控制变量缺失严重，甚至使研究无法展开。例如，2009 年数据库中实收资本模块没有细分资本类型，从而导致无法识别企业是否含有 FDI，也无法获得实收 FDI 的数额。二是统计口径调整使数据缺乏可比性。2010 年及以前统计的是年主营业务收入 500 万元及以上的非国有工业法人企业及全部国有企业，而 2011 年及以后非国有工业法人企业的统计口径改为 2000 万元及以上。统计口径大幅度调整，前后企业构成及数据可比性较差。三是数据在 2008 年前后有大幅跳跃。以外商直接投资数据为例，2008 年、2011 年和 2013 年基于数据库得到的新增 FDI 均为负数，且是国家 FDI 总流入的 2～4 倍，而 2012 年基于数据库得到的新增 FDI 为正，且是国家 FDI 总流入的 3 倍，与基于 2000～2007 年数据所得到的 44%的占比均值形成鲜明对比。此外，考察企业对最低工资标准的遵守情况时发现，2000～2008 年平均有 89.5%的企业的月均工资是大于等于最低工资的，但 2011～2013 年企业月均工资大于等于最低工资的企业占比分别只有 68.2%、69.0%和 51.0%，这意味着最低工资标准的遵守情况越来越差。但实际上，随着 2004 年《最低工资规定》以及 2008 年《劳动法》的全面实施，最低工资的执行应该更加到位，理论上月均工资低于最低工资的企业应该减少。为尽量减少上述问题的影响，本书主要使用 2007 年及以前年份的数据开展研究，部分研究中使用 2008～2013 年的数据用于稳健性检验。

6.2.2　中国海关数据

中国海关数据库中的数据为企业月度进出口数据，记录了海关通关企业每一种产品的进出口信息。中国海关数据库的信息包括三类：第一，贸易商品的基本信息，包括产品代码、进口或出口标识、数量、单位及金额；第二，贸易对象、路线和方式，包括进口或出口的国家或地区、路线、运输方式、海关和贸易方式；第三，交易企业的信息，包括企业名称、代码、所在城市、电话、邮编、经理人姓名及所有制等。

中国海关数据库使用的难点在于数据的加总和数据库间的匹配。一是数据库 HS 编码的统一。《商品名称及编码协调制度》是为协调国际上多种商品分类目录而制定的多用途的国际贸易商品分类目录。商品的 HS 编码是《商品名称及编码协调制度》中对贸易商品分类后的编码，主要采用六位数编码，把全部国际贸易商品分为 22 类 98 章，章以下再分为目和子目。商品编码第一、二位数码代表“章”，第三、四位数码代表“目”（Heading），第五、六位数码代表“子目”（Subheading）。原有的 HS 国际标准编码只包括前 6 位数，有的国家根据本国的实际情况进行细分，又扩充了 3 位数。HS 编码每 4 年修订 1 次。中国海关数据库在 HS6 位码的基础上扩充了 2 位数，每种产品都用 HS8 位码表示。因此本书所使用的海关进出口数据的 HS 编码存在 HS2002、HS2007 和 HS2012 三个版本，且采用的 HS8 位码与世界海关组织的 HS6 位码有差异。本书的处理方法是将其统一转化为 HS1996 的版本。由于版本转化对应表是 HS6 位码，所以我们将 HS8 位码数据加总至 HS6 位码。在此基础上根据 HS6 位码将月度数据加总为年度数据。二是与中国工业企业数据库的匹配。将中国海关数据库中的企业名称、邮政编码以及电话号码等企业基本信息与中国工业企业数据库中的企业名称、邮政编码以及电话号码等基本信息对应起来，得到与中国工业企业数据匹配的海关数据样本。中国工业企业数据库采用的是企业代码，共 10 位；而中国海关数据库采用的是法人代码，共 9 位，且其中还包含大写英文字母。两套代码分属不同的代码系统，所以不能直接通过代码进行合并。我们参照余淼杰和袁东（2016）的做法，用两个步骤将两个数据库进行合并。第一，将年份和企业名称相同的先进行合并；第二，将邮政编码和电话号码相同的进行合并，并将邮政编码和电话号码缺失的企业剔除。表 6-1 列示了中国工业企业数据库企业数（包括出口企业和非出口企业）、中国海关数据库 HS6 位码产品种类和将两数据库匹配后得到的出口企业数。

表 6-1　2002~2013 年中国工业企业数据和海关进出口数据基本情况

单位：家

年份	工业企业数（中国工业企业数据库）	HS6 位码产品种类（中国海关数据库）	匹配后的出口企业数
2002	122308	5001	27223

续表

年份	工业企业数（中国工业企业数据库）	HS6 位码产品种类（中国海关数据库）	匹配后的出口企业数
2003	128388	4996	30901
2004	131997	4989	46776
2005	205437	4991	46444
2006	223233	4995	40726
2007	336591	4704	63279
2008	411971	4694	66294
2009	346401	4684	69835
2010	388178	4682	76089
2011	383960	4691	74086
2012	311300	4646	43906
2013	344875	4644	40906

6.2.3 中国小微企业调查数据

中国小微企业调查数据来源于中国家庭金融调查与研究中心。根据国家市场监督管理总局发布的《全国小型微型企业发展情况报告》，小微企业是除大中型企业以外的各类小型、微型企业的统称。中国小微企业调查（CMES）按照工信部、国家统计局、国家发改委、财政部 2011 年 6 月 18 日联合发布的《中小企业划型标准规定》，以从业人员、营业收入、资产总额三项指标界定小微企业。自 2011 年开始，中国家庭金融调查与研究中心每年都对全国工商业经营数据进行抽样调查，样本规模已达到 15000 家，样本覆盖全国 28 个省（区、市），具有全国代表性。中国家庭金融调查与研究中心依托 CMES 和 CHFS 工商业经营数据，已经构建了以实地调研为基础、网络数据抓取为补充、多方数据来源为参考的多维度、高质量的中国小微企业数据体系。

本书主要使用 2015 年中国小微企业调查数据。2015 年该中心开展了全国性小微企业大型抽样调查，主要调查对象为全国具有独立法人资格的小型企业、微型企业和家庭作坊式企业，样本规模为 12000 余家，包括全国 28 个省（区、市）（除青海、新疆、西藏、港澳台）80 个市/区/县 240 个街道的 5601 家法人小微企业，以及分布在全国各地的 6500 余家个体工商户，具有全国代表性。中国小微企业调查收集了企业的基本信息、人力资源、研发创新、融资、财务、税费、组织管理等各方面的微观数据，为本书研究提供了较好的数据支持。

本书主要使用该数据库研究最低工资对小微企业投资的影响。研究中使用的关键变量包括利润再投资、新投资、是否招聘、招聘人数、研发投入、员工工资、人工成本、行业前景、盈利能力等，变量的具体定义如表6-2所示。此外，研究中还使用企业资产规模、企业负债率、企业主持股比例、企业年龄、行业等特征指标作为控制变量。

表 6-2　中国小微企业投资研究关键变量定义

变量	定义
利润再投资	盈利企业利润用于再投资的比例
新投资	CMES 调查组询问了受访企业在 2014 年是否申请投资新的项目或扩大经营范围等，如果受访企业回答“是”，则新投资等于 1，否则等于 0
是否招聘	CMES 调查组询问了受访企业在最近一年是否招聘了新员工，如果受访企业回答“是”，则等于 1，否则等于 0
招聘人数	受访企业最近一年招聘的员工数量
研发投入	受访企业研发支出占销售收入的比例
员工工资	受访企业员工人均税前月工资、奖金、补贴等收入
人工成本	CMES 调查组询问了受访企业 2014 年雇用员工（普通员工与管理人员）的总成本占总销售收入的比例，本书以此衡量企业的人工成本
行业前景	根据受访企业对企业所在行业的未来前景的看法，分为会更好、和以前差不多以及会变差三类
盈利能力	企业净利润与销售收入之比

6.3　其他数据

6.3.1　企业法律纠纷数据

本书企业法律纠纷数据来源于北京元素咨询有限公司的“元数+”企业数据实验室。数据实验室中企业司法风险模块提供了 2001 年以来全国各级法院的司法裁决文书数据，包括公司名称-当事人、案件号、案件类型、法院名称、案由名称、裁判年份等 25 个指标，数据来源为中国裁判文书网。该数据库共收录了 8000 万余条裁判文书数据，是中国各级法院裁判文书的全量数据。

本书根据研究需要，依照特定条件筛选数据。一是筛选出案件类型为“民事案件”的数据。原始数据的案件类型包括行政案件、刑事案件、民事案件、赔偿案件和执行案件等五种。与最低工资相关的企业诉讼案件多为民事案件，因此仅保留案件类型为“民事案件”的数据。二是保留案件审理程序名称为“一审”的数据。同一案件可能存在一审、二审、复核、执行等程序，若不经筛选，则会出现同一案件重复出现导致被多次计算的情况。为避免这一情况，我们只保留案件审理程序名称为“一审”的数据。在此基础上，进一步根据当事人、案件号和案由名称删除重复值。三是根据案由名称中特定关键词保留样本。具体地，保留案由名称中含有“劳动争议”、“劳动报酬”、“劳动关系”或者“劳动合同”这四组关键词的数据，它们与企业劳动纠纷最相关。

筛选出上述样本后，本书进一步对数据进行如下处理。一是根据公司名称-当事人指标识别被告，区分被告是公司和被告是自然人的样本。二是根据法院名称匹配法院代码表。法院代码表中有上级法院名称，匹配后有助于在地级市层面对数据进行加总处理。三是依据法院名称和上级法院名称，分年份分类（如区分被告类型）加总出区县级和地市级的案件数量。一般而言，各个区县都会设置一个基层人民法院，基层人民法院的上级法院为中级人民法院。一个地级市一般设立一个中级人民法院，直辖市则不然，如重庆市有五个中级人民法院。我们在统计区县级案件数量时，剔除了中级人民法院、高级人民法院和最高人民法院的样本，在统计地市级案件数量时，剔除了高级人民法院和最高人民法院的样本。

通过描述性统计分析发现，2011 年以前有劳动纠纷案件的基层人民法院较少，因此本书的研究只保留 2011～2017 年的数据。表 6-3 统计了 2011～2017 年有劳动纠纷案件的基层人民法院数量，可以看到，2013 年全国有劳动纠纷案件的基层人民法院未超过半数，但时隔三年后，即 2016 年全国有劳动纠纷案件的基层人民法院占比为 91.93%。表 6-4 是 2011～2017 年基层人民法院区分被告类型的劳动纠纷案件数量的描述性统计，从均值看，样本期间被告为公司的劳动纠纷案件数量多于被告为自然人的劳动纠纷案件数量；从标准差看，被告为公司的劳动纠纷案件数量在不同基层人民法院间差异较大，而被告为自然人的劳动纠纷案件数量在不同基层人民法院间的差异相对较小。

表 6-3　2011~2017 年有劳动纠纷案件的基层人民法院数量

单位：家，%

年份	基层人民法院数量	有劳动纠纷案件的基层人民法院数量	有劳动纠纷案件的基层人民法院占比
2011	2901	217	7.48
2012	2901	445	15.34
2013	2901	1325	45.67
2014	2901	2340	80.66
2015	2901	2511	86.56
2016	2901	2667	91.93
2017	2901	2723	93.86

表 6-4　2011~2017 年基层人民法院区分被告类型的劳动纠纷案件情况

单位：家，件

年份	样本量	均值	标准差	最小值	最大值
被告为公司的劳动纠纷案件					
2011	2901	0.76	9.35	0	351
2012	2901	1.45	14.02	0	465
2013	2901	5.02	19.95	0	427
2014	2901	22.20	68.59	0	1706
2015	2901	30.66	75.23	0	1286
2016	2901	34.88	80.10	0	1300
2017	2901	34.84	82.86	0	1519
被告为自然人的劳动纠纷案件					
2011	2901	0.33	3.58	0	149
2012	2901	0.70	6.84	0	307
2013	2901	2.93	12.20	0	292
2014	2901	10.71	35.37	0	900
2015	2901	14.22	38.48	0	735
2016	2901	16.15	42.15	0	1034
2017	2901	15.27	39.86	0	1199

6.3.2　百度搜索指数

百度搜索指数是百度指数[①]的一种，显示了互联网用户对关键词的关注程度及其持续变化情况，是以网民在百度的搜索量为数据基础，以关键词为统计对象，科学分析并计算出各关键词在百度网页搜索中搜索频次的加权和。根据搜索端的不同，搜索指数分为 PC 端搜索指数、移动端搜索指数以及 PC 端+移动端搜索指数三种。在百度指数官网，可获得特定关键词在地市层面分搜索端的日搜索量。借助爬虫技术，本书抓取了“劳动仲裁”和“最低工资”这两个关键词在地市层面分搜索端的日搜索量数据，样本时间为 2011 年 1 月 1 日至 2017 年 12 月 31 日，最终获得 333 个地级市的 2558 天的百度搜索指数。

① 百度指数有搜索指数、咨询指数和媒体指数三种。

第7章　实证模型及方法

7.1　最低工资与工资、收入分布

7.1.1　基准回归模型

在考察最低工资标准与企业雇用工资之间的关系时，参考国内外相关研究文献，本书构建以下回归模型：

$$\ln wage_{ijt} = \alpha_0 + \beta X_{ijt} + \theta \ln miwage_{ijt} + v_{ij} + \pi_j + \gamma Z_{jt} + T_t + u_{ijt} \tag{7.1}$$

其中，$\ln wage_{ijt}$为j地区i企业在时间t的平均工资对数。$\ln miwage_{ijt}$为j地区i企业在时间t执行的最低工资对数。X为企业的特征变量，具体包括企业资产负债比、企业存货占比、企业单位产值盈利等企业经营状况指标以及企业性质、控股情况、企业资产对数等表示企业性质与规模的变量。v_{ij}为企业不随时间变化的个体特征。π_j为地区固定效应，Z_{jt}为地区随时间变化的特征，包括市GDP、市总就业人数、市平均工资以及市总人数。T是时间趋势项，u是随机扰动项。θ是我们关心的系数，表示最低工资对企业平均工资的影响。根据数据类型，回归既可以采用OLS回归，也可以采用固定效应模型回归。

7.1.2　稳健性分析

为考察结论的稳健性，我们需要对OLS回归、固定效应模型回归的结论进行稳健性检验。

1. 基于“准自然实验”的稳健性检验

结合中国工业企业数据库的特征，2006~2007年福建省大幅度提高了最低工资标准，除泉州仅提高8.33%以外，其余地市均有14%~19%的增幅。相反，在此期间广东省的绝大部分地市最低工资保持不变。因此，我们将借助2006~2007年福建省最低工资大幅提高的“准自然实验”（丁守海，2010），适当构造实验组与控制组，对已有结论进行稳健性检验。在“准自然实验”中，实验组与控制组可比是该方法有效的关键。对此，我们以福建省的企业为实验组，广东省除深圳市以外地区的企业为控制组，对比实验组与控制组企业在2006~2007年的平均工资水平。福建省与广东省均为我国东南沿海省份，彼此地缘相近，均适合进行对外加工贸易，这样选择具有一定的合理性。对应的回归方程为：

$$\ln wage_{ijt} = \alpha_0 + \beta X_{ijt} + \theta_1 Time_t + \theta_2 Treat_{ij} + \theta_3 Inter_{ijt} + \pi_j + \gamma Z_{jt} + u_{ijt} \quad (7.2)$$

其中，*Time* 为时间虚拟变量，若观测时间为2007年，则取值为1，否则取值为0。*Treat* 为二元变量，区分实验组与控制组。当企业在福建省境内时则取值1，其余取值0。*Inter* 为 *Time* 与 *Treat* 的交乘项，其系数为福建省最低工资上涨对企业平均工资的影响。回归样本为2006~2007年均被观测的企业。

2. 基于行业差异的稳健性检验

最低工资上涨从整体上提高了员工的工资水平，根据Xiao和Xiang（2009）的研究，最低工资上涨对不同企业的影响应该是不同的，基于此可以对结论进行稳健性检验。首先，将企业分为农产品加工业企业与其他行业企业，其中农产品加工业指农副食品加工业，食品制造业，纺织业，纺织服装、鞋、帽制造业，皮革、皮毛、羽毛（绒）及其制品业，这些行业属于传统的劳动密集型行业，技术含量相对较低，最低工资上涨对其影响应更大。其次，构建如下回归模型：

$$\ln wage_{ijt} = \alpha_0 + \beta X_{ijt} + \theta_1 \ln miwage_{jt} + \theta_2 \ln miwage_{jt} \times Dummy_i + v_{ij} + \pi_j + \gamma Z_{jt} + T_t + u_{ijt} \quad (7.3)$$

$Dummy_i$ 为二元变量，当企业 i 为农产品加工业企业时，$Dummy_i$ 取值为 1，否则为 0。$\ln miwage_{jt} \times Dummy_i$ 是交乘项，对应的回归系数 θ_2 反映最低工资对企业支付工资的影响在劳动密集型行业和非劳动密集型行业的差异。

3. 基于企业资本劳动比的稳健性检验

与 Xiao and Xiang（2009）的研究类似，本书也从企业资本劳动比的角度考察最低工资上涨与企业平均工资的关系。资本劳动比，即人均资本，可以衡量企业资本的密集度，它的大小代表着企业在生产中的资本投入力度、产品的生产对资本的依赖性等。一般来讲，资本劳动比较低的企业往往对应传统的诸如纺织服装、鞋、帽制造业等行业。这些行业技术含量较低，大多以劳动者手工操作为主。用工成本上涨后，这些行业受到的冲击往往更大。那些最低工资上涨使企业的边际成本接近边际收益的企业，可能会以机器替代劳动，减少对劳动力的雇用。同时，这些企业由于技术含量较低，工资水平往往不高，很容易受最低工资的影响。因此，本书预计，随着企业人均资本的增加，最低工资的上涨对企业平均工资的影响会逐渐减弱。

本书将企业人均资本从低到高进行 5 等分，通过最低工资与分组变量的交乘项的回归系数来判断最低工资对各组企业的影响差异。分组方法通常有以下几种，第一种方法是对每个地区的企业，都逐年将它们的人均资本按照从低到高 5 等分。该方法较为传统，存在一定缺陷。从回归的角度来看，回归因变量是企业平均工资，其大小决定企业的雇用人数，从而决定企业人均资本水平。因此，按照这种方法分类，回归设计本身会导致变量内生。本章主要采用第二种分组方法，即将每个地区的企业，都按照基期的人均资本水平从低到高分为 5 组，并在后续年份中维持分组不变。建立如下回归模型：

$$\ln wage_{ijt} = \alpha_0 + \beta X_{ijt} + \theta_1 \ln miwage_{jt} + \theta_2 \ln miwage_{jt} \times GroupDummy_{ij} + v_{ij} + \pi_j + \gamma Z_{jt} + T_t + u_{ijt} \tag{7.4}$$

$GroupDummy_{ij}$ 为一组（4 个）二元变量，当企业 i 的资本劳动比位于特定组别时，取值为 1，否则为 0。$\ln miwage_{jt} \times GroupDummy_{ij}$ 是相应的 4 个交乘项，对应的回归系数 θ_2 反映最低工资对企业支付工资的影响随资本劳动比提高而表现出的差异。

4. 基于企业工资与最低工资比的稳健性检验

根据 Belman 和 Wolfson（1997）、Brown（1999）的研究，最低工资上涨往往会直接影响平均工资位于最低工资附近的企业。因此本书以上一期平均工资介于上期最低工资与本期最低工资之间的企业为样本，考察最低工资与企业平均工资的关系。建立如下回归方程：

$$\ln wage_{ijt} = \alpha_0 + \beta X_{ijt} + \theta_1 \ln miwage_{jt} + \theta_2 \ln miwage_{jt} \times SPDummy_{ijt} + v_{ij} + \pi_j + \gamma Z_{jt} + T_t + u_{ijt} \tag{7.5}$$

令 $RatioDummy_{ijt}$ 为企业 i 在时间 t 支付的平均工资与 j 地区最低工资的比值，若 $RatioDummy_{ijt-1} \geq 1$ 且 $RatioDummy_{ijt} < 1$，即企业上一期平均工资介于上期最低工资与本期最低工资之间，则虚拟变量 $SPDummy_{ijt}$ 取值为 1，否则取值为 0。

7.1.3　最低工资与工资分布

本书还借助家户微观数据考察最低工资对员工工资分布的影响，包括税前工资和小时工资分布。具体地，本书采用如下回归模型：

$$\ln wage_{ijt} = \alpha_0 + \alpha_{1i} \times \ln miwage_{jt} + \Psi_j + T_t + X\beta + u_{jt} \tag{7.6}$$

其中，$\ln wage_{ijt}$ 为在 t 时期 j 区县调查样本中工资分布的第 i 分位数对数，$i = 1, 2, \cdots, 99$；$\ln miwage_{jt}$ 为 j 区县 t 时期最低工资对数。X 为区县的宏观经济变量，包括县人均 GDP 对数、县人口数对数、县人均年收入对数、县人均 GDP 增长率的 1 阶滞后项、县人口增长率的 1 阶滞后项以及人均年收入对数的 1 阶滞后项。Ψ_j 为区县的虚拟变量，T_t 为时间虚拟变量。u_{jt} 为残差项。α_0、α_{1i}、β 均为回归系数，其中 α_{1i} 为最低工资标准上涨对区县工资分布中 i 分位数的影响。

7.2　最低工资与劳动参与、劳动力流动

7.2.1　基准回归模型

为了识别最低工资与劳动力流动之间的因果关系，本书建立了如下回

归模型：

$$Migrate_{ijt} = \alpha_0 + \beta X_{ijt} + \theta \ln miwage_{jt} + \gamma Z_{jt} + T_t + \pi_j + \mu_{ijt} \quad (7.7)$$

其中，$Migrate_{ijt}$ 是被解释变量，表示在 j 区县的劳动者 i 在时间 t 是否发生跨区县的流动。$\ln miwage_{jt}$ 为解释变量，θ 是回归系数，用来识别最低工资变动对当地劳动力流出概率的影响。考虑到各区县最低工资的调整幅度相对于最低工资的绝对值而言对于微观数据的外生性更强①，更有助于得到可靠的结论，因此本书对各区县最低工资取自然对数。样本区县之间最低工资调整的幅度差异较大，有着较大的数值变化，这为模型估计提供了丰富的信息。

为考察最低工资对劳动参与意愿的影响，本书构建如下回归模型：

$$LFPR_{ijt} = \beta_0 + \beta_1 X_{ijt} + \theta \ln miwage_{jt} + \pi_j + \beta_2 Z_{jt} + T_t + \varepsilon_{ijt} \quad (7.8)$$

$LFPR_{ijt}$ 为劳动参与率，是二元离散变量；$\ln miwage_{jt}$ 为所在地区 j 在 t 年的最低工资对数；X_{ijt} 为控制变量中的个人特征和家庭特征，包括性别、出生年份、受教育年限、婚姻状况、家庭0~6岁男孩数、家庭0~6岁女孩数、家庭7~15岁男孩数、家庭7~15岁女孩数、家庭60岁以上男性人数、家庭60岁以上女性人数、家庭丧失劳动能力人口数、家庭净资产；π_j 为地区固定效应；Z_{jt} 为地区随时间变化的特征；T_t 为时间趋势；β_0 为常数项；β_1、β_2 为控制变量的系数向量，表示控制变量对劳动参与率的影响；ε_{ijt} 为残差项；θ 为关注变量的系数，表示最低工资对劳动参与意愿的影响。

经济学重在探讨变量间的因果关系，而政策建议必须建立在这种坚实的因果关系之上，进行因果推断的关键是控制住干扰因果关系识别的因素，以保证解释变量与残差项不相关。本书需要考虑并试图解决的内生性问题，主要是遗漏变量问题。最低工资标准的制定与调整由省政府决定，由下属

① 最低工资标准的绝对值与一个地方的经济发展水平等因素高度相关，但是各地两年间的调整幅度的差异相对来说与经济增长等因素的关系较弱，包含的外生或随机信息更多，例如经济发展迅猛的东部沿海地区最低工资的调整幅度甚至相对东北地区更低。

市/区县选择适合本市/区县的档次，因此市/区县层面的特征变量可能同时决定最低工资标准以及劳动参与意愿，若这些变量不被控制则会带来遗漏变量偏误。对此，本书从三个角度进行处理。首先，在线性回归的基础上进一步采用固定效应模型进行回归，消除不随时间变化的市级层面的特征变量的影响。其次，根据《最低工资规定》中指出的最低工资调整依据以及参照 Huang 等（2014）、Gan 等（2016）和 Bai 等（2018）的文献，在回归变量 Z_{jt} 中尽可能加入市级层面的特征变量，包括市人均 GDP、市 GDP 增长率、市平均工资、市人口自然增长率以及 $t-1$ 期市人均 GDP、$t-1$ 期市 GDP 增长率、$t-1$ 期市平均工资、$t-1$ 期市人口自然增长率，最大程度减少遗漏变量偏差。最后，参照 Neumark 和 Wascher（1992）的做法，通过在回归方程中同时纳入一系列的区县虚拟变量 π_j 和年份虚拟变量 T_t 来捕获残差项中的固定信息：区县虚拟变量 π_j 控制区县层面特定的不随时间变化的遗漏变量的影响，例如无法观测或难以衡量的各区县的经济社会情况，克服仅使用截面数据的不足；而年份虚拟变量 T_t 则控制例如宏观经济形势对各区县普遍产生的影响，弥补仅使用时间序列的缺陷。在控制一系列可能影响最低工资制定的因素后，残差中便不包含这部分影响最低工资调整的信息，此时本书可以假设区县最低工资的对数与残差项不相关，估计模型便可以得到无偏的估计值，而本书的识别基础正是来自各区县最低工资标准随时间变化的外生差异。

7.2.2　稳健性检验和异质性分析

1. 构建 DID 回归

本书使用各地最低工资上涨幅度作为识别实验组的变量，2011~2013 年中国家庭金融调查得到的区县的最低工资涨幅为 11.9%~78.3%，中位数为 30%，因此以 30%为临界值，将最低工资涨幅大于 30%的城市的样本视为实验组，选取背景特征相似且涨幅小于 30%的作为控制组，采用 DID+Maching 的模型进行回归。

首先建立回归方程：

$$LFPR_{ijt} = \beta_0 + \beta_1 X_{ijt} + \theta_1 Time_t + \theta_2 Treat_{ij} + \theta_3 Inter_{ijt} + \pi_j + \beta_2 Z_{jt} + \varepsilon_{ijt} \quad (7.9)$$

其中，当观测时间为 2011 年时，*Time* 取值为 1，否则取值为 0；*Treat* 用来区分实验组和控制组，当为实验组中样本时取值为 1，否则取值为 0；*Inter* 为 *Time* 和 *Treat* 的交乘项，其系数则为最低工资上涨对劳动意愿的影响结果，其余参数与基准回归一致。

对劳动力流动，我们可以将湖南、湖北分别作为实验组和控制组，构建 DID 回归模型。

2. 基于 PSM 的 DID 回归

Glazerman 等（2003）认为，倾向得分匹配（Propensity Score Matching，PSM）方法与双重差分法的结合能显著降低偏差。为进一步消除实验组与控制组样本的系统性偏差，本书采用双重差分和倾向得分匹配法，即 PSM-DID 模型（DID+PSM）进行回归，首先根据样本特征，借助 PSM 方法从控制组寻找与实验组样本尽可能相似的劳动力构成新控制组，然后再采用 DID 回归思路进行分析。本书依托面板数据及样本量大的特点，充分利用倾向得分匹配和双重差分法结合的优点，获得最低工资标准上涨对劳动力流动/劳动参与的影响。

对劳动力流动，平均处理效应的估计值的计算公式如下：

$$\widehat{ATT} = \frac{1}{N}\sum_i (Migrate_{t_1 i} - Migrate_{t_0 i}) - \sum_j w(i,j)(Migrate_{t_1 j} - Migrate_{t_0 j}) \tag{7.10}$$

对劳动参与，平均处理效应的估计值的计算公式为：

$$\widehat{ATT} = \frac{1}{N}\sum_i (LFPR_{t_1 i} - LFPR_{t_0 i}) - \sum_j w(i,j)(LFPR_{t_1 j} - LFPR_{t_0 j}) \tag{7.11}$$

其中，N 为匹配后的实验组样本量，t_0、t_1 分别表示政策出台前和政策出台后。对实验组样本 i，样本 j 为匹配成功的控制组个体，$w(i, j)$ 为对应的权重。$(Migrate_{t_1 i} - Migrate_{t_0 i})$ 为实验组个体 i 在政策出台前后流出概率的变化，$(Migrate_{t_1 j} - Migrate_{t_0 j})$ 为控制组个体 j 在政策出台前后流出概率的变化。用以匹配的变量包括个体和家庭特征变量、地区特征变量。对劳动参与的分析类似。

3. 分收入考察最低工资与劳动力流动

微观数据的优势是可以观测个体的多个特征，如受教育程度、年龄、性别等，从而可以借此区分受最低工资影响的群体和不受最低工资影响的群体，考察结论的稳健性。最低工资制度作为一项保障劳动者获得的劳动报酬不低于某一最低数额的政策，其最直接的作用对象无疑是低收入的劳动者。那么在是否流动这一问题的决策上，最低工资是否也对低收入劳动者的影响更大呢？本书采用下面的回归模型，考察最低工资的影响差异。但在此之前，我们需要处理有就业意愿但未就业个体的工资估算问题，因为从数据出发，他们的工资收入没有被观测到。本书的思路是借助被雇个体的工资数据，估算工资决定方程，然后借此得出未参加工作的劳动者如失业个体，如果被雇后可能的工资收入水平。具体地，对被雇个体 $emlpoy_{ijt}$ = 1，有以下回归方程：

$$\ln(wage_{ijt} \mid emlpoy_{ijt} = 1) = \alpha_0 + \beta X_{ijt} + \gamma Z_{jt} + T_t + \pi_j + \mu_{ijt} \qquad (7.12)$$

β、γ 是对应的回归系数。对未被雇用个体 $emlpoy_{ijt} = 0$，可以将其特征变量代入式（7.12），从而得出估算的工资收入，即：

$$\widehat{wage}_{ijt} = \exp(\alpha_0 + \widehat{\beta} X_{ijt} + \widehat{\gamma} Z_{jt} + T_t + \pi_j) \qquad (7.13)$$

之后，根据 $\widehat{wage}_{ijt}$ 将样本分成 3 等分或 5 等分，考察最低工资对劳动参与和劳动力流动的异质性影响：

$$\ln LFPR_{ijt} = \alpha_0 + \beta X_{ijt} + \theta_1 \ln miwage_{jt} + \theta_2 \ln miwage_{jt} \times GroupDummy_{ij} + v_{ij} + \pi_j + \gamma Z_{jt} + T_t + u_{ijt} \qquad (7.14)$$

$$\ln Migrate_{ijt} = \alpha_0 + \beta X_{ijt} + \theta_1 \ln miwage_{jt} + \theta_2 \ln miwage_{jt} \times GroupDummy_{ij} + v_{ij} + \pi_j + \gamma Z_{jt} + T_t + u_{ijt} \qquad (7.15)$$

$GroupDummy_{ij}$ 为一组二元变量，当个体 i 的估算工资 $\widehat{wage}_{ijt}$ 位于特定组别时，取值为 1，否则为 0。$\ln miwage_{jt} \times GroupDummy_{ij}$ 是相应的交乘项，对

应的回归系数 θ_2 反映最低工资对居民的影响随潜在工资水平变动而表现出的差异。

4. 分性别和年龄考察最低工资与劳动力流动

性别与年龄是两个最基本的个体特征变量，年龄更是最低工资的研究中长期关注的重点。理论上来说，年轻人相较其他年龄段的劳动者来说，由于技能水平较低，只能寻找到对专业知识、技能水平要求不高的工作，因此获得的报酬也较低，从而更有可能受最低工资的影响。在以往最低工资的研究中，便有一些文献重点考察最低工资对年轻人就业产生的影响（Brown et al., 1983；Currie and Fallick, 1996；Wellington, 1991；Williams and Mills, 2001）。本书构建如下回归模型：

$$\ln LFPR_{ijt} = \alpha_0 + \beta X_{ijt} + \theta_1 \ln miwage_{jt} + \theta_2 \ln miwage_{jt} \times SPDummy_{ijt} + v_{ij} + \pi_j + \gamma Z_{jt} + T_t + u_{ijt} \quad (7.16)$$

$$\ln Migrate_{ijt} = \alpha_0 + \beta X_{ijt} + \theta_1 \ln miwage_{jt} + \theta_2 \ln miwage_{jt} \times SPDummy_{ijt} + v_{ij} + \pi_j + \gamma Z_{jt} + T_t + u_{ijt} \quad (7.17)$$

虚拟变量 $SPDummy_{ijt}$ 为二元分组变量，当其为关注的特定人群时，取值为1，如男性或青年个体，否则取值为0。

7.3 最低工资与企业引资和投资行为

7.3.1 最低工资与外商直接投资

为检验最低工资对外商直接投资进入的影响，本书建立以下回归模型：

$$DFDI_{ihjt} = \gamma_0 + \gamma_1 \ln miwage_{jt} + \gamma_2 X_{ihjt} + \gamma_3 Z_{jt} + c_j + \kappa_t + u_{ihjt} \quad (7.18)$$

$$\ln FDI_{ihjt} = \beta_0 + \beta_1 \ln miwage_{jt} + \beta_2 X_{ihjt} + \beta_3 Z_{jt} + c_j + \kappa_t + u_{ihjt} \quad (7.19)$$

第一个回归方程是FDI进入的决定方程，第二个方程是FDI企业实收资本中FDI数额的决定方程。$DFDI_{ihjt}$ 是一个虚拟变量，表示位于 j 城市 h 行业的 i 企业在第 t 年的实收资本中是否含有FDI。FDI_{ihjt} 是企业实收资本中外商资本和港澳台资本的加总。$miwage_{jt}$ 是企业所在城市的最低工资。X_{ihjt} 为企业特征变量，包括各项财务指标和企业性质变量；Z_{jt} 是城市特征变量。模型还包括用于控制年份固定效应的 κ_t 和城市固定效应的 c_j 以及随机误差项 u_{ihjt}。γ_1 和 β_1 为本书关注的回归系数，反映最低工资的上涨对 FDI 进入以及 FDI 企业实收 FDI 的影响。

在模型的估计过程中，本书考虑并试图解决的内生性问题主要有三个。

一是遗漏变量问题。最低工资标准的制定与调整由省政府给出，由下属各市选择适合本市的档次，因此市级层面的特征变量可能同时决定最低工资标准以及 FDI 的进入。此外，最低工资的调整反映当地市场情况的变化，这些变化会被外资投资者事先捕捉到从而影响其投资决策，若这些变量不被控制则会带来遗漏变量偏误。对此，本书从两个角度进行处理。首先，对式（7.18）在线性回归的基础上采用固定效应模型进行回归，对式（7.19）直接采用固定效应模型进行回归，消除不随时间变化的市级层面的特征变量的影响。其次，根据《最低工资规定》中指出的最低工资调整依据以及参照 Huang 等（2014）、Gan 等（2016）和 Bai 等（2018）的文献，在式（7.18）和式（7.19）中的回归变量 Z_{jt} 中尽可能加入市级层面的特征变量，包括市平均工资、市年末总人口、市人均地区生产总值和市 GDP 增长率等变量及其滞后项，最大限度地减少遗漏变量偏差。

二是样本选择问题。在使用式（7.19）进行估计时，由于参与回归的样本仅为 FDI 企业，而有 FDI 进入的企业与无 FDI 进入的企业存在系统性差异，所以用有 FDI 进入的企业分析最低工资与企业实收 FDI 的关系时会产生样本选择偏差。对此，本书使用 Heckman 两步法来解决。第一步估计“企业是否有外资进入”时，原则上应包含影响企业外资进入但不影响外资进入数量的变量。一般认为，含有国有资本的企业可能存在政策壁垒，外资进入难度较大。因此，本书在式（7.18）中加入“是否含有国有资本”这一虚拟变量，并估计逆米尔斯比率（Inverse Mills Ratio）。第二步中，将逆米尔斯比率作为控制变量加入式（7.19），以控制回归中可能存在的选择偏差。

三是最低工资与外商直接投资的互为因果问题。宁光杰（2011）研究了中国最低工资制定和调整的影响因素，从政府、企业和劳动者三方利益的角度出发构建分析框架，研究发现，上一年的外资比重的提高对当年最低工资水平的提高有显著的正向影响，外资占比每提高 10%，最低工资上涨 0.18%~0.27%。他认为外资主要通过两条途径对最低工资产生影响，一是在劳动力供给一定的情况下，外资占比的提高会增加对劳动力的需求，进而带动最低工资水平提高；二是外资的进入会带动经济的发展，提高人们的生活水平，从而推动最低工资上涨。当期的 FDI 会受当期最低工资政策的影响，但由于经济指标的变化无法立即反映到政策上（政策的调整存在滞后性），所以当期 FDI 所带来的经济变化不会带来当期的最低工资的同步调整，故同一时期两者相互影响的可能性较低。

7.3.2 最低工资与小微企业投资

根据小微企业数据的特点，本书从多个角度考察最低工资对小微企业投资的影响。首先，利用如下回归模型检验最低工资对利润再投资的影响：

$$Reinvest_i = \alpha miwage_i + X'_i\beta + \varepsilon_i \tag{7.20}$$

其中，*Reinvest* 是被解释变量，是盈利企业利润用于再投资的资金比例。*miwage* 为解释变量，表示最低工资，X 为控制变量，ε 是残差项。

接下来，利用回归模型进一步检验最低工资对企业新投资的影响：

$$\text{Probit}(Expantion_i = 1) = \alpha miwage_i + X'_i\beta + \varepsilon_i \tag{7.21}$$

在式（7.21）中，*Expantion* 是虚拟变量，表示受访企业是否申请投资新的项目或扩大经营范围等，如回答“是”则取值为 1，否则取值为 0。同样，*miwage* 为解释变量，表示最低工资。

随着最低工资制度的普及和执行力度的加大，劳动力成本持续上升（马双等，2012；贾朋、张世伟，2013；孙楚仁等，2013b），生产成本增加，进一步侵蚀了小微企业的盈利空间。这可能迫使小微企业缩小企业规模，减少职工数量，以应对劳动力成本的上升。因此，借助小微企业调查数据，本书预期最低工资越高，则小微企业在劳动力方面的投入越少，招聘的员工数量越少。采用如下模型检验最低工资对企业招聘的影响：

$$\text{Probit}(Recruit_i = 1) = \alpha miwage_i + X'_i\beta + \varepsilon_i \tag{7.22}$$

$$Recruit\_num_i = \alpha miwage_i + X'_i\beta + \varepsilon_i \tag{7.23}$$

其中，*Recruit* 表示虚拟变量是否招聘，如果受访企业在最近一年招聘了新员工，则 *Recruit* 取值为 1，否则取值为 0。因变量 *Recruit_ num* 表示受访企业最近一年招聘员工的人数。同样，*miwage* 为解释变量，表示最低工资，X 为控制变量，ε 是残差项。

为了减轻劳动力成本上升压力，小微企业可能试图寻求转变，实现转型升级。研发是我国小微企业进行转型升级、建立竞争优势的主要渠道之一。小微企业在减少劳动力投入的同时，可能会增加在研发方面的投资。为了检验最低工资对小微企业研发投入的影响，本书利用如下模型进行回归：

$$R\&D_i = \alpha miwage_i + X'_i\beta + \varepsilon_i \tag{7.24}$$

其中，被解释变量为 *R&D*，是小微企业研发支出占销售收入的比例，用以衡量小微企业在研发方面的投资。

利用如下回归模型检验最低工资对小微企业人工成本的影响，模型设定具体如下：

$$Human\_cost_i = \alpha miwage_i + X'_i\beta + \varepsilon_i \tag{7.25}$$

其中，*Human_ cost* 为被解释变量，是小微企业人工成本占总销售收入的比例，用以衡量小微企业的人工成本。*miwage* 为解释变量，表示最低工资，X 为控制变量，ε 是残差项。

根据已有文献，最低工资上涨会使小微企业的员工工资和人工成本增加，进而可能会对小微企业的盈利能力造成负向影响。因此，本书利用如下回归模型检验最低工资对小微企业盈利能力的影响：

$$ROS_i = \alpha miwage_i + X'_i\beta + \varepsilon_i \tag{7.26}$$

其中，ROS 为被解释变量，是企业净利润与销售收入的百分比，用以衡量小微企业的盈利能力。

最后，最低工资可能会影响小微企业主对整个行业前景的预期，如果最低工资水平较高，人工成本上升，小微企业主可能对整个行业的发展前景不看好，进而不愿意进行投资。因此，本书进一步研究最低工资对行业前景的影响，模型设定具体如下：

$$Prospect_i = \alpha miwage_i + X'_i\beta + \varepsilon_i \tag{7.27}$$

其中，$Prospect$ 是被解释变量，表示小微企业主对企业所在行业未来发展前景的预期，分为三个虚拟变量，分别表示小微企业主对行业发展前景的三种预期。

7.4 最低工资与企业出口

7.4.1 基准回归模型

在考察最低工资对企业出口行为的影响时，我们首先关注最低工资对企业是否出口（外延边际）的影响，然后关注最低工资对企业出口价值（内延边际）的影响。因此，我们针对外延边际和内延边际分别构建回归模型：

$$DFocus_{ijt} = \gamma_0 + \gamma_1 X_{ijt} + \gamma_2 \ln miwage_{ijt} + v_{ij} + \pi_j + \gamma_3 Z_{jt} + T_t + u_{ijt} \tag{7.28}$$

$$\ln Focus_{ijt} = \beta_0 + \beta_1 H_{ijt} + \beta_2 \ln miwage_{ijt} + v_{ij} + \pi_j + \beta_3 Z_{jt} + T_t + u_{ijt} \tag{7.29}$$

式（7.28）为考察外延边际的基础模型。其中，$DFocus_{ijt}$ 是一个“0-1”变量，表示 j 地区 i 企业在时间 t 是否有特定行为，如出口、提供在职培训等，如果有特定行为，则取值为 1，否则取值为 0。X_{ijt} 为企业的特征变量，具体包括企业资产负债比、企业存货占比、企业单位产值盈利能力等企业经营状况指标以及企业性质、控股情况、企业资产规模等表示企业性质与企业规模的变量。v_{ij} 为企业不随时间变化的个体特征。π_j 为地区固定效应，Z_{jt} 为地区随时间变化的特征，包括地区生产总值、总就业人数、平均工资以及总人数，一般采用市一级数据。需要特别说明的是，后文的实证研究会参照已有文献和研究主题的需要选择合适的企业特征变量和地区特征变量，控制变量选择的具体情况将通过变量描述性统计列示。T_t 为时间虚拟变量，控制整体的宏观经济形势，u_{ijt} 为随机扰动项。γ_2 是本书关心的变量系数，表示最低工资对企业行为的影响。根据计量经济学，以二元经济变量为因变量时，OLS 将受异方差的影响，对应的解决途径是利用 LPM 模型、Probit 模型或 Logit 模型进行回归。在大样本和均值水平下，三个模型得出的回归结果接近。因此在本书的研究中，基于利用面板数据消除企业固定效应以及简化回归的考虑，主要采用 LPM 模型进行回归，并利用 Probit 模型以及 Logit 模型进行稳健性检验。

第二个回归方程的被解释变量是企业的行为强度，如出口值等，反映企业的内延边际。$\ln miwage_{ijt}$ 是本书关注的核心自变量，是经对数化处理后的地区（市级或区县级）最低工资。

7.4.2　面板数据中样本选择问题的处理

由于参与回归的样本仅为有出口行为的企业，而有出口行为的企业与无出口行为的企业存在系统性差异，因此仅用有出口行为的企业分析最低工资对企业特定行为的影响会产生样本选择偏差，即样本选择问题。现有研究常用 Heckman 两步法解决。具体地，在第一步估计企业是否出口时，加入影响企业是否出口但不影响出口企业出口量的变量，并估计逆米尔斯比率。第二步，将逆米尔斯比率作为控制变量加入模型第二个回归方程，以控制回归中可能存在的选择偏差。考虑到研究基本采用面板数据，本书除了解决样本选择问题以外，还要消除企业固定效应。在两期样本的数据结构下，Kyriazidou（1997）给出了解决途径。根据 Kyriazidou（1997）的研究，此问题也采用两步法回归解决。第一步，通过模型（7.28）获得回归系数 $\widehat{\gamma}_2$，然后计算企业两期有特定行为可能性的差值 $\Delta w_{ij}\widehat{\gamma}_2$，$w$ 为控制变量。通过式（7.30）构造样本权重。$K(\cdot)$ 为 Kernel 密度函数，h_n 为频宽。两期样本有出口行为的可能性差距越大，则权重越小，这些样本将受到“惩罚”。第二步，选出两期均有出口行为的企业，以式（7.30）所获得的 $\sqrt{\widehat{\psi}_{ij}}$ 为权重进行加权固定效应模型回归。

$$\widehat{\psi}_{ij} = \frac{1}{h_n} K\left(\frac{\Delta w_{ij} \widehat{\gamma_2}}{h_n} \right) \tag{7.30}$$

7.4.3 基于“准自然实验”的 DID 模型

“准自然实验”是借助政策的突然改变带来的冲击识别变量间因果关系的一种方法，Meyer（1995）对此进行了系统性分析。“准自然实验”的好处是在微观个体没有相应预期的情况下，有关政策的突然实施就如同一次外生的冲击，借助此外生冲击可以观测微观个体做出的各种反应。例如，Card 和 Krueger（1994）就利用新泽西州最低工资的一次突然上涨，在收集新泽西州以及与之相邻的宾夕法尼亚州的快餐行业雇工数据后，讨论了最低工资的上涨与就业的关系。本书的研究也基于类似的想法，找出地域相邻而且经济结构类似的两个地区，其中一个地区最低工资有一定幅度的上涨，而另一个地区最低工资保持不变，对比两个地区企业在特定行为上的差异来识别最低工资的影响。

表 7-1 给出了 2006~2007 年福建省、广东省各市的最低工资标准数据。可以看出，2006~2007 年，福建省最低工资标准除泉州市仅提高 8.33%以外，其余各市均有 14%~19%的增幅。而在此期间，广东省除深圳市最低工资标准小幅提升外，其余各市均维持 2006 年最低工资标准不变。同时，广东省与福建省地域相近，均是我国西南沿海的省份，两地均以出口贸易为经济的主要发展模式，经济结构是趋同的。这些构成了“准自然实验”得以有效进行的基础。

表 7-1　2006~2007 年广东和福建各市最低工资标准

单位：元，%

省份	城市	2006 年	2007 年	涨幅
福建省	南平、龙岩、三明、宁德	480	570	18.75
	厦门	650	750	15.38
	泉州	600	650	8.33
	漳州、莆田	550	650	18.18
	福州	570	650	14.04

续表

省份	城市	2006 年	2007 年	涨幅
广东省	东莞、中山、佛山、珠海	690	690	0.00
	广州	780	780	0.00
	江门、汕头、惠州	600	600	0.00
	深圳	810	850	4.94
	肇庆、茂名、阳江、韶关、湛江、清远、潮州、河源、汕尾、梅州、云浮、揭阳	500	500	0.00

借助 2006~2007 年福建省最低工资上涨的“准自然实验”，采用 DID 的回归方法检验前文结论是否稳健。具体地，我们设定如下回归模型：

$$DFocus_{ijt} = \theta_0 + \theta_1 X_{ijt} + \theta_2 Time_t + \theta_3 Treat_{ij} + \theta_4 Inter_{ijt} + \pi_j + \theta_5 Z_{jt} + u_{ijt} \quad (7.31)$$

其中，*Time* 为时间虚拟变量，若观测时间为 2007 年，则取值为 1，否则取值为 0。*Treat* 为二元变量，区分实验组与控制组。在本书的研究中，若企业所在地为除深圳市外的广东省其他各地市，则该样本归入控制组，*Treat* 取值为 0；若企业所在地为福建省，则样本归入实验组，*Treat* 相应取值为 1。*Inter* 为 *Time* 与 *Treat* 的交乘项，其回归系数体现了最低工资的上涨对企业采取特定行为的可能性的影响。其他变量的含义与前文模型相同。当因变量为绝对值时，模型设定与此相同。

7.4.4 最低工资与企业出口结构

1. 基准回归

借助全国各地市的最低工资标准数据以及 2004~2006 年中国海关数据，本书考察了最低工资对企业出口结构的影响。在进行具体分析之前，先采用 Hausman 检验，判断固定效应模型与随机效应模型的差异，检验结果显示 p 值为 0.00，在 1%的显著性水平下拒绝模型为随机效应模型的原假设，因此本部分均采用固定效应模型进行分析。

为了考察最低工资标准提高对企业出口结构的影响，构建以下方程：

$$percent_{iht} = \delta_0 + \delta_1 \ln miwage_{ht} + \tau_i + v_j + \xi_h + \varepsilon_{ijht} \quad (7.32)$$

其中，$percent_{iht}$ 表示位于 h 市的企业 i 在第 t 期的出口结构，出口结构有两个指标，一个是企业劳动密集型产品出口额占总出口额的比重；另一个是企业资本密集型产品出口额占总出口额的比重。$\ln miwage_{ht}$ 表示 h 市在时间 t 的最低工资对数。τ_i 为企业固定效应，v_j 表示出口产品的固定效应，ξ_h 为地区固定效应。本书还进一步加入了时间虚拟变量。δ_0 为截距项，δ_1 为关注变量的回归系数，反映最低工资标准上涨对企业出口结构的影响。ε_{ijht} 为随机误差项。

同前文的研究方法一致，为了尽量避免内生性问题对研究产生影响，本书加入了企业层面、地市层面、国家层面的控制变量，以控制其他因素对劳动密集型产品出口产生的影响。控制变量的选择参考马双和邱光前（2016）的研究。企业层面的控制变量包括企业进口规模、企业性质、贸易方式、运输方式，以控制企业特征和出口产品特征对结果的影响。企业进口规模，由企业年度进口总金额取对数得到；企业性质分为国有企业、集体企业、民营企业和外资企业，为虚拟变量；贸易方式包括加工贸易、一般贸易以及其他贸易，为虚拟变量；运输方式包括航空运输、江海运输、汽车运输、铁路运输、邮件运输和其他运输方式，为虚拟变量。地市层面随时间变化的经济变量包括居民消费指数、地区 GDP 增长率、出口增长率、人均工资、地区总人口、就业率、固定资产投资对数、外商直接投资对数，以控制地区特征对结果的影响。国家层面的控制变量包括商品的出口目的地与企业所面临的实际汇率。出口目的地变量指商品具体的出口目的地，本书将其归类为六大洲和其他，为虚拟变量。

2. 稳健性检验

与前文类似，本部分也借鉴“准自然实验”的研究思路，以 2006 年未调整最低工资标准的地市企业为控制组，以与之相邻并且在 2006 年调整最低工资标准的地市企业为实验组，构建 DID 回归模型，考察结论的稳健性。

作为实验组与控制组的地市在地理位置上应相邻，且经济发展状况应相似，以消除地理因素和经济发展差异对结果的影响。在这种情况下，若实验组在实施提高最低工资标准的政策后，相较于控制组，出口结构有显著的改变，那么提高最低工资标准很有可能是出口结构改变的原因之一。

回归方程如式（7.33）所示：

$$percent_{ijht} = \beta_0 + \beta_1 Treat_{ij} + \beta_2 Time_t + \beta_3 Inter_{ijt} + \gamma X_{ijht} + \varepsilon_{ijht} \tag{7.33}$$

若样本属于实验组，则 $Treat = 1$；若样本属于控制组，则 $Treat = 0$。若样本数据所在月份属于最低工资调整后，则 $Time$ 取值 1；若样本数据所在月份属于最低工资调整前，则 $Time$ 取值 0。$Inter$ 为交乘项，即 $Treat \times Time$ 。控制变量 X_{ijht} 包括上述所有的地区宏观经济变量，企业层面、国家层面的控制变量。β_1 、β_2 、β_3 分别为各变量的回归系数，β_3 是 DID 回归中关注的系数。

7.5　最低工资与多产品出口企业出口

7.5.1　基准回归模型

在考察最低工资对多产品出口企业出口影响方面，本书以产品出口额 E_{ijt}的对数作为被解释变量，即企业 j 在 t 年出口产品 i 的出口额，反映了"企业-产品-时间"三个维度的特征，控制不随时间变化的"企业-产品"效应和时间效应，在随时间变化的特征中，进一步控制了"城市-时间"变量和"企业-时间"变量。因此，本书构建如下计量模型检验最低工资对产品出口额的影响：

$$\ln E_{ijt} = \beta_0 + \beta_1 \ln miwage_{ct} + X_{ct} + X_{jt} + \mu_{ij} + v_t + \varepsilon_{ijt} \tag{7.34}$$

其中，$miwage_{ct}$表示城市 c 在 t 年的最低工资水平。X_{ct}控制了城市 c 在 t 年的地区 GDP 和城市总人口，X_{jt}控制了企业 j 在 t 年的资产、负债、利润、雇用人数、生存年限、企业性质，μ_{ij}是"企业-产品"效应，v_t是时间效应，ε_{ijt}为随机误差项。进一步，本书还考虑了企业内部产品之间的差异，将产品分为核心产品和非核心产品，检验了最低工资对多产品出口企业内不同类型产品出口额的影响。核心产品是指企业出口的所有产品中，出口额占比最大的产品（Eckel et al.，2015）。与之对应，除核心产品外的其他产品被归入企业非核心产品。

如果考虑企业出口某一类产品目的国市场的差异，可以得到“企业-产品-出口市场-时间”四个维度的观测数据，估计最低工资对企业产品出口的影响，并且，可以界定四维数据下的核心产品。四维数据下的核心产品可以定义为当企业出口一系列不同产品到某个国家时，企业出口到该国的出口额最大的产品（Bernard et al.，2011）。由于四维数据下核心产品的界定方式考虑了出口目的国偏好不同和竞争环境差异等对企业出口决策的影响，所以可以称之为“局部地区”的核心产品。同时，该界定忽略了企业出口到不同目的国出口额最大的产品不一致的情况，而三维数据考虑了企业出口到不同目的国出口额最大的产品存在不一致的情况，将企业出口到所有国家（并非某一具体目的国）的出口总额最大的产品定义为该企业的核心产品（Eckel et al.，2015），因此，三维数据界定方式下的核心产品可被称为“全球范围”的核心产品。事实上，Mayer 等（2014）同时考虑了这两种情况，对两者进行了界定。界定“局部地区”的核心产品后，可以构造“企业-产品-出口市场-时间”四个维度的面板数据检验最低工资上涨对多产品出口企业出口的影响，计量模型如下：

$$\ln E_{ijdt} = \beta_0 + \beta_1 \ln miwage_{ct} + X_{ct} + X_{dt} + X_{jt} + \mu_{ijd} + v_t + \varepsilon_{ijdt} \tag{7.35}$$

其中，E_{ijdt}表示企业 j 在 t 年出口产品 i 到目的国市场 d 的出口额，反映了“企业-产品-出口市场-时间”四个维度的特征，所以本书控制了不随时间变化的“企业-产品-出口市场”效应和时间效应，在随时间变化的特征中，进一步控制了“城市-时间”变量、“出口市场-时间”变量和“企业-时间”变量。$miwage_{ct}$表示城市 c 在 t 年的最低工资水平。X_{ct}、X_{jt}与三维样本回归模型中的控制变量一致，即“城市-时间”变量和“企业-时间”变量，X_{dt}进一步控制了出口目的国市场 d 在 t 年的 GDP、总人口、进口依存度、双边实际汇率。μ_{ijd}是“企业-产品-出口市场”效应，即“出口市场-时间”变量，v_t是时间效应，ε_{ijdt}为随机误差项。

7.5.2 其他分析

最低工资上涨的激励效应使企业的劳动生产率提高，进而促进企业现有出口产品的出口额增加。但是，企业劳动生产率提高的同时，也可能提高了企业进入出口市场的门槛，进入门槛的提高又会挤出部分“低效率企业”。也就是说，激励效应使企业劳动生产率提高的同时，更容易挤出“低效率企业”。为了比较不同劳动生产率的企业在面对最低工资上涨时的退出行为，本书将企业是否退出作为被解释变量，劳动生产率和最低工资对数的交乘项作为核心解释变量，考察最低工资上涨时，劳动生产率低的企业是否比劳动生产率高的企业更容易退出出口市场。于是，本书构造如下计量模型：

$$\text{Probit}(exit_{jt} = 1) = \beta_0 + \beta_1 \ln miwage_{c,t-1} \times lp_{j,t-1} + X_{c,t-1} + X_{j,t-1} + \varepsilon_{jt} \tag{7.36}$$

$exit_{jt}$表示企业是否退出出口市场，退出为1，未退出为0。$\ln miwage_{c,t-1}$表示企业退出前一期的最低工资对数值，$lp_{j,t-1}$表示企业退出前一期的劳动生产率，由于退出企业当期的劳动生产率是不可观测的，所以本书观察的是上一期最低工资的上涨和企业劳动生产率的交乘项对企业当期是否退出的影响。$X_{c,t-1}$和$X_{j,t-1}$分别控制了企业退出前一期城市层面和企业层面随时间变化的因素。

分销成本是指产品在出口过程中产生的运输费用、批发和零售成本、营销和广告费用以及产品在目的地的交通和服务费用（Burstein et al.，2003）。学习效应和网络效应（Eaton et al.，2014）、缺乏对消费者信誉的了解（Iacovone and Javorcik，2010）以及信息广告理论（Arkolakis and Muendler，2010）都说明，刚出口的边缘产品，出口数量和价值较小，企业需要为产品花费更多的搜寻成本、广告费用或取得客户信任的成本，进入市场的初始成本也相对较高（Alessandria and Choi，2007），所以，边缘产品一般面临较大的分销成本；而出口数量和价值较大的核心产品，面临较小的分销成本。由此可知，企业核心产品已经在一定程度上获得了消费者的认可，企业为其支付的宣传和销售费用会低于非核心产品，如果企业核心产品占比上升，企业的销售费用和广告费用会相应降低，那么核心产品的分销成本也会相应降低。由企业异质性理论分析可知，如果核心产品的分销成本较低，那么该类产品面临的出口门槛也更低，从而更容易出口到更多的国家。因此，本书基于已有的数据，检验核心产品的分销成本是否确如以上研究所述，低于非核心产品，从而探讨出口行为差异。由此，本书构建如下模型：

$$\ln cost_{jt} = \beta_0 + \beta_1 core\_share_{jt} \times ev_{jt} + \gamma X_{jt} + v_t + \mu_j + \varepsilon_{jt} \tag{7.37}$$

其中，$cost_{jt}$表示企业j在t年的销售费用或广告费用，$core_share_{jt}$表示企业j在t年核心产品的占比，ev_{jt}表示企业j在t年的出口交货值或者出口交货值占销售产值的比重（出口占比），$core_share_{jt} \times ev_{jt}$表示两者的交乘项，$X_{jt}$控制了企业人数、资产、负债、融资成本和盈利能力等企业层面随时间变化的因素。v_t和μ_j分别控制了时间效应和企业个体效应。本书预计系数β_1为负，反映了当企业出口增长或出口占比增加时，核心产品占比越高的企业，分销成本越小。也就是说，企业拓展海外业务时，如果以核心产品出口为主，分销成本会显著下降，并且出口依赖性越强的企业，核心产品占比越高时，分销成本越低。

7.6 最低工资与人力资本

7.6.1 基准回归模型

在 Grossman（1972）模型基础上，利用区县一级最低工资构建如下模型：

$$Health_{ijt} = \alpha + \beta \ln miwage_{j,t-1} + \gamma X_{ijt} + \delta Z_{c,t-1} + \theta_j + \tau_t + \varepsilon_{ijt} \tag{7.38}$$

$Health_{ijt}$ 表示t年j县的i受访者的自我健康书，若自评健康为“非常健康”“健康”“一般”，则取值为1，其余取值为0；$miwage_{j,\ t-1}$ 指$t-1$年j县的最低工资；X_{ijt} 指t年j县的i受访者的个体和家庭特征，包括年龄，年龄的平方，受教育程度，婚姻状况，0~3岁、4~7岁、8~15岁、60岁以上男/女性人数等；$Z_{c,\ t-1}$ 指$t-1$年c市随时间变化的特征变量，包括地区生产总值对数、职工平均工资对数、年平均人口对数、平均在岗人数对数；θ_j 为区县固定效应；τ_t 为时间固定效应；ε_{ijt} 是误差项。

7.6.2 稳健性分析

首先，我们检验由受访者代替家庭成员回答的自我健康书是否对本书基准回归结论有影响。CHFS 通常选择受访户中 16 周岁以上、比较了解家庭经济情况者作为受访者，并将家庭成员定义为共享收入、共担支出者，即受访者与其家庭成员联系较为密切。为排除由他人代替回答自我健康书对本书研究的影响，本书分析了最低工资对受访者本人及非受访者本人健康状况的影响。回归结果显示最低工资对二者均有显著的负向影响，也即代替家庭成员回答的情况并不影响该部分结论。

其次，基准回归是将自我健康书前 3 个等级视为健康，取值为 1；后 2 个等级视为不健康，取值为 0。本部分改变健康的定义，“非常健康”“健康”取值为 1，“不健康”“非常不健康”取值为 0，以此讨论结论的稳健性。全面了解个体的健康状况，有必要同时收集自评健康指标和客观体测结果。因此，本书同时使用了受访者家庭医疗、保健总支出作为客观代理变量。

最后，排除内生性带来的偏误。最低工资制定时，考虑了城市平均工资、经济发展水平以及赡养人口等，可能会存在内生性问题。本书在基准回归模型中控制了职工平均工资、地区生产总值等城市层面宏观经济变量，在此基础上，再逐步控制第一产业占比、财政收入占比、家庭存款余额、老年人口抚养比、价格指数等宏观经济变量。尽管如此，本书还参考刘子兰等（2020）的研究，将所在城市除该地区外其他地区滞后两期的最低工资标准作为工具变量。

7.7　最低工资与居民幸福感

7.7.1　实证模型与基准回归

根据已有研究的模型设定及变量选取，本书主要使用固定效应模型考察最低工资上涨对个体幸福感的影响，回归模型如下：

$$Happiness_{ijt}^{*} = \beta_0 + \beta_1 \ln miwage_{jt} + \beta_2 X_{ijt} + \beta_3 Comm_c + T_t + \Psi_j + u_{ijt} \tag{7.39}$$

$$Happiness_{ijt} = \begin{cases} 1, \text{if } Happiness_{ijt}^{*} > 0 \\ 0, \text{if } Happiness_{ijt}^{*} \leqslant 0 \end{cases} \tag{7.40}$$

其中，$Happiness_{ijt}$ 为 t 年 j 区县 i 个体是否感到幸福的二元变量，1 代表个体 i 感到幸福，0 代表个体 i 没有感到幸福。$\ln miwage_{jt}$ 为 j 区县在 t 年的最低工资自然对数。X_{ijt} 为一系列个体及家庭特征变量，包含个体年龄、年龄的平方、性别、受教育年限、家庭总人口、家庭老人数、家庭孩子数、0~3 岁男女比、4~7 岁男女比、8~16 岁男女比、17~35 岁男女比以及 36~65 岁男女比、家庭总收入、家庭房产及其平方项。$Comm_c$ 为社区 c 的社区资产。T_t 为时间虚拟变量，Ψ_j 为区县虚拟变量，u_{ijt} 为残差项。β_1 为本书所关注的系数，表示最低工资对个体幸福感的影响。

除固定效应模型之外，本书还在稳健性检验中使用双重差分模型（DID），以及更能增加处理组和控制组可比性的 DID+Matching 模型。除此之外，最低工资的制定并非完全外生，政府会综合考虑地区经济发展水平、法律法规的颁布以及居民生活成本等因素来确定各地的最低工资标准（马双等，2012；Gan et al.，2016）。但也有学者认为引入过多变量对解决遗漏变量产生的内生性问题无效，甚至会强化内生性问题（Aaronson et al.，2012）。事实上，由于本书的结果变量是微观个体的主观态度，区县级别的最低工资标准对微观个体的影响可以认为是外生的。基于此，本书在基准回归模型中并没有控制宏观经济变量，但在后文中会考虑添加一些宏观经济变量以及地区间竞争性的变量来检验结果的稳健性。

基于固定效应模型分析最低工资上涨对个体幸福感的影响，本部分设计了四个回归模型。第一个回归模型仅考察最低工资上涨对个体主观幸福感的影响，第二和第三个回归模型为依次加入个体特征和家庭人口特征变量的回归模型，第四个回归模型进一步加入家庭收入、家庭房产及其平方项，最后在其基础上将社区资产加入模型中。此外，所有的回归模型均控制年份固定效应和区县固定效应。

7.7.2 稳健性分析

这一部分从限定样本范围、调整变量定义方式以及加入可能的遗漏变量的角度尝试进行稳健性检验，具体如下。

第一，只考察劳动群体的回归分析。根据《劳动法》等规定，法定劳动年龄指年满 16 周岁至退休年龄。退休年龄根据不同性别和工种有些微差异，一般有 60 岁、55 岁以及 50 岁三类。为此本书保留 16~60 岁、16~55

岁以及 16~50 岁三类样本，并观察最低工资对幸福感的影响是否存在差异。

第二，只保留没有工作的样本。在前文中已经发现最低工资上涨对幸福感的提升作用在有工作的群体中会显著更强。实际上，最低工资标准的执行应该只对有工作的群体发挥作用。为此，本书检验了没有工作的群体的幸福感是否会受到最低工资变动的影响。

第三，调整幸福感的定义方式。本书定义幸福感的方式较为单一，进一步尝试用不同方式定义幸福感，具体如下：将回答“非常幸福”的赋值为 1，将回答“幸福”、“一般”、“不幸福”以及“非常不幸福”的赋值为 0，并将变量命名为“极度幸福”；将回答“非常幸福”“幸福”的赋值为 1，将回答“一般”、“不幸福”以及“非常不幸福”的赋值为 0，并将变量命名为“比较幸福”；将幸福感定义为 1~5 的序列变量，并将变量命名为“序列幸福感”。

第四，加入可能的遗漏变量。根据《最低工资规定》第六条：“确定和调整月最低工资标准，应参考当地就业者及其赡养人口的最低生活费用、城镇居民消费价格指数、职工个人缴纳的社会保险费和住房公积金、职工平均工资、经济发展水平、就业状况等因素。”为处理这一情况，本书考虑将当期以及滞后期区县和城市级别的宏观变量加入模型中，包括 t 期和 $t-1$ 期的区县人均 GDP、区县 GDP 增长率、区县人均收入、区县就业率；t 期和 $t-1$ 期市级人均 GDP、市级人口数、市级人均工资、市级失业人数、市级 GDP 增长率。

此外，本书还参照 Xing 和 Xu（2016）、马双等（2017）的研究，将政治竞争性的因素加入，包含最近、邻近区县以及邻近、经济水平相近省份的最低工资。

第 8 章　最低工资与工资和就业①

8.1　最低工资与企业工资比较

最低工资制度是一项劳动与社会保障制度，规定了用人单位必须支付给劳动者的最低报酬。本书借助 2000~2013 年中国工业企业数据库的数据，考察企业对最低工资标准的遵守情况。图 8-1 直观展示了 2000~2013 年企业人均月工资与所在城市最低工资比值的分布情况，其呈现两个特点。其一，企业人均月工资并不一定高于最低工资。企业人均月工资可能低于最低工资，主要有以下两个原因。一是企业除了支付货币工资外，还支付非货币工资，如附加福利和社会保险缴纳等，而这些在调查中通常不作为工资进行记录（Hsieh and Klenow，2009）。此外，企业人均月工资也可能包含支付给临时工和非合同工的工资。二是企业人均月工资低于最低工资并不意味着最低工资未产生影响。相反，根据丁守海（2010）的研究，企业支付的低于最低工资标准的人均月工资是企业基于违反最低工资的处罚力度以及政府抽查概率的理性选择。同时，根据 Falk 等（2006）基于实验经济学的研究，最低工资的制定与调整很有可能影响劳动者对公平的认识，从而提高劳动者的保留工资，并影响企业的平均工资水平。这种影响并不取决于最低工资制度是否执行，即使最低工资制度被取消，这种影响还会持续存在。从国际数据来看，违反最低工资制度不是中国独有的，美国早期也存在一定比例的最低工资违反行为。Ashenfelter 和 Smith（1979）研究美国最低工资的遵循情况发现，1973 年有 65%左右的企业遵循了最低工资规

① 本章部分内容发表于《经济研究》2012 年第 5 期，题目为《最低工资对中国就业和工资水平的影响》，作者为马双、张劼、朱喜。

定，但在 1975 年建立新的最低工资标准后，至少有 1/3 的企业没有遵从新的标准。

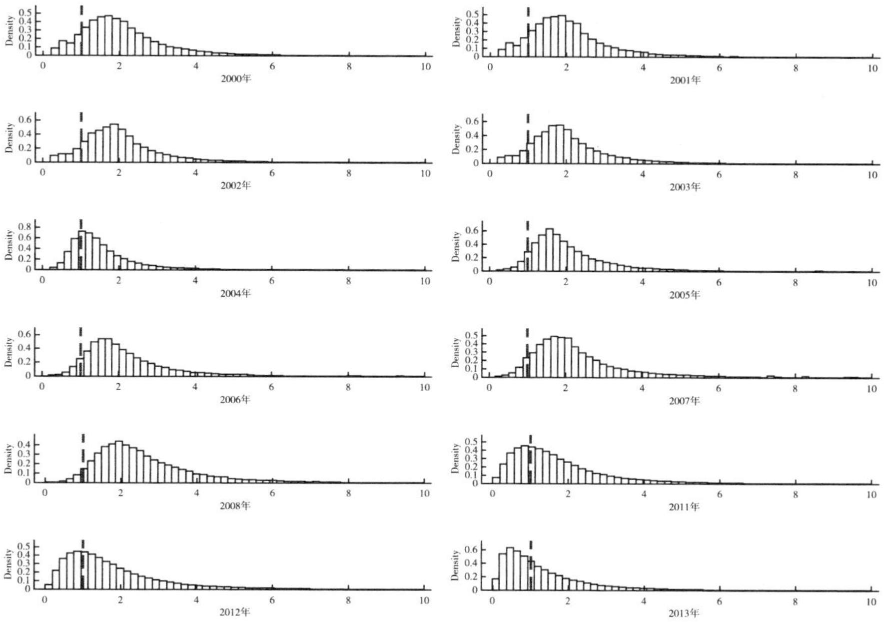

图 8-1　2000~2013 年企业人均月工资与当地最低工资比值分布

注：2009 年和 2010 年数据缺失严重，故不予采用。

资料来源：中国工业企业数据库中“本年应付工资总额”指标和城市最低工资数据，经笔者计算得到比值并作图。

其二，最低工资不断提高，约束力度也越来越大。2000 年和 2001 年人均月工资低于当地最低工资的企业比例分别为 12.49% 和 12.10%，而 2006 年该比例降低到 6.68%。对于这一变化同样有两种可能的解释。一是近年来地方性法规变得更加严格，特别是在 2004 年政策收紧之后，更多企业达到最低工资要求。丁守海（2010）发现，2008 年《劳动合同法》的施行使外部监管环境强化，进而强化了最低工资管制的效果。二是劳动生产率的提高促使企业提高工资的幅度大于最低工资的提高幅度。

本书还考察了 2000~2013 年不同产权性质的企业对最低工资制度的遵守情况，如表 8-1 所示。经统计发现，含外资的企业和外商独资企业对最低工资制度的遵守程度最高，内资民营企业和国有企业较差。2005~2008年企业最低工资制度遵守水平最高，有90%以上的企业的人均月工资高于最低工资，然而2012~2013年遵守比例又呈现下降趋势，可能是受数据库数据质量的影响。含外资的企业和外商独资企业的遵守情况最好，可能的解释有：外资企业对劳动力有技术门槛，即外资企业对劳动力质量（技术水平、学历等）要求更高，因而支付的工资也更高；也可能跟外资企业的企业文化及企业管理有关。国有企业的遵守情况欠佳，或是因为更多地以福利费、补贴等形式发放。

表8-1　2000~2013年不同产权性质的企业对最低工资制度的遵守情况

单位：%

年份	全部企业	国有企业	内资民营企业	含外资的企业	外商独资企业
2000	87.5120	85.6041	86.6634	92.0176	89.7841
2001	87.8975	85.6828	87.0603	92.3702	90.6609
2002	89.2996	87.0013	88.5148	93.2699	92.3584
2003	89.7223	87.8661	88.7630	93.8717	93.2926
2004	75.2028	84.7507	73.3867	79.3417	77.1260
2005	92.9725	93.5222	92.2205	95.5008	95.0589
2006	93.3126	93.9207	92.6149	95.8165	95.4456
2007	93.3181	94.8728	92.5610	96.1697	95.7958
2008	96.1828	97.6568	95.5127	97.5249	97.3590
2011	68.2458	67.8332	64.3194	71.2003	84.6347
2012	68.9908	66.8591	67.2186	70.0288	85.6922
2013	50.9976	49.7139	48.1297	52.6059	69.8543

注：2009年和2010年数据缺失严重，故不予采用。

资料来源：2000~2013年中国工业企业数据库。

8.2　最低工资对企业平均工资的影响

本节将利用1998~2007年全国各市最低工资标准随时间变化的外生差异来识别最低工资上涨与企业平均工资的关系。

8.2.1　数据和变量

表8-2给出了劳动力成本占企业总成本的比重情况，分行业分时间看，

劳动力成本占总成本的比重略有变动，但结论是一致的，劳动力成本占企业总成本的比重较高，尤其是高劳动力成本行业。数据显示，2000 年第三季度高劳动力成本行业如印刷业和记录媒介的复制业，劳动力成本占企业总成本的比重的 75%分位数为 73.78%。2007 年第三季度，纺织服装、鞋、帽制造业劳动力成本占企业总成本的比重的 75%分位数为 69.82%。

表 8-2　分行业劳动力成本占比情况

单位：%

年份	行业类型	行业	行业要素密集度	劳动力成本占比分位数		
				第一季度	第二季度	第三季度
2000	低劳动力成本行业	烟草制品业	劳动密集型	7.81	13.59	35.48
		农副食品加工业	劳动密集型	6.94	16.23	37.72
		石油加工、炼焦及核燃料加工业	资本密集型	7.51	16.58	31.60
	高劳动力成本行业	仪器仪表及文化、办公用机械制造业	技术密集型	21.87	42.09	72.13
		文教体育用品制造业	劳动密集型	22.65	42.33	69.73
		印刷业和记录媒介的复制业	劳动密集型	22.34	42.97	73.78
2007	低劳动力成本行业	石油加工、炼焦及核燃料加工业	资本密集型	4.12	8.86	18.70
		农副食品加工业	劳动密集型	5.24	11.56	25.78
		有色金属冶炼及压延加工业	资本密集型	4.71	11.91	26.16
	高劳动力成本行业	皮革、毛皮、羽毛（绒）及其制品业	劳动密集型	21.39	42.16	63.07
		文教体育用品制造业	劳动密集型	23.82	43.79	67.15
		纺织服装、鞋、帽制造业	劳动密集型	25.86	46.74	69.82

注：第一季度、第二季度、第三季度依次为占比的 25%分位数、中位数和 75%分位数；根据第二季度从低到高排序。

表 8-3 给出了回归样本的描述性统计结果。从表 8-3 中可以看出，绝大多数企业为内资企业，仅 24%的企业有外资参与。国有控股企业约占

11%。企业平均雇用人数为 273 人，企业平均工资为 1190 元，低于市辖区职工月平均工资（1786 元 = 21434.6 元/12）。[①] 值得说明的是，由于相关指标数据的缺失，研究中仅以企业“应付工资总额”除以雇用人数再除以 12 个月来表示企业的平均工资。这样处理有一定缺陷，因为它忽略了最低工资对员工工作时间的影响，从而无法判断最低工资对平均工资的影响是由最低工资对员工工作时间的影响引起，还是其对员工小时工资的影响引起。[②] 市最低工资平均值为 533.12 元，占企业平均工资的 45%，占市辖区职工月平均工资的 30%。在其他方面，企业资产大于负债，资产状况较好。单位产值的盈利能力一般，企业存货占到总产值的 30%。

表 8-3 变量描述性统计

变量	变量含义或计算公式	均值	标准差
市最低工资（元）	市最低工资标准	533.12	150.50
企业平均工资（元）	本年应付工资/（职工人数×12）	1190	807
企业雇用人数（人）	企业职工人数，包括临时工	273	1251
企业资产对数	企业资产（千元）的自然对数	9.75	1.46
企业资产负债比	总资产/总负债	7.47	493.10
企业存货占比	存货/当年总产值	0.30	18.20
单位产值盈利	营业利润/当年总产值	-0.02	7.71
内资企业	企业所有资金均来源于中国内地，如国有、集体、股份合作、私营独资、私营合伙等	0.76	0.43
国有控股企业	国家绝对控股与国家相对控股	0.11	0.31
市 GDP（亿元）	市辖区内 GDP	1136.40	1320.30
市总人口（万人）	市辖区内总人数	227.50	204.70
市职工年工资（元）	市辖区内职工年工资收入	21434.60	8566.60
市职工人数（万人）	市辖区内就业人数	51.30	57.90

表 8-4 是采用 OLS 回归得到的最低工资与企业平均工资的回归结果。从第（1）列可以看出，在控制时间趋势项以及各市固定效应后，最低工资每上涨 10%，企业的平均工资将整体上涨 1.7%，且在 1%的统计水平下显

① 该现象可能是后者剔除了周边县市职工工资所致。

② Du 和 Pan（2009）就发现，很多企业会通过增加农民工的工作时间来规避最低工资制度。

著。第（2）列、第（3）列分别依次加入企业个体特征变量及行业虚拟变量，结果显示最低工资上涨 10%，企业的平均工资均仅上涨 1.1%，系数变小。控制各市经济特征变量的回归对应表 8-4 第（4）列，最低工资对企业平均工资的影响仍显著存在。最低工资每上涨 10%，企业的平均工资将整体上涨 0.5%。虽然 Xiao 和 Xiang（2009）的研究从整体样本得出最低工资上涨 10%，员工平均工资仅上涨 0.06%，但 Xiao 和 Xiang（2009）同时也指出最低工资上涨对低工资工人的影响是很显著的。最低工资每上涨 10%，工资水平位于 10%分位数的员工工资将上涨 0.75%，位于 20%分位数的员工工资将上涨 0.42%。若考虑我国的制造业主要是低技术加工业的现状，则回归系数是可以理解的。从回归数值的大小来看，1998~2007 年我国最低工资平均上涨了 95.84%，这意味着员工平均工资近 4.8%的增长归功于最低工资标准的上涨。

表 8-4　最低工资对企业平均工资的影响：OLS 回归

变量	因变量：企业平均工资的对数			
	(1)	(2)	(3)	(4)
市最低工资对数	0.17***	0.11***	0.11***	0.05***
	(23.30)	(15.08)	(15.72)	(6.87)
企业资产对数		0.09***	0.08***	0.08***
		(225.74)	(202.37)	(199.86)
企业资产负债比		-0.00	-0.00	-0.00
		(1.55)	(1.60)	(1.45)
企业存货占比		-0.00***	-0.00***	-0.00***
		(3.54)	(3.43)	(3.41)
单位产值盈利		0.00	0.00	0.00
		(0.17)	(0.15)	(0.20)
内资企业		-0.13***	-0.16***	-0.16***
		(94.05)	(108.71)	(108.38)
国有控股企业		0.09***	0.04***	0.04***
		(42.44)	(16.59)	(15.49)
市 GDP 对数				0.16***
				(27.88)

续表

变量	因变量：企业平均工资的对数			
	(1)	(2)	(3)	(4)
市总人口对数				-0.19*** (43.15)
市职工年工资对数				0.15*** (17.81)
市职工人数对数				0.05*** (7.55)
时间趋势项	是	是	是	是
市虚拟变量	是	是	是	是
行业虚拟变量	否	否	是	是
常数项	-187.61*** (124.63)	-200.92*** (138.09)	-198.27*** (137.23)	-130.55*** (7.61)
样本数	946139	938135	938135	923996
R^2	0.28	0.34	0.36	0.36

注：***、**、*分别代表在1%、5%、10%的水平下显著，下表同。

基于初步的回归结果，其他控制变量的回归系数比较符合预期。企业资产的对数每增加10%，企业平均工资将上涨0.8%。这主要是由于企业资产越多，劳动的边际生产率越高。资产状况越差的企业，其平均工资越低，但在10%的水平下不显著。企业存货越多，其平均工资越低。相反，企业单位产值盈利越多，其工资越高，但不显著。从企业性质上看，国有控股企业的平均工资要比非国有控股企业显著高4%，内资企业比外资参与的企业低16%。宏观经济形势越好的地区，企业的平均工资越高。具体地，市GDP每增加10%，平均工资上涨1.6%，员工也享受了经济发展所带来的好处。市平均工资越高，企业平均工资也越高，市就业人数越多，企业平均工资越高。①

表8-5是固定效应模型与随机效应模型的回归结果，前者主要是用来消除企业不随时间变化的固定特征以及市固定效应，后者是结合固定效应模型判断残差假设的合理性。从回归系数上看，固定效应模型回归结果与表8-4回归结果比较接近。在控制企业特征变量、市宏观经济变量以及时

① 当然，更为严谨的结论还需更严谨的分析方法。

间趋势项后，最低工资每增加 10%，企业平均工资将上涨 0.4%。Hausman 检验表明应接受固定效应模型，拒绝随机效应模型。因此在后文，本书主要采用固定效应模型进行分析。

表 8-5　最低工资对企业平均工资的影响：固定效应模型和随机效应模型

变量	固定效应模型		随机效应模型	
	系数	t	系数	t
市最低工资对数	0.04	5.53***	0.06	12.33***
企业资产对数	0.10	75.34***	0.10	204.34***
企业资产负债比	0.00	0.40	-0.00	0.78
企业存货占比	-0.00	1.25	-0.00	4.31***
单位产值盈利	-0.00	1.23	-0.00	0.25
市 GDP 对数	0.18	33.02***	0.16	80.12***
市总人口对数	-0.20	48.07***	-0.13	69.86***
市职工年工资对数	0.07	11.92***	0.19	51.21***
市职工人数对数	0.04	7.39***	-0.03	13.99***
时间趋势项	0.06	58.68***	0.06	124.66***
常数项	-126.74	61.25***	-116.115	132.29***
样本数	923906		923906	
Hausman 检验	3789			

8.2.2　稳健性检验

该部分对 OLS 回归、固定效应模型的结论进行稳健性检验。2006~2007 年福建省大幅度提高了最低工资标准，除泉州仅提高 8.33%以外，其余地市均有 14%~19%的增幅。而在此期间广东省的绝大部分地市最低工资保持不变。因此，我们借助 2006~2007 年福建省最低工资大幅提高的“准自然实验”（丁守海，2010），适当构造实验组与控制组，对已有结论进行稳健性检验。

第一，以福建省的企业为实验组，广东省除深圳市以外地区的企业为控制组，对比实验组与控制组企业在 2006~2007 年的平均工资水平。福建省与广东省均为我国东南沿海省份，彼此地缘相近，均适合开展对外加工贸易，这样选择具有一定的合理性。

表 8-6 为广东省、福建省的 DID 回归结果。其中，*Time* 为时间虚拟变量，若观测时间为 2007 年，则取值为 1，否则取值为 0。*Treat* 为二元变量，区分实验组与控制组样本，企业在福建省境内则取值为 1，其余取值为 0。*Inter* 为 *Time* 与 *Treat* 的交乘项，其系数为 2006 年福建省最低工资上涨对企业平均工资的影响。回归样本为 2006~2007 年均被观测的企业。从表 8-6 第（1）列可以看出，在控制地区固定效应和行业固定效应、企业个体特征和市宏观经济变量后，交乘项的回归系数为 0.01。若 2006~2007 年福建省最低工资的平均涨幅为 16.6%，则福建省企业平均工资上涨 1%，意味着最低工资上涨 10%，企业平均工资将上涨 0.6%，与前文的结论大致吻合。

表 8-6　最低工资与企业平均工资：DID 回归

变量	广东省与福建省		漳州、龙岩（福建省）与梅州、潮州（广东省）	
	（1）		（2）	
	系数	t	系数	t
Time	-0.22	9.38***	0.47	1.52
Treat	3.28	6.64***	1.00	1.17
Inter	0.01	23.36***	0.01	3.63***
企业资产对数	0.08	55.55***	0.05	7.97***
企业资产负债比	0.00	26.34***	-0.00	1.59
企业存货占比	-0.18	10.01***	-0.12	2.26**
单位产值盈利	0.06	1.69	0.26	3.63***
市 GDP 对数	0.38	4.17***	-0.78	1.64
市总人口对数	-3.00	10.66***		
市职工年工资对数	0.23	3.25***	-1.51	1.32
市职工人数对数	0.11	4.99***	-0.96	1.24
市虚拟变量	是		是	
行业虚拟变量	是		是	
常数项	6.64	5.31***	20.44	1.44
样本量	83234		6156	
R^2	0.18		0.20	

第二，为提高实验组与控制组的可比性，我们进一步选出福建省与广东省地理位置紧邻的 4 个市，以福建省的漳州、龙岩为实验组，以广东省的梅州、潮州为控制组，对比各自企业在 2006~2007 年平均工资的变化趋势。由前文可知，漳州、龙岩的最低工资分别上涨了 18.18%与 18.75%，而梅州、潮州最低工资没有变化。根据表 8-7 给出的漳州、龙岩、梅州、潮州 2006 年的经济数据可知，该方法选择的实验组与控制组在经济发展水平、经济结构上均比较相似。

表 8-7　2006 年漳州、龙岩与梅州、潮州经济指标对比

指标名称	福建省		广东省	
	漳州	龙岩	梅州	潮州
地区 GDP（亿元）	714.93	448.64	346.18	330.00
第一产业占比（%）	23	32	22	10
第二产业占比（%）	43	47	43	56
第三产业占比（%）	34	21	35	34
常住人口（万人）	472.00	275.00	500.94	253.37
人均 GDP（元）	15147	16314	6911	13024
出口（亿美元）	29.80	1.60	3.80	23.00
出口占地区 GDP 比重（%）	34.76	2.97	9.15	58.13
一般贸易出口占比（%）		9	83	69
三资企业出口占比（%）	80		39	40
机电产品出口占比（%）	51	9		10
进口（亿美元）	12.80	0.41	0.80	4.90
进口占地区 GDP 比重（%）	15	1	2	12

资料来源：2006 年四市的统计公报。

以福建省的漳州、龙岩为实验组，广东省的梅州、潮州为控制组的回归结果由表 8-6 第（2）列给出。结论显示，最低工资上涨将显著提高员工的平均工资。当控制企业个体特征、市宏观经济变量以及地区固定效应、行业固定效应后，2007 年漳州、龙岩企业的平均工资较梅州、潮州显著提高 0.6%。

总之，借助 2006~2007 年福建省最低工资大幅提高的“准自然实验”，通过构造不同实验组与控制组样本，可以发现固定效应模型的结论基本稳健。

8.2.3 异质性检验

最低工资上涨从整体上提高了员工的工资水平，那么最低工资上涨对不同行业、不同工资水平企业的影响是否一致？根据 Xiao 和 Xiang（2009）的研究，最低工资上涨对不同企业的影响不同可能才是符合现实的一种情况。为讨论这个问题，本书首先将企业分为农产品加工业企业与其他行业企业，其中农产品加工业指农副食品加工业，食品制造业，纺织业，纺织服装、鞋、帽制造业，皮革、皮毛、羽毛（绒）及其制品业，这些行业属于传统的劳动密集型行业，技术含量相对较低，最低工资上涨对其影响应更大。

表 8-8 是对比农产品加工业与其他行业受最低工资上涨影响的回归结果。在计量方法上，只需同时加入市最低工资对数以及分组变量与市最低工资对数的交乘项，其中交乘项的回归系数可以视为农产品加工业相比其他行业受最低工资上涨的影响差异。正如预期的那样，从回归系数来看，对农产品加工业，最低工资每上涨 10%，企业平均工资显著上涨 0.6%；相反，对其他行业，平均工资仅上涨 0.3%，涨幅比农产品加工业要低 0.3 个百分点。

表 8-8 最低工资与企业平均工资：农产品加工业与其他行业

变量	系数	t
市最低工资对数	0.03	3.93***
农产品加工业	-0.20	5.24***
市最低工资对数×农产品加工业	0.03	5.54***
企业特征变量	是	
市宏观经济变量	是	
时间趋势项	是	
常数项	-126.35	61.01***
样本数	923906	
R^2	0.23	

与 Xiao 和 Xiang（2009）的研究类似，本书也从企业资本劳动比的角度

考察最低工资上涨与企业平均工资的关系。资本劳动比，即人均资本，可以衡量企业资本的密集度，它的大小代表着企业在生产中的资本投入力度、产品的生产对资本的依赖性等。一般来讲，资本劳动比较低的企业往往对应传统的诸如纺织服装、鞋、帽制造业等行业。这些行业技术含量较低，大多以劳动者手工操作为主。用工成本上涨后，这些行业受到的冲击往往更大。对于那些最低工资上涨使得企业边际成本接近边际收益的企业，它们可能会以机器替代劳动，减少对劳动力的雇用。同时，这些企业由于技术含量较低，工资水平往往不高，很容易受最低工资的影响。因此，本书预计，随着企业人均资本的增加，最低工资的上涨对企业平均工资的影响会逐渐减弱。

为了从计量的角度验证该推论是否成立，本书将企业人均资本从低到高进行 5 等分，通过最低工资与分组变量的交乘项的回归系数来判断最低工资对各组企业的影响差异。分组方法通常有以下几种，第一种方法是对每个地区的企业，都逐年将它们的人均资本按照从低到高 5 等分。该方法较为传统，存在一定缺陷。从回归的角度来看，回归因变量是企业平均工资，其大小决定企业的雇用人数，从而决定企业人均资本水平。因此，按照这种方法分类，回归设计本身会导致变量内生。本章主要采用第二种分组方法，即将每个地区的企业，都按照基期的人均资本水平从低到高分为 5 组，并在后续年份中维持分组不变。

表 8-9 是对应的回归结果，可以看出，对人均资本处于最低 20%的企业，最低工资每上涨 10%，其平均工资水平显著提升 1.3%，远远高于所有样本的回归结果。随着企业人均资本的增加，最低工资对企业平均工资的影响减弱。对人均资本介于 20%~40%的企业，最低工资每上涨 10%，企业平均工资仅上涨 0.6%，较人均资本最低的 20%的企业显著低 0.7 个百分点。进一步，对人均资本介于 40%~60%的企业，最低工资的影响继续减弱。对人均资本处于 60%~80%的企业，最低工资每上涨 10%，企业的平均工资下降 0.1%。

表 8-9　最低工资对企业平均工资的影响：按企业人均资本五等分后的固定效应模型

变量	系数	t
市最低工资对数	0.13	14.89***
市最低工资对数×q（20%~40%）	-0.07	8.95***

续表

变量	系数	t
市最低工资对数×q（40%～60%）	-0.10	12.00***
市最低工资对数×q（60%～80%）	-0.14	15.84***
市最低工资对数×q（80%～100%）	-0.17	18.09***
分组虚拟变量	否	
企业特征变量	是	
市宏观经济变量	是	
时间趋势项	是	
样本数	923906	
R^2	0.23	

根据 Belman 和 Wolfson（1997）、Brown（1999）的研究，最低工资往往会直接影响平均工资位于最低工资附近的企业。因此本书以上一期平均工资介于上一期最低工资与本期最低工资之间的企业为样本，考察最低工资与企业平均工资的关系。其中，若企业上一期平均工资介于上一期最低工资与本期最低工资之间则虚拟变量取值为 1，否则取值为 0。从表 8-10 可以看出，正如 Belman 和 Wolfson（1997）、Brown（1999）的研究所指出的那样，在控制企业特征变量、市宏观经济变量以及时间趋势项后，最低工资每上涨 10%，那些上一期平均工资介于上一期最低工资与本期最低工资之间的企业的平均工资的涨幅较其他企业高 0.4 个百分点。最低工资带来的劳动力成本上涨在这些企业中表现得最明显。

表 8-10　最低工资对企业平均工资的影响：企业上一期平均工资介于两期最低工资之间

变量	系数	t
市最低工资对数	0.03	3.97***
虚拟变量	-0.18	1.67
市最低工资对数×虚拟变量	0.04	2.15**
企业特征变量	是	
市宏观经济变量	是	
时间趋势项	是	
常数项	-127.99	61.80***

续表

变量	系数	t
样本数	923906	
R^2	0.23	

这些结论都表明最低工资上涨可能存在一定程度的溢出效应（Xiao and Xiang，2009），即最低工资上涨除了影响低工资的企业外，对高工资企业也有显著影响。究其原因，本书认为可能有两个。一是从企业制定效率工资的角度出发，当最低工资提高低技术工人的工资后，企业为维持高技术工人的工作效率，会相应地提高高技术工人的工资以保持工资差距不变。二是最低工资上涨所释放的劳动力成本增加的信号，使得劳动者索要较高的工资。

本书也将企业按照地域分组，考察最低工资上涨对企业平均工资影响的地域差异。按地域分组后的回归结果由表 8-11 给出，从回归系数来看，最低工资每上涨 10%，西部地区企业平均工资将显著增加 0.8%，高于总样本对应的水平。从东部地区、中部地区与最低工资对数的交乘项来看，相比西部地区的企业，最低工资每上涨 10%，中部地区的企业平均工资将上涨 2.3%；而对于东部地区的企业而言，最低工资上涨对其几乎没有影响。

表 8-11　最低工资与企业平均工资：从地域角度分组后的固定效应模型

变量	系数	t
最低工资对数	0.08	6.90***
交乘项（东部地区×最低工资对数）	-0.08	7.37***
交乘项（中部地区×最低工资对数）	0.15	11.38***
分组虚拟变量	是	
企业特征变量	是	
市宏观经济变量	是	
时间趋势项	是	
常数项	-118.7	54.10***
样本数	923906	
R^2	0.23	

本书也从企业的控股情况入手考察最低工资与企业平均工资的关系。从企业平均工资的回归结果来看，最低工资每上涨 10%，国有绝对控股企业的工资上涨幅度较非国有控股企业的上涨幅度低 0.14 个百分点。这是可以理解的，因为国有控股企业的工资变动相对不灵活，工资的调整需接受国家的调控。

8.3 最低工资对工资分布的影响

图 8-2 给出了区县工资分布中各分位数上工资水平对最低工资标准进行逐一回归的系数，以及上下 90%的置信区间。从中可以看出，与 Belman 和 Wolfson（1997）的研究结论类似，最低工资标准上涨对低收入职工工资的影响最大，对中高收入职工工资的影响不显著。具体来看，最低工资标准的上涨将使前 11%的分位数上的税前工资显著增加。

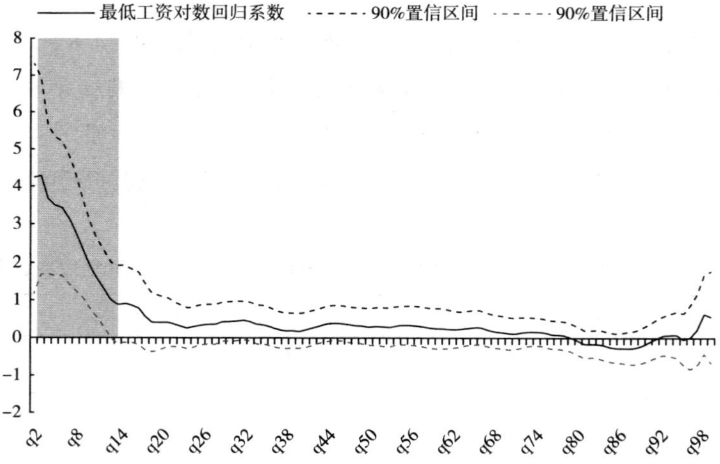

图 8-2　税前工资与最低工资

虽然最低工资标准上调显著影响员工税前工资的分布，但企业或雇主很可能增加员工的工作时间，规避最低工资上涨对其产生的影响。图 8-3 以区县小时工资和有效小时工资分布中各分位数的工资水平为因变量进行回归。结果显示，最低工资上涨对小时工资分布中前 20%的分位数上的工资水平有显著影响。同样，最低工资上涨显著增加前 20%分位数上的有效小时工资。

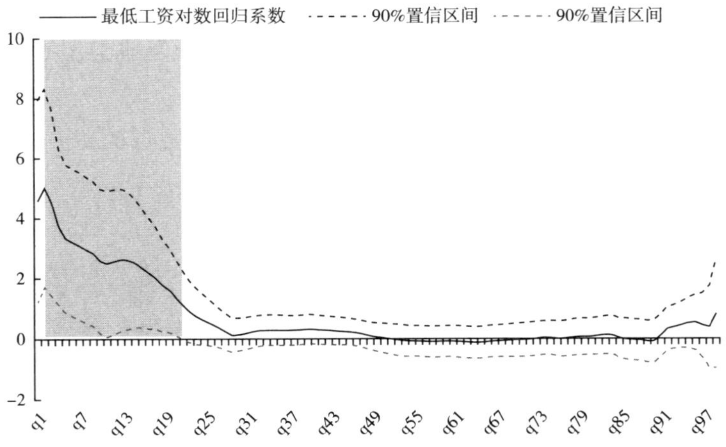

区县小时工资

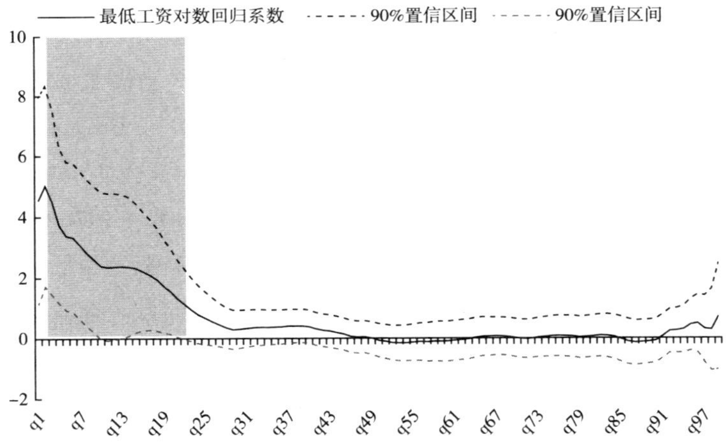

有效小时工资

图 8-3　小时工资与最低工资

8.4　最低工资对就业的影响

本部分利用 1998~2007 年全国各市最低工资标准随时间变化的外生差异来识别最低工资上涨与企业雇用人数的关系。

8.4.1 文献综述

国外有关最低工资与劳动力市场的理论和实证研究非常丰富。一方面，部分研究显示，最低工资制度的实施将增加劳动力成本，改变员工工资的分布。例如，Belman 和 Wolfson（1997）用美国数据进行的研究表明，最低工资对工资的分布有显著影响。首先，最低工资消灭了一些低技术岗位，提高了在岗低技术工人的工资，使得工资分布更加平均。其次，最低工资的提高，使原来工资略高于最低工资但生产率更高的工人更有吸引力，使这部分工人的工资提高，并产生微弱的溢出效应。最后，最低工资的提高可能会对更高工资工人的工资产生一定影响。

另一方面，更多的研究集中在最低工资上涨对就业的影响上。其中，早期的理论大多从竞争性劳动市场假设出发，认为最低工资上涨将减少就业。最低工资上涨可能通过以下几个途径影响就业：一是最低工资上涨可能导致企业用资本替代劳动或用技术工替代非熟练工人，从而减少对劳动力的需求；二是最低工资上涨带来产品价格上涨，产品需求减少，从而对劳动力的引致需求减少（Wang and Gunderson，2010）。Stigler（1946）指出，在同质化和竞争性的劳工市场上，人为支持高工资会使市场无法出清，劳动供给大于需求。随后 Welch（1976）、Gramlich（1976）和 Mincer（1976）将其扩展到两部门，即考虑受最低工资约束和未受最低工资约束的部门，发现最低工资上涨对就业的负面影响可能没那么严重，因为未覆盖部门会吸收更多的人就业。Abowd 和 Killingsworth（1981）、Heckman 和 Sedlacek（1981）考虑劳动力技术的异质性，认为最低工资上涨会使低技术劳动力受到就业冲击，而技术稍高的劳动力会因此受益。在实证方面，20 世纪 80 年代以前的文献很好地支持了竞争模型。1981 年美国政府成立的最低工资研究委员会专门对此进行实证研究（Brown et al.，1982），他们通过对 1980 年之前相关论文进行详细综述后得出，“最低工资上涨 10%，青年就业下降 1%~3%”。Neumark 和 Wascher（2006）对 20 世纪 80 年代以来的相关文献进行总结，发现约有 85%的经验结论支持最低工资上涨负向影响就业。

然而，最低工资与就业的关系在学术界还远没有达成共识。Card（1992）、Katz 和 Krueger（1992）、Card 和 Krueger（1994）分别利用加利福尼亚州、得克萨斯州以及新泽西与宾夕法尼亚州的快餐行业数据，使用“准自然实验”的方法得出最低工资的上涨可能会对就业产生一定的正效应。[①] 这促使学者转而考虑劳动力市场的买方垄断性质，即若企业在劳动力市场上具有完全垄断的能力，企业面对的平均劳动成本与边际劳动成本会发生分离，企业雇用人数将少于市场出清时的就业人数。此时，政府设定最低工资，企业的边际劳动成本曲线发生改变，企业最优的雇用量将随最低工资的上涨而增加。现实中，劳动力市场完全垄断的假设很难成立，因此搜寻模型放松了这一前提。Burdett 和 Mortensen（1998）指出，劳动力市场的搜寻摩擦[②]会产生类似买方垄断的均衡，最低工资最终能够增加就业。但其模型无法解释现实中许多工人只得到最低工资的现象，而 Flinn（2006）通过在搜寻模型中引入劳动者和企业的谈判机制解决了这一问题。Flinn（2006）还发现，最低工资作为政策工具可以被用来增强劳动者的谈判力量，诱使潜在劳动者进入劳动力市场，从而增进全社会福利。

有关我国最低工资的严谨的实证研究不多。[③] Du 和 Pan（2009）利用中国大城市的调研数据，描述了最低工资政策对农民工的覆盖情况。他们指出，近些年中国的最低工资政策在覆盖率和水平上不断提高。同时由于农民工加班比较普遍，应以小时工资标准代替月工资标准。罗小兰（2007b）、罗小兰和丛树海（2009）、Ni 等（2011）、Wang 和 Gunderson（2010）使用省级面板数据对最低工资上涨与就业的关系进行了讨论。正如第一部分所讨论的那样，这些文章得到了不同的结论。罗小兰（2007b）、罗小兰和丛树海（2009）发现最低工资上涨会降低农民工的就业水平，但 Ni 等（2011）却指出，在总体上 2000~2005 年最低工资上涨对就业的影响不显著。与 Ni 等（2011）的结论又不一致的是 Wang 和 Gunderson（2010）的结论，他们在研究中发现，最低工资的上涨对就业有显著的负效应，但在东

---

① Card 和 Krueger（1995）对这些证据及其分析方法进行了总结。

② 搜寻摩擦可以描述为，失业者不可能马上摆脱失业状态，存在一定的概率找到工作；就业者不可能永远保住现有的工作，存在一定的概率失去现有的工作，也存在一定的概率找到更好的工作。

③ 部分文章讨论了中国的劳动力市场。例如 Dong 和 Putterman（2002）考察了中国国有企业员工的边际产出与工资水平之间的关系，得出 20 世纪 80 年代国有企业对员工支付的工资低于员工的边际产出，与买方劳动力市场相似。但随着市场经济改革的深入，竞争加剧，国有企业劳动力市场买方垄断的特性减弱。

部地区这些负效应却不存在。这些文章除所关注的人群不同外，对变量的调整方法也不同，这很可能导致了结论上的差异。Xiao 和 Xiang（2009）借助北京、上海、天津等 6 个城市 1995~2006 年的数据分析得出，最低工资的上涨对工资的影响存在溢出效应，员工的工资差距将被缩小。同时，最低工资的上涨显著增加员工工作的总时间与人均时间，但对就业人数影响不显著。该文章的结论非常有意义，但与使用省级面板数据一样，它采用市级层面的数据可能会面临人口流动以及地方政府基于当地就业、工资等状况选择性制定最低工资标准而导致变量内生的问题。丁守海（2010）借助福建省 2006~2007 年最低工资上涨的“准自然实验”，使用粤闽两省 439 家企业调查数据发现，最低工资对农民工的就业形成冲击。无疑丁守海（2010）的研究结论是更可靠的，但由于样本量的限制，他的结论不宜推广到总体。

本部分将使用更具代表性的微观企业数据，结合各地区最低工资制度的外生变化差异，给出有关最低工资与平均工资、最低工资与就业关系的中国证据。

8.4.2 数据

本节使用的数据为规模以上制造业企业报表数据，它是依据我国工业统计报表制度收集的工业统计数据的一部分。工业统计报表制度是国家为了解工业经济现状、制定经济政策、检查工业计划执行情况等制定的统计报表制度，分为年报和定期报表两部分，分别由综合表和基层表构成。综合表由各省（区、市）统计局或有关部门报送国家统计局，而基层表由国家统计局制定，各省（区、市）结合地方要求进行补充后，交由辖区内的工业企业填报。本节的数据对应工业统计报表制度中“法人单位基本情况”与“工业企业主要经济指标”两表，两者均属于“年报”与“基层报表”，填报对象是“辖区内规模以上工业法人企业”，即国有企业与年销售收入 500 万元以上的非国有企业。数据主要包括工业增加值、工业总产值、工业销售产值、主要工业产品产量、主要工业产品销售量、主要工业产品库存量、主要财务成本指标、从业人员数、工资总额等。从数据代表性上看，它涉及创造第二产业一半以上产值的企业。例如，1998 年该数据有 16 万家企业，其总雇用人数占全国工业企业总雇用人数的 34%，增加值占全国工业企业总产值的 43%。到 2007 年，企业样本量增加到 34 万家，雇用总人数及产品增加值分别占到第二产业的 38%、85%。在数据清理过程中，本书排除了不采用企业会计制度以及机构类型属于事业单位、机关、社会团体、民办非企业的样本，只保留目前正处于营业状态的企业。

构成本节数据的还有全国各市 1998~2007 年制定的最低工资标准以及该市的宏观经济指标数据。对于前者，由于没有统一的数据来源，本书通过浏览当地政府网站、政策法规、统计公报获得，因此部分年份的部分地市数据缺失。最终本书搜集到 1240 个数据，涉及的地市（或自治州、盟）占全国 333 个地市（或自治州、盟）的 37.13%。对于后者，包括各市 1998~2007 年地区生产总值、总人口、职工平均工资、市平均雇用人数，从中经数据网上获得，数据相对完整。通过企业所在地变量与年份变量，本书将企业微观数据与市最低工资标准数据合并，选出那些既有企业微观数据又有企业所在地最低工资标准数据的样本构成本节使用的样本。最终，总样本约 94.6 万个。[①]

8.4.3 基准回归

最低工资上涨增加了劳动成本，企业会因此调整雇用人数，但也有研究得出企业在员工人均劳动时间上的调整较雇用人数上的调整更多（Xiao and Xiang，2009）。因此，有必要用此数据分析最低工资对企业雇用人数的影响，以揭示最低工资上涨与就业的关系。该部分回归方程如下：

$$\ln employ_{ijt} = \alpha_0 + \beta X_{ijt} + \theta \ln miwage_{ijt} + v_{ij} + \pi_j + \gamma Z_{jt} + T_t + u_{ijt} \tag{8.1}$$

其中，$\ln employ_{ijt}$ 是 j 地区 i 企业在时间 t 的雇用人数对数。$\ln miwage_{ijt}$ 为 j 地区 i 企业在时间 t 执行的最低工资标准的对数。X_{ijt} 是一系列企业层面的控制变量，Z_{jt} 是一系列地区层面的控制变量，v_{ij}、π_j、T_t 分别是企业固定效应、地区固定效应、时间固定效应。θ 依旧是本书关心的变量系数，表示最低工资对企业雇用人数的影响。

1. 最低工资与企业雇用人数

最低工资与企业雇用人数的关系由表 8-12 给出，从中可以看出，在控

① 在进行回归时，样本量可能略有调整。这主要是由于随着回归使用的变量不同，变量值存在缺失。

制企业个体特征、时间变量以及各市宏观经济特征后，最低工资每上涨10%，企业雇用人数将显著减少0.6%。[①] 按1998～2007年最低工资上涨95.84%计算，最低工资的上涨将导致第二产业工作岗位损失近5.75%。

表 8-12 最低工资与企业雇用人数的关系

变量	固定效应模型		随机效应模型	
	系数	t	系数	t
市最低工资对数	-0.06	9.67**	-0.05	10.29**
企业资产对数	0.28	236.24**	0.44	594.83**
企业资产负债比	-0.00	5.42**	-0.00	5.52**
企业存货占比	-0.00	7.17**	-0.00	7.44**
单位产值盈利	0.00	4.15**	0.00	3.22**
市 GDP 对数	-0.02	3.44**	0.01	4.26**
市总人口对数	-0.01	3.27**	-0.03	10.44**
市职工年工资对数	-0.08	14.88**	-0.18	41.02**
市职工人数对数	0.11	25.23**	0.02	6.14**
时间趋势项	0.00	1.11	-0.01	18.87**
常数项	0.87	0.48	24.37	21.65**
样本数	923912		923912	
R^2	0.11		—	
Hausman 检验	29281			

对其他控制变量，企业资产每增加10%，其雇用人数将显著增加2.8%。企业存货占比越小、单位产值盈利越多，其雇用人数越多。对地区经济变量，工资水平（或劳动力成本）越高的地区，企业雇用人数越少。唯一值得商榷的是市GDP与企业雇用人数的关系。从回归结果来看，市GDP增长10%，企业雇用人数反而显著减少0.2%。

2. 从“准自然实验”的角度进行的稳健性分析

表8-13是以福建省2006～2007年最低工资上涨为“准自然实验”进行

① 该结论与Ni等（2011）、Xiao和Xiang（2009）的结论不一致，但与罗小兰（2007b）、罗小兰和丛树海（2009）、Wang和Gunderson（2010）的结论相同。正如前文指出的那样，这些文章的结论或多或少受研究人群的差异、变量调整的差异以及回归计量问题的影响，结论不稳健。

的稳健性检验结果。从回归结果来看，福建省最低工资的上涨将使当地企业显著减少 10%的雇用人数。相应地，以漳州、龙岩、梅州、潮州的样本进行的回归也显示，漳州、龙岩最低工资的提高使当地企业的雇用人数显著减少 9%。但与前文结论略有出入的是，此处对应的系数偏大，因为企业的雇用人数减少 9%意味着就业对最低工资上涨的弹性为-0.48。事实上，丁守海（2010）通过 DID 分析也发现，2007 年最低工资 18%的增幅使得福建省相对于广东省城镇劳动力就业减少了 4.14 %，弹性也有-0.23。之所以广东省、福建省企业雇用人数对最低工资上涨的弹性绝对值较全样本大，是因为广东省、福建省的制造业企业相比全国的制造业企业，更多地以劳动密集型、加工贸易型为主，对劳动的需求价格弹性较大，当最低工资使劳动力成本上涨时，广东省、福建省企业的雇用人数减少得更多。

表 8-13　最低工资与企业雇用人数关系：DID 回归

变量	广东省与福建省		漳州、龙岩（福建省）与梅州、潮州（广东省）	
	系数	t	系数	t
Time	3.18	103.30**	4.54	11.21**
Treat	-2.42	3.50**	3.85	3.41**
Inter	-0.10	207.23**	-0.09	42.98**
企业资产对数	0.68	261.55**	0.63	60.07**
企业资产负债比	-0.00	2.87**	-0.00	1.99*
企业存货占比	-0.38	10.79**	-0.17	1.81
单位产值盈利	-0.23	3.91**	-0.41	3.46**
市 GDP 对数	-0.24	1.97*	-1.12	1.80
市总人口对数	2.38	6.16**		
市职工年工资对数	-0.62	6.42**	-8.63	5.79**
市职工人数对数	-0.22	7.83**	-4.89	4.75**
市虚拟变量	是		是	
行业虚拟变量	是		是	
常数项	-2.13	1.22	97.33	5.24**
样本数	83285		6157	
R^2	0.66		0.61	

3. 最低工资对企业雇用人数影响的异质性分析

首先，对上一期平均工资介于两期最低工资之间的企业进行回归（见表 8-14），回归结果与已有的结论一致，这些企业对最低工资的反应最大。最低工资每上涨 10%，企业雇用人数将显著减少 1.2%，最低工资使上一期平均工资介于两期最低工资之间的企业进一步减少 0.6%的雇用人数。从数值大小来看，它与类似研究的结论接近。例如，Brown 等（1982）得出，最低工资上涨 10%，青年就业下降 1%~3%。

表 8-14　最低工资对企业雇用人数的影响：企业上一期平均工资介于两期最低工资之间

变量	系数	t
市最低工资对数	-0.06	9.08**
虚拟变量	0.38	4.08**
市最低工资对数×虚拟变量	-0.06	4.22**
企业特征变量	是	
市宏观经济变量	是	
行业虚拟变量	是	
时间趋势项	是	
常数项	1.28	0.69
样本数	923912	
R^2	0.11	

其次，对人均资本所处范围不同的企业，最低工资的影响也不一致。将企业按基期的人均资本 5 等分后进行回归（见表 8-15），结果显示，随着企业人均资本的增加，最低工资对企业雇用人数的负效应持续减小，甚至转为正效应。例如，人均资本处于最低 20%的企业，最低工资每增加 10%，其雇用人数将减少 2.1%；人均资本介于 60%~80%的企业，其雇用人数对最低工资的反应较小；人均资本处于最高 20%的企业，其雇用人数有所增加。

表 8-15　最低工资与企业雇用人数：按人均资本五等分后的固定效应模型

变量	系数	t
市最低工资对数	-0.21	27.98**
市最低工资对数×q（20%~40%）	0.08	10.93**
市最低工资对数×q（40%~60%）	0.15	19.49**

续表

变量	系数	t
市最低工资对数× q（60%～80%）	0.24	32.14**
市最低工资对数× q（80%～100%）	0.37	45.57**
分组虚拟变量	否	
企业特征变量	是	
市宏观经济变量	是	
时间趋势项	是	
常数项	是	
样本数	923912	
R^2	0.11	

最后，将企业按照地域分组，考察最低工资上涨对企业平均工资、雇用人数影响的地域差异。按地域分组后的回归结果由表 8-16 给出。从最低工资上涨对就业影响的地区差异来看，回归结论偏向 Wang 和 Gunderson（2010）的研究结果，最低工资上涨对西部地区企业的负向影响最大。最低工资每上涨 10%，西部地区企业雇用人数将显著减少 2.1%。中部地区企业，最低工资每上涨 10%，其雇用人数下降 1.8%。最低工资上涨对东部地区的企业雇用人数几乎没有影响。

表 8-16　最低工资与企业雇用人数：从地域角度分组后的固定效应模型

变量	雇用人数对数	
	系数	t
最低工资对数	-0.21	20.22**
交乘项（东部地区×最低工资对数）	0.20	20.89**
交乘项（中部地区×最低工资对数）	0.03	2.98**
分组虚拟变量	是	
企业特征变量	是	
市宏观经济变量	是	
时间趋势项	是	
常数项	5.18	2.66**
样本数	923912	
R^2	0.11	

本书按企业是否属于农产品加工业进行分类回归，结果显示最低工资对农产品加工业的影响与其对其他行业的影响几乎一致，差异在10%的统计水平下不显著；按企业控股情况进行分类回归，结果显示，最低工资每上涨10%，国有控股企业雇用人数反而下降得更多，达到4%。该结论的含义还有待进一步研究。

8.4.4 结论与政策启示

研究发现，最低工资上涨会减少就业。最低工资每上涨10%，企业雇用人数将显著减少0.6%，且对不同行业，该影响有一定程度的差异。同样，对上一期平均工资介于两期最低工资之间的企业，最低工资每上涨10%，企业雇用人数减少1.2%。

本节的研究结论具有重要的政策启示作用。最低工资制度的实施使就业人数出现了一定程度的下降，因此，政府在制定最低工资标准时，需要权衡其在收入分配上的效果以及其对就业的负面影响。

第9章　家户视角下最低工资对劳动参与的影响

就劳动供给来讲，其衡量维度分为四个层面：一是法定劳动年龄人口的规模和构成，如目前被广泛讨论的延迟退休政策正是基于这一视角形成的；二是劳动参与率；三是平均每周工作的小时数；四是劳动的质量或工作的努力程度。在劳动质量或工作努力程度难以测量以及工作小时数由法律明文规定的背景下，劳动参与率①作为测度劳动人口参与社会劳动程度的指标，反映了劳动力供给的相对规模，能准确反映劳动力供给的变化。研究劳动参与率的影响因素对激活现有劳动存量以缩小劳动供需差距有重要的政策借鉴意义。

针对劳动力持续流失的问题，解决思路主要有以下两个。一是扩大存量，包括生育政策和退休政策的调整。前者着眼长期，短期效果不大。根据2017年国家统计局的数据，全面两孩政策实施后的2016年出生人口仅1750万人，仅比2015年多100万人，预计的生育高峰并未出现。后者短期效果明显，但面临老年人自评健康中预期寿命下降（汤哲等，2005）以及健康冲击影响城市蓝领工人劳动供给状况的问题（李琴等，2014），老年人自身的健康上限使得退休政策对劳动力的维持作用有限。二是激活存量，提高现有劳动力使用效率，如提高劳动参与率以及劳动质量。近年来许多学者针对不同的劳动人群进行研究，总结来看，劳动参与率依旧有上升空间，且集中于女性、青年人、老年人等劳动参与率较低且对政策变动敏感的人群。因此，研究如何激活现有劳动力存量，形成短期有效的劳动力供给增量，对中国经济的顺利过渡以及后续的健康发展有非常重要的现实意义。本章将评估最低工资对已婚女性劳动参与和农民工劳动参与的影响，

① 劳动参与率（Labor Force Participation Rate，LFPR），指的是劳动年龄人口中经济活动人口（正在工作或正在寻找工作的人）所占比重。

以期为上述问题提供经验参考。

9.1 最低工资对已婚女性劳动参与的影响[①]

在劳动人口中，已婚女性群体具有一定的特殊性。首先，截至2010年，占全国总人口66.9%的16~60岁个体中，已婚女性占38.7%。根据全国13.7亿人口推算，16~60岁已婚女性约3.55亿人，人口基数大。其次，已婚女性的劳动参与率低，有较大的提升空间。根据中国家庭金融调查数据，已婚女性劳动参与率仅为76.5%[②]，而已婚男性劳动参与率为97%。再次，女性劳动参与率对收入更为敏感（Blundell and Macurdy，1999），政策效果更能显现。最后，在20世纪大多数发达国家女性劳动参与率大幅增长的背景下，虽然中国也出现了许多促使女性劳动参与率上升的积极因素，比如女性受教育水平的提高、第三产业的发展、家务劳动市场化及家用电器的普及和生育率的下降等，但是中国女性劳动参与率却处于持续下降的态势（Han and Zhang，2011）。因此，本节在全面考察不同群体劳动参与率的情况下，将研究重点放在如何提高女性，特别是已婚女性劳动参与率上。

影响已婚女性劳动参与率的因素很多，包括丈夫的收入、其他女性的决策（Neumark and Postlewaite，1998）、家庭部门的技术进步程度（Greenwood et al.，2015）、是否与父母公婆同住（Sasaki，2002）、幼儿看护水平（Kilburn and Wolfe，2002）以及生育率安排（Ueda，2008；Bloom et al.，2009）等。中国作为转型国家，历史文化背景和国情都与西方国家有明显区别，虽有学者开始考察经济转型对女性劳动参与的影响，但仍缺乏借用政策变化如最低工资上涨等研究已婚女性劳动供给行为的文献。而这方面的研究对揭示中国当前如何适时采用有效的就业政策提高已婚女性劳动参与率至关重要。

本节利用中国家庭金融调查2011~2013年的数据，借助最低工资标准

---

① 本节部分内容发表于《经济研究》2017年第6期，题目为《最低工资与已婚女性劳动参与》，作者为马双、李雪莲、蔡栋梁。

② 若采用与美国相同的统计口径，已婚女性劳动参与率为64%。

在不同区县不同时间上的外生差异，在全面考察不同群体劳动参与率的情况下，重点考察最低工资标准上涨对已婚女性劳动参与率的影响，从最低工资政策调整、劳动力市场政策和女性劳动力供给出发，为中国经济发展的三位一体政策体系建构提供一个新的思考方向。

9.1.1　文献综述

Mincer（1962）的开创性研究点燃了学者们对女性劳动力供给行为进行系统性研究的热情。20世纪70年代，McFadden（1974）、Heckman和Thomas（1980）先后提出二元离散选择模型和修正样本选择偏差的两阶段方法，使劳动力供给行为的经验研究取得了突破性进展。目前的经验分析具体包括两个方面，即劳动力参与行为分析和劳动力参与后的劳动时间选择分析。在劳动力供给理论中，一般会假定最大化问题存在内点解，因此，劳动力供给理论主要是研究代理人如何选择劳动时间。当最大化问题只有角点解时，就变成了劳动力参与问题。Neumark和Postlewaite（1998）经过研究发现，女性劳动参与决策与其他女性（比如姐妹）是否参与劳动力市场呈正相关关系，同时丈夫的相对收入对女性的就业决策也会产生影响；Greenwood等（2015）则用家庭部门的技术进步和工资结构的转变解释“二战”后美国女性劳动参与率、结婚率、离婚率的一系列变化，因为技术进步使家用耐用消费品更便宜、使用更方便，有助于女性从家庭中解放出来从事市场工作。此外，在新古典家庭分工理论框架下，Sasaki（2002）基于日本1993年25~34岁已婚女性的数据资料，研究发现与父母公婆同住对已婚女性劳动参与程度的提高有显著影响。除此之外，很多经济学家也研究了幼儿看护、生育率、离婚率等因素对女性劳动参与率的影响。

然而，从最低工资角度考察劳动参与的文献并不多，仅Wessels（2005）考察了最低工资对青少年劳动参与的影响，并发现二者之间呈负相关关系。区别于从供给侧展开研究，更多的文献讨论了最低工资对劳动需求的影响，并已取得丰硕的成果，但共识远未达成。Card和Krueger（1994）利用新泽西州与宾夕法尼亚州的快餐行业数据，使用“准自然实验”的方法得出，最低工资上涨可能对就业产生一定的正效应。然而，Neumark和Wascher（2006）通过对20世纪80年代以来的相关文献进行梳理发现，约有85%的经验结论支持最低工资上涨负向影响就业的结论。这促使学者开始关注劳动力市场的买方垄断性质，即若企业在劳动力市场上具有完全垄断的能力，企业面对的平均劳动成本与边际劳动成本会发生分离，企业雇用人数将少于市场出清时的就业人数，此时最低工资上涨将增加劳动需求。然而，现实中劳动力市场完全垄断的假设很难成立，尤其是低端劳动力市场，因此 Burdett 和 Mortensen（1998）提出搜寻模型，放松了这一前提，之后 Flinn（2006）又在搜寻模型中引入劳动者和企业的谈判机制，发现最低工资作为政策工具可以被用来增强劳动者的谈判力量，诱使潜在劳动者进入劳动力市场，从而增进全社会福利。

中国在这一领域的研究刚起步，主要集中于以下两个方面。第一，基于微观调查数据，利用计量模型分析女性劳动参与率的影响因素。郑恒（2003）通过梳理模型，分析了两性收入差距、家务劳动变化、女性教育状况、人力资本积累、离婚率等因素对女性劳动参与率的不同影响。郭晓杰（2012）则利用 2000 年、2004 年、2006 年的中国健康与营养调查（CHNS）数据，采取标准化系数的研究方法进一步考察了影响中国已婚女性劳动力供给的各种因素，以及其相对重要程度。而陆利丽（2014）基于 1988～2019 年中国城镇住户调查微观数据（UHS）的研究却显示，家中孩子对已婚女性劳动参与率的消极影响不断上升，教育、与父母同住、配偶的工资以及家庭的非劳动收入等方面的影响总体上在逐渐变弱。杜凤莲和董晓媛（2010）通过对 1991～2004 年 CHNS 数据进行分析也得出了类似的结论。此外，随着劳动力市场调查数据的不断丰富，中国学者也陆续开展了对劳动参与率的工资弹性的估算工作（张世伟、贾朋，2011；封进、张涛，2012）。周闯（2015）从年龄、教育和婚姻三个角度进一步研究了劳动参与率的工资弹性的变动趋势，结果表明未婚男性劳动参与率的工资弹性最大，其后依次是已婚女性、未婚女性和已婚男性，并且在相同的受教育程度下，女性劳动参与率的工资弹性要大于男性。第二，寻找经济转型期导致中国女性劳动参与率下降的原因。Han 和 Zhang（2011）利用 1988～2006 年的 UHS 数据对女性劳动参与率变动趋势进行了分析，发现女性劳动参与率从 1988 年起一直处于下降趋势，并且在 1995～2004 年出现了大幅度下降。潘锦棠（2002）把中国女性劳动参与率的下降看成市场化改革导致女性脱离政府的就业保护伞，参与市场竞争的结果。丁仁船和骆克任（2007）则指出，劳动力市场歧视的加剧导致女性与男性相比就业更难、工资更低，部分女性因此退出劳动力市场。

综上所述，中国仍缺乏借用政策变化如最低工资上涨等外生变量研究已婚女性劳动力供给行为的文献。

9.1.2　数据与变量

本节主要关注区县最低工资调整对已婚女性劳动参与的影响，数据主要使用中国家庭金融调查 2011 年和 2013 年的两轮调查数据。根据研究需要，本书样本为法定工作年龄范围内（16~55 岁）的已婚女性。为与区县最低工资标准对应，仅保留户籍地和常住地均为调查区县的样本，因而跨区县流动的劳动者未在关注样本之列。本书通过查询样本所在区县人力资源和社会保障局官方网站以及最低工资标准调整的通知，收集各区县 2009~2015 年的月最低工资标准和小时最低工资标准。同时，查询 2009~2015 年各省（区、市）统计年鉴，收集各区县宏观经济指标，包括人均 GDP、年末常住人口数、在岗职工年均工资，并以此构建人均 GDP 增长率、常住人口增长率等指标。

为重点考察最低工资标准上涨对已婚女性劳动参与的影响，本书严格定义了劳动参与变量。中国家庭金融调查对个体是否有工作进行询问，对没有工作的个体再询问没有工作的具体原因，包括在校学生、操持家务、丧失劳动能力、季节性工作且不在工作季节、度假/生病/生小孩、失业没有找到工作、不愿意工作、离休或退休以及其他；对有工作的个体进一步询问工作的性质、单位的类型、所处行业等。本书将有工作的个体，以及没有工作但原因为失业没有找到工作和季节性工作且不在工作季节的个体定义为参与劳动的个体，劳动参与率为参与劳动的个体数占法定工作年限范围内的个体数的比例。从表 9-1 可以看出，已婚女性群体的劳动参与率仅为 77%。根据 2011 年、2013 年已婚女性、已婚男性各年龄段劳动参与率的对比数据来看，在劳动参与率上，2011 年数据与 2013 年数据计算结果几乎一致。在性别对比上，已婚男性的劳动参与率较高，接近 100%，而已婚女性劳动参与率最高仅 82%。对不同年龄段的已婚女性而言，劳动参与率的差异很大。劳动参与率最高的是 35~45 岁已婚女性个体，而 16~25 岁的已婚女性个体劳动参与率不到 60%。

表 9-1　变量的描述性统计

变量	均值	标准差	样本量
税前年收入（元）	36316	56777	9960
小时工资（元）	21.40	53.80	7408
有效小时工资（元）	19.90	49.00	7408
已婚女性样本			
劳动参与率	0.77	0.42	11655
最低工资（元）	1036	239	11655
年龄（岁）	39.50	8.77	11655
受教育年限（年）	9.55	3.99	11655
0~6 岁男孩数（人）	0.21	0.45	11655
0~6 岁女孩数（人）	0.17	0.41	11655
7~15 岁男孩数（人）	0.22	0.45	11655
7~15 岁女孩数（人）	0.18	0.43	11655
60 岁以上男性人数（人）	0.17	0.39	11655
60 岁以上女性人数（人）	0.20	0.41	11655
县宏观经济指标			
人均 GDP（元）	44662	28162	160
常住人口数（千人）	7343	6067	160
在岗职工年均工资（元）	41514	14545	160
人均 GDP 增长率	0.16	0.12	160
常住人口增长率	-0.00	0.05	160

与 Maurerfazio 等（2009）的观察类似，选择成为家庭主妇是已婚女性未进入劳动力市场的主要原因，该类人群 2011 年占比 14.1%，2013 年占比 16.9%，这一上升趋势也与 Han 和 Zhang（2011）的观测一致。其次是离休或退休的已婚女性，2011 年和 2013 年分别占比 3.9%和 4.2%。丧失劳动能力也占一定的比例，2011 年为 1.0%，2013 年为 2.1%。总体来讲，进入劳动力市场的已婚女性与未进入劳动力市场的已婚女性在构成和质量上差异较小。其中，进入劳动力市场的已婚女性有 36%为高中及以上学历，未进入劳动力市场的已婚女性有 34.7%，教育差异不显著。政治面貌为党员和民主党派的未进入劳动力市场的已婚女性占比虽较进入劳动力市场的低 3 个百分点，但仍为 8.2%。从来源看，进入与未进入劳动力市场的已婚女性中

外地流入占比分别为 10.9% 和 10.3%，几乎一致。主要的区别来自户籍构成，与进入劳动力市场已婚女性 61.6%为农业户籍不同，未进入劳动力市场的已婚女性中农业户籍个体仅占 40.4%，未进入劳动力市场的已婚女性更多来自城镇。

关于最低工资变量，根据研究需要有两种定义。一是考察最低工资对员工工资的影响时，由于员工工资是以年为单位，所以此处“最低工资标准”也根据各区县的具体调整时间，将该年份中不同最低工资标准按照执行时间长短进行加权平均，计算该年份的整体平均最低工资。二是考察最低工资与劳动参与的关系时，由于劳动者是否进入劳动力市场是一个时点变量，且结合中国家庭金融调查均在 7~8 月进行的特点，本书所使用的“最低工资标准”均选取调查年份 7 月 1 日所执行的最低工资标准。

除此之外，本书还定义了年龄、受教育年限、配偶收入等个体特征变量，以及家庭人口结构和家庭其他特征变量，包括衡量学龄前儿童的 0~6 岁男孩数、0~6 岁女孩数，衡量学龄儿童的 7~15 岁男孩数、7~15 岁女孩数，以及 60 岁以上男性和女性人数等。根据已有研究，上述变量对已婚女性是否参与劳动力市场有显著影响。

9.1.3　基准回归

表 9-2 是采用线性概率模型（Linear Probability Model，LPM）进行回归的结果，括号内给出的是聚类标准差。其中，第（1）列仅控制时间虚拟变量以及区县虚拟变量，结果显示，最低工资标准每上涨 10%，已婚女性的劳动参与率提高 1.3 个百分点，在 10%的统计水平下显著。时间虚拟变量回归系数为-0.037。从时间趋势上看，与已有研究的发现一致，已婚女性的劳动参与率在减少。第（2）列加入了宏观经济特征变量以消除最低工资的内生影响，结果仍显示，最低工资每上涨 10%，已婚女性的劳动参与率显著提高 2.0 个百分点。第（3）列继续加入个体特征与家庭特征变量，就回归结果来看，最低工资每上涨 10%，已婚女性劳动参与率将显著提高 1.9 个百分点。其他控制变量的回归结果均符合预期。受教育年限越高的个体，劳动参与率越高。家庭 0~6 岁小孩数越多，女性的劳动参与率越低，在 1%的统计水平下显著，反映了女性在照顾小孩上的需求。相反，7~15 岁小孩数越多，女性参与劳动力市场的概率越大。家庭 60 岁以上老人越多，已婚

女性的劳动参与率越高，尤其是60岁以上女性人数每增加10%，已婚女性参与劳动力市场的概率显著提高7.0个百分点。父母帮助照看未成年小孩对已婚女性劳动参与率的提升作用不可忽视。第（4）列同时引入最低工资的执行度以及按执行度三等分的分组变量和最低工资的交乘项①，考察最低工资的执行度差异对结果的影响。回归结果显示，对执行度最好的省份，最低工资标准每上涨10%，已婚女性劳动参与率显著提升2.0个百分点。对执行度较差的省份，最低工资标准上涨对已婚女性劳动参与率的影响在持续减弱，但均在10%的统计水平下不显著。

表 9-2　最低工资标准与已婚女性劳动市场参与意愿

回归系数	(1)	(2)	(3)	(4)
最低工资对数	0.13*	0.20**	0.19*	0.20*
	(0.07)	(0.09)	(0.09)	(0.11)
常数项	-0.19	2.75	2.76	2.65
	(0.49)	(4.44)	(4.37)	(4.38)
个体及家庭特征	否	否	是	是
宏观经济特征	否	是	是	是
时间虚拟变量	是	是	是	是
区县虚拟变量	是	是	是	是
考察执行度差异	否	否	否	是
样本量	11655	11655	11655	11655
调整 R^2	0.03	0.03	0.07	0.07

注：***、**、*分别代表在1%、5%和10%的显著性水平下显著，括号内为聚类标准差；余表同。

为全面认识最低工资标准上涨对劳动供给的影响，本书还对已婚男性、未婚女性以及未婚男性的劳动参与进行回归。表9-3中A部分的回归结果显示，最低工资标准上涨10%，已婚男性的劳动参与率显著提升0.8个百分点，但不到已婚女性的一半。最低工资标准上涨对未婚男性与未婚女性的影响不显著。从量上看，最低工资标准上涨将显著增加劳动供给。从结构上看，已婚女性劳动供给的增幅最大。最低工资上涨对已婚女性的影响最

① 本章以税前工资低于区县最低工资的个体占比为最低工资执行度的替代变量。

大，其次是已婚男性，而对未婚女性和未婚男性的影响不显著。基于期望收入与保留工资这一机制，结论的差异可能与下列三方面因素有关。一是最低工资对不同群体的雇用工资和被雇概率存在异质性影响（丁守海，2010；贾朋、张世伟，2012；刘玉成、童光荣，2012），从而导致不同群体期望收入的变动存在差异。二是不同群体劳动供给的工资弹性存在显著差异，如周闯（2015）的研究就显示，已婚女性和已婚男性的劳动供给弹性显著大于未婚女性和未婚男性。三是不同群体的既有劳动参与率存在差异，相比已婚男性，已婚女性劳动参与率上涨空间更大。

表 9-3　分群体考察最低工资标准对劳动参与的影响

回归样本	最低工资对数回归系数	标准差	样本量	调整 R^2
A 不同群体样本，因变量：劳动参与率				
已婚男性	0.08**	0.04	11186	0.05
未婚女性	-0.37	0.25	2687	0.15
未婚男性	0.13	0.21	3370	0.20
B 就业考察，因变量：是否就业				
已婚女性样本	0.22**	0.10	11655	0.09

表 9-3 中 B 部分针对 16~55 岁已婚女性（包括进入劳动力市场与未进入劳动力市场个体）以“是否就业”为因变量进行回归，综合考察最低工资标准上涨对已婚女性劳动参与和劳动需求的影响。从回归结果来看，最低工资标准上涨 10%，已婚女性的就业概率提高 2.2 个百分点，在 5%的统计水平下显著。

根据中国家庭金融调查数据和全国 13.7 亿人口推算，全国 16~60 岁的已婚女性个体约 3.55 亿人。若最低工资标准上涨 10%，则女性劳动参与率将提高 1.9 个百分点，增加约 675 万劳动力。当然，这一政策效果有两个前提条件。一是其他因素需固定不变。现实中，其他因素与最低工资均在变动，上调最低工资能否带来预期效果要综合考察各因素的影响。二是根据回归模型的设定，核心变量是最低工资的自然对数。因此，回归系数仅反映在其他因素和最低工资水平给定的情况下，最低工资增加一个无穷小量对已婚女性劳动参与的影响，随着最低工资标准的持续提升，最低工资标准上涨对已婚女性劳动供给的影响应有所减弱。

9.1.4 稳健性检验

第一，本书基于改变模型的角度对结论进行了大量的稳健性检验，回归结果由表 9-4 中 A 部分给出。其中，第 1 行采用 Probit 模型进行回归，结果显示最低工资每上涨 10%，已婚女性的劳动参与率显著提高 1.8 个百分点，显著性与回归数值均与表 9-2 接近。第 2 行仅采用 2011~2013 年的平衡样本进行固定效应回归，在消除无法观测且不随时间变动的个体特征后，结论仍然成立。最低工资每上涨 10%，已婚女性的劳动参与率显著提高 2.9 个百分点。由于丧失劳动能力的个体无法选择是否参与劳动力市场，第 3 行对"劳动参与"的定义进行修正，在剔除这些特殊个体后，回归结论没有改变。最低工资每上涨 10%，已婚女性的劳动参与率显著提高 1.7 个百分点。第 4 行采用经区县人均月工资标准化后的区县最低工资标准进行回归，结论仍然类似，区县最低工资相对人均工资每上涨 10%，已婚女性的劳动参与率显著提升 1.6 个百分点。回归结果在不同模型的选择或变量的定义下均稳健。

第二，本书也对务农个体进行仔细处理。由于务农也为就业的一种形态，因此最低工资标准上涨使已婚女性劳动参与率提高的一种可能是已婚女性进入劳动力市场并选择务农。但由于最低工资制度仅适用于被雇个体，这种就业形态为务农的转变应不受最低工资标准上涨的影响，回归结果也不应反映这一转变。表 9-4 中 B 部分对务农个体进行单独处理。其中，第 1 行将务农个体的"劳动参与"变量定义为 0，已婚女性进入劳动力市场且选择务农将不再计入劳动参与。回归结果显示，即使这样处理后，区县最低工资标准每上涨 10%，已婚女性劳动参与率也将显著提高 1.8 个百分点。第 2 行剔除务农个体，回归样本仅为未参与劳动力市场、参与劳动力市场并从事非农工作以及进入劳动力市场且被迫失业的已婚女性。回归结果显示，区县最低工资标准每上涨 10%，已婚女性劳动参与率提升 2.4 个百分点，在 10%的统计水平下显著。综上所述，最低工资标准上涨将显著增加非农就业的劳动参与。

表 9-4　基于不同回归模型设定的稳健性考察

回归样本	最低工资对数回归系数	标准差	样本量	调整 R^2
A 改变模型设定的稳健性检验				
Probit 模型（边际效应）	0.18*	0.10	11655	
固定效应模型	0.29**	0.13	10315	0.02
剔除丧失劳动能力个体，LPM 模型	0.17*	0.10	11479	0.06
最低工资经区县人均月工资标准化	0.16**	0.07	11655	0.07
B 务农个体				
务农个体视为未参与劳动力市场	0.18*	0.11	11655	0.26
剔除务农个体	0.24*	0.13	8722	0.10

第三，本书也基于工资 4 等分进行稳健性检验。最低工资标准上涨应对低收入劳动者的影响最大，对中高收入劳动者的影响微弱。由于只有参与劳动力市场且被雇用的个体才能被观测并获得其工资水平，需事先借助被雇个体的工资对其个体特征的回归参数，对未参与劳动力市场以及参与劳动力市场且失业或自主创业个体的潜在工资水平进行估计（插值法）。根据个体的工资水平（实际取得的工资收入或潜在估值），本书从低到高将样本 4 等分，以工资收入最低 25%的个体为对照组进行回归。在分别加入分组虚拟变量以及分组虚拟变量与区县最低工资对数的交乘项后，回归结果由表 9-5 中给出。与预期一致，最低工资标准上涨后，工资收入最低 25%的已婚女性劳动参与率提升幅度最大。最低工资每上涨 10%，工资收入最低 25%的已婚女性劳动参与率提升 3.0 个百分点。相反，最低工资每上涨 10%，工资收入介于 50%~75%分位数的已婚女性劳动参与率仅提升 1.4 个百分点。而对工资收入处于最高 25%的已婚女性，最低工资上涨其劳动参与率反而下降。

表 9-5　按工资 4 分位分组回归结果

变量	回归系数	标准差
区县最低工资对数	0.30**	0.13

续表

变量	回归系数	标准差
最低工资对数×虚拟变量（25%~50%）	-0.00	0.05
最低工资对数×虚拟变量（50%~75%）	-0.16***	0.06
最低工资对数×虚拟变量（75%~100%）	-0.44***	0.05
常数项	2.27	2.90

第四，本书还基于DID+Matching模型对结论进行稳健性检验。根据中国家庭金融调查数据，2011~2013年，区县的最低工资涨幅为11.9%~78.3%，中位数为30%，因此本书以30%为临界值，将最低工资涨幅高于30%的区县视为实验组，将涨幅低于30%的区县视为控制组，构建DID模型。同时，为增加实验组与控制组样本的可比性，借助匹配方法在控制组中选取背景特征与实验组个体相似的样本进行DID分析，即采用DID+Matching模型。回归结果显示，2011~2013年最低工资涨幅较大的实验组已婚女性比涨幅较小的控制组已婚女性劳动参与率高0.3个百分点，在10%的统计水平下不显著。为增加实验组与控制组在最低工资涨幅上的差异，本书将最低工资涨幅高于45%的区县定义为实验组，低于15%的区县定义为控制组进行回归。结果显示，2011~2013年最低工资涨幅较大的实验组已婚女性比涨幅较小的控制组已婚女性劳动参与率高1.8个百分点，在1%的统计水平下显著。表9-6的回归结果还显示，采用实验组个体进行的ATT估计结论也类似。

表9-6 基于DID+Matching模型的回归结果

	所有区县		最低工资涨幅大于45%或小于15%的区县	
	回归系数	标准差	回归系数	标准差
实验组（ATE）	0.03	0.02	0.18***	0.04
实验组（ATT）	0.05*	0.03	0.22***	0.04

注：以1∶4进行匹配。

9.1.5 异质性分析

根据已婚女性的特征差异，本部分着重考察不同年龄、不同受教育年限、不同区域、不同民族、不同户籍类型以及不同家庭人口结构的已婚女性劳动参与受最低工资标准上涨影响的异质性，这对政府有针对性地制定提高已婚女性劳动参与率的政策至关重要。

第一，表 9-7 的 A 部分是按已婚女性的年龄进行分组，考察最低工资标准上涨对不同年龄段已婚女性劳动参与率的影响。从回归系数看，最低工资上涨对 16~24 岁已婚女性劳动参与率的影响最大。最低工资每上涨 10%，其劳动参与率提升 4.1 个百分点，但在 10%的统计水平下不显著。对于 25~34 岁的已婚女性，最低工资上涨对其劳动参与率的影响也不显著。25~34 岁是女性生育的主要年龄段，女性劳动供给缺乏弹性可能是结果不显著的原因之一。随后，对 35~44 岁的已婚女性进行分析，最低工资每上涨 10%，其劳动参与率提升 3.6 个百分点，在 5%的统计水平下显著。而对于 45~55 岁的已婚女性，最低工资上涨对其劳动参与率影响不显著。货币收入对这部分已婚女性劳动参与的影响不大，延迟退休政策能否带来预期的劳动力增量值得探讨。

表 9-7　基于不同分类标准的异质性考察

回归样本	最低工资对数回归系数	标准差	样本量	调整 R^2
A 按年龄分组				
16~24 岁	0.41	0.50	545	0.15
25~34 岁	0.19	0.21	3073	0.09
35~44 岁	0.36**	0.15	4065	0.07
45~55 岁	0.02	0.16	3972	0.17
B 按受教育年限分组				
9 年及以内	0.19*	0.11	7414	0.11
超过 9 年	0.15	0.19	4241	0.09
C 按区域分组				
东部	0.08	0.24	5375	0.07
中部	-0.06	0.17	4590	0.08
西部	0.64**	0.26	1690	0.09
D 按户籍类型分组				
农业户籍	0.25**	0.12	5802	0.09
非农户籍	0.06	0.19	4511	0.13
E 按民族分组				
汉族	0.21*	0.11	8641	0.06

续表

回归样本	最低工资对数回归系数	标准差	样本量	调整 R^2
少数民族	-1.68**	0.79	309	0.17
F 基于家庭人口结构分组				
有 3 岁以下小孩	0.14	0.28	1763	0.07
有 3~6 岁小孩	0.28	0.19	3667	0.09
有 7~15 岁小孩	0.37**	0.16	3949	0.07
有 60 岁以上老人	0.37**	0.18	3057	0.07
有 60 岁以上老人但没有 0~15 岁小孩	-0.08	0.32	998	0.07
有 60 岁以上老人和 0~6 岁小孩	0.40	0.34	1080	0.10
有 60 岁以上老人和 7~15 岁小孩	0.95***	0.26	1350	0.07
有 60 岁以上老人和 0~15 岁小孩	0.63***	0.22	2059	0.09

第二，从已婚女性的受教育年限来看，最低工资上涨对受教育年限在 9 年及以内的已婚女性劳动参与率的影响最大。根据表 9-7 中 B 部分的回归结果，最低工资标准上涨对受教育年限在 9 年及以内个体的劳动参与率影响最显著。最低工资每上涨 10%，其劳动参与率提升 1.9 个百分点，在 10%的统计水平下显著。对受教育年限在 9 年以上的个体，最低工资标准上涨没有显著影响。

第三，从不同地域的已婚女性来看，最低工资标准上涨对西部地区已婚女性劳动参与率的影响最大。最低工资标准每上涨 10%，西部地区已婚女性劳动参与率将提升 6.4 个百分点，在 5%的统计水平下显著。对于中部地区与东部地区已婚女性，最低工资标准上涨对其劳动参与率的影响在 10%的统计水平下不显著。西部地区作为中国人口跨区域输出的主要地区，经济发展水平相对落后，家庭收入较低，其个体相较于东部、中部地区个体对最低工资的变动较为敏感。

第四，相比非农户籍的已婚女性，最低工资标准上涨将更多地提高农业户籍已婚女性的劳动参与率。表 9-7 中 D 部分是按已婚女性户籍类型划分的回归结果。从结果来看，最低工资每上涨 10%，农业户籍的已婚女性劳动参与率将提高 2.5 个百分点，在 5%的统计水平下显著。相反，对于非农户籍的已婚女性，最低工资每上涨 10%，其劳动参与率将提高 0.6 个百分点，但在 10%的统计水平下不显著。

第五，不同民族的已婚女性劳动参与率受最低工资的影响也不同。表 9-7 中 E 部分的回归结果显示，对于民族为汉族的已婚女性，最低工资标准每上涨 10%，其劳动参与率显著提高 2.1 个百分点。相反，对于少数民族的已婚女性，最低工资标准上涨，其劳动参与率反而显著下降。对此，可能的解释是最低工资标准上涨加剧了劳动力市场中的歧视，少数民族已婚女性的就业率下降幅度更大，以至于最低工资标准上涨的工资效应小于其对就业的冲击，劳动参与的期望收益为负。

第六，老龄化、少子化是中国未来很长一段时间的人口特征，分析不同家庭结构中已婚女性劳动参与受最低工资标准上涨影响的异质性对政府有针对性地制定政策措施非常重要。从表 9-7 中 F 部分的回归结果来看，拥有 3 岁以下小孩的家庭，最低工资上涨对已婚女性劳动参与的影响系数为 0.14，但在 10%的统计水平下不显著。拥有 3~6 岁小孩的家庭，最低工资上涨对已婚女性劳动参与的影响系数为 0.28，效果增强，但在 10%的统计水平下也不显著。同时拥有 60 岁以上老人和 0~6 岁小孩的家庭，已婚女性的劳动参与率有所提升，但仍在 10%的统计水平下不显著。60 岁以上老人能够满足家庭对学前儿童的部分照料需求，但仍无法从根本上替代母亲的作用。对拥有 7~15 岁小孩的家庭，最低工资标准上涨显著提高已婚女性的劳动参与率。对于 7~15 岁的小孩，教育主体从父母转移到学校，母亲的劳动力得以释放，因此最低工资标准上涨能够显著激发她们的劳动参与积极性。同时，父母的作用被弱化，老年人在一定程度上能替代母亲，因此既有 7~15 岁小孩又有 60 岁以上老人的家庭，最低工资标准上涨对已婚女性劳动参与率的影响最大，最低工资标准每上涨 10%，其劳动参与率显著提高 9.5 个百分点。回归结果还显示，有 60 岁以上老人的家庭，最低工资标准上涨显著提高已婚女性的劳动参与率。但仅有 60 岁以上老人而没有 0~15 岁小孩的家庭，最低工资标准上涨对已婚女性劳动参与率的影响不显著，老年人的照料需求也是制约最低工资标准上涨促进已婚女性劳动参与率提高的因素之一。

9.1.6　结论与政策启示

本部分借助西南财经大学中国家庭金融调查与研究中心开展的中国家

庭金融调查项目2011年和2013年两轮调查数据，以及各区县最低工资标准2011~2013年上涨幅度的差异，考察了最低工资标准上涨对已婚女性劳动参与率的影响。

从税前总工资、税前小时工资以及税前有效小时工资的角度考察最低工资标准上涨对职工工资的影响，主要研究结果显示，在控制个体特征、家庭特征、区县宏观经济特征、时间趋势以及区县固定效应后，最低工资每上涨10%，已婚女性的劳动参与率将显著提高1.9个百分点。改变模型设定以及对务农个体进行处理后进行回归，结果仍类似，最低工资每上涨10%，已婚女性的劳动参与率显著提高1.6~2.9个百分点。

最低工资每上涨10%，工资收入处于最低25%的已婚女性劳动参与率显著提高3.0个百分点。最低工资每上涨10%，工资收入处于50%~75%分位数的已婚女性劳动参与率仅提高1.4个百分点。进一步地，根据年龄、受教育年限以及区域的不同，最低工资上涨对已婚女性劳动参与率的影响也存在显著差异。最低工资上涨对35~44岁已婚女性劳动参与率的影响最显著，最低工资标准每上涨10%，其劳动参与率显著提高3.6个百分点。对受教育年限小于等于9年的已婚女性，最低工资每上涨10%，其劳动参与率显著提高1.9个百分点。最低工资每上涨10%，西部地区已婚女性劳动参与率将显著提高6.4个百分点。相比非农户籍的已婚女性，最低工资标准上涨将更多地提升农业户籍已婚女性的劳动参与率。

从政策含义上讲，最低工资标准上涨在短期内对激活现有劳动力资源，缓解中国劳动力短缺问题有重要作用。根据中国家庭金融调查数据推算，最低工资标准每上涨10%，女性劳动参与率将提高1.9个百分点，增加约675万劳动力。

9.2 最低工资对农民工劳动参与的影响

中国农村蕴藏着丰富的劳动力，存在大量可转移的人口。在中国，农村人口向城市的迁移呈现出明显的“二阶段路径”特征，即农民转化为市民需要经历两个阶段：一是从农民到农民工的转变；二是从农民工到市民的转变（张斐，2011）。

农民异质性方面，新生代农民工整体素质比老一代农民工高，有着更高的生活质量要求，有较强的维权意识，追求良好的工作环境和条件（余勃、贾金荣，2011）。随着新生代农民工进入劳动力市场，一些企业继续以低工资低保障的薪资水平压低用工成本的方法难以为继。因此在农民工群体内部产生较大的分化的情况下，关注两代农民工的差异对于揭示中国当前如何采用有效的就业政策来提高农民工劳动参与意愿显得至关重要（刘传江、程建林，2008）。因此结合中国农民工的特殊现状，考察最低工资制度对新老农民工劳动参与的异质性影响是本节的重点。

通过市场本身的作用来转移农村劳动力已经遇到了瓶颈。最低工资政策属于外生提高劳动价格的政策措施，同时还起到了保障低收入者基本生活水平和权益的作用。而农民工本身工资水平较低，正是受最低工资直接影响的人群。从机制上讲，最低工资标准上涨将增加劳动者的雇用收入，但也可能降低其被雇概率，期望收入的变动取决于二者的相对大小。在给定保留工资的情况下，若最低工资标准上涨带来的收入增加效应超出被雇概率下降的效应，则最低工资标准上涨将提高劳动参与率，反之则相反（马双等，2017）。

本节基于中国家庭金融调查 2011~2013 年数据，借助最低工资标准在不同区县不同时间上的外生差异，重点考察最低工资上涨对老一代农民工和新生代农民工劳动参与意愿的影响，并在此基础上进行稳健性检验和异质性分析。

9.2.1　文献综述

1. 新生代农民工的特征性研究

新生代农民工的特征性研究目前集中在市民化程度、社会认同以及外出动机等方面。刘传江和程建林（2008）得出当前新生代农民工处于“中市民化”阶段的结论，即其中有六成以上的人市民化程度超过了 40%。王春兰等（2006）对上海闵行区的调查发现，新生代农民工职业行为转化程度高但生活和社会参与度低，存在相互关联的就业隔离与社会隔离。胡晓红（2008）认为，新生代农民工在对自己身份做总体性的认知和评价时，呈现出模糊性、不确定性和内心自我矛盾性，这导致了认同困境与身份焦虑。罗霞和王春光（2003）认为，新生代流动人口对外出有着更多的期望，不仅仅限于解决生存问题之需要，他们在外出的过程中也会不断地建构其采取行动的动因和理由。除此之外，也有学者对不同代际的农民工进行对比研究，刘林平和王茁（2013）对“80前”和“80后”的农民工的研究得出：新生代农民工外出打工决策的自主性不如老一代强；合同满意度并没有升高，对土地的认识更模糊。以上特征性研究表明，新生代农民工的市民化过程并不顺畅，认同问题等依旧存在，同时与老一代农民工相比表现出了较大的行为差异。

2. 农民工劳动力市场研究

在与农民工市民化认同紧密相关的劳动就业问题上，目前仅有的对新生代农民工的研究也主要侧重劳动需求方面，即就业方面，缺乏政策变动层面的研究。董金秋（2011）利用CGSS数据得出，家庭结构对新生代农民工就业有重要影响，尤其多代同堂的现象存在负面效应。

而扩大到整个农民工总体，学界的研究则相对丰富。从最低工资制度的视角来看，罗小兰（2007a）、罗小兰和丛树海（2007b）发现，最低工资标准上调对农民工就业的影响存在一个阈值。在该阈值之前，最低工资标准的上调会促进农民工就业，而超过该阈值后，农民工就业就会随着最低工资标准的上调而减少。其对上海农民工劳动市场的研究发现，存在买方垄断性质使得最低工资上涨促进了就业。但是，同最低工资在其他市场和人群中的研究结果一样，农民工市场的最低工资就业效应依旧存在争论。张世伟和杨正雄（2016）、杨娟和李实（2016）均以微观数据结合“准自然实验”的方法进行研究，发现最低工资标准提升对女性农民工就业产生了显著的消极影响，同时导致男性农民工工作时间延长。丁守海（2009b）则关注了最低工资监管与农民工离职率的相关关系，发现当提高最低工资标准时，如果监管严格，离职率会随工资上涨而下降；如果监管乏力，则离职率会随工资上涨而上升。以上研究同样侧重劳动需求层面，缺乏劳动供给层面的微观研究，但是从研究数据和方法上为本章研究提供了诸多启示。

除就业效应之外，研究重点还集中在农民工工资问题上，相比就业效应的众说纷纭，最低工资上涨促进农民工工资上涨的结论则相对一致。谢勇（2010）调研发现，江苏省仅有39.82%的农民工工资高于当地的最低工资标准。孙中伟和舒玢玢（2011）利用2000~2011年的面板数据研究得到最低工资标准提升对珠三角农民工工资水平提升具有显著作用的结论，同时也存在最低工资标准设置偏低以及最低工资标准执行情况不理想的问题。

从这个角度来看，最低工资对收入也具有调节作用。叶静怡等（2014）使用 2009 年和 2011 年北京市农民工微观调查的数据发现，最低工资标准的提高显著缩小了农民工群体内部的收入差异。罗小兰（2011）研究发现，中国最低工资上涨对农村贫困率、贫困深度、贫困强度具有降低作用。

3. 国外文献综述

由于中国国情的特殊，农民工是一个有着强烈中国语境的词语，国外缺乏对此明确的定义研究，但在最低工资方面的研究则十分丰富。针对青年劳动者的研究比较有代表性的有：Neumark 和 Wascher（1992）得到最低工资上涨不利于美国年轻人就业的结论；Bazen 和 Skourias（1997）考察了法国多个行业的年轻人（15~24 岁）的失业状况，发现最低工资提高会使受雇的年轻人相对于所有受雇者的比例下降；Card（1992）、Katz 和 Krueger（1992）、Card 和 Krueger（1994）分别利用加利福尼亚州、得克萨斯州以及新泽西与宾夕法尼亚州的快餐行业数据，使用“准自然实验”的方法得出最低工资上涨可能对就业产生一定的正效应的结论。考察劳动参与的文献较少，仅 Wessels（2005）研究了最低工资对青少年劳动参与的影响，并发现二者呈负相关关系。

9.2.2　数据特征

图 9-1 是利用 2010 年全国人口普查数据和 2011 年与 2013 年 CHFS 混合数据得到的各年龄段劳动力的劳动参与率①的对比，从结果可以看出二者相差并不大，说明数据具有较好的代表性，同时也具有可研究性。

1. 老一代农民工和新生代农民工

人口社会学文献中对不同代际农民工的划分如下。研究以王春光（2001）、赵芳（2003）开始，将 20 世纪 80 年代初次外出的农村流动人口视为第一代农民工，20 世纪 90 年代初次外出的视为新生代农民工。2001 年，农民工平均年龄 30.86 岁，新生代农民工平均年龄 22.99 岁。进入 2010 年以后，对新生代农民工的定义也随时间推移发生改变，和红和任迪（2014）将新生代农民工定义为，户籍为农村户口、在城镇从事非农工作、1980 年及以后出生的农民工；周密等（2015）将新生代农民工定义为，

① 根据《劳动法》等相关法律法规，劳动参与率指标为经济活动人群（包括就业和失业人群）占劳动年龄人口的比例，中国规定的劳动年龄男子为 16~60 周岁，女子为 16~55 周岁。

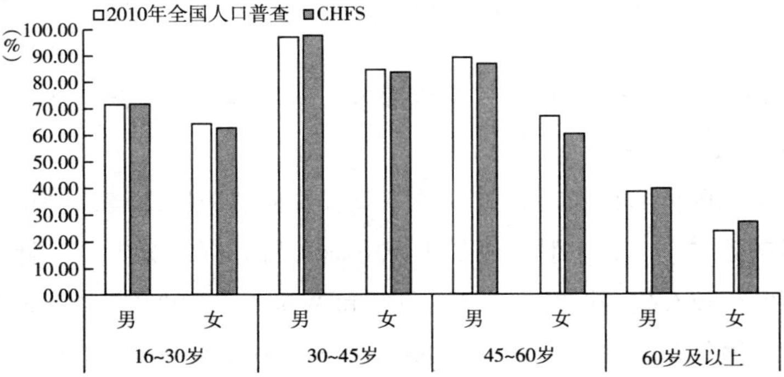

图 9-1 2010 年全国人口普查和 CHFS 得到的劳动参与率对比情况

18~32 岁有过非农职业经历者；姚植夫和张译文（2012）关注的是 15 岁以上、30 岁以下，以非农就业为主，有农业户籍的农民工群体。

借鉴以上文献中的划分以及基于 2011 年的调查时间，本书在已有的 110000 余个样本中去除了所有非农村户籍的样本和受教育水平为本科及以上的样本①，最终还有 63220 个样本②，并将出生于 1981~1995 年的人群，即 2011 年调查时的 16~30 岁人群作为新生代农民工的回归样本，一共 14525 个样本。

为了更明显地突出两个样本的差异，本书将出生年份在 1951~1966 年的人群，即 2011 年调查时的 45~60 岁人群作为老一代农民工的回归样本，一共 15443 个样本，在 1978 年改革开放时正好是 12~27 岁的人群。从政策上看，1978 年政府首次提出了部分农业人口允许“农转非”，并且从 1985 年开始公民可在非户籍地长期居住，这为农民工打破户籍限制并进行城乡间或者地域间的流动提供了基础。因此他们正符合第一批进入农民工市场的人群的年龄范围。同时这批人也即将面临退休选择，从延迟退休大趋势的角度来看也具有研究意义。以上两个样本是本书回归的基准样本。

① 根据罗小兰（2007b）的研究，最低工资标准影响的人群和农民工人群多为受教育水平较低的人群。

② 根据问卷中的“是否为本地户口”问题可以发现只有 462 个非本地户口，限于样本量，本书没有继续对是外地农民工还是本地农民工进行区分。

2. 劳动参与和劳动参与率

中国家庭金融调查对个体是否有工作进行询问，对没有工作的个体再询问没有工作的具体原因，包括在校学生、操持家务、丧失劳动能力、季节性工作且不在工作季节、度假/生病/生小孩、失业没有找到工作、不愿意工作、离休或退休以及其他；对有工作的个体进一步询问工作的性质、单位的类型、所处行业等，这些都为劳动参与意愿的研究提供了基础。

劳动参与意愿为二元离散变量，将有工作的个体，以及没有工作但原因为失业没有找到工作和季节性工作且不在工作季节的个体定义为劳动参与个体，回归中取值为 1；其余为非劳动参与个体，取值为 0。下文描述性统计中的劳动参与率为对应年龄范围中参与劳动力市场的个体占法定工作年限范围内的个体的比例。图 9-2 给出了两代农民工的劳动参与率情况，可以看到，新生代农民工的劳动参与率要普遍高于老一代农民工，尤其是考虑非农劳动和非农受雇劳动的参与状况。

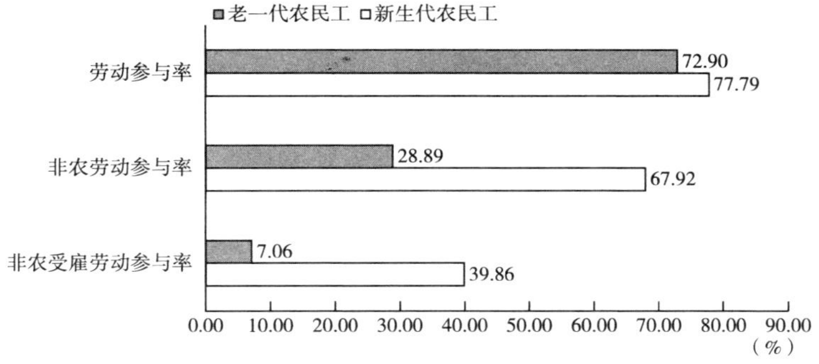

图 9-2　老一代农民工和新生代农民工劳动参与率对比

为了进一步了解劳动参与人群和非劳动参与人群的具体构成，下文对这两部分人群分别进行了更细致的划分。从图 9-3 可以看出，老一代农民工样本群体中务农在劳动参与中的占比较大，新生代农民工从事受雇和个体工作的占比则较大。从图 9-4 可以发现，老一代农民工中存在大量因丧失劳动能力而不参与劳动的人群，新生代农民工样本中在校学生是值得重点讨论的对象。

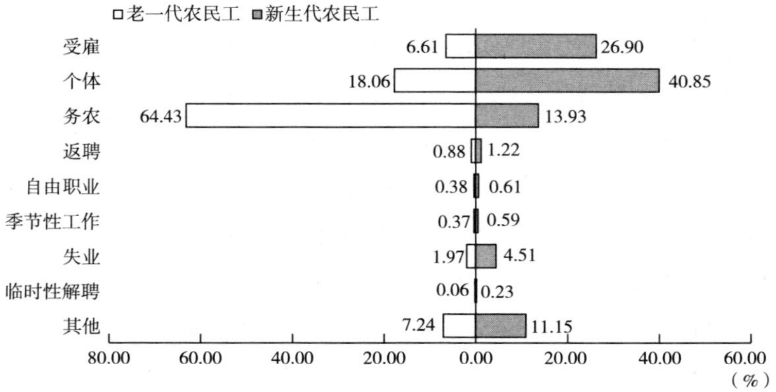

图 9-3　老一代农民工和新生代农民工劳动性质对比

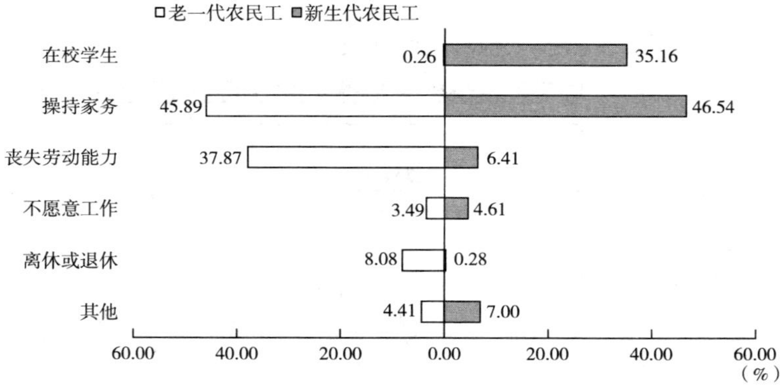

图 9-4　老一代农民工和新生代农民工不参与劳动的原因对比

3. 描述性统计

除了上文提到的最低工资和劳动参与率两个主要关注变量，结合丁仁船（2009）、曹佳（2012）等学者对中国劳动供给影响因素的研究，本书根据控制变量的特征将其分为个体家庭特征变量和地域特征变量，下文分别进行展示。

从表 9-8 可以看到，样本性别比比较均衡，新生代农民工平均受教育年限高于老一代农民工，劳动参与率要低于老一代农民工，未婚人群则占

50%。区县宏观经济指标（见表 9-9）则是使用各个宏观数据库综合的 2010~2014 年的数据匹配到样本，4 年共 1312 个区县数据。

表 9-8　个体家庭特征变量描述性统计

变量	老一代农民工		新生代农民工	
	平均值	标准差	平均值	标准差
男性	0.49	0.50	0.51	0.50
女性	0.50	0.50	0.48	0.50
出生年份	1959	4.77	1988	4.04
受教育年限（年）	6.68	3.70	10.65	3.14
未婚	0.05	0.22	0.50	0.50
有工作	0.79	0.40	0.68	0.46
劳动参与率	0.82	0.37	0.74	0.43
0~6 岁男孩数（人）	0.20	0.46	0.28	0.54
0~6 岁女孩数（人）	0.14	0.41	0.22	0.48
7~15 岁男孩数（人）	0.13	0.37	0.12	0.36
7~15 岁女孩数（人）	0.11	0.35	0.10	0.34
60 岁以上男性人数（人）	0.26	0.45	0.18	0.39
60 岁以上女性人数（人）	0.22	0.43	0.18	0.39
丧失劳动能力人数（人）	0.24	0.53	0.19	0.48
家庭净资产（元）	415023	951539	456627	1.136e+06
样本数	14525		15443	

表 9-9　地域特征变量描述性统计

变量	样本数	平均值	标准差	最小值	最大值
最低工资（元）	1312	952.40	244.30	400	1620
CPI 标准化后最低工资（元）	1312	902.70	228.60	400	1548
人均 GDP（插值后）（元）	1306	53774	47107	0.17	467749
常住人口数（万人）	1312	191.30	271.90	13	1848
平均工资（元）	1310	43432	15616	15986	320626
人口自然增长率（‰）	1312	5.36	5.12	-7.60	40.78
GDP 增长率（%）	1312	12.11	3.08	-10.67	22.65
登记失业率	1310	0.05	0.02	0.00	0.30

注：关于人均 GDP 数据，由于部分区县数据缺失较多，故使用其他宏观指标做回归分析并进行插值以补齐缺失数值。

9.2.3 基准回归

首先使用LPM模型考察最低工资标准对老一代农民工和新生代农民工劳动参与的影响，接着调整样本进一步分析，从而得出研究的基本结论。

1. 最低工资标准对老一代农民工和新生代农民工劳动参与的影响

表9-10是使用LPM模型对两个样本进行回归的结果。在老一代农民工样本的回归中，第（1）列结果显示单因素下最低工资对老一代农民工的劳动参与意愿在5%的显著性水平下存在正向影响。第（2）、（3）列继续控制地域特征和个体家庭特征后系数和显著性均稳健，从数值上看，最低工资每上涨10%，老一代农民工劳动参与率提高1.9个百分点。最低工资对新生代农民工影响不显著。控制变量中年龄、性别对劳动参与均表现出正向显著影响，婚姻状况在两代农民工身上表现出了不同的影响方向，不同年龄段的家庭小孩数和丧失劳动能力人数的增加则显著降低了劳动参与意愿，也符合预期。

表9-10 最低工资标准对老一代农民工和新生代农民工劳动参与的影响：LPM模型

变量	老一代农民工			新生代农民工		
	（1）	（2）	（3）	（4）	（5）	（6）
最低工资对数	0.13**	0.17**	0.19***	-0.00	-0.02	0.01
	（0.05）	（0.07）	（0.06）	（0.06）	（0.08）	（0.07）
年龄			0.18***			0.30***
			（0.01）			（0.01）
年龄的平方			-0.00***			-0.00***
			（0.00）			（0.00）
受教育年限			-0.00			-0.02***
			（0.00）			（0.00）
未婚			-0.08***			0.05***
			（0.01）			（0.00）
男性			0.18***			0.14***
			（0.00）			（0.00）

续表

变量	老一代农民工			新生代农民工		
	(1)	(2)	(3)	(4)	(5)	(6)
0~6 岁男孩数			-0.06***			-0.03***
			(0.00)			(0.01)
0~6 岁女孩数			-0.04***			-0.04***
			(0.00)			(0.01)
7~15 岁男孩数			-0.02***			-0.02**
			(0.00)			(0.01)
7~15 岁女孩数			-0.01			-0.01
			(0.00)			(0.0)
60 岁以上男性人数			0.05***			-0.01
			(0.00)			(0.01)
60 岁以上女性人数			0.11***			0.00
			(0.00)			(0.01)
丧失劳动能力人数			-0.26***			-0.05***
			(0.00)			(0.01)
家庭净资产对数			-0.01***			0.00***
			(0.00)			(0.00)
t 期 CHFS 失业率		-0.22	-0.30*		0.04	-0.07
		(0.19)	(0.18)		(0.25)	(0.24)
t 期人口自然增长率		-0.00	0.00		-0.00	0.00
		(0.00)	(0.00)		(0.00)	(0.00)
t 期 GDP 增长率		0.00	0.00		-0.00	-0.00
		(0.00)	(0.00)		(0.00)	(0.00)
t 期人均 GDP 对数		0.01	-0.00		0.03	0.04
		(0.04)	(0.04)		(0.04)	(0.03)
t 期平均工资对数		-0.08	-0.21*		0.09	0.03
		(0.14)	(0.13)		(0.15)	(0.14)
t 期常住人口数对数		-0.03	-0.01		0.00	-0.08
		(0.07)	(0.06)		(0.10)	(0.09)

续表

变量	老一代农民工			新生代农民工		
	(1)	(2)	(3)	(4)	(5)	(6)
$t-1$ 期人口自然增长率		-0.00	-0.00		-0.00*	-0.00
		(0.00)	(0.00)		(0.00)	(0.00)
$t-1$ 期 GDP 增长率		0.00	0.00		0.00	0.00
		(0.00)	(0.00)		(0.00)	(0.00)
$t-1$ 期人均 GDP 对数		-0.01***	-0.01***		-0.00	-0.00
		(0.00)	(0.00)		(0.00)	(0.00)
$t-1$ 期常住人口数对数		0.11	0.04		0.05	0.12*
		(0.08)	(0.07)		(0.08)	(0.07)
$t-1$ 期平均工资对数		-0.14	-0.10		-0.16	-0.18*
		(0.09)	(0.08)		(0.11)	(0.11)
year = 2013	-0.10***	-0.05	0.01	0.07***	0.10*	0.04
	(0.02)	(0.04)	(0.04)	(0.02)	(0.05)	(0.05)
常数项	-0.27	1.66	-1.50	0.89*	1.17	-2.29
	(0.43)	(2.01)	(1.92)	(0.46)	(2.37)	(2.35)
区县虚拟变量	是	是	是	是	是	是
样本数	14219	14118	13666	15064	14978	14440
R^2	0.07	0.07	0.27	0.03	0.03	0.24

2. 调整样本进一步分析

（1）对“丧失劳动能力”“在校学生”样本的处理

在之前的描述性统计部分也提到丧失劳动能力人群基本无法人为做出参与劳动的决策，所以这部分样本应该被剔除。另外，在校学生在新生代农民工样本中占相当大的比重，由于在校学生具有相对稳定性，除了面临升学选择的学生外，大多数学生不会做出参与劳动的选择，因此本书也将在校学生人群剔除，得到如表 9-11 的回归结果。回归结果比较稳健，剔除丧失劳动能力的样本后，最低工资上涨 10%，老一代农民工劳动参与率提高 1.3 个百分点。新生代农民工剔除丧失劳动能力和在校学生样本后系数变大但是在 10%的水平下不显著。

表 9-11　最低工资标准对老一代农民工和新生代农民工劳动参与的影响：剔除丧失劳动能力和在校学生样本

变量	老一代农民工		新生代农民工	
	(1)	(2)	(3)	(4)
	剔除丧失劳动能力样本	剔除丧失劳动能力和在校学生样本	剔除丧失劳动能力样本	剔除丧失劳动能力和在校学生样本
最低工资对数	0.13**	0.12**	0.01	0.03
	(0.06)	(0.06)	(0.07)	(0.08)
常数项	-1.50	2.78	-2.62	1.122
	(1.92)	(1.80)	(2.34)	(2.00)
地域特征	是	是	是	是
个体家庭特征	是	是	是	是
时间虚拟变量	是	是	是	是
区县虚拟变量	是	是	是	是
样本量	13666	12780	14319	12046
R^2	0.27	0.184	0.26	0.16

注：由于不是关注变量，其他控制变量的回归结果在表中并未给出，下表同。

（2）对“务农”样本的处理

由于“务农”也是就业的一种形态，因此最低工资标准上涨使老一代农民工劳动参与率提高的一种可能是他们参与了务农，但由于最低工资制度仅适用于被雇个体，这种向“务农”的转变应不受最低工资标准上涨的影响，回归结果也不应反映这一转变。表 9-12 对务农个体进行了特殊处理。其中，第（1）、（3）列将务农个体的“劳动参与”变量定义为 0，即参与劳动但是劳动性质为务农的样本将不再计入劳动参与。第（2）、（4）列在剔除丧失劳动能力和在校学生样本基础上进一步剔除务农个体，回归样本包括未参与劳动力市场、参与劳动力市场并从事非农工作以及进入劳动力市场且被迫失业的人群。但是回归结果显示，最低工资标准上涨对这部分人群的新老两代农民工的影响均不显著。

表 9-12 最低工资标准对老一代农民工和新生代农民工非农劳动参与的影响：LPM 模型

变量	老一代农民工		新生代农民工	
	(1)	(2)	(3)	(4)
	非农劳动参与	剔除农业人口	非农劳动参与	剔除农业人口
最低工资对数	-0.00	0.13	-0.06	0.10
	(0.09)	(0.13)	(0.09)	(0.06)
常数项	0.49	2.67	-3.68	-0.01
	(2.58)	(1.80)	(2.69)	(2.17)
地域特征	是	是	是	是
个体家庭特征	是	是	是	是
时间虚拟变量	是	是	是	是
市虚拟变量	是	是	是	是
样本量	12766	12766	12046	10590
R^2	0.26	0.18	0.23	0.20

注：以上回归均基于剔除丧失劳动能力和在校学生样本后的样本。

（3）对“受雇”群体的考察

根据《最低工资规定》，最低工资是指劳动者在法定工作时间或依法签订的劳动合同约定的工作时间内提供了正常劳动的前提下，用人单位依法应支付的最低劳动报酬。被雇用的群体的工资水平相比之下会更直接地受到最低工资标准的影响，因此本书在有工作的样本中只保留受雇群体来分析系数和显著性的变化程度。

表 9-13 中从左到右依次是单因素、加入地域特征、加入个体家庭特征的回归结果，老一代农民工的回归系数相比之下进一步增大，最低工资上涨 10%，其劳动参与率提升 2.9 个百分点，且在 10%的水平下显著，新生代农民工样本结果依旧不显著。

表 9-13 最低工资标准对老一代农民工和新生代农民工受雇劳动参与的影响：LPM 模型

变量	老一代农民工			新生代农民工		
	(1)	(2)	(3)	(4)	(5)	(6)
最低工资对数	0.09	0.34	0.29*	0.05	0.13	0.13
	(0.16)	(0.21)	(0.17)	(0.08)	(0.10)	(0.10)

续表

变量	老一代农民工			新生代农民工		
	(1)	(2)	(3)	(4)	(5)	(6)
常数项	-0.12 (1.18)	6.10 (5.54)	3.50 (4.65)	0.48 (0.56)	2.00 (3.00)	-0.39 (2.84)
地域特征	否	是	是	否	是	是
个体家庭特征	否	否	是	否	否	是
时间虚拟变量	是	是	是	是	是	是
市虚拟变量	是	是	是	是	是	是
样本量	3640	3589	3503	8143	8087	7866
R^2	0.12	0.12	0.48	0.05	0.05	0.26

注：以上回归都是基于剔除丧失劳动能力、在校学生和务农样本的结果；受雇指参与劳动人口中正在工作的人群，只保留从事受雇工作的样本。

9.2.4 稳健性检验

基准回归的结果显示，在对样本进行处理后最低工资上涨对新生代农民工没有表现出显著的影响，但是对老一代农民工劳动参与有比较显著的正向作用。因此，我们对老一代农民工的回归结果进行进一步的稳健性检验，并且对以上回归的代际划分标准做适当变动。

1. 面板固定效应模型

由于面板固定效应模型可以消除无法观测且不随时间变动的个体特征的影响，以解决遗漏变量问题，所以本书对样本进行选择，以两年的追踪样本作为基准样本进行考察，结果如表 9-14 所示。前两列回归结果与前文基本一致，第（3）列的回归系数增大并且在 10%的水平下显著，第（4）列和第（5）列回归结果不显著。总体来看固定效应模型支持了 LPM 模型的回归结果。

表 9-14　最低工资标准对老一代农民工劳动参与的影响：固定效应模型

变量	(1)	(2)	(3)	(4)	(5)
最低工资对数	0.16** (0.06)	0.11* (0.06)	0.27* (0.16)	0.03 (0.09)	0.16 (0.18)

续表

变量	(1)	(2)	(3)	(4)	(5)
常数项	-2.03 (2.18)	1.54 (1.89)	7.62 (5.50)	-1.30 (2.95)	-5.43 (6.97)
地域特征	是	是	是	是	是
个体家庭特征	是	是	是	是	是
时间虚拟变量	是	是	是	是	是
市虚拟变量	是	是	是	是	是
样本量	5420	5158	1982	5158	1272
R^2	0.14	0.02	0.06	0.01	0.09

注：第（1）列基于老一代农民工的基础样本；第（2）列剔除丧失劳动能力样本；第（3）列在剔除丧失劳动能力样本的基础上剔除农业人口；第（4）列在剔除丧失劳动能力样本的基础上考察非农劳动参与；第（5）列基于剔除丧失劳动能力、在校学生和务农样本的结果考察受雇参与。表 9-15 与此相同。

2. 2011~2013 年全国最低工资上涨幅度的“准自然实验”

由于 2011~2013 年全国所有地级市都已经完成至少一次最低工资上涨的调整，所以本书使用上涨幅度作为识别实验组的变量。2011~2013 年中国家庭金融调查区县的最低工资涨幅为 11.9%~78.3%，中位数为 30%，所以本书以 30%为临界值，将最低工资涨幅高于 30%的城市样本作为实验组，选取背景特征相似且涨幅低于 30%的作为控制组，采用 DID+Matching 的模型进行回归，回归结果如表 9-15 所示。

表 9-15 最低工资标准对老一代农民工劳动参与的影响：DID+Matching 模型

变量	(1)	(2)	(3)	(4)	(5)
Time	-0.09*** (0.02)	-0.05** (0.02)	-0.03 (0.05)	-0.00 (0.02)	-0.04 (0.08)
Treat	0.02* (0.01)	0.01 (0.01)	0.03 (0.03)	-0.02 (0.02)	0.02 (0.05)
Time×Treat	0.07*** (0.02)	0.06*** (0.02)	0.05 (0.06)	-0.00 (0.03)	0.09 (0.09)
常数项	0.89*** (0.01)	0.92*** (0.01)	0.77*** (0.03)	0.28*** (0.02)	0.64*** (0.04)

续表

变量	(1)	(2)	(3)	(4)	(5)
样本数	4922	4675	1404	4675	697
R^2	0.01	0.01	0.00	0.00	0.00

注：*Time* 为 DID 的政策实施时间虚拟变量，当年份为 2013 年时，*Time* 取值为 1；*Treat* 是 DID 处理组虚拟变量，最低工资标准涨幅大于 30%时，*Treat* 取值为 1。

可以看到，第（1）、（2）列的回归结果依旧显著为正，即 2011～2013 年最低工资上涨幅度较大的实验组比控制组的劳动参与率高 7 个百分点和 6 个百分点。由于实验组样本的平均最低工资涨幅为 50%，控制组为 20%，可以计算最低工资上涨 10%，促使劳动参与率分别提高 2.33 个百分点和 2.00 个百分点，相比前两个模型回归系数更高，显著性更强。第（3）～（5）列回归结果不显著。

3. 改变代际划分标准的稳健性检验

（1）扩大范围

之前的回归分析以 2011 年 45～60 岁和 16～30 岁作为老一代农民工与新生代农民工的划分标准，下文对此划分标准进行一定的调整以进行稳健性检验。

首先，我们扩大范围，以 35 岁（1976 年出生）作为分界线，35 岁及以上为老一代农民工，35 岁以下为新生代农民工，覆盖了以上回归分析未讨论到的 30～45 岁的人群。回归结果如表 9-16 所示，依旧采用 LPM 模型，结果与前文基本一致。

表 9-16　最低工资标准对扩大范围的老一代农民工和新生代农民工劳动参与的影响：LPM 模型

变量	老一代农民工				新生代农民工			
	(1)	(2)	(3)	(4)	(5)	(6)	(7)	(8)
最低工资对数	0.15***	0.11**	0.12	0.20*	0.01	0.02	0.09	0.11
	(0.04)	(0.04)	(0.08)	(0.11)	(0.06)	(0.06)	(0.06)	(0.09)
常数项	1.94	3.51**	3.35*	4.63	-0.94	-1.55	1.32	0.73
	(1.48)	(1.39)	(1.99)	(2.95)	(1.92)	(1.92)	(1.65)	(2.50)
地域特征	是	是	是	是	是	是	是	是
个体家庭特征	是	是	是	是	是	是	是	是
时间虚拟变量	是	是	是	是	是	是	是	是

续表

变量	老一代农民工				新生代农民工			
	(1)	(2)	(3)	(4)	(5)	(6)	(7)	(8)
市虚拟变量	是	是	是	是	是	是	是	是
样本量	23090	22047	22048	7179	18142	17969	15691	9712
R^2	0.20	0.14	0.30	0.41	0.22	0.24	0.15	0.26

注：第（1）列和第（5）列为基础样本，第（2）列和第（6）列剔除丧失劳动能力样本，第（3）列和第（7）列在剔除丧失劳动能力样本的基础上剔除农业人口，第（4）列和第（8）列剔除丧失劳动能力、在校学生和务农样本。表 9-18 与此相同。

其次，本书在单独考察此种划分标准下的新生代农民工的非农劳动参与时发现，随着控制变量的加入，不论是非农劳动参与还是受雇劳动参与，最低工资上涨均带来了显著负向影响，结果如表 9-17 所示。对这一结果，本书在异质性部分继续讨论。

表 9-17　最低工资标准对扩大范围的新生代农民工非农劳动参与和受雇劳动参与的影响：LPM 模型

变量	非农劳动参与			受雇劳动参与		
	(1)	(2)	(3)	(4)	(5)	(6)
最低工资对数	-0.07 (0.06)	-0.15* (0.08)	-0.16* (0.08)	-0.11 (0.08)	-0.15 (0.09)	-0.19** (0.09)
常数项	1.26*** (0.48)	-0.95 (2.35)	-4.17* (2.41)	1.49*** (0.56)	0.20 (2.76)	-3.46 (2.83)
地域特征	否	是	是	否	是	是
个体家庭特征	否	否	是	否	否	是
时间虚拟变量	是	是	是	是	是	是
市虚拟变量	是	是	是	是	是	是
样本量	18697	18590	17969	14881	14790	14264
R^2	0.07	0.07	0.19	0.08	0.08	0.20

（2）缩小范围

这里我们缩小划分范围，2011 年调查时 45～55 岁（1956～1966 年出生）的个体为老一代农民工；20～30 岁的个体（1981～1991 年出生）为新生代农民工，排除劳动力市场上年龄过小和年龄过大的人群。结果和前文回归基本一致，证明了老一代农民工和新生代农民工对于最低工资上涨有着不同的反应，结果如表 9-18 所示。

表 9-18　最低工资标准对缩小范围的老一代农民工和新生代农民工劳动参与的影响：LPM 模型

变量	老一代农民工				新生代农民工			
	(1)	(2)	(3)	(4)	(5)	(6)	(7)	(8)
最低工资对数	0.22***	0.13**	0.12	0.31	0.01	0.02	0.09	0.11
	(0.07)	(0.07)	(0.14)	(0.19)	(0.06)	(0.06)	(0.06)	(0.09)
常数项	3.28	4.26*	7.75*	5.61	-0.94	-1.55	1.32	0.73
	(2.42)	(2.32)	(4.52)	(5.84)	(1.92)	(1.92)	(1.65)	(2.50)
地域特征	是	是	是	是	是	是	是	是
个体家庭特征	是	是	是	是	是	是	是	是
时间虚拟变量	是	是	是	是	是	是	是	是
市虚拟变量	是	是	是	是	是	是	是	是
样本量	9464	9037	4071	2557	18142	17969	15691	9712
R^2	0.23	0.17	0.35	0.48	0.22	0.24	0.15	0.26

9.2.5　异质性检验

1. 男女异质性分析

由于男性和女性在劳动供给方面存在较大差异，如果直接对整体进行回归可能得不到准确结果（贾朋、张世伟，2012），所以本书对样本分性别进行异质性分析。结果如表 9-19 所示，最低工资上涨对老一代农民工中的男性有显著正向影响，最低工资上涨 10%能促进劳动参与率提升 1.1 个百分点，但对女性没有显著影响。在之前的扩大范围的稳健性检验中，最低工资上涨可能会降低新生代农民工的非农劳动参与意愿，这里进一步分性别进行回归，结果显示，最低工资上涨显著降低的是男性新生代农民工的非农劳动参与意愿，对女性非农劳动参与意愿影响不显著，但是对女性劳动参与意愿具有显著的正向影响。

表 9-19 最低工资标准对不同性别老一代农民工和新生代农民工劳动参与的影响：LPM 模型

变量	老一代农民工		新生代农民工		
	(1)	(2)	(3)	(4)	(5)
	男性	女性	男性非农劳动参与	女性非农劳动参与	女性劳动参与
最低工资对数	0.11**	0.14	-0.29**	0.00	0.20*
	(0.04)	(0.10)	(0.11)	(0.13)	(0.12)
常数项	1.48	3.02	-6.17*	-7.49*	-2.86
	(1.79)	(2.88)	(3.25)	(4.05)	(3.77)
地域特征	是	是	是	是	是
个体家庭特征	是	是	是	是	是
时间虚拟变量	是	是	是	是	是
市虚拟变量	是	是	是	是	是
样本量	6399	6381	7347	6972	6972
R^2	0.12	0.19	0.28	0.18	0.19

注：第（1）、（2）、（5）列均为剔除丧失劳动能力样本的结果，第（3）、（4）列考察非农劳动参与。

这个结果也比较容易理解，对老一代农民工中的女性来说，她们相比男性劳动能力退化更快，且往往需要承担隔代抚养的责任，因此其工资弹性较小，受政策的调整影响也较小。控制变量的系数也显示出，家庭 0~6 岁的男孩和女孩数均负向显著影响其劳动参与意愿。新生代农民工中，男性的非农劳动参与意愿降低可能有两个原因：一是新生代农民工刚进入劳动力市场，面临的流动成本较低，产生的买方垄断力较弱，因此表现出了最低工资上涨导致失业的现象，进而降低了其劳动意愿，这一结果也与国外大多数研究最低工资对青年劳动者就业行为影响的结论一致（Neumark and Wascher，1992；Bazen and Skourias，1997）；二是新生代农民工工资整体相比老一代农民工工资水平更高，工资上涨带来的收入效应超过替代效应，表现出对劳动参与意愿的抑制作用。

2. 地域异质性

由于中国东、中、西部地区存在较大经济文化差异，所以本书将样本人群根据地域进行划分来看影响的异质性，回归结果如表 9-20 所示。结果显示，显著受最低工资影响的有中部地区的老一代农民工和西部地区的新生代农民工，经济相对发达的东部，整体工资水平相比中西部地区更高，因此最低工资可能作用有限。

表 9-20　最低工资标准对不同地域老一代农民工和新生代农民工劳动参与的影响：LPM 模型

变量	老一代农民工			新生代农民工		
	(1)	(2)	(3)	(4)	(5)	(6)
	东	中	西	东	中	西
最低工资对数	-0.05	0.31***	0.10	0.49	0.07	0.16*
	(0.34)	(0.12)	(0.28)	(0.37)	(0.15)	(0.08)
常数项	5.18	-6.50	0.89	-7.45	3.52	-3.22**
	(5.45)	(4.31)	(5.21)	(4.89)	(6.60)	(14.32)
地域特征	是	是	是	是	是	是
个体家庭特征	是	是	是	是	是	是
时间虚拟变量	是	是	是	是	是	是
市虚拟变量	是	是	是	是	是	是
样本量	539	4486	2904	6154	4947	3218
R^2	0.21	0.15	0.13	0.27	0.24	0.31

注：以上均为剔除丧失劳动能力样本的回归结果。

3. 收入异质性

由于最低工资标准相比平均工资水平更低，因此其主要作用人群应该为收入水平最低的劳动者。由于只有参与劳动力市场且被雇用的个体才能观测其获得的工资水平，需事先借助被雇个体的工资对其个体特征的回归参数，对未参与劳动力市场以及参与劳动力市场且失业或自主创业个体的潜在工资水平进行估计（插值法）。本书根据每个个体的工资水平（实际取得的工资收入或潜在估值），从低到高进行 4 等分，分别进行回归。结果显示，在老一代农民工中，工资水平最低两等（工资收入最低 50%的人群）的回归系数更大，且工资水平第 2 等的回归系数在 10%的水平下显著，最低工资上涨 10%带来劳动参与率 2.3 个百分点的提升（见表 9-21）。而在新生代农民工中，工资水平第 3 等（工资收入 50%~75%水平的人群）甚至表现出最低工资上涨降低了劳动参与率，这可能是收入上涨的收入效应大于替代效应导致。

表 9-21 最低工资标准对不同工资水平老一代农民工和新生代农民工劳动参与的影响：LPM 模型

变量	老一代农民工				新生代农民工			
	(1)	(2)	(3)	(4)	(5)	(6)	(7)	(8)
	工资水平1等	工资水平2等	工资水平3等	工资水平4等	工资水平1等	工资水平2等	工资水平3等	工资水平4等
最低工资对数	0.23 (0.15)	0.23* (0.12)	0.05 (0.13)	0.05 (0.17)	0.02 (0.17)	-0.05 (0.17)	-0.56*** (0.19)	0.32 (0.26)
常数项	3.87 (4.72)	10.13*** (3.88)	2.97 (4.76)	2.90 (4.80)	9.61 (6.27)	-13.93** (5.70)	-3.36 (5.77)	0.94 (6.27)
地域特征	是	是	是	是	是	是	是	是
个体家庭特征	是	是	是	是	是	是	是	是
时间虚拟变量	是	是	是	是	是	是	是	是
市虚拟变量	是	是	是	是	是	是	是	是
样本量	3666	3517	3163	2434	2965	3666	3903	3785
R^2	0.17	0.18	0.20	0.18	0.28	0.28	0.27	0.31

注：以上均为剔除丧失劳动能力样本的回归结果。

4. 受教育年限异质性

我们最后再根据受教育年限对两代农民工进行划分，以检验是否最低工资的作用群体多为低学历的劳动者。我们以接受 9 年义务教育作为划分标准，得到如表 9-22 所示的回归结果。结果也符合预期，由于老一代农民工没有被强制接受义务教育，样本反映受教育年限在 9 年上下的各占一半，最低工资上涨对受教育年限低于 9 年的老一代农民工的劳动参与意愿产生了显著的影响。而新生代农民工则大多数接受了义务教育，样本也显示只有小部分受教育年限少于 9 年，最低工资的影响同样不显著。

表 9-22 最低工资标准对不同受教育年限老一代农民工和新生代农民工劳动参与的影响：LPM 模型

变量	老一代农民工		新生代农民工	
	(1)	(2)	(3)	(4)
	受教育年限<9 年	受教育年限≥9 年	受教育年限<9 年	受教育年限≥9 年
最低工资对数	0.19** (0.08)	0.03 (0.09)	0.06 (0.28)	0.00 (0.08)

续表

变量	老一代农民工		新生代农民工	
	(1)	(2)	(3)	(4)
	受教育年限<9 年	受教育年限≥9 年	受教育年限<9 年	受教育年限≥9 年
常数项	1.39 (2.30)	2.93 (3.12)	-8.56 (7.51)	-2.71 (2.46)
地域特征	是	是	是	是
个体家庭特征	是	是	是	是
时间虚拟变量	是	是	是	是
市虚拟变量	是	是	是	是
样本量	6740	6040	1363	12956
R^2	0.21	0.19	0.32	0.29

注：以上均为剔除丧失劳动能力样本的回归结果。

通过以上异质性分析发现，最低工资上涨促进劳动参与意愿提升的人群为中部地区、受教育年限少于 9 年、工资收入较低的男性老一代农民工以及西部地区的女性新生代农民工。

9.2.6　机制检验

本书通过考察最低工资对劳动者工资性收入的影响以及对就业的影响，来检验最低工资产生作用的两个阶段。表 9-23 是对工资性收入和小时工资收入的回归，其中小时工资收入是使用劳动者年工资收入除以年劳动小时得到。结果显示，最低工资上涨显著提高了劳动者的工资性收入，但是从小时工资收入对数的系数为负来看，最低工资上涨可能一定程度上导致劳动者劳动时间延长①，从而使得小时工资相对降低。在就业方面，如表 9-24 所示，最低工资上涨没有降低反而显著提高了老一代农民工的就业概率，表现为最低工资上涨 10%，老一代农民工就业的概率提升 2.4 个百分点，新生代农民工回归的结果不显著，这也证明了劳动力市场从业时间较长的劳动者存在买方垄断。

① 已有文献多使用 Heckman 两步法进行研究，代表性研究有贾朋和张世伟（2013）、张世伟和杨正雄（2016）的研究。

表 9-23 最低工资标准对工资性收入的影响：OLS 模型

变量	工资性收入对数			小时工资收入对数		
	(1)	(2)	(3)	(4)	(5)	(6)
最低工资对数	0.94***	0.77***	0.41*	-1.52***	-1.67***	-2.15***
	(0.17)	(0.22)	(0.21)	(0.32)	(0.34)	(0.34)
常数项	3.99***	5.32**	4.28**	13.33***	14.65***	14.05***
	(1.32)	(2.10)	(2.04)	(2.43)	(2.86)	(2.81)
地域特征	否	是	是	否	是	是
个体家庭特征	否	否	是	否	否	是
时间虚拟变量	是	是	是	是	是	是
市虚拟变量	是	是	是	是	是	是
样本量	7537	7491	7013	6320	6282	5834
R^2	0.53	0.53	0.56	0.31	0.31	0.38

表 9-24 最低工资标准对老一代农民工和新生代农民工就业的影响：LPM 模型

变量	老一代农民工就业			新生代农民工就业		
	(1)	(2)	(3)	(4)	(5)	(6)
最低工资对数	0.14**	0.21***	0.24***	0.00	-0.00	0.03
	(0.05)	(0.07)	(0.06)	(0.07)	(0.09)	(0.08)
常数项	-0.34	1.45	-1.56	0.76	-0.35	-3.35
	(0.44)	(2.15)	(2.09)	(0.50)	(2.56)	(2.57)
地域特征	否	是	是	否	是	是
个体家庭特征	否	否	是	否	否	是
时间虚拟变量	是	是	是	是	是	是
市虚拟变量	是	是	是	是	是	是
样本量	14525	14423	13963	15438	15348	14800
R^2	0.09	0.09	0.25	0.03	0.03	0.21

9.2.7 结论与政策启示

本节基于中国家庭金融调查 2011~2013 年数据，借助最低工资标准在不同区县不同时间上的外生差异，重点考察最低工资上涨对老一代农民工和新生代农民工劳动参与意愿的影响，并在此基础上进行稳健性检验和异质性分析，得出以下两个核心结论。

1. 最低工资上涨提升了老一代农民工的劳动参与率

在基准样本的回归中，最低工资的上涨显著地促进了老一代农民工的劳动参与意愿的提升；在单独考察受雇样本时发现，促进作用依旧显著，且影响系数更大。经过双重差分模型和固定效应模型的稳健性检验，结论依然十分可靠。在理论模型的框架下可以看到，最低工资上涨不仅从劳动供给的角度通过期望工资的提升促进劳动参与意愿提升，同时也和最低工资上涨造成的潜在失业预期共同决定作用方向和大小。从机制解释部分的回归可以看到，最低工资上涨不仅没有提升失业率反而对失业有抑制作用，同时对平均工资水平提升也具有显著的正向影响，这为中国劳动力市场存在买方垄断性质提供了支持，也支持了最低工资上涨促进劳动参与率提高的结论。

2. 最低工资上涨对新生代农民工劳动参与总体没有显著影响，但是影响部分特定人群

在基准样本回归和剔除丧失劳动能力与在校学生样本后的回归中，最低工资的上涨对新生代农民工劳动参与没有显著影响。这是因为新生代农民工自身人力资本水平相对老一代农民工更高，他们已不再满足于最低工资制度所能囊括的基本生活保障，而是对更高层次的物质文化表现出需求，此外他们的整体工资水平也比老一代农民工更高，因此最低工资对其劳动参与的影响不显著。

而在考虑非农劳动参与时发现，最低工资提升显著降低了新生代农民工的劳动参与意愿。经过异质性分析本书识别出这部分人群主要是工资水平相对较高的男性劳动者。相对其他工作已经趋于稳定的劳动者和女性劳动者，他们更换工作的流动成本更小，因此他们的劳动力市场应该更趋近于竞争性劳动力市场而不是买方垄断性质的劳动力市场，导致其面临更高的失业预期，加之更高的收入水平，工资上涨带来的收入效应大于替代效应，所以最低工资上涨降低了其劳动参与意愿。

同时对新生代农民工来说，最低工资上涨降低其劳动参与率也不一定就是坏事，本书通过初步回归发现，最低工资上涨对新生代农民工入学意愿的影响系数为正，但在 10% 的水平下不显著，至少说明最低工资上涨不会将更多的在校学生吸引到劳动力市场，因此最低工资上涨降低新生代农

民工的劳动参与意愿也更有利于其返回学校或者进行职业技术培训以提升个人人力资本。

以上结论说明中国的最低工资制度对两代农民工群体产生了差异性影响，国家应该继续通过政策保持最低工资上涨对老一代农民工劳动参与的促进作用。同时这也与延迟退休政策相联动，促使劳动者从自身意愿角度主动延迟退休。对于新生代农民工，最低工资对其劳动参与没有表现出显著的促进作用，可能是因为新生代农民工工资性收入已脱离最低工资的作用领域。推进新生代农民工市民化不能仅仅通过提高工资待遇，更应该从新生代农民工关心的平等的社会保障、社会待遇以及子女教育等方面着手。同时还应提升青年劳动者尤其是农村青年劳动者人力资本水平，引导青年劳动者不过早进入劳动力市场，以满足未来必定要面对的高素质劳动力的需求。

第10章　家户视角下最低工资对劳动力流动的影响

10.1　研究背景

1978年改革开放以来，随着经济的发展以及户籍制度的放宽，中国开始出现劳动力在城乡之间、区域之间大规模流动的情况，且始终保持一个较快的增长速度。到2014年底，中国有流动人口2.53亿人，占全国总人口的18.6%。其中，外出务工的农民工达1.68亿人，举家外出的农民工有3578万人。[①] 中国拥有全球最大规模的人口流动。

劳动力的大规模流动对中国经济社会的运行和发展产生了深远的影响。总体上，除刑事犯罪率上升（史晋川、吴兴杰，2009）、公共品供给不足等少数不利影响外，作为一种基本的生产要素，劳动力的跨区域流动可以有效缓解劳动力分布不均的现状，提升社会整体福利。对迁入地来说，劳动力的流入提供了大量的劳动，促进了当地经济的增长（孙自铎，2004）。对企业来说，劳动力的流动促进了工业化，增加了企业的附加值（Imbert et al.，2017）。而对个人而言，外出务工对其生活方式、思想观念和技能素质都有潜移默化的影响（白南生、何宇鹏，2002），同时也可以使其得到更高的收入，提高家庭物质生活水平，免受“代际低收入传承陷阱的困扰”（孙三百等，2012）。同时，就中国当前的城镇化而言，劳动力流动使得农村居民逐步流出农村，融入并定居城镇，有利于中国新型城镇化战略的顺利推

① 《2014年全国农民工监测调查报告》，国家统计局网站，https://www.stats.gov.cn/sj/zxfb/202302/t20230203_1898768.html。

进和实现（蔡昉，2001）。①

2010年以来，中国的劳动力流动除具有传统的低学历、低收入青年劳动力从农村流向城市、从中西部省份流向沿海地区的特点外，也产生了一些新的特点。一是流动儿童、流动老人增加。二是小城镇劳动力向大城市流动频繁。三是外出务工人数占比首次出现回落，农民工返乡潮和东部沿海地区用工荒集中显现。要理解和掌握这些新特点，除系统评估劳动力流动对中国社会经济产生的影响外，还需进行理论和实证研究以全面掌握影响劳动力流动的因素。引导劳动力合理有序流动有利于促进经济健康发展，最大化社会福利。相关政策的科学合理制定离不开准确识别影响劳动力流动的因素，以及厘清各因素的作用方向、影响大小。这是政策制定者关心的问题。

宏观层面劳动力流动的背后实际上是每个微观个体或家庭各自决策的结果，个人及家庭也是经济政策最直接的作用对象。经济理论将劳动力流动看作理性决策的结果，人们在做出决策时，总是遵从收入最大化和成本最小化的原则。因此，在流动动机的解释上，经济因素被普遍认为是劳动力发生实际流动的最主要动因（Harris and Todaro，1970）。而以往的研究多侧重从个体特征（Détang-Dessendre et al.，2008；Zhao，1999）、家庭特征（Du et al.，2005；Rozelle et al.，1999）、社会关系网络（Zhang and Li，2003；Zhao，2003）等角度考察其对劳动力流动的影响。这些研究虽然为识别劳动力流动的动因提供了宝贵的洞见，但对政府出台相关调控政策的帮助有限。后续一些研究探讨了政策环境与劳动力流动的关系，包含农业税（Meng，2010）、户籍制度（Whalley and Zhang，2007；陆铭，2011）等。虽然这些研究对劳动力流动的影响因素进行了有益的探索，但类似的政策评估研究仍十分缺乏，不利于政策制定者全面、系统地掌握政策环境与劳动力流动的关系以制定相关政策。例如，作为最为直接影响劳动者，尤其是低收入劳动者预期收入和实际收入的政策②，最低工资标准对劳动力流动的影响长期未得到学界足够的关注。

① 当然，劳动力流动也可能带来一些消极影响，如留守儿童的教育问题（郑磊、吴映雄，2014）、留守老人问题（杜鹏等，2007）。

② Orrenius和Zavodny（2008）的研究发现，最低工资上涨显著提高了低技能移民的时薪；Giulietti（2014）的研究显示，最低工资上调可显著提升移民的预期收入。

理论上来说，最低工资的提高有可能对本地劳动力的外流起到促进作用。在一个充分竞争的劳动力市场中，较高的最低工资标准会减少对劳动力的需求，尤其是低技能劳动力。低技能的劳动力的生产率往往难以匹配雇主应付的最低报酬，从而导致其失业，因此在最低工资较高区域的居民会有更高外出务工的概率。但是，也有可能出现最低工资提高导致当地劳动力外出概率下降的情况。例如，在中国农村地区，虽然有一部分人可能会因为生产率较低而被迫失业，但中国农村家庭的自有农田可以吸纳一部分劳动力，因此外出务工的动机可能并不强烈。同时，准备外出务工或已经在外务工的劳动力很有可能被家乡提升的最低工资吸引而留下或返乡①，最低工资的提升使本地劳动力流出的可能性降低。

在理论判断不明、实证研究较为缺乏的情况下，本章利用中国家庭金融调查 2013 年和 2015 年的微观数据，匹配样本区县的最低工资标准数据，以劳动者个体为单位，从微观层面系统评估区县最低工资的调整对当地劳动者跨区县流动的影响，并进一步讨论对不同特征劳动者的异质性影响，从而更为全面地了解最低工资变动对劳动力流动的影响，为中国相关政策的制定提供微观证据。

10.2 文献综述

劳动力流动或迁移是经济学领域最为重要的研究问题之一，国内外均有大量有关劳动力流动或迁移的文献。早在 20 世纪中期，欧美经济学家便开始对劳动力流动影响因素进行研究，经过不断发展推进，至今已经形成较为成熟的理论框架，包括引力模型（Zipf，1946）、人力资本投资模型（Sjaastad，1962）等。后期的静态理论模型实质上大多是在 Sjaastad（1962）研究基础上进行扩展，考虑更多的流动收益或可能的成本，例如公共品供给（Tiebout，1956）、血缘和移民网络（Yap，1977）、生命周期（Polachek and Horvath，1977）、不确定性（Harris and Todaro，1970；Todaro，1969）、家庭决策单元（Sandell，1977）等。进入 21 世纪以来，经济学家不断尝试将动态模型纳入考虑，同时也更多地思考政府以及迁入、迁出地特征在劳

① 不仅可以获得合理的打工收入，还可以增加与家人的接触，农忙时还可以帮家中务农等。

动力流动中扮演的角色。例如，研究开始关注劳动力流动政策（Clark et al.，2007）、劳动力流动配额（Mayda，2010）、失业情况（Karemera et al.，2000）、社会保障（Storesletten，2000）等。

过去20多年来发生在中国城乡和区域之间大规模的劳动力流动，吸引了大量研究者的关注。在何种因素影响劳动力流动的研究上，除了研究性别、年龄、受教育程度、婚姻状况等个体特征（Hare，1999；都阳、朴之水，2003；朱农，2004），家庭人均土地、家中未成年子女数量、家庭的资源禀赋等家庭特征（Du et al.，2005；Rozelle et al.，1999），以及公共服务提供（夏怡然、陆铭，2015）等迁入、迁出地特征以外，一些研究进一步根据国情加入了中国特有的元素。如郭云南和姚洋（2013）从宗族网络的角度考察了中国农村的劳动力流动，研究发现，家庭的宗族网络强度在外出打工的可能性上发挥了重要的作用。正如陆铭（2011）所特别强调的，制度约束是理解中国劳动力流动非常关键的环节。户籍制度是中国特有的且影响深远的一项制度，近年来的户籍制度改革促成了大量的永久移民（邓曲恒、古斯塔夫森，2007），虽然孙文凯等（2011）的研究表明户籍制度改革可能并不对短期劳动力的流动产生显著影响。除了户籍制度，中国还存在大量潜在的可能影响劳动力流动的政策，如农村土地转让权（谢冬水，2014）、农业税（Meng，2010）等。认识和深入理解政策对劳动力流动可能产生的影响对引导中国劳动力有序流动和推动中国新型城镇化至关重要，也是当前政策制定者迫切关心的问题。

收入是劳动力发生流动背后最为重要的动机之一，而最低工资制度作为直接影响人们，特别是低收入劳动者预期收入和实际收入的政策，对劳动力流动的影响却长期未得到学界足够的重视。已有研究最低工资的文献主要集中于其对就业效应、收入分配效应、企业生产经营行为等的影响。直到近期，虽有学者开始探讨最低工资对劳动力流动的影响，但研究结论却远未达成共识。Martin 和 Termos（2015）对美国最低工资的研究发现，当州最低工资提升时，美国本土的低技能劳动者因劳动生产率不高，会被挤出当地劳动力市场，前往最低工资标准较低的地方务工。而 Boffy-Ramirez（2013）和 Giulietti（2014）的研究则发现，低技能的海外劳动者更有可能选择流入美国最低工资较高的州。然而，研究发达国家得到的结论对中国的借鉴意义有限。发达国家和发展中国家分别有其特有的问题，发展中国家的最低工资水平难以与美国等发达国家相比①，难以对国际劳动者产生足够的吸引力。在美国，最低工资相关的劳动力流动多指国际劳动力的流动，而在中国等发展中国家，实际问题更多的是劳动力在国内各地区间的内部流动。

考虑到一方面已有研究未达成共识，另一方面发展中国家最低工资对劳动力流动的影响长期被学界忽略，本章使用中国家庭金融调查数据，全面探讨最低工资标准的调整对劳动力流动的影响。相较其他国家，采用中国的数据有三个好处。第一，作为发展中的大国，中国受最低工资变动影响的群体更为广泛，基数也更大。第二，中国是劳动力流动大国，到 2014 年底，中国仅外出务工的农民工便已达 16821 万人。第三，中国的最低工资标准由省（区、市）人民政府自行拟订，最低工资标准明确到区县层面，各区县可以有不同的标准，因此拥有更大的数值变化，更有利于科学严谨地探讨最低工资变动对劳动力流动的影响。

与现有文献相比，本章的贡献主要体现在以下三个方面。第一，选题比较新颖，相关主题的研究比较少见，且紧密结合了中国的实际情况，对劳动力流动和最低工资这两方面的文献均有所补充。一方面，国内研究劳动力流动影响因素的文献集中探讨个体特征、家庭特征、迁入地特征对劳动力流动的影响，本章则首次从迁出地最低工资这一政策视角考察其对劳动力外出务工的影响。另一方面，学界目前对最低工资的争论主要集中在其对就业和收入分配等的影响上，而其对劳动力流动的影响却长期被忽视，本章的发现是对当前有关最低工资效果争论的有益补充。第二，研究使用的样本，样本量大、代表性强。首次使用 CHFS2013 和 CHFS2015 平衡区县的个体数据，涉及 29 个省（区、市）近 3 万户家庭的 96000 个个体，既具有全国代表性又具有省级代表性，结论更具普遍意义。第三，最低工资数据质量更高，手工搜集了 CHFS 样本区县最低工资的数据，精确到区县一级，有更大的数值变化，避免了大部分研究仅使用省或市一级数据而导致解释变量变化幅度较小的问题。

---

① 例如中国 2015 年最低工资标准最高的是深圳市：2030 元/月或 18.5 元/时。而美国 2009 年的联邦标准工资即达到 7.25 美元/时（折合人民币约 47 元/时），目前最高的是旧金山地区，最低工资已经达到 12 美元/时（折合人民币约 78 元/时）。

10.3 实证结果及稳健性检验

10.3.1 变量说明及描述性统计

劳动力流动是本章的被解释变量，对一个地区而言，劳动力流动分为劳动力流入和劳动力流出两种，本章主要考察的是后一种，即区县最低工资的调整对当地劳动者流出该区县的概率的影响。考虑到 CHFS2013 与 CHFS2015 在问卷设计上存在差异，为保证口径统一，本书主要通过综合受访者的户籍和其余家庭成员的居住地两方面的信息来对个体是否发生流动进行识别。

第一步，保留目标样本。保留受访者是本区县户籍的家庭，以及这些家庭中参与劳动力市场的个体（包含 16~65 岁[①]有工作、季节性工作目前不在工作季节和有工作意愿但没找到工作的个体）。第二步，定义劳动力流动变量。[②] 与受访者住在同一区县的视为没有发生跨区县流动，令变量劳动力流动等于 0；与受访者不住在同一区县的视为发生跨区县流动，令劳动力流动等于 1。第三步，剔除特殊个体。考虑到在第二步中有一部分被定义为有流动的个体虽然与本区县户籍的受访者不住在一起，但实际上却可能已经获得其所在地的户籍，保守起见，本书通过其职业性质、是否有编制以及职位的信息将更有可能获得其所在地户籍的个体剔除。具体来说，研究中剔除了有流动的个体中是国有/国有控股和集体/集体控股企业中的单位负责人或干部，军人，有行政编制、事业编制和军队编制以及返聘的个体。第四步，考虑到经过识别后受访户的户籍必然在所在区县，因此只考察除受访者以外其他家庭成员的流动情况。最终，用于回归分析的总样本约为 53000 个。[③]

---

① 研究选取的是处于 16~65 岁劳动适龄阶段的个体，改为选取处于法定工作年龄（16~60 岁）的个体，研究结论基本不变。

② 由于我国的最低工资标准是在区县层面存在差异，因此根据研究的需要，本章的劳动力流动指跨区县的劳动力流动。

③ 在回归时，样本量可能略有差异，这主要是因为不同的回归中的控制变量存在差异，而一部分样本的某些变量数据可能存在缺失的情况。

根据定义，2013 年全国有 13.3%的劳动力个体发生了流动，而到了 2015 年这一比例下降为 11.1%，从总体的下降趋势看，CHFS 与国家统计局的数据保持一致。[①] 分城乡看，农村劳动力的流动率远高于城镇，2013 年、2015 年分别为 19.2%和 16.0%；而城镇这两个年份的流动率分别为 6.7%和 6.3%（见图 10-1）。

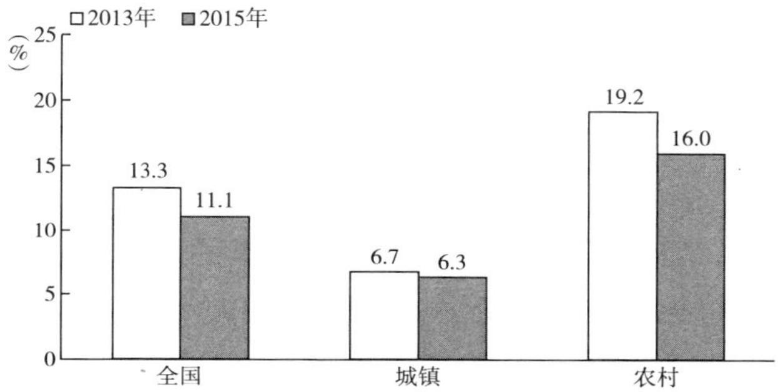

图 10-1　2013 年和 2015 年劳动力流动率

本章的解释变量是区县最低工资的对数，区县层面的最低工资数据更微观细腻，一方面可以更有效利用最低工资在区县层面的数值变化，另一方面避免了大部分已有研究中使用省级层面（邸俊鹏、韩清，2015；贾朋、张世伟，2013）或者市级层面（马双等，2012；孙楚仁等，2013b）的最低工资数据导致的解释变量存在测量误差，从而可以更为精准地识别最低工资变动对劳动力流动的影响。

表 10-1 给出了变量的描述性统计。其中，为了避免损失过多的样本信息，我们对作为控制变量的个人年收入部分进行了插值处理。插值包括两部分，一部分是利用已有的信息进行直接的合理推断，另一部分是通过拟合方程进行预测。具体来说，由于问卷部分仅直接询问了部分工作类型的劳动收入，

① 值得说明的是，此处的流动率与根据国家统计局数据计算的流动率存在一定差异，根据《中华人民共和国国民经济和社会发展统计公报》数据计算，2013 年、2015 年的人口流动率分别为 18.01%和 17.97%。存在差异的一个主要原因可能是根据研究需要本书仅仅关注劳动力的流动，而剔除了在校学生等不参与劳动力市场的个体；另一个原因可能是受数据的限制，本书的流动群体中不包含举家迁移的样本。

因此针对务农/经商的个体，本书通过家庭农业/工商业生产经营所得除以家庭务农/经商的人数来计算个人年收入；针对受雇于他人等领取工资收入的个体，通过问卷部分缴纳个人所得税的区间信息进行合理的推断；针对仍然存在缺失的个体样本，通过年龄、性别、受教育程度、工作类型、行业、编制类型、城乡等关键变量来拟合方程，对个人年收入做出预测并插值。为了避免异常值或极端值的影响，本书对个人年收入做了前后各1%的缩尾处理。其余变量大致可以归入以下三类：第一，个体特征变量，包括性别、年龄、受教育年限、婚姻状况、个人年收入和工作经验；第二，家庭特征变量，包括家庭规模、家庭结构（小孩、老人）和家庭所在地（城镇还是农村）；第三，市宏观经济变量，如市人均 GDP、市常住人口以及市职工平均工资。

表 10-1　变量的描述性统计

变量	含义	均值	标准差	最小值	最大值
劳动力流动（%）	流动取值为1，未流动取值为0	13.30	33.90	0	100
区县最低工资（元）	区县最低工资标准	947	185	600	1820
性别	男性取值为1；女性取值为0	0.50	0.50	0	1
年龄（岁）	16~65岁	38.40	12.20	16	65
受教育年限（年）	按照学历换算	9.50	4.00	0	22
婚姻状况	已婚为1，其他为0	0.80	0.40	0	1
个人年收入（元）	个人年收入	32897	27012	25	186000
工作经验（年）	根据年龄和学历推算	21.10	12.90	0	49
家庭规模（人）	家庭成员数量	4.60	1.80	2	19
有子女家庭	家中有0~16岁子女的为1，没有为0	0.50	0.50	0	1
有老年人家庭	家中有65岁以上老人的为1，没有为0	0.20	0.40	0	1
农村	农村为1，城镇为0	0.50	0.50	0	1
市常住人口（千人）	最低工资执行前一年各地市辖区内常住人口	7005	5976	168	29700
市职工平均工资（元）	最低工资执行前一年各地市辖区内在岗职工平均年工资	38085	11193	18514	93997
市人均 GDP（元）	最低工资执行前一年各地市辖区内人均 GDP	40772	25962	6562	149363

10.3.2　基准回归

表 10-2 是最低工资对劳动力流动的 LPM 回归结果。每一列中都控制了可能影响劳动力流动的市宏观经济变量、区县和年份虚拟变量，因此表 10-2 中的所有回归结果都是通过各样本区县最低工资标准两年间不同的变化趋势中包含的外生信息来识别最低工资调整对劳动力流动的影响。

表 10-2　最低工资与劳动力流动：LPM

变量	劳动力流动		
	(1)	(2)	(3)
区县最低工资对数	-0. 22 *** (0. 04)	-0. 22 *** (0. 04)	-0. 20 *** (0. 0)
性别		0. 04 *** (0. 00)	0. 045 *** (0. 00)
年龄		-0. 00 *** (0. 00)	-0. 00 *** (0. 00)
受教育年限		0. 00 *** (0. 00)	0. 00 *** (0. 00)
婚姻状况		-0. 09 *** (0. 00)	-0. 08 *** (0. 00)
个人年收入对数		0. 00 (0. 00)	0. 00 (0. 00)
工作经验		0. 00 *** (0. 00)	0. 00 ** (0. 00)
家庭规模			0. 01 *** (0. 00)
有子女家庭			-0. 04 *** (0. 00)
有老年人家庭			0. 01 ** (0. 00)
农村			0. 07 *** (0. 00)

续表

变量	劳动力流动		
	(1)	(2)	(3)
市宏观经济变量	是	是	是
年份虚拟变量	是	是	是
区县虚拟变量	是	是	是
常数项	3.24***	3.93***	3.84***
	(1.00)	(1.43)	(1.43)
样本量	53641	50096	50096
R^2	0.12	0.18	0.20

注：括号中的数据为稳健标准误；***、**、*分别表示在1%、5%和10%的水平下显著。下表同。

表10-2第（1）列显示的是未控制其他变量情况下最低工资上涨对劳动力流动的影响，回归结果表明，区县最低工资上调会显著降低本地劳动力外出务工的可能性，最低工资每上涨10%，劳动力外出务工的可能性降低2.2个百分点。第（2）列中加入了个体层面的控制变量，包括性别、年龄、受教育年限、婚姻状况、个人年收入和工作经验。得到的回归结果与第（1）列类似，当地最低工资标准上调的幅度越大，本地劳动力选择外出务工的可能性越低。个体特征变量方面，男性劳动者较女性劳动者外出的可能性更高；随着年龄的增长，劳动者离开本区县外出务工的可能性降低；受教育程度越高的个体，外出的可能性越大；而婚姻与劳动力流动的关系则是负向的，已婚劳动者发生跨区县流动的可能性更小；工作经验越多的个体越有可能发生跨区县的流动。这些均与已有文献保持一致（Chen et al.，2010；Zhao，1999；赵耀辉，1997）。

表10-2第（3）列中进一步加入了家庭特征变量，如家庭规模、家庭结构（小孩、老人）和家庭所在地（城镇/农村），解释变量的估计系数略有下降，为-0.20，意味着在控制了个体特征、家庭特征、市宏观经济特征、区县固定效应以及时间趋势项后，区县最低工资每上涨10%，当地劳动者发生跨区县流动的可能性显著下降2.0个百分点。家庭特征方面，所在家庭的规模越大（人数越多），劳动者越有跨区县流动的倾向，这与都阳和朴之水（2003）的研究结果一致；家庭结构方面，家中有0~16岁子女的劳

动者外出概率较低，而家中有 65 岁以上老人的劳动者发生跨区县流动的可能性更高，可能是因为家中的老人可以负责处理家务；另外，农村家庭中的劳动者发生跨区县流动的概率显著高于城镇家庭中的劳动力。总之，随着不同层面的控制变量的加入，区县最低工资对数的系数有所变化，但是始终在 1%的统计水平下显著为负，即本区县最低工资的上调幅度越大，当地劳动者发生跨区县流动的可能性越低。

10.3.3　稳健性检验

本部分将通过采用不同估计方法来验证结论的稳健性。考虑到被解释变量为二元选择变量，尽管根据计量经济学理论，只要 LPM 采用稳健标准误就可以解决二元因变量导致的异方差问题，但是为了结论的可靠性，在此还是采用传统意义上更符合二元数据分析习惯的 Probit 模型和 Logit 模型进行稳健性检验。Probit 模型和 Logit 模型的差异在于对残差项的假定不同：Probit 模型假定残差项服从正态分布，Logit 模型则假定残差项服从极值分布。表 10-3 的第 2、3 列分别汇报了采用 Probit 模型和 Logit 模型估计的结果，两者均控制了个体特征变量、家庭特征变量、市宏观经济变量、时间趋势项和区县虚拟变量。Probit 模型和 Logit 模型给出的区县最低工资对数的边际效应分别为-0.09 和-0.07，虽然在大小上与此前有差异，但均在 1%的统计水平下显著为负。

表 10-3　最低工资与劳动力流动：Probit 模型、Logit 模型和 FE 模型

变量	劳动力流动		
	Probit	Logit	FE
区县最低工资对数	-0.09***	-0.07***	-0.08**
	(0.02)	(0.02)	(0.01)
个体特征变量	是	是	是
家庭特征变量	是	是	是
市宏观经济变量	是	是	是
年份虚拟变量	是	是	是
区县虚拟变量	是	是	是
样本量	48385	48385	27294

注：Probit 模型和 Logit 模型汇报的均是边际效应。

另外，考虑到 LPM 无法消除个体不随时间变化且不可观测的特征变量的影响，为实现这一目的，我们借助 CHFS 数据的面板性质，采用固定效应回归（FE）模型，通过利用同一个体在时间维度上的变化差异来进行因果识别。表 10-3 第 4 列中给出的是固定效应回归模型的估计结果，回归结果也与此前没有本质区别。采用不同的估计方法之后，研究结论仍十分稳健：最低工资的上调幅度越大，当地劳动者发生跨区县流动的可能性越低。总之，估计方法的选择并未对研究的主要结论产生实质性影响。

10.4 异质性检验

在上一节的研究中，本书发现，最低工资的上调幅度越大，当地劳动者发生跨区县流动的可能性越低。但是，在流动的决策上，最低工资的上涨是否对不同特征的劳动者的影响有异质性？这里的异质性包含两层意思：第一，是否具有某些特征的劳动者在流动的决策中不受最低工资的影响；第二，如果受到影响，那么不同特征的劳动者受影响的程度是否相同。例如，男性劳动者的流动是否受最低工资调整的影响更大？年轻的劳动者的流动是否受最低工资上涨的影响更大？城市或者相对发达的东部地区的劳动者的流动是否会受最低工资调整的影响？

政策的制定离不开对不同人群相关信息的全面精准的了解和掌握，为了回答上述的一系列问题，本部分将进一步细分最低工资对不同特征劳动者在流动决策上的异质性影响，以回答哪些劳动者的流动可能会受到最低工资的影响，以及哪些劳动者受到的影响可能较大。

10.4.1 分收入考察最低工资与劳动力流动的关系

最低工资制度作为一项保障劳动者获得的劳动报酬不低于某一最低数额的政策，其最直接的作用对象无疑是低收入的劳动者群体。那么在是否流动这一问题的决策上，最低工资是否也对低收入劳动者的影响更大呢？

为了更准确地考察最低工资调整对不同收入群体的影响，减少测量误差带来的影响，此处不包含前文为避免样本过度损失而进行个人年收入插值处理中通过方程预测个人年收入的样本信息，但是仍包含通过缴纳的个人所得税和家庭农业/工商业生产经营所得进行合理推算个人年收入的样本信息。

表 10-4 是按照个人年收入 5 等分后的回归结果。从中可以看出，个人年收入最低的 20%的劳动者受当地区县最低工资调整的影响最大：最低工资每上涨 10%，个人年收入最低的 20%的劳动者发生流动的概率显著下降 2.9 个百分点。个人年收入处于 20%～40%、40%～60%、60%～80%及 80%～100%的劳动者，因为受最低工资上调影响而发生流动的可能性变小。

表 10-4　最低工资与劳动力流动（分收入）

变量	劳动力流动
区县最低工资对数	-0.29*** (0.07)
区县最低工资对数×q（20%～40%）	0.00*** (0.00)
区县最低工资对数×q（40%～60%）	0.01*** (0.00)
区县最低工资对数×q（60%～80%）	0.01*** (0.00)
区县最低工资对数×q（80%～100%）	0.01*** (0.00)
个体特征变量	是
家庭特征变量	是
市宏观经济变量	是
年份虚拟变量	是
区县虚拟变量	是
样本量	23385
R^2	0.31

10.4.2　分性别和年龄考察最低工资与劳动力流动的关系

性别与年龄是两个最基本的个体特征变量，年龄更是最低工资研究中长期关注的重点。理论上来说，年轻人相较其他年龄段的劳动者来说，由于技能水平较低，只能找到对专业知识、技能水平要求不高的工作，因此获得的报酬也较低，从而更有可能受最低工资的影响。在以往最低工资的研究中，便有一些文献重点考察最低工资对年轻人就业产生的影响（Brown et al., 1983; Currie and Fallick, 1996; Wellington, 1991; Williams and Mills, 2001)。那么，在流动的决策上，最低工资是否同样对年轻劳动者的影响更大呢，以及对男性、女性劳动者的影响又是否有差异？

表 10-5 中考察了最低工资对不同性别和不同年龄段劳动者流动的影响。第（1）、（2）列分别汇报了男性和女性劳动者子样本回归的结果，可以看出，本地最低工资的上涨对当地男性、女性劳动者的跨区县流动均产生了显著的负向影响，且影响程度相当。

表 10-5 最低工资与劳动力流动（分性别、年龄）

变量	劳动力流动				
	(1)	(2)	(3)	(4)	(5)
	男性	女性	16~30 岁	31~50 岁	51~65 岁
区县最低工资对数	-0.19***	-0.19***	-0.34***	-0.14**	-0.00
	(0.06)	(0.07)	(0.10)	(0.06)	(0.055)
个体特征变量	是	是	是	是	是
家庭特征变量	是	是	是	是	是
市宏观经济变量	是	是	是	是	是
年份虚拟变量	是	是	是	是	是
区县虚拟变量	是	是	是	是	是
样本量	28192	21904	16528	24545	9023
R^2	0.21	0.19	0.22	0.20	0.10

在考察最低工资调整对不同年龄段劳动者的影响时，本书将处于 16~65 岁劳动适龄阶段的劳动者按照年龄分为三组：青年组（16~30 岁）、中青年组（31~50 岁）和中老年组（51~65 岁）。分子样本回归的结果分别汇报在表 10-5 中的第（3）、（4）、（5）列。总的来说，最低工资调整对不同年龄段劳动者跨区县流动的影响存在差异。具体而言，最低工资调整对青年和中青年劳动者的流动产生了显著的负向影响，而对中老年劳动者则没有显著影响。在受到影响的人群中，青年劳动者受到的影响最大，系数为-0.34，意味着最低工资每上涨 10%，青年劳动者发生流动的可能性就会下降 3.4 个百分点。而中青年劳动者受到的影响小于青年劳动者，最低工资每上涨 10%，其发生流动的概率下降 1.4 个百分点。

10.4.3　分婚姻状况、受教育程度考察最低工资与劳动力流动的关系

婚姻状况和受教育程度同样也是较为基本的两个人口统计学变量。表 10-6 中分别考察了最低工资对不同婚姻状态和不同受教育情况劳动者流动的影响。

表 10-6　最低工资与劳动力流动（分婚姻状况、受教育程度）

变量	劳动力流动				
	(1)	(2)	(3)	(4)	(5)
	已婚	未婚	受教育程度低	受教育程度中	受教育程度高
区县最低工资对数	-0.16***	-0.35***	-0.18***	-0.13	-0.52***
	(0.05)	(0.12)	(0.62)	(0.08)	(0.15)
个体特征变量	是	是	是	是	是
家庭特征变量	是	是	是	是	是
市宏观经济变量	是	是	是	是	是
年份虚拟变量	是	是	是	是	是
区县虚拟变量	是	是	是	是	是
样本量	38891	11205	29356	14884	5856
R^2	0.17	0.23	0.20	0.25	0.39

表 10-6 第（1）、（2）列中分别列示了已婚和未婚劳动者子样本回归的结果。不难看出，虽然已婚劳动者和未婚劳动者外出劳动的概率都随着最低工资的提高而显著下降，但是未婚劳动者受到的影响更大一些。最低工资每上涨 10%，未婚劳动者发生跨区县流动的概率下降 3.5 个百分点。

在考察最低工资调整对不同受教育程度劳动者流动的影响时，本书根据劳动者的学历将其划分为受教育程度低、受教育程度中和受教育程度高三组，回归结果分别对应表 10-6 列（3）、列（4）和列（5）。受教育程度低组包括没上过学、文化程度是小学以及初中的劳动者，受教育程度中组包括文化程度为高中、中专/职高、大专/高职的劳动者，而受教育程度高组则包含文化程度为大学本科、硕士研究生、博士研究生的劳动者。回归结果显示，受教育程度低和高者受到了显著影响，而受教育程度处于中间

的劳动者未受到显著影响，受教育程度高的劳动者受影响更大。

10.4.4 分工作经验考察最低工资与劳动力流动的关系

工作经验是劳动者所特有的一个重要的变量，最低工资的调整是否对不同工作经验的劳动者的流动有着不同的影响？本书在表10-7中详细考察了这一问题。本书按照工作的年限进行分组，每10年为一组，共有四组：0~10年、11~20年、21~30年和31年及以上。

表10-7 最低工资与劳动力流动（分工作经验）

变量	劳动力流动			
	(1)	(2)	(3)	(4)
	0~10年	11~20年	21~30年	31年及以上
区县最低工资对数	-0.33***	-0.23**	-0.13	-0.02
	(0.11)	(0.10)	(0.08)	(0.05)
个体特征变量	是	是	是	是
家庭特征变量	是	是	是	是
市宏观经济变量	是	是	是	是
年份虚拟变量	是	是	是	是
区县虚拟变量	是	是	是	是
样本量	13979	11923	11540	12654
R^2	0.23	0.28	0.18	0.10

回归结果显示，最低工资调整对不同工作经验的劳动者流动的影响存在异质性。工作经验在20年以上的劳动者的流动受最低工资的影响并不显著。工作经验越少的个体受到的影响越大，受影响最大的是工作经验在0~10年的劳动者，最低工资每上涨10%，其流动的概率显著下降3.3个百分点。

10.4.5 分家庭规模考察最低工资与劳动力流动的关系

前文讨论的都是最低工资对不同个体特征的劳动者流动的影响，而在这一部分，本书分析最低工资对具有不同家庭特征的劳动者流动的影响。

家庭规模的回归结果表明，最低工资调整对2~3人的小型家庭以及5人以上的大家庭中的劳动者的流动有显著的负向影响，而对 4~5 人的中等家庭中的劳动者流动没有显著影响，且系数较小。最低工资每上涨 10%，家庭规模在 5 人以上的劳动者流动的概率显著下降 3.3 个百分点（见表 10-8）。

表 10-8　最低工资与劳动力流动（分家庭规模）

变量	劳动力流动		
	(1)	(2)	(3)
	家庭规模（2~3 人）	家庭规模（4~5 人）	家庭规模（5 人以上）
区县最低工资对数	-0.20***	-0.01	-0.33***
	(0.07)	(0.07)	(0.11)
个体特征变量	是	是	是
家庭特征变量	是	是	是
市宏观经济变量	是	是	是
年份虚拟变量	是	是	是
区县虚拟变量	是	是	是
样本量	16451	21876	11769
R^2	0.21	0.20	0.22

10.4.6　分家庭结构考察最低工资与劳动力流动的关系

本书进一步考察最低工资对不同家庭结构中的劳动者流动的影响，表 10-9 中的列（1）和列（2）考察了最低工资变动对有和无 0~16 岁子女家庭中劳动力流动的影响，列（3）和列（4）则考察了最低工资变动对有和无 65 岁以上老人家庭中劳动力流动的影响。结果显示，家庭中有 0~16 岁子女的劳动者和家庭中没有 65 岁以上老人的劳动者流动均显著受最低工资调整的影响，且影响较大。最低工资每上涨 10%，家庭中有 0~16 岁子女的劳动者跨区县流动的概率下降 2.0 个百分点，家庭中没有 65 岁以上老人的劳动者跨区县流动的概率下降 2.1 个百分点。家庭中没有 0~16 岁子女的劳动者也受最低工资调整的影响，但影响较小。这可能是因为有小孩的家庭中小孩的生活、学习等方面需要照顾，因此最低工资的提升会提高劳动者留在本地就业的概率。同样的逻辑，当家庭中有老人时，老人可以帮忙分担一部分的家庭责任，而没有老人的家庭，则完全需要劳动者承担家庭责任，照顾家庭。因此最低工资的提高也可以显著提高他们留在本地工作的概率。

表 10-9 最低工资与劳动力流动（分家庭结构）

变量	劳动力流动			
	(1)	(2)	(3)	(4)
	家庭有小孩	家庭无小孩	家庭有老人	家庭无老人
区县最低工资对数	-0.20***	-0.12*	-0.07	-0.21***
	(0.06)	(0.06)	(0.11)	(0.05)
个体特征变量	是	是	是	是
家庭特征变量	是	是	是	是
市宏观经济变量	是	是	是	是
年份虚拟变量	是	是	是	是
区县虚拟变量	是	是	是	是
样本量	26035	24061	12244	37852
R^2	0.21	0.22	0.22	0.20

10.4.7 分城乡和区域考察最低工资与劳动力流动的关系

中国的劳动力流动从方向上来看，一般是由农村流入城镇、由中西部流入东部。目前对于中国劳动力流动的研究绝大部分是针对农村地区的（郭云南、姚洋，2013；孙文凯等，2011），一方面是由于农村流动人口总量较大，占总流动人口的绝大部分；另一方面是在中国持续推进新型城镇化的大背景下，全面细致地研究农村劳动力的流动具有极强的现实意义和指导作用。在区域层面，东部地区经济较为发达，就业机会普遍较多，劳动者获得的收入报酬也相应更高，因此东部地区是主要的劳动力流入区。

表 10-10 中考察了最低工资对不同家庭所在地（城乡、区域）劳动力流动产生的影响。第（1）、（2）列汇报的分别是城镇和农村子样本的回归结果，回归结果显示，最低工资的调整对劳动力流动的影响存在明显的城乡差异，其并未对城镇家庭的劳动力的流动产生显著的影响，但是对农村家庭的劳动力的流动产生了较为显著的负向影响，最低工资每上涨 10%，农村地区的劳动力外出务工的可能性下降 2.2 个百分点。这与 Martin 和

Termos（2015）的研究结论不同，他们利用美国社区调查（American Community Survey，ACS）的数据验证了最低工资较高地区最低工资标准的提升会显著增加本地低技能劳动者向最低工资标准较低地区流动的可能性。理论上来说，最低工资的提高有可能对本地劳动力的外出起到促进作用。在一个充分竞争的劳动力市场中，较高的最低工资标准会减少对劳动力尤其是低技能劳动力的需求，因为低技能的劳动者的生产率难以匹配雇主应付的最低报酬，因此在最低工资涨幅较大区域，当地居民会有更高外出（前往最低工资标准较低地区）务工的概率。而在中国的农村地区，随着最低工资的提升，虽然有一部分人会因为生产率低而失业，但是考虑到中国农村的特殊情况，农村的劳动者即使找不到工作也可以回家务农，而非必须外出务工；另外，考虑到农村所在县的最低工资已经处于较低水平，因此即使外出也很难找到符合自己生产率的区县。而已经在外或者准备外出的一部分劳动者却很可能被家乡较高的最低工资吸引[①]，从而选择回乡或留下工作。因此，最低工资的上涨会降低农村地区劳动者跨区县流动的可能性。

表 10-10　最低工资与劳动力流动（分城乡、区域）

变量	劳动力流动				
	(1)	(2)	(3)	(4)	(5)
	城镇	农村	东部	中部	西部
区县最低工资对数	-0.08	-0.22***	-0.02	-0.34***	0.01
	(0.05)	(0.07)	(0.08)	(0.07)	(0.19)
个体特征变量	是	是	是	是	是
家庭特征变量	是	是	是	是	是
市宏观经济变量	是	是	是	是	是
年份虚拟变量	是	是	是	是	是
区县虚拟变量	是	是	是	是	是
样本量	28313	21783	21598	16085	12413
R^2	0.16	0.21	0.18	0.21	0.17

① 不仅可以获得合理的打工收入，农忙时还可以帮家中干农活等。

表 10-10 的第（3）、（4）、（5）列分别是对东部、中部和西部地区子样本回归的情况。总体而言，最低工资的上涨对劳动力流动的影响存在明显的区域差异，仅中部的回归系数在 1%的统计水平下显著，而东部、西部的回归系数均不显著，说明最低工资的调整主要对中部地区的劳动力外出行为产生较显著的影响。具体而言，最低工资每上涨 10%，中部地区劳动力外出的可能性下降 3.4 个百分点。与此前解释的逻辑类似：一方面，这可能是因为中部地区最低工资本身较东部、西部低①，因此当中部地区提高收入时，部分达不到生产率要求的劳动者在失去工作机会后很难再前往其他最低工资更低的地区寻找工作机会，因此选择待业或务农；另一方面，中部最低工资标准较低，与其他地区差异较大，导致人们为了追求更高的收入而外出务工，因此中部地区最低工资的提高可以在一定程度上提高留在中部地区劳动者的收入水平，保障其基本的生活需求，从而对劳动力外出务工的行为产生负向影响。

10.5 结论与政策启示

本章利用 CHFS2013 和 CHFS2015 的面板数据，通过各样本区县最低工资标准两年间不同的变化趋势中包含的外生信息来识别最低工资调整对劳动力流动的影响。研究发现，中国区县最低工资的上涨会显著降低本地劳动力发生跨区县流动的概率。平均来说，最低工资每增长 10%，当地的劳动力发生跨区县流动的可能性会显著下降 2.0 个百分点。

进一步研究还发现，最低工资调整对不同特征劳动者流动的影响存在异质性。第一，对于不同收入劳动者的流动，最低工资作用的效果不同。相较其他劳动者，个人年收入最低的 20%劳动者的流动受最低工资增长的影响最大。最低工资每上涨 10%，其发生流动的概率显著下降 2.9 个百分点。第二，男性和女性劳动者的流动受最低工资调整的影响相同。第三，在跨区县流动的决策上，最低工资变动对中老年劳动者（51~65 岁）没有

① 2012 年，东部地区的样本区县的最低工资平均为 1074 元，西部地区为 920 元，而中部地区最低，为 854 元。2014 年，东部地区为 1313 元，西部地区为 1202 元，中部地区虽然有所增长，但依旧最低，为 1104 元。

显著的影响，对青年劳动者（16~30 岁）影响最大，最低工资每上涨 10%，其流动的概率显著下降 3.4 个百分点。第四，未婚劳动者的流动受到的影响较已婚劳动者更大，系数分别为-0.35 和-0.16。第五，不同受教育程度的劳动者的流动受到的影响也存在异质性，受教育程度低和高的劳动者的流动均受到显著影响，而受教育程度中等的劳动者的流动未受到显著影响。第六，工作年限越短的劳动者的流动受到的影响越大，工作年限在 0~10 年的劳动者在最低工资上涨 10%的情况下流动的概率会有 3.3 个百分点的下降，工作年限大于 20 年的劳动者的流动不受最低工资的影响。第七，考虑家庭规模，发现 4~5 人的中等家庭中的劳动者的流动不受最低工资调整的显著影响，而 5 人以上的大家庭中的劳动者的流动受影响较大。第八，进一步区分家庭结构，发现家庭中有 0~16 岁子女的劳动者和家庭中没有 65 岁以上老人的劳动者流动均显著受最低工资调整的影响，且影响较大。第九，分城乡看，最低工资的增长不影响城镇劳动者的流动，但显著降低了农村劳动者的流动概率。最低工资每上涨 10%，农村劳动者流动的可能性降低 2.2 个百分点。第十，分区域看，最低工资仅对中部地区的劳动者流动产生显著的负向影响。

一方面，本章从最低工资的角度补充了收入对劳动力流动影响的研究，并判断了其影响方向、估计了其作用的大小，同时进一步讨论了其对不同特征劳动者流动的异质性影响。另一方面，本章也从劳动力流动的角度为科学合理地制定最低工资标准提供了依据。总之，本章的发现为政府有力调控劳动力有序流动、科学合理制定最低工资标准提供了有益的参考。

第11章　企业视角下最低工资对企业引资和投资的影响

11.1　最低工资与外资进入[①]

外商直接投资能带来资本、先进的管理经验和技术，是各东道国，尤其是仍属发展中国家的东道国经济增长的重要推动力（Li and Liu，2005）。但近年来，随着国际贸易保护主义势力抬头，加之国家间吸引外资的竞争日趋激烈，全球外商直接投资总量已经连续3年（2016~2018年）下滑。2018年全球外商直接投资同比下降13%，至1.3万亿美元，是自2008年国际金融危机以来的最低水平（联合国贸易和发展组织，2019）。从分布上看，自20世纪90年代FDI更多地流入发展中国家，从1990年的346亿美元增加到2018年的6940亿美元，在全球FDI中的占比从17%提升到53%。对发展中国家而言，决定FDI流向的因素中相对劳动力成本较为关键。比中国劳动力成本更低的巴西、印度、墨西哥、印度尼西亚、越南和俄罗斯，2000年FDI流入总额占世界FDI的比重为4.0%，与中国的3.0%相近。然而，进入2018年，这些国家FDI流入总额占比高达14.7%，超过中国（11.0%）近4个百分点。巴西、印度、墨西哥、印度尼西亚、越南和俄罗斯正是凭借劳动力成本优势吸引大量的FDI进入，并在2018年跻身全球FDI流入前20国行列。

改革开放40多年来，中国利用外资经历了规模导向阶段和效率导向阶段，当下正步入高质量发展阶段（刘建丽，2019）。外资推动并见证了中国经济的发展，由最初单纯的资金提供者转变成技术进步和产业升级的推动

---

① 本节部分内容发表于《中国工业经济》2020年第6期，题目为《劳动力成本外生上涨与FDI进入：基于最低工资视角》，作者为马双、赖漫桐。

者（张广婷、王陈无忌，2019），深度融入中国经济，成为中国经济的重要组成部分。表 11-1 统计了 2007～2016 年中国利用外资的情况，数据显示 FDI 年均为中国提供 15.07%的实收资本，5.41%的固定资产投资，创造 49.61%的对外贸易，解决超过 6%的城镇人员就业。因此，稳定并保持外资增长，尤其是高质量外资，是中国经济提质增效亟待解决的问题①。

细分外商直接投资动机对国家“稳外资”政策的制定有重要的指导意义。具体来讲，外商直接投资大体可分为以下几类。一是成本驱动型。根据 Vernon（1966）提出的产品生命周期理论，产品的生命周期分为创新、成熟和标准化三个阶段，对应产品的开发、引进、成长、成熟再到衰退，外商直接投资正是伴随产品生产区位的转化而形成的，因此这类 FDI 又被称为垂直 FDI。在产品标准化生产阶段，跨国公司借助外商直接投资的形式在国外设厂可以降低产品的生产成本和运输成本，并获得东道国政府的政策支持。二是市场导向型。外商直接投资可以突破本国市场的有限性，开辟新市场，发挥产品生产的规模优势，或者突破产品销售市场诸如关税等贸易保护制度的限制，又被称为水平 FDI。三是资源导向型，即企业为追求稳定的资源供应或廉价的生产资料而进行的投资，包括自然资源和人力资源。除此之外，外商直接投资的动机还包括政治和制度风险的分散、高污染生产的转移等。根据杨用斌（2012）的研究，中国的外商直接投资主要分为两类，一类是产品外销型外商直接投资（成本驱动型），即利用中国的廉价劳动力来降低生产成本，生产出来的产品大多出口销售；另一类是产品内销型（市场导向型），这类投资意在开拓中国市场，通过在中国生产产品并直接销售来节约交易成本、信息成本和运输成本，同时有效规避进出口的限制。资源导向型外商直接投资在中国仅少量存在。

---

① 早期进入中国的外资多集中在制造业，使中国以加工、组装的分工形式加入国际生产。目前虽然出现一些新的现象，但制造业仍是吸收外资的主要领域。2018 年有外商投资企业 593276 户，其中制造业有 141144 户，占比 23.8%。实际利用外商直接投资金额 1349.6 亿美元，其中制造业吸收了 411.7 亿美元，占比 30.5%。然而，当下制造业的发展面临人口红利消失、环境污染凸显、全球价值链分工地位低端锁定等问题和挑战，能否破解这些难题直接关系中国经济能否实现高质量发展。中国制造业全球价值链分工低端困局根植于外资早期在中国的生产布局，因此破解困局的关键或许在于外资。现阶段稳定外资并注重提升外资引进质量，借助外资加快技术创新，使中国制造业在全球价值链中由低端向中高端攀升，是解决上述难题、促进制造业转变发展方式、优化制造业结构的重要途径。

表 11-1　2007~2016 年中国利用 FDI 情况

	指标	单位	2007 年	2008 年	2009 年	2010 年	2011 年	2012 年	2013 年	2014 年	2015 年	2016 年	年均值
实收资本	全部工业企业	亿元	82732	104086	111188	122494	144684	161029	173673	188294	213182	239844	154121
	FDI 独资工业企业	亿元	15191	18898	20125	21809	22388	24102	27148	26886	27147	28538	23223
	FDI 独资占比	%	18.36	18.16	18.10	17.80	15.47	14.97	15.63	14.28	12.73	11.00	15.07
固定资产投资	全社会固定资产投资	亿元	137323	172828	224598	251683	311485	374694	446294	512020	561999	606465	359939
	FDI 投资	亿元	13353	15406	15487	17207	18716	20823	22157	22987	22676	26069	19488
	FDI 投资占比	%	9.72	8.91	6.90	6.84	6.01	5.56	4.96	4.49	4.03	4.30	5.41
出口总额	货物出口总额	百万美元	1220060	1430693	1201612	1577754	1898381	2048714	2209004	2342292	2273468	2097631	1829961
	FDI 投资企业出口总额	百万美元	695370	790492	672074	862228	995227	1022620	1043724	1074619	1004614	916766	907773
	FDI 出口总额占比	%	56.99	55.25	55.93	54.65	52.43	49.92	47.25	45.88	44.19	43.70	49.61
城镇就业人数	城镇总就业人数	万人	30953	32103	33322	34687	35914	37102	38240	39310	40410	41428	36347
	FDI 投资单位就业人数	万人	1583	1622	1699	1823	2149	2215	2963	2955	2790	2666	2247
	FDI 就业人数占比	%	5.11	5.05	5.10	5.26	5.98	5.97	7.75	7.52	6.90	6.44	6.18

注：FDI 投资单位就业人数为国家统计局数据“按经济类型分城镇就业人员”中的“港澳台商投资单位城镇就业人员”和“外商投资单位城镇就业人员”两项数据的加总，因存在某单位既含有港澳台资本又含有外商资本的情况，所以表中的加总数据可能高估了 FDI 投资单位的城镇就业人数。本书将该加总数据视为 FDI 投资单位吸纳的城镇就业人数的上限。

不管是成本驱动型还是市场导向型的外商直接投资，劳动力成本对其进入决策均有重要影响。一方面，劳动力成本上涨将提升成本驱动型外商直接投资的生产成本，挤压获利空间，从而阻碍其进入，但也可能伴随东道国居民收入的增加而提升本地居民市场购买力，有利于市场导向型外商直接投资的进入。另一方面，与劳动力成本上涨相伴而行的人力资本水平的提升可能会吸引更多外商直接投资进入。考察和测算外商直接投资对劳动力成本上涨的敏感性可为政府“稳外资”政策的制定提供重要的指导。现有研究多从集聚效应、市场、制度等角度考察 FDI 的进入决策，仅少量研究集中考察劳动力成本这一因素，且结论未达成一致，这为本书的研究提供了空间。

在 FDI 进入决策的研究中区分劳动力成本的内生上涨与外生上涨对研究的深入推进至关重要，但遗憾的是现有研究多未涉及。冯永琦和张蓦严（2018）将推动劳动力成本上升的因素概括为劳动力供求形式转变、劳动力市场存在结构性问题、劳动者素质提高、生活资料价格上涨和政策变动等五个因素。其中，劳动力供求形式转变和劳动者素质提高会促使企业通过增加资本、采用新技术等提高企业生产率和劳动边际报酬，带来的工资上涨属于内生上涨。内生上涨与人力资本水平提升、生产效能和购买力增强相关，与外商直接投资进入的关系可能为正相关关系。相反，政策因素如法律法规、工会推动等带来的劳动力成本上涨可能是脱离劳动边际报酬的外生上涨，外生上涨与生产成本提升、利润降低、失业增加以及成本优势减弱密切相关，极可能阻碍外商直接投资的进入。根据 2001～2019 年《中国统计年鉴》数据，城镇单位就业人员年人均工资从 2000 年的 9333 元提高到 2018 年的 82413 元，年均增速为 12.9%。其中，制造业就业人员年人均工资从 2003 年的 12671 元提高到 2018 年的 72088 元，年均增速为 12.3%。对工资增长进行进一步分解，其中 80%的工资增长内生于企业的劳动、资本以及生产率，20%属于外生增长。现有文献多采用地区职工平均薪酬来衡量劳动力成本，变量的内生性较强，很大程度上只反映相关关系而非因果关系，因此有必要从劳动力成本外生上涨的角度再次讨论劳动力成本与 FDI 进入的关系。

本节重点考察最低工资与外资进入的关系，研究背景是中国劳动力成本快速上涨这一事实，研究结论有助于认识中国劳动力成本被迫上涨在外资进入视角下的影响。本节将利用 2000～2013 年中国工业企业数据、中国地级市的最低工资标准数据和宏观经济数据，从企业层面实证研究最低工资标准上涨对中国外商直接投资进入的影响。相关研究已有几个，但研究共识还未形成。一是杨用斌（2012）将 FDI 分为内销型和外销型，用全要素生产模型分析了最低工资对这两类 FDI 的影响，发现最低工资上涨有助于内销型 FDI 企业规模的扩张，不利于外销型 FDI 企业的发展。二是张先锋和陈婉雪（2017）用最低工资标准衡量 FDI 的劳动力成本，利用 2000～2014 年的省级数据考察最低工资上涨对 FDI 流入的非线性影响，发现最低工资上涨对 FDI 流入规模的影响呈现“U”形轨迹，但该研究主要从宏观层面进行考察。三是李磊等（2019）关注最低工资上涨对外资撤离的影响，他们的研究角度与本书的研究恰好相反。与本书研究最为相近的是林灵和阎世平（2017）以及郭娟娟（2019）的研究。林灵和阎世平（2017）着重考察制造业企业外资持股行为的影响；郭娟娟（2019）借助 2004 年《最低工资规定》的执行构建“准自然实验”，利用 Heckman 两阶段模型和双重差分法（DID）考察最低工资上涨对外资进入的影响。这些研究对理解外资进入决策中劳动力成本的影响无疑有重要的作用。

区别于已有文献，本书的研究在以下几个方面有创新。第一，研究角度创新。除借助 2000～2013 年中国工业企业微观数据考察企业外资进入决策外，本书首次结合地市工业用地价格数据，考察政府短期节约成本政策与劳动力成本上涨对外资进入的交互影响，借此探讨政府“稳外资”短期政策工具的有效性。从资本替代的视角重点评估了最低工资上涨对高质量外资进入的影响以及这种影响对就业和企业生产率的作用。除此之外，与林灵和阎世平（2017）仅从外资类型（外商资本和港澳台资本）和行业差异（劳动密集型和技术密集型）两个角度切入不同，本书充分考虑企业异质性，从劳动力质量、企业竞争力以及企业目标市场等多角度考察，细分维度更多。与林灵和阎世平（2017）仅着眼于内延边际（外资占比）、李磊等（2019）仅着眼于外延边际（外资退出）不同，本书同时考察了外资的外延边际（是否进入）和内延边际（外资数额）。林灵和阎世平（2017）的研究考察了最低工资上涨对已有外资企业的实收资本结构的影响，特别关注了外资的占比，属于外资进入的内延边际。李磊等（2019）只研究外资企业撤离，并且重点关注是否撤离这一二维选择，属于外资进入/退出的外延边际。外资进入的外延边际与内延边际是有本质区别的，前者属于外资的初次进入，着重关注投资环境尤其是投资安全、生产的成本优势等，后者属于已进入东道国的资本，除考虑生产成本外更多关注国内市场规模。政策层面也是有差异的，分别对应政府的引外资与稳外资。本书既从二维的角度讨论外资进入，又从外资企业的投资深度入手进行讨论。而且研究结论也显示，外资企业进入主要影响体现在进入深度，而非是否进入上。总的来看，郭娟娟（2019）在林灵和阎世平（2017）、李磊等（2019）的研究基础上综合了研究角度，是研究维度的创新，本书在郭娟娟（2019）的基础上，改进了研究方法，在同一口径下使得最低工资上涨的外延边际影响与内延边际影响的可比性得以实现。

第二，数据创新。中国工业企业数据库仅收集国有企业以及规模以上非国有企业的数据，并非完整的制造业企业数据库。为解决这一问题，本书首次采用工商登记部门提供的 2000~2013 年各区县新增外资企业数考察最低工资对外资企业进入的影响。区别于李磊等（2019）关注外资退出，本书根据企业的实收资本结构区分企业的资本特征，即是否属于外资企业，以及实收外资数量，有效避免准确定义“外资撤离”的需要。如若不然，在“外资是否撤离”的测度上，由于数据的局限将难以界定“退出规模以上企业数据库”的企业是否存在外资撤离，因而面临严重的测量误差问题。采用这种定义方法所得的研究结论将面临一些难以分离但又无法忽视的混杂因素影响，比如最低工资上涨影响企业盈利能力和包括投资规模在内的运营规模等，从而使得企业因无法达到数据统计门槛而退出数据库，但这无疑与外资企业撤离无关。同时，为了分离“退出规模以上企业数据库”对结论的影响，本书细分基准回归样本中以各种方式进入或退出数据库的企业，在此基础上采用不同的回归样本，如仅采用样本期内均存在的企业进行回归，进一步增加只进入不退出的企业或只退出不进入的企业进行回归，因此能更好地避免企业进入/退出数据库给结论带来的影响。研究也显示，企业的进入与退出对结论的影响较大，尤其是在企业是否为外资企业的问题上。

第三，与郭娟娟（2019）仅采用一次政策冲击的分析方法不同，本书借助全国所有地市、所有最低工资上涨事件形成的外生冲击识别最低工资上涨与企业外资进入的关系，而非将样本划分为实验组（受最低工资影响的样本）与控制组（未受最低工资影响的样本）考察一次政策冲击（2004 年《最低工资规定》的实施）前后企业外资变动的差异。采用后一种方法需要对实验组与控制组进行精准划分，实验组与控制组也要满足可比性或平行趋势假设。虽然郭娟娟（2019）对此进行了详细的讨论，但简单地将2004年前一期工资低于2004年当地最低工资标准的企业定义为实验组、高于最低工资标准的企业定义为控制组的处理方式无法准确识别受最低工资影响的个体（实验组）与未受最低工资影响的个体（控制组）。干扰主要来自最低工资的溢出效应，例如根据既有研究（刘行、赵晓阳，2019；Gan et al.，2016），平均工资略高于最低工资的企业可能也会受最低工资的影响。同时，从可比性上看，这样区分的实验组和控制组，即平均工资较高的企业与平均工资较低的企业，无论是在行业分布、企业经营方式还是在劳动资本结构等方面均存在显著的差异。即使借助匹配的方法也只能消除可观测变量的差异。正因如此，采用后一种方法得到的回归结果仅反映平均工资高和平均工资低的企业对最低工资调整的反应差异，而且很大程度上会放大最低工资的真实效应。

11.1.1 文献综述

有关跨国企业的理论始于垄断优势理论，随后产品生命周期理论、边际产品拓展理论、内部化理论等国际投资理论不断丰富，为企业海外投资提供了理论依据。具体可分离出两个主要因素，一是超额利润的获取（Hymer，1960），二是生产成本的降低（Vernon，1966）。Dunning（1977）的折中理论综合了上述理论，认为跨国公司对外投资是由所有权优势、内部化优势和区位优势这三个基本因素综合决定的。新近研究中，李佩源和王春阳（2015）利用Grossman-Helpman-Szeidl模型分析得到生产效率高的企业会选择在工资成本低的地区投资生产的结论。

Weber（1929）的最小费用工业区位理论为跨国公司的区位选择提供理论指导，他引入运费、工资和集聚三个区位因子分析企业投资布局，还特别指出工业区位的选择要考虑工业的性质。对于生产劳动密集型产品的企业而言，工资成本是影响其生产成本的重要因子，如果某国的工资成本较国内的低，较低的工资水平会使得向该国投资的盈利水平更高，此时企业应该跨国投资，且跨国投资地点应该随劳动力供应状况的变化而变化。相比理论模型分析，以魏后凯等（2001）为代表的实地调查得到的跨国公司投资选址依据更为直观，将这些调查研究得到的影响外资区位决策的因素进行归纳总结，发现主要包括成本因素、市场因素、集聚效应和制度因素等四大因素。其中，劳动力成本是成本因素中的重要因素，这在产品生命周期理论、边际产品拓展理论、工业区位选择理论等理论中被重点论述，在实际调查中也得到验证。

劳动力成本作为影响FDI进入的重要因素，在实证研究中备受关注，但相关研究结论并未统一。第一种观点是劳动力成本上涨抑制FDI进入，认为劳动力成本上涨会增加企业成本，削弱外资投资意愿，如Cheng和Kwan（2000）、刘刚和胡增正（2013）、熊广勤和殷宇飞（2014）利用国家时间序列数据或省级面板数据研究发现，以地区职工平均工资衡量的劳动力成本提高会对FDI流入量产生显著的负向影响；Kang和Lee（2007）用企业层面数据分析影响韩国企业在华投资的区位选择因素，得到了同样的结论。新近研究中，林灵和阎世平（2017）发现企业最低工资调整会降低企业外资持股比例，尤其是港澳台资企业和劳动密集型行业企业。郭娟娟（2019）利用2004年《最低工资规定》的实施这一外生冲击构建双重差分模型，发现最低工资标准对企业FDI决策和FDI数量均具有显著的负向影响。李磊等（2019）从外资撤离的角度进行研究，发现最低工资上涨显著提高了外资企业撤离中国的概率。第二种观点是劳动力成本上涨促进FDI进入，认为工资水平作为投资者识别人力资本（Na and Lightfoot，2006；Mody and Srinivasan，1998；Akinlo，2004；徐康宁、陈健，2008）和市场潜力（杨用斌，2012；张先锋、陈婉雪，2017）的信号会吸引FDI进入。Wang和Swain（1997）基于1978~1992年的时间序列数据，对比研究影响匈牙利和中国两个国家FDI流入的因素，宋维佳（2013）利用2002~2011年中国31个省（区、市）的面板数据和动态面板GMM方法研究工资水平对FDI区位变动的影响，都发现工资水平与FDI呈显著正相关关系。第三种观点认为劳动力成本与外商直接投资为非线性关系。在这类研究中，学者们考虑了劳动力成本对FDI的门槛效应或拐点作用，得出劳动力成本对FDI的影响为非线性的结论，但在开口方向上也存在争议。冯伟等（2011）基于1990~2009年的省级面板数据研究市场规模、劳动力成本与外商直接投资之间的关系，发现劳动力成本与FDI之间存在倒“U”形的关系。而基于2000~2014年的省级面板数据，张先锋和陈婉雪（2017）却发现最低工资上涨对FDI流入规模的影响呈“U”形轨迹。此外，还有学者认为劳动力成本对FDI进入的影响不显著（Na and Lightfoot，2006；黄肖琦、柴敏，2006）。劳动力成本对FDI进入的影响随异质性因素的改变而改变，可能导致现有结论的不一致，如FDI来源地、投资目的、投资地区因素、行业因素等（杨用斌，2012；徐康宁、陈健，2008；熊广勤、殷宇飞，2014）。

学者们还探讨了劳动力成本上涨对企业投资，特别是对FDI进入的影响机制。从理论上讲，劳动力成本上涨直接增加企业用人支出，产生成本效应，同时通过“倒逼机制”产生一系列激励效应和创新效应，如低技能劳动力为避免失业主动参加技能培训、企业进行节省劳动力的技术创新等。冯永琦和张蓦严（2018）梳理了有关中国劳动力成本问题的文献，认为企业劳动力成本是一种具有激励功能的特殊成本，对企业创新、技术进步有促进作用，进而促进企业效益和劳动生产率提高。劳动力成本上涨产生的效应适用于全部类型的企业。不同于内资企业局限于国内，外资企业可以在全球范围内进行资源配置，可以有效规避最低工资上涨的成本效应。新近研究中学者们从最低工资视角探讨了劳动力成本上涨对外资投资的影响机制。张先锋和陈婉雪（2017）从效率工资理论和现实经济能力的角度出发，就最低工资上涨通过提高劳动力素质吸引外资进入进行了理论分析。郭娟娟（2019）分析最低工资上调产生的成本效应和生产率效应对企业引资行为的影响，并利用中介效应模型，以单位增加值的劳动报酬和生产率作为中介变量进行检验，结果发现成本效应仍占主导地位。李磊等（2019）则直接利用中介模型，以利润、产出、固定资产投资和就业水平作为中介变量探索最低工资对外资撤离的影响机制，研究发现，最低工资上涨会通过降低企业利润，缩减产出、投资和就业规模等路径使外资退出中国市场。

综合国内外研究文献可看出，企业跨国投资的根本动因是降低成本实现利润最大化，劳动力成本是影响跨国企业投资选址的重要因素在理论上已达成共识，但在实证研究上针对劳动力成本上涨对FDI投资的作用方向尚未得出一致的结论。虽然现有文献对结论的差异已做出一些合理的解释，对影响机制亦有探索，但针对影响机制的讨论还未细致展开，未能形成完整、统一的理论框架。因此，现有研究还存在一些改进空间。第一，大多数文献只是将劳动力成本作为影响FDI投资选择的一般因素，对该因素进行细致考察的文献较少。第二，学者们一般采用的数据是国家层面的时间序列数据或者是省级层面的面板数据，但宏观数据只能帮助我们分析FDI在选择地区时的考虑因素。同时，投资是具体落实到企业的，会受到企业特征的影响，宏观汇总数据无法揭示外商直接投资进入在企业层面的异质性。第三，文献中一般用地区职工平均薪酬或企业平均工资来衡量劳动力成本，但使用这两个指标可能存在很强的内生性问题。职工平均薪酬或企业平均工资的增加除了反映企业的劳动力成本上涨外，还可能是企业生产率提升的结果。第四，虽有少量文献基于微观数据以及最低工资数据，对外商直接投资进入的外延边际与内延边际，即广度和深度进行讨论，但研究结论还受数据处理和回归方法使用的影响，急需后续研究修正这种偏差。针对上述问题，本书基于微观企业数据，借助 2000~2013 年全国所有地市最低工资上涨的政策冲击，实证研究了最低工资标准上涨对中国外商直接投资进入的影响。对于微观企业而言，最低工资标准在不同城市间的涨幅差异可以视为是外生的，因此使用最低工资标准来衡量劳动力成本更合适。此外，本书还着重对比了最低工资上涨对外商直接投资进入的外延边际与内延边际的影响，并细致考察了企业异质性带来的影响。进一步地，本书分析了最低工资调整抑制外资进入的经济后果，并评估了政府短期政策的有效性。

11.1.2　实证结果及稳健性检验

1. 描述性统计

表 11-2 按 2000~2007 年和 2008~2013 年两个时间段给出变量的描述性统计。数据显示，2000~2007 年城市平均最低工资是 492.84 元，其中最小值为 167.50 元，对应 2000 年四川的泸州、德阳、广元等 12 座城市；最大值为 820.00 元，对应 2007 年广东深圳。而 2008~2013 年城市平均最低工资是 977.22 元，总体上比 2000~2007 年翻了近一番。2000~2007 年含 FDI 企业约占总样本的 21.94%，但 2008~2013 年的样本占比仅为 13.41%。从资本量来看，含 FDI 企业 FDI 流入均值分别为 399.56 万元和 474.90 万元。企业雇用人数上，2008~2013 年的雇用人数均值较 2000~2007 年增加了 47 人。从企业资产负债比、存货占比和单位产值盈利这三个指标来看，2008~2013 年企业资产负债比指标较 2000~2007 年增加了 116.45 个百分点，存货占比略有下降而单位产值盈利增加。城市层面的控制变量均采用上一年数据，2008~2013 年的城市职工平均工资、城市人均 GDP 约为 2000~2007 年对应指标的 2 倍，而城市年末总人口、城市 GDP 增长率基本保持稳定。

表 11-2　变量描述性统计

变量	单位	2000~2007 年				2008~2013 年			
		平均值	标准差	最小值	最大值	平均值	标准差	最小值	最大值
最低工资	元	492.84	140.26	167.50	820.00	977.22	263.64	320.00	1620.00
含 FDI 企业（0-1 变量）	%	21.94	41.38	0.00	100.00	13.41	34.07	0.00	100.00
企业实收 FDI	万元	399.56	1508.52	0.00	10937.00	474.90	2282.87	0.00	20328.50
企业层面控制变量									
资产价值（固定资产净值年平均余额）	万元	1506.80	3932.89	5.00	29059.90	1578.59	2012.26	6.00	29947.00
企业雇用人数	人	235.08	389.76	12.00	2660.00	282.11	358.77	13.00	2454.00
资产负债比（资产总计/负债总计×100%）	%	324.09	529.66	83.87	4050.00	440.54	935.96	58.70	7117.78
存货占比（存货/当年总产值×100%）	%	14.69	20.22	0.00	119.96	11.05	15.06	0.00	86.90
单位产值盈利率（营业利润/当年总产值×100%）	%	4.14	6.59	-15.42	31.71	6.16	7.37	-6.66	42.75
企业月均工资［本年应付工资总额/（企业雇用人数×12）］	元	1124.42	894.18	119.27	5763.88	2407.51	3046.43	170.32	25133.33
企业人均资产（资产总计/企业雇用人数）	千元/人	236.43	318.02	10.43	2020.35	363.38	602.25	15.15	4245.72
营业利润率（营业利润/产品销售收入×100%）	%	4.05	5.09	-22.05	32.17	6.19	6.68	-7.07	32.62
是否含有国有资本（含有国有资本=100）	%	6.96	25.46	0.00	100.00	33.32	47.13	0.00	100.00
是否出口（出口=100）	%	39.31	48.84	0.00	100.00	49.14	49.99	0.00	100.00
城市层面控制变量									
城市职工平均工资	元	17716.55	7624.65	4189.00	137085.57	36921.75	12605.75	9523.21	85306.02
城市年末总人口	万人	614.82	402.76	14.55	3198.87	623.85	416.78	18.14	3343.39
城市人均 GDP	元	25300.94	17759.82	1660.00	152099.16	49298.73	27397.77	99.00	182680.00
城市 GDP 增长率	%	13.30	3.21	0.00	31.50	12.93	2.77	-0.70	32.90
样本量	个	1302545				1411155			

注：2008~2013 年"固定资产净值年平均余额"指标缺失，统一用"固定资产合计"指标替代。

资料来源：2000~2013 年《中国城市统计年鉴》，2000~2013 年中国工业企业数据库；部分指标经笔者计算得到。

表 11-3 统计了 2000~2013 年含 FDI 企业的变动情况。具体地，整个样本期间含 FDI 企业数呈现先增后减的特征，2000~2007 年含 FDI 企业数呈增加趋势，而 2008 年后则呈减少趋势；含 FDI 企业数占企业总数的比例总体呈下降趋势，由 2000 年的 23.86%降至 2013 年的 9.12%。2001~2007 年和 2012~2013 年，前一年为非含 FDI 企业、后一年为含 FDI 企业的占比与前一年为含 FDI 企业、后一年为非含 FDI 企业的占比相近，即从含 FDI 的企业数量来看，这些年份 FDI 进入和退出的比例相当。而 2008 年和 2011 年 FDI 进入比例远高于退出比例，FDI 进入企业占比分别为 8.28%和 4.34%，而 FDI 退出企业占比仅为 4.96%和 0.38%。2008 年及 2011 年数据的异常变动主要是受 2009 年 FDI 数据缺失及 2011 年统计口径调整的影响。

表 11-3　2000~2013 年 FDI 进入与退出情况

单位：家，%

年份	企业总数	含 FDI 企业数	含 FDI 企业占比	前一年非含 FDI 企业变为含 FDI 企业数	前一年非含 FDI 企业变为含 FDI 企业占比	前一年含 FDI 企业变为非含 FDI 企业数	前一年含 FDI 企业变为非含 FDI 企业占比
2000	86044	20529	23.86	0	0.00	0	0.00
2001	116518	25891	22.22	902	0.77	848	0.73
2002	125595	27748	22.09	1210	0.96	1124	0.89
2003	149447	32174	21.53	1344	0.90	1280	0.86
2004	215936	46121	21.36	1670	0.77	1960	0.91
2005	209927	45400	21.63	2330	1.11	2051	0.98
2006	232054	47370	20.41	2438	1.05	2419	1.04
2007	275634	52436	19.02	2625	0.95	2330	0.85
2008	323294	28280	8.75	26760	8.28	16050	4.96
2010	216047	45716	21.16	0	0.00	0	0.00
2011	226953	26898	11.85	9859	4.34	867	0.38
2012	257957	23309	9.04	5649	2.19	5395	2.09
2013	278294	25391	9.12	3374	1.21	2788	1.00

注：2019 年数据缺失，故未列入表中。

资料来源：2000~2013 年中国工业企业数据库。

2. 基准回归

本书首先考察最低工资变化对企业实收资本中是否含有 FDI 的影响。针对二元因变量，通常使用 Probit 模型或 Logit 模型进行回归，但大样本情况下，二者的回归结果与线性概率模型趋于一致。为了更好地消除遗漏变量问题，本书在线性概率模型基础上同时采用了固定效应模型进行回归。研究中采用逐步回归法在模型中依次加入企业特征变量和城市宏观经济变量，回归结果如表 11-4 第（1）~（3）列所示。结果显示，与郭娟娟（2019）的研究结论一致，城市最低工资水平与企业含有 FDI 的概率呈显著的负相关关系。最低工资每上涨 10%，企业含有 FDI 的可能性下降 0.1 个百分点。折合为弹性，假设样本企业含有 FDI 的平均概率为 21.95%，则最低工资上涨 10%，企业含有 FDI 的概率下降 0.46 个百分点，弹性仅为-0.046。

表 11-4　最低工资与企业 FDI 进入

变量	含 FDI 企业			企业实收 FDI 的对数			
	(1)	(2)	(3)	(4)	(5)	(6)	(7)
最低工资的对数	-0.01***	-0.01***	-0.01***	-0.07***	-0.10***	-0.10***	-0.10***
	(-2.62)	(-2.66)	(-2.77)	(-3.03)	(-4.21)	(-4.28)	(-4.09)
逆米尔斯比率							0.33***
							(4.21)
资产价值的对数		0.00***	0.00***		0.19***	0.19***	0.22***
		(14.65)	(14.57)		(52.87)	(52.77)	(26.67)
企业雇用人数的对数		0.01***	0.00***		0.11***	0.11***	0.14***
		(14.44)	(14.44)		(25.90)	(25.91)	(14.92)
资产负债比		0.00***	0.00***		0.01***	0.01***	0.00***
		(3.64)	(3.61)		(18.87)	(18.88)	(11.24)
存货占比		0.00***	0.00***		0.06***	0.06***	0.13***
		(3.29)	(3.31)		(7.65)	(7.70)	(7.04)
单位产值盈利的对数		0.00**	0.00**		0.00	0.00	0.02***
		(2.02)	(1.98)		(1.23)	(1.24)	(4.39)
滞后一期城市人均 GDP 对数			0.00**			0.00	0.01*
			(2.15)			(1.15)	(1.87)

续表

变量	含 FDI 企业			企业实收 FDI 的对数			
	(1)	(2)	(3)	(4)	(5)	(6)	(7)
滞后一期城市年末总人口的对数			0.00 (0.10)			-0.03*** (-3.14)	-0.04*** (-4.22)
滞后一期城市职工平均工资的对数			-0.00 (-0.04)			0.00 (0.15)	0.06** (2.36)
滞后一期城市 GDP 增长率			0.00 (1.00)			-0.00 (-0.65)	-0.00* (-1.88)
年份固定效应	是	是	是	是	是	是	是
城市固定效应	是	是	是	是	是	是	是
R^2	0.00	0.00	0.00	0.03	0.08	0.08	0.08
样本量	1411155	1411155	1411155	309681	309681	309681	309681

注：*、** 和 *** 分别代表在 10%、5% 和 1% 的水平下显著，括号内均为 t 值，年份固定效应和城市固定效应分别采用年份和 4 位城市代码的虚拟变量进行控制。回归时均采用固定效应模型，省略了常数项的回归结果。下表同。

同样地，采用逐步回归法估计最低工资标准上涨对企业实收 FDI 的影响，回归样本仅为含 FDI 企业，回归结果见表 11-4 的第（4）~（6）列。结果显示，最低工资每上涨 10%，企业实收 FDI 减少 1.0%；以最低工资上涨衡量的劳动力成本上涨对 FDI 进入产生显著的负向影响，与林灵和阎世平（2017）、谢科进等（2018）、郭娟娟（2019）的研究结论一致。考虑到潜在选择偏差，本书采用 Heckman 两步法进行估计。第一步中，在已有控制变量的基础上加入“是否含有国有资本”这一虚拟变量，回归结果与预期一致，“是否含有国有资本”的系数为-0.28，在 1%的水平下显著，表明含有国有资本的企业较大程度上存在政策壁垒，外资进入概率显著下降。第（7）列给出的第二步回归结果显示，逆米尔斯比率（Mills）的系数显著，说明确实存在潜在选择偏差，但最低工资的回归系数为-0.10，与未采用 Heckman 两步法所得的系数相同，说明最低工资每上涨 10%，企业实收 FDI 减少 1.0%这一核心结论是稳健的。基准回归分析发现，最低工资每提高 10%，企业含有 FDI 的概率降低 0.1 个百分点，弹性为-0.046，企业实收 FDI 减少 1.0%，最低工资上涨主要影响了 FDI 进入的深度。

其他控制变量的回归系数基本符合预期。雇员较多的企业吸引 FDI 的可能性更大、企业实收 FDI 更多，这与通常认为的“外资进入的主要原因之一是利用中国的劳动力”相符。人均 GDP 较高的城市吸引 FDI 的可能性更大，因为城市人均 GDP 代表了该城市居民的收入水平和消费水平，这支持了外资进入中国的另一个重要原因，即看重中国市场。

3. 稳健性检验

本书从以下几个方面对结论进行稳健性考察。第一，考虑到中国工业企业数据库仅收集国有企业以及规模以上非国有企业数据，很难完整记录外资企业进入情况，为完整考察最低工资对外资进入的影响，本书利用 282 个市 2071 个区县 2000~2013 年外资企业注册数据①进一步考察城市最低工资调整的影响，表 11-5 为对应的回归结果。总体上看，区县外资企业注册数据和中国工业企业数据均能大致反映外资企业进入的情况，但也存在几个方面的不同：从收集主体上看，区县外资企业注册数据由工商登记部门统计得到，而中国工业企业数据的收集主体主要是国家统计局；从覆盖范围来看，区县外资企业注册数据收集了区县每年新增登记注册类型为“外资企业”的企业，涉及各个行业和产业，能有效弥补中国工业企业数据存在的行业限制（仅包含工业企业，且现有研究通常只保留制造业企业）和统计口径限制（仅收集国有企业以及规模以上非国有企业的数据，且统计口径会发生调整）；从数据准确性来看，中国工业企业数据多由企业上报，而区县外资企业注册数据直接来源于工商登记部门后台数据，能有效减小数据收集过程的误差；从时间维度来看，中国工业企业数据是动态的，可以观测到企业特征随时间的变化，而区县外资企业注册数据是静态的，缺乏对企业的经营状况等特征的跟踪。

表 11-5　稳健性检验：最低工资对区县外资企业注册数量的影响

变量	区县外资企业注册数量的对数			
	2000~2007 年		2000~2013 年	
	(1)	(2)	(3)	(4)
最低工资的对数	-0.24***	-0.23***	-0.15***	-0.15***
	(-3.46)	(-3.24)	(-3.32)	(-3.21)

① 区县外资企业注册数据来源于灵宝经济洞察平台。该数据平台是元素征信有限责任公司开发的互联网大数据平台，通过整合政府数据资源和互联网大数据，形成全面覆盖宏观、中观、微观，省、市、县、园区，标准行业和新兴产业全产业链的大数据服务产品。

续表

变量	区县外资企业注册数量的对数			
	2000~2007 年		2000~2013 年	
	(1)	(2)	(3)	(4)
城市特征变量	否	是	否	是
年份固定效应	是	是	是	是
R^2	0.06	0.06	0.04	0.04
样本量	16568	16568	26884	26884

沿用现有文献对外资企业的界定标准，再次检验最低工资调整对企业引进外资的影响。现有文献对外资企业的界定标准有两个，一是根据中国工业企业数据库提供的详细的企业登记注册类型来确定，二是依据实收资本金额中外商及港澳台资本金占比不低于 25%的标准来界定外资企业（聂辉华等，2012；李磊等，2019）。本书据此重新定义外资企业来进行回归分析，结果如表 11-6 所示。

表 11-6　稳健性检验：按照登记注册类型或外资占比定义外资企业

变量	登记注册类型为外资企业		外资占比 25%及以上为外资企业	
	外资企业	企业实收 FDI 的对数	外资企业	企业实收 FDI 的对数
	(1)	(2)	(3)	(4)
最低工资的对数	0.00 (0.72)	-0.38*** (-9.77)	-0.00 (-1.14)	-0.10*** (-4.26)
各类控制变量	是	是	是	是
R^2	0.00	0.02	0.00	0.09
样本量	1411155	311628	1411155	290737

注：各类控制变量包括企业特征变量、城市特征变量、年份固定效应和城市固定效应，如无特别说明下表同。

两个稳健性检验的回归结果均支持基准回归的结论。表 11-5 的回归结果显示，2000~2007 年最低工资标准每上涨 10%，区县的外资企业注册数量减少 2.3%，在 1%的统计水平下显著；从更长的时间区间来看，2000~2013 年最低工资标准每上涨 10%，区县的外资企业注册数量降幅缩小为 1.5%。这与采用中国工业企业数据回归得到的回归系数方向一致，但后者系数较小。表 11-6 的结果显示，采用登记注册类型和外资占比定义外资企业，最低工资上涨对企业是外资企业概率的影响均不显著，但对外资企业中 FDI 数额的影响均显著为负。对比上述结果发现，虽然数据覆盖的行业差异和企业规模差异导致结果存在细微差异，但采用区县外资企业注册数量的回归结果仍能进一步印证最低工资上涨对外资企业进入的抑制作用；而改变外资企业界定标准的结果则充分支持了最低工资影响 FDI 进入深度这一结论。

第二，重构最低工资冲击指标。前文采用的最低工资标准为加权最低工资，即根据最低工资的调整月份将同一年度的不同最低工资标准进行加权得到。同时，回归的识别基础是各地最低工资的涨幅差异，而根据《最低工资规定》，最低工资的涨幅可能受地方经济发展水平的影响。虽然回归中尽量控制各类同时影响最低工资涨幅和外资进入决策的宏观经济因素，但不可观测的宏观经济因素的遗漏仍可能带来回归偏差。因此，本部分在重构最低工资冲击指标时首先采用最低工资是否调整这一虚拟变量，评估最低工资的调整频次对 FDI 进入的影响。根据 2004 年《最低工资规定》，最低工资每两年至少调整一次，相比最低工资调整幅度，调整频次更外生。表 11-7 的第（1）~（2）列为企业是否为含 FDI 企业以及含 FDI 企业的外资金额对城市上一年是否调整最低工资的回归结果。采用上一年是否调整最低工资主要是因为超半数城市最低工资的调整时间为年中或年底，当年最低工资的调整对当年企业的影响有限。表 11-7 第（1）~（2）列的回归结果显示，上一年调整最低工资地市，外资企业的进入以及外资投资金额均显著减少，与前文的结论一致。

表 11-7　稳健性检验：上一年最低工资调整及样本期间平均增长率的影响

变量	含 FDI 企业	企业实收 FDI 的对数	含 FDI 企业	企业实收 FDI 的对数
	(1)	(2)	(3)	(4)
上一年调整最低工资	-0.00*	-0.01*		
	(-1.84)	(-1.83)		
实验组×2005 年			-0.01**	-0.03*
			(-2.15)	(-1.78)

续表

变量	含 FDI 企业	企业实收 FDI 的对数	含 FDI 企业	企业实收 FDI 的对数
	(1)	(2)	(3)	(4)
实验组×2006 年			−0.02*** (−3.07)	−0.08*** (−2.85)
实验组×2007 年			−0.03*** (−3.02)	−0.13*** (−3.66)
2005 年			−0.01** (−2.31)	−0.02* (−1.77)
2006 年			−0.02*** (−3.47)	−0.04 (−1.41)
2007 年			−0.02*** (−2.80)	−0.02 (−0.66)
各类控制变量	是	是	是	是
R^2	0.13	0.58	0.06	0.58
样本量	933551	200087	547009	123435

表 11-7 第（3）~（4）列借鉴 Card 和 Krueger（1994）以及郭娟娟（2019）划分实验组和控制组的方法，根据城市 2004~2007 年最低工资的平均增长率，将增长率最高的 1/3 地市划入实验组，增长率最低的 1/3 地市划入控制组，考察最低工资调整幅度对外资的影响。但与 Card 和 Krueger（1994）的方法略有区别，本书并未采用相邻省份最低工资调整的时间差异构建实验组和控制组，虽然相邻省份可以尽量增加实验组和对比组的可比性，但这样处理可能会面临一个重要问题，即其余省份与该相邻省份之间存在劳动力流动。采用《最低工资规定》执行后 2004~2007 年的数据回归发现，最低工资增长率较高的地市，外资进入和既有外资企业的外资金额均被显著抑制，且与 2004 年相比，后续年份的抑制效果逐渐增强。

第三，考虑企业进入/退出中国工业企业数据库对结论的影响。本书首先采用 2000~2007 年均存在的企业进行回归，并在此基础上分别增加只进入不退出数据库的企业和只退出不进入数据库的企业，回归结果如表 11-8

所示。结果显示，对含FDI企业，最低工资的回归系数受企业进入或退出数据库的影响较大，其中，采用2000~2007年面板数据分析的结果显示，最低工资上涨降低企业成为含FDI企业的概率，但在10%的统计水平下不显著。在面板数据的基础上，增加2000~2007年进入数据库并持续存在的企业，发现最低工资上涨显著降低企业成为含FDI企业的可能性。但与之结果相反，在面板数据的基础上，增加2000~2007年退出数据库且未重返数据库的企业，发现最低工资上涨显著增加企业成为含FDI企业的可能性。换句话讲，已退出数据库的企业样本会干扰结果，李磊等（2019）的担忧是成立的，尤其是在考察企业是否为含FDI企业的研究中。一种可能的解释是最低工资标准上涨使得企业经营受损，企业规模缩小并低于数据收集要求，但这些企业是否为含FDI企业并不受影响。对已有外资企业的实收FDI，回归结果均为负，与表11-4所得结论基本一致。

表11-8　稳健性检验：考虑企业进入或退出数据库对回归结果的影响

变量	2000~2007年面板数据		2000~2007年面板数据和2000~2007年只进入不退出的企业		2000~2007年面板数据和2000~2007年只退出不进入的企业	
	含FDI企业	企业实收FDI的对数	含FDI企业	企业实收FDI的对数	含FDI企业	企业实收FDI的对数
	(1)	(2)	(3)	(4)	(5)	(6)
最低工资的对数	-0.00 (-0.34)	-0.12*** (-2.86)	-0.02*** (-4.80)	-0.11*** (-4.16)	0.01* (1.83)	-0.10*** (-2.82)
各类控制变量	是	是	是	是	是	是
R^2	0.00	0.09	0.00	0.09	0.00	0.08
样本量	229544	84757	980892	237733	359893	109897

4. 异质性检验

本部分将充分考虑企业的异质性，根据投资、生产到销售这一路径，从劳动力成本与劳动力质量、企业竞争力和产品目标市场等角度来检验基准回归结论的可靠性。

按劳动力成本与劳动力质量分组。长期以来，中国凭借廉价劳动力优势承接了全球价值链中大量的劳动密集型产品生产环节，但外资自身携带的技术又对劳动力的质量提出要求，并受要素密集度的影响。因此，考虑最低工资对 FDI 的影响还需综合考虑劳动力质量因素，具体地可以从企业人均月工资、企业人力资本水平和要素密集度这三个方面来考察，对应的回归结果均显示在表 11-9 中。

表 11-9 异质性检验：基于劳动力成本与劳动力质量分组

变量	含 FDI 企业			企业实收 FDI 的对数		
	(1)	(2)	(3)	(4)	(5)	(6)
A 部分：企业人均月工资	小于等于最低工资	大于最低工资	交乘项	小于等于最低工资	大于最低工资	交乘项
最低工资的对数	-0.01**	-0.00**	-0.00	-0.18***	-0.07***	-0.11
	(-2.01)	(-2.11)	(-1.09)	(-2.69)	(-3.22)	(-1.47)
B 部分（1）：初级、中级和高级职称雇员占比	人力资本水平高	人力资本水平低	交乘项	人力资本水平高	人力资本水平低	交乘项
最低工资的对数	-0.00	-0.02***	0.01**	-0.05	-0.14***	0.08*
	(-1.59)	(-4.70)	(2.48)	(-1.54)	(-4.75)	(1.77)
B 部分（2）：中级和高级职称雇员占比	人力资本水平高	人力资本水平低	交乘项	人力资本水平高	人力资本水平低	交乘项
最低工资的对数	-0.00*	-0.02***	0.01**	-0.06*	-0.14***	0.07
	(-1.78)	(-4.52)	(2.20)	(-1.89)	(-4.43)	(1.53)
C 部分：要素密集度	劳动密集	非劳动密集	交乘项	劳动密集	非劳动密集	交乘项
最低工资的对数	-0.02***	0.00	-0.02***	-0.11***	-0.08***	-0.02
	(-4.09)	(0.31)	(-3.62)	(-3.37)	(-2.64)	(-0.59)

一是企业人均月工资。工资作为劳动力的价格，取决于劳动力的质量，在不存在行政干预的情况下，每个企业的员工月工资均可视为基于劳动力质量劳资双方博弈的均衡结果，分布的区间可以是（0，+∞）。最低工资作为一种“最低限价”，将市场上原本低于最低工资标准的劳动力的价格强制提高至最低工资水平，但劳动力质量并没有相应提升，势必会损害企业的

利益。然而，最低工资制度的执行并非一步到位，在政策出台初期，会有部分企业的工资水平低于最低工资标准（Gan et al., 2016）。但随着监管的强化，企业违反最低工资制度的成本越来越高（丁守海，2010），这可能迫使它们遵守规则，将工资提高至最低工资水平。2000~2007年企业工资数据的统计结果显示，有14.79%的企业的人均月工资低于最低工资，这部分样本受最低工资影响可能更大，进而影响其含有FDI的概率及实收FDI。

本书根据企业人均月工资与城市最低工资标准对企业进行分组，将企业人均月工资小于等于最低工资的分为一组（赋值为1），其余为另一组（赋值为0）。人均月工资小于等于最低工资的企业有66965家，样本数占总样本的14.79%，该组样本的人均月工资均值为789.51元；人均月工资大于最低工资的企业约有39万家，样本占比约为85.21%，人均月工资均值为1182.57元。表11-9中A部分的回归结果显示，最低工资调整对企业人均月工资小于等于城市最低工资的企业吸收外资的负向影响更大，尽管从交乘项来看这种差距在10%的统计水平下不显著。

二是企业人力资本水平。人力资本是经济增长的引擎，也是企业发展的重要动力。当最低工资制度介入劳动力定价时，首当其冲的是集聚大量低质量劳动力的企业，最低工资使其丧失廉价劳动力优势。如果企业想要通过提高劳动生产率来应对成本上涨，则必须投入资金用于职工培训，提高企业人力资本水平，但如果企业本身具有较高的人力资本水平，则能够节约培训费用。邓宁（Dunning, 1977）的折中理论认为，东道国熟练劳动力和管理人员的可获得性会影响跨国公司的投资选择。如果东道国的劳动力素质和跨国公司的需求存在较大差距，无疑会增加跨国公司的技术进入成本，意味着跨国公司在进入时需要投入大量资金用于员工培训。赵江林（2004）探讨了中国人力资源开发对外资的影响，认为外资进入的多少和技术水平取决于东道国人力资本的水平。因此，最低工资上涨对企业含有FDI的概率及实收FDI的影响可能会因企业人力资本水平而存在差异，拥有更高人力资本水平的企业对FDI更具有吸引力，FDI也愿意为高学历高技能人才支付更高的工资，可以推测人力资本水平高的企业吸收FDI受最低工资上涨的负向影响较小。

2004年中国工业企业数据库收集了雇员的受教育程度和技术职称等信息，本书将拥有初级、中级和高级职称的雇员数加总，进一步计算出拥有职称的雇员人数占雇员总数的比重，以此来定义企业的人力资本水平。数据显示，样本企业拥有职称雇员的占比均值为 9.25%，中位数为 3.78%。以中位数为界，将拥有职称雇员占比大于等于 3.78%的企业定义为人力资本水平高组，赋值为 1，小于 3.78%的企业定义为人力资本水平低组，赋值为 0；将职称占比和组别变量匹配到其他各年数据库中，统计得到人力资本水平高组的职称占比组内均值为 17.37%，人力资本水平低组的职称占比组内均值为 0.84%。进一步调整计算标准，以拥有中级及以上职称的雇员人数占雇员总数的比重作为企业人力资本的指标，得到拥有中级及以上职称雇员占比的均值为 4.04%，中位数为 0.85%，以中位数为界划分为两组。回归结果如表 11-9 中 B 部分所示。回归结果表明，人力资本水平高的企业，其含有 FDI 的概率和实收 FDI 数额受最低工资上涨的负面影响较小。

三是要素密集度。一般认为，劳动密集型行业对劳动力要素的依赖较大，且对劳动力的技能要求较低，对应的劳动力工资水平更接近最低工资标准，受最低工资上涨的影响更大；而资本密集型行业和技术密集型行业则可能更多地利用资本和技术要素，受最低工资上涨的影响较小。本书参照赵伟和郑雯雯（2011）的分类，将全部企业按照 2 位行业代码分为劳动密集型行业企业和非劳动密集型行业企业（包括资本密集型行业企业和技术密集型行业企业），统计发现劳动密集型行业企业的人均月工资均值为 995.93 元，资本密集型行业企业为 1098.11 元，技术密集型行业企业为 1268.49 元。资本密集型和技术密集型行业要求劳动力具备一定的技能，因而支付的工资也较劳动密集型行业高。回归结果显示在表 11-9 的 C 部分。回归结果表明，与非劳动密集型行业企业相比，劳动密集型行业企业含 FDI 的概率受最低工资上涨的影响更大。从企业实收 FDI 的角度，分组回归发现，最低工资上涨对这两类企业的实收 FDI 均有显著的负向影响，交乘项系数为负但不显著，说明最低工资上涨对劳动密集型行业企业和非劳动密集型行业企业 FDI 进入深度的负面影响差异不大。

按企业竞争力分组。盈利能力是企业在行业中具有竞争力的重要标志之一，理论上认为在竞争性市场条件下企业持续盈利能力越强，利润越高，则竞争力越强（金碚、李钢，2007）。金碚和李钢（2007）研究发现，中国工业企业利润增加的一个重要原因是部分职工工资转化成利润，收入分配向资本所有者倾斜。张杰和黄泰岩（2010）同样发现“利润挤占工资”，认为企业可能会通过压低或控制员工的工资来获取更高的利润。那么，最低工资的提高以及监管趋严，对高利润企业来说可能仅仅是利润在资本和劳动力之间的重新分配，使得劳动力获得应有的份额；而对低利润企业而言，劳动力成本上涨将进一步挤占资本的利润空间。据此推测最低工资上涨对高利润企业含有 FDI 的概率及实收 FDI 的负向影响较小，低利润企业则反之。

本书首先利用营业利润和产品销售收入这两个指标计算出企业的营业利润率，然后求出 2000~2007 年单个企业存续期间的利润率均值，再保留企业首年数据，以全部企业存续期间的利润率均值的中位数来分组。首年数据显示，企业利润率的均值为 4.25%，中位数为 4.06%。根据中位数将全部企业分为两组并将组别匹配到其余年份，统计得到利润率高组（赋值为 1）的均值为 6.25%，利润率低组（赋值为 0）的均值为 2.11%；劳动密集型行业企业利润率的均值为 3.80%，资本密集型行业企业为 4.02%，技术密集型行业企业为 4.33%。表 11-10 中 A 部分的回归结果显示，最低工资上涨对利润率高组企业 FDI 进入的影响为负但并不显著，对利润率低组企业 FDI 进入的影响显著为负，最低工资每上涨 10%，利润率较低的企业含有 FDI 的概率下降 0.1 个百分点，实收 FDI 减少 1.6%。

表 11-10 异质性检验：基于企业竞争力分组

变量	含 FDI 企业			企业实收 FDI 的对数		
	(1)	(2)	(3)	(4)	(5)	(6)
A 部分：利润率	利润率高	利润率低	交乘项	利润率高	利润率低	交乘项
最低工资的对数	-0.01 (-1.54)	-0.01** (-2.31)	0.00 (0.19)	-0.03 (-0.76)	-0.16*** (-5.34)	0.13*** (2.83)
B 部分：人均资产	人均资产高	人均资产低	交乘项	人均资产高	人均资产低	交乘项
最低工资的对数	-0.01 (-1.58)	-0.01** (-2.18)	0.00 (0.30)	-0.10*** (-3.14)	-0.10*** (-3.19)	0.00 (0.08)

金碚（2003）认为，企业竞争力还包括企业具有的实现经济上长期良性循环的能力。企业的人均资产反映企业的资本技术密集程度和技术水平，

是衡量企业投资能力和生产能力的重要指标。在行业中，人均资产越高，说明企业的生产力发展空间越大，越有利于获得并保持未来的竞争力。本书根据资产总计和职工人数计算出企业人均资产（人均资产=资产总计/职工人数），统计发现，2000~2007 年企业人均资产均值为 23.64 万元，劳动密集型行业的人均资产均值为 18.44 万元，资本密集型行业为 25.01 万元，技术密集型行业为 28.24 万元。基于此，本书预期人均资产越高，越能缓解最低工资上涨对 FDI 的负面影响。

与利润率分组的处理方法相同，本书对企业各年的人均资产求均值，再根据均值进行排序分组，根据中位数（12.38 万元），将企业划分为人均资产高组（高组=1，组内均值为 38.38 万元）和人均资产低组（低组=0，组内均值为 7.51 万元），表 11-10 的 B 部分是对应的回归结果。结果显示，最低工资对人均资产高的企业含有 FDI 的概率的影响为负但并不显著，对这类企业实收 FDI 的影响显著为负。最低工资显著影响人均资产低的企业含有 FDI 的概率及实收 FDI 数额，最低工资每上涨 10%，人均资产低的企业含有 FDI 的概率降低 0.1 个百分点，实收 FDI 减少 1.0%。

按产品目标市场分组。出口导向型 FDI 一般是成本驱动型 FDI，其生产较大程度依赖于中国的廉价劳动力（杨用斌，2012）。当中国的劳动力成本上涨时，出口导向型 FDI 企业将无法保持低劳动力成本这一国际比较优势，产品价格上升，进而产品在国际市场上的竞争力下降。因此，本书预期最低工资上涨对出口企业含有 FDI 的概率及实收 FDI 带来更不利的影响。

本书按照企业首年是否出口将全部样本划分为出口组和无出口组两组，42.7 万家制造业企业中有约 14 万家企业有出口行为，出口样本占比为 32.79%；8.5 万家含 FDI 企业中有 5.5 万家有出口行为。回归结果如表 11-11 所示，对比第（1）列和第（2）列，发现出口组的系数显著为负，无出口组的系数亦为负但不显著；第（3）列中交乘项（出口组=1）的系数显著为负。这说明企业出口会放大最低工资上涨对企业含有 FDI 的概率的负向影响。第（4）列和第（5）列为对企业实收 FDI 的影响，可以看到，出口组和无出口组的系数均显著为负；交乘项系数为负，尽管该系数不显著，还是可以说明企业出口可能会放大最低工资上涨对企业实收 FDI 的负面影响。

表 11-11　异质性检验：基于产品目标市场分组

变量	含 FDI 企业			企业实收 FDI 的对数		
	(1)	(2)	(3)	(4)	(5)	(6)
	出口组	无出口组	交乘项	出口组	无出口组	交乘项
最低工资的对数	-0.02***	-0.00	-0.01**	-0.10***	-0.10**	-0.00
	(-3.41)	(-0.85)	(-2.45)	(-3.69)	(-2.34)	(-0.08)

5. 其他结果：基于 2008~2013 年数据

表 11-12 给出了 2008~2013 年中国工业企业数据的回归结果。结果显示，最低工资每提高 10%，企业含有 FDI 的概率显著降低 0.1 个百分点，但已有外资企业的实收 FDI 显著增加 2.1%，这可能是因为 2008 年国际金融危机后，与最低工资收入分配效应对应的巨大国内消费市场对外资进入起主导作用。其他分组回归所得结论与使用 2000~2007 年数据所得结论基本一致。

表 11~12　2008~2013 年样本回归结果

	含 FDI 企业	企业实收 FDI 的对数
基准回归		
最低工资的对数	-0.01** (-1.98)	0.06 (1.63)
Heckman 两步法		
最低工资的对数		0.21*** (5.49)
按行业要素密集度		
最低工资的对数	-0.00 (-1.61)	-0.04 (-0.72)
资本密集型×最低工资的对数	0.02*** (2.72)	0.16 (1.47)
技术密集型×最低工资的对数	-0.01**	0.15* (1.76)
按企业人均月工资		
最低工资的对数	0.00 (0.17)	0.07* (1.66)
企业人均月工资小于等于最低工资×最低工资的对数	-0.02*** (-3.60)	-0.04 (-0.39)

续表

	含 FDI 企业	企业实收 FDI 的对数
按人均资产		
最低工资的对数	−0.01** (−2.42)	−0.00 (−0.09)
人均资产高×最低工资的对数	0.01 (1.59)	0.07 (1.08)
各类控制变量	是	是

11.1.3　经济后果的进一步研究

本部分首先考察最低工资上涨对外资企业进入的抑制作用在经济层面的后果，包括企业雇用和企业生产率提升两个方面，这也是中央政府和地方政府最为关心的。当然，在此之前本部分将对比考察最低工资上涨对国内资本投资和外商直接投资的影响，并综合考察最低工资对总投资的影响。另外，本部分还单独考察最低工资对高质量外资进入的影响。高质量外资对企业创新以及中国经济高质量发展至关重要。从理论上讲，高质量外资一般对应技术密集型企业的外资，由于是技术密集型企业，它们对劳动力成本的上涨并不敏感，但从产业链的全球布局和分工来看，中国技术密集型企业可能仍处于全球价值链低端，以技术密集型产品的加工组装为主，对劳动力成本上涨可能比较敏感。因此，有必要在本部分考察最低工资上涨对技术密集型行业企业外资进入的影响。一个不可避免的问题是哪些行业的外资是政府迫切想要引进的外资，即高质量外资。对该问题，本书着重关注《中国制造 2025》提及的行业，考察最低工资上涨对这些行业企业外资进入的影响。最后，本部分基于地市工业用地价格数据，交互考察最低工资上涨与用地价格优惠对企业外资进入的影响，借此讨论政府短期降成本的政策对劳动力成本长期上涨在抑制外资进入上的抵消作用，讨论短期政策的可行性。

1. 最低工资上涨对国内资本投资以及总投资的影响

最低工资上涨对外资进入存在抑制作用，但是如果国内资本能填补外资缺口，保证企业发展所需的资本总量，则该抑制作用对企业经营绩效的影响将减弱（林灵、阎世平，2017），尤其是短期绩效。为此本书考察了最低工资对国内资本投资和总投资的影响，回归结果见表 11-13。其中，第（1）列显示，与对外资进入的影响相反，最低工资上涨会显著促进国内资本投资。结论的差异应主要归因于国内资本与外资在投资行为上关注重点的不同。受跨国投资成本的制约，投资范围仅限国内的内资将着重关注国内市场大小和生产成本高低。最低工资上涨增加生产成本的同时，也扩大了国内市场。更为重要的是，内资企业的研发和创新大多在国内，最低工资上涨的倒逼机制将显著改变企业的生产方式，提升企业的资本劳动比，产生资本对劳动的替代作用。相反，外资的研发和创新主要在母国，投资范围也面向全球，因此东道国单位产品劳动力成本在外资的投资决策中占更大的比重。表 11-13 第（2）列表明，最低工资上涨会显著增加企业实收资本，说明虽然劳动力成本上涨减少外资进入，但对资本总量的影响不大。参照林灵和阎世平（2017）的做法，定义内资对外资的替代变量，若本期 FDI 相对上一期 FDI 减少，但本期实收资本不少于上一期实收资本，则为 1，反之为 0。若最低工资上涨抑制 FDI 进入，但国内资本能弥补资金缺口，那么最低工资对该虚拟变量的回归系数应该为正。表 11-13 第（3）列的回归结果显著为正，说明最低工资上涨抑制了外资进入，但对企业实收资本总量没有产生实质性影响。

表 11-13　最低工资对国内资本投资、总投资的影响

变量	国内资本的对数	实收资本的对数	内资可以替代外资 = 1
	(1)	(2)	(3)
最低工资的对数	0.23***	0.03***	0.00***
	(14.39)	(2.82)	(2.59)
各类控制变量	是	是	是
R^2	0.06	0.12	0.00
样本量	1411155	1411155	983579

2. 最低工资上涨与高质量外资进入

通常认为，资本密集型行业和技术密集型行业外资的技术水平和管理水平更高，技术溢出效应更大，因此质量更高。基于赵伟和郑雯雯（2011）的分类，本书关注最低工资上涨对资本密集型和技术密集型行业的企业外资引进的影响，回归结果由表 11-14 第（1）～（4）列给出。

表 11-14 最低工资调整对高质量外资的影响

变量	资本密集型		技术密集型		高技术产业	
	含 FDI 企业	企业实收 FDI 的对数	含 FDI 企业	企业实收 FDI 的对数	含 FDI 企业	企业实收 FDI 的对数
	(1)	(2)	(3)	(4)	(5)	(6)
最低工资的对数	0.00	-0.06	-0.00	-0.09**	-0.01	-0.01
	(0.40)	(-1.20)	(-0.11)	(-1.98)	(-0.94)	(-0.17)
各类控制变量	是	是	是	是	是	是
R^2	0.00	0.06	0.00	0.09	0.00	0.11
样本量	348261	59870	529653	115404	106011	37831

回归结果显示，最低工资上涨对资本密集型行业和技术密集型行业企业外资进入的作用不显著，但对技术密集型行业企业的实收 FDI 存在显著的负向影响。一个可能的解释是中国制造业企业在全球价值链中所处的位置较低。王岚和李宏艳（2015）对中国制造业在全球价值链的嵌入位置和增值能力的研究发现，按照 OECD 分类标准划分的低技术行业、中技术行业和高技术行业，最低工资与增值能力负相关，表明中国的中高技术行业仍嵌入全球价值链的低增值环节，使得中高技术行业的增值能力反而更弱。换句话说，中国中高技术行业位于微笑曲线的底端，行业中的企业主要进行加工组装等低附加值的生产活动。

根据两位行业代码识别的技术密集型行业中的外资并非全是现阶段中国制造业发展所需的高质量外资，为更好地识别高质量外资，本书依据《中国制造 2025》和国家统计局公布的《高技术产业（制造业）分类（2017）》，使用四位行业代码和细分行业名称进行识别。《高技术产业（制造业）分类（2017）》中有 85 个四位代码制造业高技术产业，与数据库中 60 个四位代码的制造业细分行业相对应。对筛选出来的高技术产业企业进行统计发现，2000 年高技术产业企业共 7151 家，其中含外资的企业 2413 家，占比 33.7%，所含外资资本占当年外资总额的 13.2%；2007 年高技术产业企业共 19807 家，其中含外资的企业数量为 7008 家，占比 35.4%，所含外资资本占当年外资总额的 15.3%。可见 2000~2007 年高技术产业吸收外资数量较少。但从整个样本期间来看，高技术产业的样本总量为 106011 个，其中含有 FDI 的样本数量为 37831 个，占比为 35.7%，该占比高于全样本的外资企业数量占比。表 11-14 第（5）~（6）列的回归结果显示，最低工资上涨对高技术产业外资进入概率和投资数额的影响均为负但并不显著。

3. 最低工资上涨、外资进入抑制及其对就业和生产率的影响

外商直接投资的进入能增加就业（刘宏、李述晟，2013），促进技术进步（江小涓，2004），提高企业生产率（王志鹏、李子奈，2003）。最低工资上涨对外资进入产生显著的抑制作用，进而可能会影响企业雇用人数和企业生产率。表 11-15 第（1）列以企业雇用人数的对数为因变量，回归变量同时加入最低工资的对数、含 FDI 企业以及二者的交乘项。最低工资对企业雇用人数的影响包括直接影响和通过 FDI 进入产生的间接影响，分别由最低工资的对数和交乘项的回归系数体现。回归结果显示，与既有研究最低工资与就业的文献结论一致，最低工资上涨 10%，企业雇用人数显著减少 1.1%。同时，FDI 的进入显著使企业雇用增加 0.5%。含 FDI 企业与最低工资的对数的交乘项回归系数为正，最低工资上涨通过抑制 FDI 进入对企业雇用产生的负向影响不存在。一种可能的解释是，虽然最低工资上涨抑制了外资的进入，但最低工资上涨显著促进了内资的增加，因 FDI 进入抑制而减少的雇用由因内资增加而增加的雇用抵消。

表 11-15　最低工资调整、外资进入与就业、生产率

变量	企业雇用人数的对数	企业生产率
	(1)	(2)
最低工资的对数	-0.11*** (-13.56)	0.25*** (19.31)
含 FDI 企业	0.05*** (12.28)	0.02*** (3.98)
含 FDI 企业×最低工资的对数	0.24*** (29.17)	-0.23*** (-19.45)
各类控制变量	是	是
R^2	0.14	0.10
样本量	1411155	1387102

将企业生产率作为因变量，表 11-15 第（2）列为对应回归结果，其中

企业生产率利用索洛余值法测度。与现有的文献一致，当企业含有 FDI 时，企业的生产率显著提高。最低工资每上涨 10%，企业生产率提高 2.5%，最低工资上涨对生产率提升存在倒逼机制。交乘项的回归结果显示，最低工资上涨通过对外资进入的抑制，使企业生产率显著下降。相比内资，外资在生产过程中蕴含更多的技术和创新，虽然内资增加，但仍无法替代外资对企业生产率的影响。

4. 基于城市工业用地价格的政府短期政策探讨

根据前文的研究，最低工资上涨对 FDI 进入有显著抑制作用，在短期对就业的影响有限，但在长期不利于企业生产率的提高。在劳动力成本上涨不可逆的前提下，如何制定政策吸引和稳定外资，尤其是降低企业生产成本的短期政策是否有效，是中央政府和地方政府密切关注的问题。根据岳金桂和陆晓晨（2018）的研究，工业用地价格优惠是地方政府吸引外资的重要方式之一，地方政府采用“竞次到底”的出让策略（王贺嘉等，2013），采取“协议”方式长期低价出让工业用地（聂雷等，2015），通过降低外资的运营成本来吸引外资企业进驻。在最低工资上涨抑制外资进入的背景下，评估地方政府短期的地价优惠能否抵消最低工资上涨的长期影响，可以为短期政府政策的制定提供参考。

本书将 2004～2007 年城市工业用地价格与城市最低工资数据和中国工业企业数据匹配，利用 2004～2007 年的城市工业用地均价数据计算各城市工业用地均价的平均增长率，根据中位数将城市归入低增长率组和高增长率组，前者取值为 1，意味着工业用地价格优惠，后者取值为 0，将该虚拟变量及与最低工资的对数的交乘项加入回归模型中。之所以取 2004～2007 年城市工业用地均价的平均增长率，目的是消除最低工资增长对供地策略的影响。表 11-16 的回归结果显示，当城市工业用地均价平均增长率较高时，最低工资每上涨 10%，企业含有 FDI 的概率降低 0.7 个百分点，实收 FDI 减少 1.7%；当城市工业用地均价平均增长率较低时，最低工资每上涨 10%，企业含有 FDI 的概率降低 0.6 个百分点，实收 FDI 减少 0.8%。工业用地价格优惠显著缓解最低工资上涨对 FDI 进入的负向影响。从政策含义上讲，短期节约成本的政策如工业用地优惠或税收优惠可以是政府稳定外资的政策选项。

表 11-16 最低工资调整、城市工业用地均价平均增长率与外资进入

变量	含 FDI 企业	企业实收 FDI 的对数
	(1)	(2)
最低工资的对数	-0.07***	-0.17***
	(-10.36)	(-8.59)
工业用地均价平均增长率低组×最低工资的对数	0.01**	0.09***
	(2.14)	(4.37)
各类控制变量	是	是
R^2	0.00	0.00
样本量	491682	491682

11.1.4 结论与政策启示

改革开放以来，外商直接投资对中国经济的快速发展起到了重要作用，在中国未来的经济发展中也将继续扮演重要角色，因此“稳外资”极为重要。但近年来，中国最低工资标准频繁调整且监管更加到位，使得劳动力成本提高，这是否会对中国的外商直接投资造成影响？本节利用 2000~2013 年中国工业企业数据以及对应城市的最低工资标准数据，考察最低工资标准与外商直接投资进入之间的关系，还分析了最低工资影响外资进入的经济后果并探讨了应对措施。

研究发现，最低工资标准上涨显著抑制外商直接投资进入。最低工资每提高 10%，企业含有 FDI 的概率降低 0.1 个百分点。又因为样本企业含有 FDI 的平均概率为 21.95%，折合为弹性，即最低工资上涨 10%，企业含有 FDI 的概率下降 0.46 个百分点，弹性为-0.046。同时，最低工资与企业实收 FDI 也呈显著的负相关关系。以含有 FDI 的企业为样本，回归发现，最低工资每上涨 10%，企业实收 FDI 减少 1.0%。外生劳动力成本上涨显著减少 FDI 进入主要是通过内延边际实现，即通过减少已有 FDI 企业的外商直接投资数量实现。

本节从三个方面进行了稳健性检验，检验结果均支持基准回归的结论。通过异质性分析发现，在劳动力质量高、竞争力强的企业中，最低工资上涨对 FDI 进入及实收 FDI 的影响较小；在产品目标市场为境外（出口导向型）的企业中，最低工资上涨对 FDI 进入的负向影响较大。本节还分析了最低工资影响外资进入的经济后果，发现最低工资上涨对 FDI 进入的显著抑

制作用，在短期对就业的影响有限，但在长期不利于企业生产率的提高。借助城市工业用地均价增长率评估了政府短期政策的有效性，发现地价优惠有效缓解了劳动力成本上涨对外资进入的负向冲击。

根据研究发现，本书提出以下可供参考的建议。第一，充分考虑企业异质性，科学制定最低工资标准，降低成本效应。除直辖市和广东省深圳市外，其余城市最低工资标准的调整依赖于省级政府，难以达到“量体裁衣”的效果。最低工资的制定应该“自下而上”，基层政府应立足企业展开实地调查，考虑不同规模的企业对最低工资调整的承受能力，将信息汇总给省级部门以帮助其科学决策。在最低工资标准调整后，要关注工资调整对企业经营带来的实际影响，为后续调整提供参考。第二，加强职业技能培训，鼓励创新，提高企业软实力。最低工资的激励效应和创新效应的发挥与企业实力相关。人力资本水平低、依赖劳动力要素生产且盈利能力弱的企业生存能力弱，无法承担职工培训和研发创新支出。针对这部分企业，政府可以通过减税降费等政策降低最低工资上涨的成本效应，同时通过提供职业技能培训、研发创新补贴等帮助企业转型升级，切实提高企业竞争力，发挥最低工资激励效应和创新效应。对于人力资本水平高、资本密集型或技术密集型企业，要加大人才保障和专利保护的政策力度，让高质量外资在华安心深耕。第三，引导外资跨区域转移，通过合理流动“留”住外资。数据显示，有 90%的外资集中在东部地区，而东部地区经济的快速发展带动工资水平的提高，势必会淘汰低效率的外资。相比东部地区，中西部地区的最低工资较低，具备吸收被高劳动力成本挤出的外资的能力和条件。一方面，地方政府可以借助税收优惠和地价优惠吸引外资进驻；另一方面，各省（区、市）之间应该打破招商引资的壁垒，东部地区的省（区、市）可以与中西部地区的省（区、市）“结对子”，为外资跨区域转移做好对接和协调工作。第四，适当放开对外资的投资限制，通过巨大的国内消费市场吸引并稳定外资，发挥最低工资的收入分配效应。2001 年起在华外资企业具有销售自主权，生产的产品可选择内销和外销。但 2000~2007 年的数据显示，70%的外资企业有出口行为，仅有 30%的外资企业是完全面对中国市场的。随着最低工资标准的提高，居民的收入水平和消费能力相应提升，中国的消费市场具有巨大的潜力。政府应鼓励并引导外资企业生产国内生产生活所需的物品，帮助外资企业扎根中国市场。

11.2 最低工资与小微企业投资①

11.2.1 研究背景

1. 投资现状分析

与大中型企业相比，小微企业规模较小，财务报表往往并不健全，无法采用 Richardson（2006）、曹春方（2013）使用的传统方法衡量企业投资，这为研究小微企业的投资行为带来了困难，不过中国小微企业调查（CMES）从多个方面综合考察了小微企业的投资行为。本章利用 CMES 数据，主要采用利润再投资、新投资、招聘和研发投入等四个指标综合反映小微企业的投资状况。其中，CMES 调查组询问了盈利企业准备将 2014 年的利润中多少比例的资金用于企业再投资②，这反映了企业利润再投资的水平。而虚拟变量新投资③则衡量小微企业新投资项目的情况。招聘指小微企业最近一年招聘新员工的数量，用以衡量小微企业对劳动力的投入情况，而研发投入主要表示小微企业在研发方面的投资。

表 11-17 显示了小微企业的投资现状。本书根据各市（县）最低工资水平将样本分为最低工资水平较低地区、最低工资水平一般地区和最低工资水平较高地区，然后进行分类统计。统计结果发现，最低工资较低地区的小微企业利润再投资比例为 41.93%，而最低工资较高地区的小微企业利润再投资比例为 33.52%，明显低于前者。说明最低工资越高则小微企业利润再投资比例越低，可能不利于小微企业的投资和扩张。新投资的统计分析显示，在最低工资水平较低的地区，47.71%的小微企业申请了新的投资项目或扩大了经营范围，而在最低工资水平较高的地区，这一比例只有 44.72%。这意味着最低工资水平越低的地区，小微企业越可能开发新的投

① 本节部分内容发表于《劳动经济研究》2021 年第 1 期，题目为《最低工资如何影响小微企业投资？——基于 CMES 的实证研究》，作者为杨超、李洁、马双、李阳。

② CMES 调查组对小微企业提出如下问题：2014 年，贵企业的利润中有多少比例的资金用于企业再投资？该问题仅涉及盈利企业。

③ CMES 调查组对小微企业提出如下问题：2014 年，贵企业是否申请投资新的项目或扩大经营范围等？选项有：①是；②否。该问题仅涉及制造业和建筑行业企业。

资项目或扩大经营范围。招聘数据显示，在最低工资水平较低的地区，小微企业在最近一年平均招聘 6.91 人，而在最低工资水平较高的地区，小微企业平均招聘 6.23 人，小于前者。说明在最低工资水平较高的地区，小微企业在劳动力方面的投入较少。不过研发投入的统计数据与前三个指标刚好相反，在最低工资水平较低的地区，小微企业研发投入的支出占企业营业收入的 1.45%，而在最低工资水平较高的地区却占 1.74%。说明最低工资越高，小微企业在研发方面的投资可能越多。

表 11-17　小微企业投资现状分析

单位：人，%

地区	利润再投资比例	新投资企业占比	招聘员工数量	研发投入占比
最低工资水平较低地区	41.93	47.71	6.91	1.45
最低工资水平一般地区	38.83	40.49	6.71	2.09
最低工资水平较高地区	33.52	44.72	6.23	1.74

综合以上分析，在最低工资水平较高的地区，小微企业的利润再投资比例和进行新投资的可能性较低，企业招聘的新员工数量也较少，不过其在研发方面的投资可能反而更多。那么，是什么因素导致了小微企业在投资方面的差异呢？本书将主要从劳动力成本、盈利能力和行业前景等方面进行探讨。

2. 劳动力成本和盈利能力现状分析

表 11-18 显示了小微企业劳动力成本和盈利能力的现状。统计结果发现，最低工资水平较低地区的小微企业 2014 年的平均工资为 3159.77 元，最低工资较高地区的小微企业的平均工资为 4172.53 元，高于前者。说明最低工资水平越高的地区，小微企业的平均工资越高，最低工资上涨可能会使小微企业的平均工资增加。统计结果还显示，最低工资水平较低地区的小微企业 2014 年的人工成本占营业收入的 25.59%，最低工资水平较高地区的小微企业人工成本占营业收入的 29.78%，说明最低工资水平越高的地区，企业的人工成本越高。最低工资水平较低的地区小微企业销售利润率为 1.72%，而最低工资水平较高的地区小微企业的销售利润率为负值，说明企业的盈利能力远低于前者。综合表 11-18 的分析结果可知，相较于最低工资水平较低的地区，最低工资水平较高的地区的小微企业的平均工资水平更高，其人工成本占营业收入的比例也较高，进而拉低了小微企业的

盈利水平，这可能是抑制小微企业投资的重要因素之一。

表 11-18 小微企业劳动力成本和盈利能力分析

单位：元，%

地区	平均工资	人工成本占营业收入比例	销售利润率
最低工资水平较低地区	3159.77	25.59	1.72
最低工资水平一般地区	3326.26	29.02	-3.21
最低工资水平较高地区	4172.53	29.78	-3.19

3. 行业前景分析

接下来，本书对小微企业主对行业前景的看法①进行分析。最低工资水平较低的地区，小微企业主看好行业发展前景的占 57.85%，不看好行业发展前景的占 13.05%，另有 15.26%的小微企业主认为行业前景和以前差不多，13.82%的小微企业主回答“说不清楚”；而在最低工资水平较高地区，认为企业所在行业未来发展“会更好”、“会变差”、“和以前差不多”和“说不清楚”的小微企业主占比分别为 54.83%、14.19%、18.76%和 12.23%（见表 11-19），说明在最低工资水平较高的地区，小微企业主可能不看好企业所在行业的未来发展前景，这也可能是最低工资水平较高地区，小微企业不愿意进行投资的重要原因之一。

表 11-19 小微企业主对行业前景看法的分析

单位：%

地区	行业前景会更好	行业前景和以前差不多	行业前景会变差	说不清楚
最低工资水平较低地区	57.85	15.26	13.05	13.82
最低工资水平一般地区	52.97	16.99	13.53	16.51
最低工资水平较高地区	54.83	18.76	14.19	12.23

11.2.2 数据及基准回归

1. 描述性统计

如表 11-20 所示，盈利小微企业平均利润再投资比例为 38%，即盈利

① CMES 调查组对小微企业主询问如下问题：您认为企业所在行业的未来前景如何？选项有：①会更好；②和以前差不多；③会变差；④说不清楚。

企业将利润中 38%的资金用于再投资。[①] 新投资企业占比均值为 43%，意味着 43%的小微企业申请投资新的项目或扩大经营范围。[②] 55%的小微企业招聘了新员工，平均招聘新员工 6.76 人，同时也有 3.85 人辞职。小微企业员工的平均工资为 3793.40 元。对于企业所在行业的发展前景，54%的企业主认为会更好，17%的企业主认为和以前差不多，15%的企业主认为企业所在行业的发展前景会变差，剩余的企业主不清楚或者没有做出回答。平均最低工资标准为 1331.25 元，远低于小微企业的平均工资水平。

表 11-20 变量描述性统计

变量	样本量	均值	标准差	5 分位	25 分位	中值	75 分位	95 分位
利润再投资比例（%）	2279	38	37	0	0	30	70	100
新投资企业占比（%）	1601	43	49	0	0	0	100	100
招聘企业占比（%）	5103	55	50	0	0	100	100	100
招聘人数（人）	5062	6.76	15.74	0	0	1	5	30
研发投入占比（%）	4431	2.27	9.09	0	0	0	0.16	10
员工工资（元）	3880	3793.40	3429.47	1600	2500	3000	4000	7000
人工成本占比（%）	4630	27.74	22.90	0	10	20	40	80
辞职员工人数（人）	4680	3.85	8.73	0	0	1	3	20
行业前景会更好（%）	5100	54	50	0	0	100	100	100
行业前景和以前差不多（%）	5100	17	38	0	0	0	0	100
行业前景会变差（%）	5100	15	35	0	0	0	0	100
最低工资（元）	5488	1331.25	269.29	900	1145	1300	1500	1820
总资产（百万元）	5561	11.27	29.66	0.05	0.5	2	8	50
资产负债率（%）	4597	41	169	0	0	1.1	20	150
企业主持股比例（%）	4949	79.34	25.98	30	55	100	100	100
企业年龄（年）	5492	7.74	6.91	0	2	6	11	21

2. 基准回归分析

贾朋和张世伟（2013）等研究发现，最低工资具有溢出效应，不仅会增加工资低于最低工资标准的劳动者的工资，而且会增加工资高于最低工

① 由于此问题的调查只涉及盈利企业，所以样本较少。

② 由于此问题的调查只涉及建筑业和制造业，所以样本较少。

资标准的劳动者的工资，因此最低工资的上调将提升整个工薪阶层的工资水平，进而可能会增加企业的人工成本。首先，人工成本是企业经营成本的主要构成部分之一，对于大部分属于劳动密集型的小微企业而言，人工成本的上升，可能会迫使其减少投资。其次，小微企业由于竞争激烈，利润本来就微薄，最低工资水平的提高，将直接增加小微企业的人工成本，进而侵蚀小微企业的盈利空间。面对最低工资提高造成的利润下滑，小微企业更不可能开展新的投资。最后，最低工资标准的提高提升了劳动力市场的工资水平，这将增加整个行业的劳动力成本，降低行业利润率，可能使企业主不看好企业所在行业的发展前景，缺乏进行投资的动力。因此，本书认为最低工资越高，越不利于小微企业的投资。为了检验最低工资对小微企业投资的影响，本书主要从利润再投资、新投资、招聘和研发投入等四个方面进行深入研究。

（1）最低工资与利润再投资

表 11-21 显示了最低工资对小微企业利润再投资比例的回归结果。第（1）列仅控制了行业固定效应，结果显示最低工资的系数为-0.27，并且在1%的水平下显著，意味着最低工资与盈利企业的利润再投资比例显著负相关，如果最低工资提高10%，则盈利企业利润再投资的比例会下降 2.7 个百分点。在第（2）列中加入了企业特征变量以进一步控制企业间差异，结果发现最低工资对利润再投资比例的负向影响仍然存在。企业总资产、资产负债率对盈利企业利润再投资比例都有显著正向影响。在第（3）列中，加入了各市的人均 GDP 以进一步控制各地的经济发展水平差异，结果显示最低工资的系数为-0.28，并且依然在 1%的水平下显著，若最低工资提高10%，则利润再投资比例会下降 2.8 个百分点。

表 11-21　最低工资与利润再投资

变量	(1)	(2)	(3)
	利润再投资比例	利润再投资比例	利润再投资比例
最低工资的对数	-0.27***	-0.26***	-0.28***
	(-6.00)	(-5.78)	(-4.13)
总资产对数		0.02***	0.02***
		(5.51)	(5.51)

续表

变量	(1)	(2)	(3)
	利润再投资比例	利润再投资比例	利润再投资比例
资产负债率		0.01*** (3.10)	0.02*** (3.09)
企业主持股比例		0.00 (1.54)	0.00 (1.54)
企业年龄		-0.00* (-1.96)	-0.00** (-1.96)
企业年龄^2		0.00 (1.47)	0.00 (1.47)
辞职员工人数对数		0.00 (0.91)	0.00 (0.92)
集体/集体控股		-0.12 (-0.87)	-0.12 (-0.87)
私营		-0.01 (-0.15)	-0.01 (-0.15)
外资/合资		-0.06 (-0.47)	-0.07 (-0.48)
其他所有制		-0.09 (-0.56)	-0.09 (-0.57)
市人均 GDP 的对数			0.00 (0.23)
行业虚拟变量	控制	控制	控制
截距项	2.34*** (7.27)	1.91*** (5.30)	1.92*** (5.33)
样本量	1780	1780	1780
调整 R^2	0.03	0.05	0.06

注：***、** 和 * 分别表示在 1%、5%、10%的水平下显著，括号内为异方差稳健的标准差。下表同。

（2）最低工资与新投资

表 11-22 展示了最低工资对小微企业新投资的回归结果。其中，第（1）列同样仅控制了行业固定效应，结果显示最低工资与新投资企业占比

显著负相关，最低工资提高10%，开展新投资的企业占比将下降5.6个百分点。在第（2）列中加入了企业特征变量以进一步控制企业间差异，最低工资系数仍然为负值，但不显著。在第（3）列中加入了各市的人均GDP以进一步控制各地的经济发展水平差异，结果显示，如果最低工资提高10%，则开展新投资企业占比将下降7.0个百分点。

表 11-22　最低工资与新投资

变量	(1)	(2)	(3)
	新投资企业占比	新投资企业占比	新投资企业占比
最低工资的对数	-0.56***	-0.26	-0.70**
	(-2.72)	(-1.24)	(-1.98)
总资产对数		0.15***	0.15***
		(5.78)	(5.79)
资产负债率		0.05	0.05
		(1.62)	(1.53)
企业主持股比例		0.00*	0.00*
		(1.93)	(1.95)
企业年龄		-0.04**	-0.04***
		(-2.56)	(-2.66)
企业年龄^2		0.00	0.00
		(1.15)	(1.26)
辞职员工人数对数		0.07**	0.08**
		(1.99)	(2.20)
私营		-0.55	-0.52
		(-1.26)	(-1.20)
外资/合资		-0.77	-0.76
		(-1.52)	(-1.50)
其他所有制		-1.07	-1.03
		(-1.30)	(-1.25)
市人均GDP的对数			0.22
			(1.58)
行业虚拟变量	控制	控制	控制

续表

变量	(1)	(2)	(3)
	新投资企业占比	新投资企业占比	新投资企业占比
截距项	3.75**	-0.14	0.51
	(2.53)	(-0.09)	(0.30)
样本量	978	978	978
伪 R^2	0.00	0.05	0.06

(3) 最低工资与招聘

如前文所述，随着最低工资制度的普及和执行力度的加大，劳动力成本持续上升（马双等，2012；贾朋、张世伟，2013；孙楚仁等，2013b），生产成本增加，进一步侵蚀了小微企业的盈利空间。这可能会迫使小微企业缩减企业规模，减少员工数量，以应对劳动力成本的上升。因此，本书预期最低工资越高，小微企业在劳动力方面的投入越少，可能招聘的员工数量会越少。

表 11-23 显示了最低工资对小微企业招聘的回归结果。在第（1）列中，以招聘企业占比为因变量，得到最低工资系数为-0.40，并且在 5%的水平下显著，意味着如果最低工资上涨 10%，则招聘新员工的小微企业占比将降低 4.0 个百分点。第（2）列中，以招聘人数对数为因变量，结果发现最低工资系数为-0.30，并且在 1%的水平下显著，说明若最低工资水平上升 10%，则企业招聘人数将下降 3.0%。综合表 11-23 的回归结果可知，最低工资水平越高，则小微企业招聘新员工的可能性越低，而且招聘人数也越少。

表 11-23　最低工资与招聘

变量	(1)	(2)
	招聘企业占比	招聘人数对数
最低工资的对数	-0.40**	-0.30***
	(-2.23)	(-2.63)
总资产对数	0.11***	0.09***
	(8.21)	(10.43)

续表

变量	(1)	(2)
	招聘企业占比	招聘人数对数
资产负债率	0.04** (2.32)	0.03*** (3.14)
企业主持股比例	0.00 (0.20)	-0.00 (-0.62)
企业年龄	-0.03*** (-3.07)	-0.02*** (-4.42)
企业年龄^2	0.00 (0.82)	0.00** (2.36)
辞职员工人数对数	0.76*** (20.08)	0.72*** (35.88)
集体/集体控股	-0.03 (-0.08)	0.01 (0.05)
私营	-0.02 (-0.07)	0.09 (0.49)
外资/合资	-0.14 (-0.33)	-0.02 (-0.08)
其他所有制	0.09 (0.20)	-0.10 (-0.40)
市人均 GDP 的对数	0.19*** (2.59)	0.10** (2.08)
行业虚拟变量	控制	控制
截距项	-1.35 (-1.35)	0.211 (0.34)
样本量	3702	3702
R^2	0.24	0.45

(4) 最低工资与研发投入

为了缓解劳动力成本上升压力，小微企业可能会寻求转变，实现转型升级。研发是我国小微企业转型升级、建立竞争优势的主要渠道之一。小微企业在减少劳动力投入的同时，可能会增加在研发方面的投资。

表 11-24 给出了最低工资对小微企业研发投入的回归结果。第（1）列只控制行业特征变量，结果发现最低工资系数为 1.53，并且在 5%的水平下显著，意味着若最低工资提高 10%，则小微企业在研发方面的投入占比将上升 15.3 个百分点。第（2）列加入了企业特征变量以进一步控制企业间差异，最低工资系数仍然显著为正。第（3）列中加入各市人均 GDP 以进一步控制各地的经济发展水平差异，结果最低工资系数为 1.90，并且仍然在 10%的水平下显著，进一步支持了列（1）的回归结果，表明最低工资水平越高，则小微企业在研发方面的投资越多。

表 11-24　最低工资与研发投入

变量	(1)	(2)	(3)
	研发投入占比	研发投入占比	研发投入占比
最低工资的对数	1.53**	1.91**	1.90*
	(2.12)	(2.50)	(1.70)
总资产对数		0.07	0.07
		(1.00)	(0.99)
资产负债率		0.01	0.01
		(0.21)	(0.21)
企业主持股比例		-0.00	-0.00
		(-0.90)	(-0.90)
企业年龄		-0.21***	-0.21***
		(-2.72)	(-2.72)
企业年龄^2		0.00**	0.00**
		(2.42)	(2.42)
辞职员工人数对数		0.11	0.11
		(0.65)	(0.65)
集体/集体控股		2.01	2.01
		(1.47)	(1.47)
私营		1.35***	1.35***
		(3.40)	(3.40)
外资/合资		0.32	0.32
		(0.52)	(0.52)

续表

变量	(1)	(2)	(3)
	研发投入占比	研发投入占比	研发投入占比
其他所有制		-0.13 (-0.27)	-0.13 (-0.27)
市人均GDP的对数			0.00 (0.01)
行业虚拟变量	控制	控制	控制
截距项	-8.60* (-1.67)	-12.40** (-2.20)	-12.39** (-2.17)
样本量	3383	3383	3383
调整 R^2	0.03	0.03	0.03

11.2.3 机制分析

前文研究发现最低工资水平越高，则小微企业的利润再投资比例越低，进行新投资的可能性越低，招聘的员工数量也越少，不过在研发方面的投资越多。接下来，本书将从人工成本、盈利能力和行业前景三个方面对最低工资的作用机制进行探讨。

1. 最低工资与人工成本

（1）最低工资与员工工资

如前文所言，最低工资具有溢出效应，最低工资水平较高的地区，员工的平均工资水平也较高，进而影响小微企业的投资行为。表11-25显示了最低工资对小微企业员工工资的回归结果。第（1）列只控制行业特征变量，结果发现最低工资系数为0.83，而且在1%的水平下显著，意味着如果最低工资提高10%，则员工工资水平将提高8.3%。第（2）列进一步加入企业特征变量，结果发现最低工资系数仍然显著为正。第（3）列加入市人均GDP以控制各地的经济发展情况，结果发现最低工资系数为0.37，而且在5%的水平下显著，说明若最低工资提高10%，则小微企业员工工资将提高3.7%。综合表11-25的回归结果可知，最低工资上涨显著提高了小微企业员工的工资水平，符合预期。

表 11-25　最低工资与员工工资

变量	(1)	(2)	(3)
	员工工资对数	员工工资对数	员工工资对数
最低工资的对数	0.83*** (6.97)	0.84*** (6.92)	0.37** (2.09)
总资产对数		0.04*** (3.55)	0.04*** (3.45)
资产负债率		-0.00 (-0.14)	-0.00 (-0.25)
辞职员工人数对数		0.14*** (4.52)	0.15*** (4.63)
企业主持股比例		0.00 (1.57)	0.00* (1.69)
企业年龄		-0.00 (-0.56)	-0.00 (-0.72)
企业年龄^2		0.00 (0.58)	0.00 (0.72)
集体/集体控股		-0.34 (-1.19)	-0.33 (-1.16)
私营		-0.10 (-0.90)	-0.10 (-0.86)
外资/合资		-0.04 (-0.31)	-0.07 (-0.50)
其他所有制		-0.54 (-1.04)	-0.53 (-1.03)
市人均 GDP 的对数			0.27*** (3.29)
行业虚拟变量	控制	控制	控制
截距项	2.07** (2.42)	0.72 (0.79)	1.16 (1.30)
样本量	3031	3031	3031
调整 R^2	0.11	0.13	0.14

（2）最低工资与人工成本

表 11-25 证实了最低工资越高，则小微企业员工的工资水平也越高。员工工资水平的提升，可能会进一步增加小微企业的人工成本。接下来，本书进一步检验最低工资对小微企业人工成本占比的影响，回归结果如表 11-26 所示。第（1）列仅控制了行业固定效应，结果显示最低工资水平与小微企业的人工成本占比显著正相关，说明若最低工资水平提高 10%，则小微企业的人工成本占比将提升 67 个百分点。在第（2）列中加入了企业特征变量以进一步控制企业间差异，回归结果显示最低工资对人工成本占比的正向影响仍然存在。在第（3）列中加入了各市人均 GDP 以进一步控制各地的经济发展情况，结果显示最低工资越高，则小微企业人工成本占比越高，也与预期一致。

表 11-26 最低工资与人工成本

变量	(1)	(2)	(3)
	人工成本占比	人工成本占比	人工成本占比
最低工资的对数	6.70***	8.19***	5.68**
	(3.33)	(4.04)	(1.97)
总资产对数		-2.02***	-2.03***
		(-8.03)	(-8.04)
资产负债率		-1.09***	-1.09***
		(-3.99)	(-4.02)
辞职员工人数对数		2.76***	2.77***
		(6.65)	(6.67)
企业主持股比例		0.01	0.01
		(0.96)	(1.00)
企业年龄		-0.36**	-0.37**
		(-2.22)	(-2.27)
企业年龄^2		0.01**	0.01**
		(1.99)	(2.03)
集体/集体控股		11.59**	11.61**
		(2.23)	(2.23)
私营		7.55*	7.57*
		(1.76)	(1.76)

续表

变量	(1)	(2)	(3)
	人工成本占比	人工成本占比	人工成本占比
外资/合资		5.27 (1.10)	5.10 (1.06)
其他所有制		10.60 (1.60)	10.50 (1.57)
市人均 GDP 的对数			1.44 (1.22)
行业虚拟变量	控制	控制	控制
截距项	-23.10 (-1.60)	-18.57 (-1.21)	-16.50 (-1.07)
样本量	3762	3762	3762
调整 R^2	0.04	0.07	0.07

2. 最低工资与盈利能力

接下来，本书进一步检验最低工资对小微企业盈利能力的影响。最低工资显著增加了小微企业的员工工资和人工成本，进而可能会对小微企业的盈利能力造成负面影响。表 11-27 显示了最低工资对小微企业盈利能力的回归结果。其中，第（1）列仅控制了行业固定效应，结果显示最低工资的系数为负值，并且在 5%的水平下显著，意味着若最低工资提高 10%，则小微企业的盈利水平将下降 152.6 个百分点，最低工资上调将显著降低小微企业的盈利能力。在第（2）列中加入了企业特征变量以进一步控制企业间差异，回归结果显示最低工资对企业盈利能力的负向影响仍然存在。在第（3）列中加入了各市人均 GDP 以进一步控制各地的经济发展水平差异，结果显示最低工资越高，小微企业的盈利能力越差，进一步支持了前文的研究，证实了预期。

表 11-27　最低工资与盈利能力

变量	(1)	(2)	(3)
	盈利能力	盈利能力	盈利能力
最低工资的对数	-15.26^{**} (-2.50)	-24.98^{***} (-4.19)	-17.38^{**} (-2.01)

续表

变量	(1)	(2)	(3)
	盈利能力	盈利能力	盈利能力
总资产对数		-6.69*** (-6.17)	-6.71*** (-6.17)
资产负债率		-5.14*** (-4.56)	-5.12*** (-4.54)
营业收入对数		12.18*** (8.60)	12.21*** (8.61)
企业主持股比例		0.16*** (3.99)	0.16*** (3.94)
企业年龄		0.44 (1.06)	0.46 (1.09)
企业年龄^2		-0.01 (-1.10)	-0.01 (-1.12)
集体/集体控股		50.58** (2.31)	50.58** (2.32)
私营		29.37 (1.39)	29.34 (1.39)
外资/合资		22.87 (1.03)	23.51 (1.06)
其他所有制		42.84* (1.81)	43.16* (1.83)
市人均 GDP 的对数			-4.34 (-1.24)
行业虚拟变量	控制	控制	控制
截距项	106.34** (2.42)	48.14 (1.00)	41.34 (0.85)
样本量	3315	3315	3315
调整 R^2	0.00	0.09	0.09

3. 最低工资与行业前景

如前文所言，最低工资可能影响小微企业主对于整个行业前景的看法，如果最低工资水平较高，人工成本上升，小微企业主可能不看好整个行业的发展前景，进而不愿意进行投资。因此，本书进一步研究最低工资对行业前景的影响。表 11-28 显示了最低工资对行业前景的回归结果，第（1）列以虚拟变量行业前景会更好为因变量，如果企业主看好行业发展前景，则因变量等于 1，否则等于 0。结果显示，最低工资系数为-0.31，并且在 5%的水平下显著，意味着如果最低工资水平提高 10%，则小微企业主看好企业所在行业的发展前景的比例将下降 3.1 个百分点。第（3）列以虚拟变量行业前景会变差为因变量，如果企业主认为企业所在行业未来发展会变差，则因变量等于 1，否则等于 0。结果显示，最低工资系数为 0.82，并且在 1%的水平下显著，说明若最低工资水平提高 10%，则小微企业主认为行业发展前景会变差的比例将提高 8.2 个百分点。综合表 11-28 的回归结果可知，最低工资标准越高，则小微企业主越不看好企业所在行业的发展前景。

表 11-28　最低工资与行业前景

变量	(1)	(2)	(3)
	行业前景会更好	行业前景和以前差不多	行业前景会变差
最低工资的对数	-0.31**	-0.03	0.82***
	(-2.30)	(-0.25)	(4.69)
总资产对数	0.09***	-0.01	-0.10***
	(9.33)	(-1.46)	(-9.67)
企业主持股比例	0.00**	-0.00*	-0.00
	(2.49)	(-1.84)	(-0.62)
企业年龄	-0.06***	0.05***	0.03***
	(-8.19)	(5.81)	(3.99)
企业年龄^2	0.00***	-0.00***	-0.00
	(5.12)	(-4.57)	(-1.40)
集体/集体控股	0.16	0.50	-0.24
	(0.53)	(1.26)	(-0.66)
私营	0.11	0.38	-0.14
	(0.40)	(1.01)	(-0.45)
外资/合资	0.45	0.20	-0.41
	(1.40)	(0.49)	(-1.07)

续表

变量	(1)	(2)	(3)
	行业前景会更好	行业前景和以前差不多	行业前景会变差
其他所有制	-0.22 (-0.59)	0.38 (0.80)	0.26 (0.61)
市人均 GDP 的对数	0.08 (1.45)	0.08 (1.27)	-0.28*** (-3.85)
行业虚拟变量	控制	控制	控制
截距项	-0.08 (-0.11)	-1.93** (-2.12)	-2.25** (-2.35)
样本量	4397	4397	4397
伪 R^2	0.07	0.01	0.07

综合上述分析，本书发现最低工资水平越高，则小微企业的员工平均工资越高，小微企业的劳动力成本也会越高，会拉低小微企业的盈利能力。而且，最低工资水平越高，小微企业主对企业所在行业的发展前景越不看好，这可能是抑制小微企业投资的重要原因。

11.2.4 异质性检验

基于前文研究，本书认为最低工资水平越高，则小微企业的劳动力成本越高，进一步侵蚀了小微企业的盈利空间，恶化了企业主对行业发展前景的预期，是抑制我国小微企业投资的重要原因。而科技水平和品牌优势不同的小微企业，对劳动力成本的依赖也有所不同，最低工资水平对它们的影响也应该存在差异。因此，接下来本书将从科技水平和自主品牌两个方面进一步检验最低工资对小微企业投资的差异性影响。

1. 最低工资、科技水平与小微企业投资

一般来讲，科技水平低的小微企业的生产往往以劳动者手工操作为主，而且这类企业往往工资水平不高，很容易受到最低工资制度的影响。而高科技企业往往技术含量较高，更可能依赖技术优势，而非廉价的劳动力，因此可能较少受到最低工资制度的影响。本书引入虚拟变量高科技企业，如果小微企业属于高科技企业，则赋值为1，否则赋值为0，通过最低工资与高科技企业的交乘项来检验最低工资对不同科技水平的小微企业的影响。

表 11-29 给出了相应的回归结果。在第（1）～（4）列中，最低工资与高科技企业的交乘项系数都显著为正，意味着相对于非高科技企业，最低工资对高科技企业的利润再投资、新投资和招聘的负向影响较小。而在第（5）列中，交乘项系数显著为正，说明相对于非高科技企业，最低工资对高科技企业的研发投入的正向影响更为显著。

表 11-29　最低工资、科技水平与小微企业投资

变量	(1) 利润再投资比例	(2) 新投资企业占比	(3) 招聘企业占比	(4) 招聘人数对数	(5) 研发投入占比
最低工资的对数	-0.25**	-0.80**	-0.77***	-0.47***	1.72
	(-2.54)	(-2.11)	(-2.79)	(-2.65)	(0.83)
最低工资的对数×高科技企业	0.01*	0.03*	0.05***	0.03***	0.78***
	(1.86)	(1.85)	(3.49)	(3.23)	(4.48)
控制变量	控制	控制	控制	控制	控制
行业虚拟变量	控制	控制	控制	控制	控制
截距项	1.33***	1.17	0.84	0.90	-8.92
	(2.61)	(0.64)	(0.54)	(1.00)	(-0.89)
样本量	869	866	1815	1813	1672
R^2	0.04	0.07	0.21	0.44	0.06

注：限于篇幅，部分控制变量的具体回归结果未显示，下表同。

2. 最低工资、自主品牌与小微企业投资

为了建立自身的竞争优势，以适应激烈的市场竞争，部分小微企业创立了自己的品牌，这些企业依靠自己的品牌提高自己的商誉和差异性，维持对竞争企业的竞争优势，应该更容易应对劳动力成本的上涨。本书引入虚拟变量自主品牌①，如果小微企业拥有自主品牌，则赋值为 1，否则赋值为 0，通过最低工资与自主品牌的交乘项来检验最低工资对不同企业的影响。

表 11-30 中显示了最低工资对小微企业投资的差异性影响。第（1）～（4）列中，最低工资与自主品牌的交乘项系数都为正，而且除了第（1）

① CMES 调查组询问小微企业如下问题：请问贵企业旗下是否有自有品牌？选项有：①有；②没有。

列，其他三列都至少在5%的水平下显著，意味着相对于没有自主品牌的小微企业，最低工资对有自主品牌的企业的新投资和招聘的负向影响较弱。在第（5）列，交乘项系数显著为正，说明最低工资水平越高，则拥有自主品牌的小微企业越愿意投入更多的资金进行研发。

表 11-30　最低工资、自主品牌与小微企业投资

变量	(1)	(2)	(3)	(4)	(5)
	利润再投资比例	新投资企业占比	招聘企业占比	招聘人数对数	研发投入占比
最低工资的对数	-0.27***	-0.71**	-0.40**	-0.32***	1.74
	(-4.16)	(-2.00)	(-2.26)	(-2.82)	(1.56)
最低工资的对数×自主品牌	0.00	0.02**	0.05***	0.03***	0.41***
	(1.44)	(2.30)	(6.39)	(6.95)	(6.73)
控制变量	控制	控制	控制	控制	控制
行业虚拟变量	控制	控制	控制	控制	控制
截距项	1.94***	0.52	-1.19	0.36	-11.01*
	(5.39)	(0.31)	(-1.18)	(0.60)	(-1.94)
样本量	1778	977	3707	3699	3380
R^2	0.05	0.06	0.25	0.46	0.05

综合表11-29和表11-30的回归结果可知，相对于非高科技企业和没有自主品牌的小微企业，最低工资对高科技企业和有自主品牌的企业的利润再投资、新投资和招聘的负向影响较弱，而对其研发投入的影响更为显著，说明小微企业对劳动力成本的依赖程度不同，则其受到最低工资的影响也会存在显著差异，进一步支持了本书的理论分析。

11.2.5　稳健性检验

地方政府在制定最低工资标准的时候，可能考虑了地区内企业的投资水平，从而导致最低工资与企业投资之间可能存在内生性问题。为了保证研究结果的稳健性，本书还进行了稳健性检验。生产设备作为小微企业主要的投资标的，一定程度上反映了企业的投资行为。

CMES调查组询问了小微企业未来一年的投资计划，由于投资计划没有落实，因此不可能对当下的最低工资标准造成影响，从而弱化了最低工资与企业投资之间的内生性问题。本书以设备投入计划作为因变量，如果小微企业未来一年计划购入生产设备，则设备投入计划赋值为 1，否则赋值为 0，用以衡量小微企业的投资行为，以当期（2015 年）的最低工资水平为解释变量，利用 Probit 模型再次检验最低工资对小微企业投资的影响，结果如表 11-31 所示。

表 11-31 最低工资与设备投入计划

变量	(1)	(2)	(3)
	设备投入计划	设备投入计划	设备投入计划
最低工资的对数	-0.67*	-0.53	-0.69*
	(-1.87)	(-1.38)	(-1.90)
最低工资的对数×高科技企业		0.07***	
		(3.61)	
最低工资的对数×自主品牌			0.02*
			(1.85)
控制变量	控制	控制	控制
行业虚拟变量	控制	控制	控制
截距项	1.44	1.27	1.54
	(0.74)	(0.62)	(0.80)
样本量	666	634	665
伪 R^2	0.07	0.08	0.07

表 11-31 第（1）列中，最低工资的系数显著为负，说明最低工资水平越高，则小微企业越不愿意在设备方面进行投资。第（2）~（3）列中，最低工资与高科技企业、自主品牌的交乘项系数都显著为正，说明相对于非高科技企业、没有自主品牌的小微企业，最低工资对高科技企业、有自主品牌的小微企业的设备投入的负向影响较弱，进一步支持了前文的研究。

11.2.6 结论和政策启示

本节利用中国小微企业调查数据，检验最低工资对小微企业投资的影响。结果发现，最低工资水平越高，小微企业的利润再投资比例越低，小微企业越不可能进行新的投资，而且企业当年招聘的员工数量越少，不过小微企业在研发方面的投入越多。通过机制分析发现，最低工资水平越高，企业员工的工资水平越高，进而增加了企业的人工成本，降低了小微企业的盈利能力，而且受访企业对其所在行业未来的发展前景越不看好。进一步研究还发现，相对于非高科技企业和没有自主品牌的小微企业，最低工资对高科技企业和有自主品牌的小微企业的利润再投资、新投资和招聘的负向影响较弱，而对其研发投入的影响更为显著。本书一方面弥补了最低工资对企业层面影响的研究的不足；另一方面从最低工资的角度，对小微企业投资减少的原因做出了解释。

当前我国贫富分化的问题越来越严峻，最低工资制度能够维护低收入阶层的权益，缩小居民收入之间的差距，减少收入不平等现象的发生，一定程度上能够缓解贫富分化的问题，因此，建立最低工资制度是我国社会发展的必然趋势。不过最低工资制度增加了劳动力成本，抑制了小微企业的投资行为，特别是当下我国经济发展放缓、民间投资持续下滑，在制定最低工资标准时需要掌握好尺度，否则可能会抑制小微企业的发展，不利于国民经济的发展。小微企业在面临劳动力成本上升时也应该进行产业升级，增加研发投入，努力提高技术水平，建立自主品牌，从而获得竞争优势，这也是顺应我国经济发展形势的必然要求。

第12章　企业视角下最低工资对企业出口的影响

进入21世纪以来，凭借着改革开放与加入WTO带来的福利，我国对外出口贸易迅速发展，也推动了我国经济的迅猛发展。但这种繁荣发展的背后，也包含着隐忧。我国出口的商品中以劳动密集型产品为主，资本密集型产品与高新技术产品份额较少。劳动密集型产品的生产相对而言要投入更多的劳动力要素，这就决定了我国对外贸易受劳动力成本制约。而且，劳动密集型产品的出口以加工贸易为主，产品的技术水平与附加值较低，主要依靠价格优势在国际市场上与对手竞争，盈利的方式以赚取加工费用为主。随着劳动力成本的不断提高，我国出口贸易增速开始下滑，从2004年的35.3%下滑至2014年的6.0%。2015年增速更是下降到了负值的冰点，全年出口额下滑至2.27万亿美元，下降1.8%，除2009年以外，增速首次出现负值。[①] 出口商面对的不再是薄利，而可能是零利润甚至是亏损。近两三年，“珠三角”与“长三角”地区出现了大批出口加工型企业倒闭便是贸易严冬的最好例证。

劳动力成本不断提高顺应社会经济发展的趋势。一方面，随着经济的发展，人民的物质需求日益增加，提高收入水平改善人民生活成为摆在政府面前的重要问题。工资水平不断提高是一种不可逆的趋势，未来政府亦会致力于不断提高人民的收入水平。最低工资标准的制定正是这种理念的体现。另一方面，劳动力要素成本具有周期性，我国现阶段正进入上升周期。然而，劳动力成本上涨不可避免地会与控制企业劳动成本、保持企业

---

① 《中国对外贸易形势报告（2015年秋季）》，商务部网站，http://zhs.mofcom.gov.cn/article/cbw/201511/20151101156345.shtml。

出口产品竞争力存在冲突，劳动力成本上涨对企业出口的影响值得关注。①本章将从最低工资视角切入，分析最低工资上涨对中国企业出口结构和出口行为的影响，并重点关注工资上涨对中国劳动密集型出口产品价格的影响。

12.1 文献综述

最低工资与出口贸易的相关性问题，从20世纪70年代开始就进入西方学者的视野。Brecher（1974a，1974b）认为，最低工资对以劳动和资本密集型产品为主的国家在出口方面的影响并不相同。最低工资水平上升将使以劳动密集型产品为主的国家减少对相应产品的出口，而增加对资本密集型产品的进口。但对以资本密集型产品为主的国家来说，最低工资上调将使其具有比较优势的资本密集型产品出口减少，而使劳动密集型产品进口增加。不同于Brecher（1974a，1974b）仅考察两部门的情形，Schweinberger（1978）考虑了多种产品和多种要素的情形。研究发现，在一个小型开放经济中，假设外国商品价格是固定的，最低工资的提高将使出口产品的总金额增加。通过参考Schweinberger（1978）所提出的办法，Brecher（1980）考察了仅包含资本、土地和劳动三大类要素和两种产品的小国经济情形。他注意到，若某一产品资本除以劳动所获得的值与劳动除以土地所获得的值比另一种产品高，同时本国专业化程度不高，那么最低工资增加会使得本国的就业水平降低，而使第一种产品出口增加。Inoue和Itsumi（1992）认为，在考虑劳动力市场的情况时，闲暇也是一个重要因素，因为工人在获得较高工资收入的时候，会开始重视闲暇。在这个前提下他们得到的结论与Brecher（1974a，1974b）的结论相似。Egger等（2009）注意到因为最低工资标准的上调，效率不高的中间商品供应企业会慢慢退出市场，造成最终产品制造企业的生产效率降低，进而全部企业的出口均会减少。但是以上的研究均基于全部企业性质相同的假设。从20世纪90年代开始，许多注重实证研

① 《纽约时报》2010年的一篇文章指出，随着中国工资水平的提高，商品出口数量将减少，出口价格也将下降；而《纽约时报》2014年的一篇文章指出，即使工资上涨，中国的出口仍将继续增加，因为中国制造业企业的生产率已经提高。

究的学者注意到企业在是否选择出口、出口商品类别、出口目的国以及贸易额等方面存在很大差异，这些因素与企业产效、规模、资本密度、研发投入等有密切关系（Bernard and Jensen，1995，1997）。企业出口行为存在差异意味着一项政策对不同企业产生的影响也会不一样，所以该领域现有的实证研究无法回答最低工资提高如何影响企业出口这一问题。因此，从企业层面对最低工资与贸易间的关系展开理论探究以及针对它对我国企业出口产生的影响进行实证研究十分重要。对最低工资标准进行调整实质上就是对劳动力价格进行扭曲，从而其不再通过市场进行调节，在这种非均衡的状况下，最终市场所决定的最低工资水平要比政府制定的高出很多，此时劳动力市场所产生的作用便会影响企业生产成本，影响其产出，从而影响其对外贸易行为（Berg and Vallden，2003）。

目前，国内关于最低工资与出口贸易的研究非常少，学者们将研究的重点放在了企业的出口额与出口行为上。孙楚仁等（2013a，2013b）将企业的异质性因素纳入分析中，研究发现当最低工资处于市场均衡价格以下时，其对企业出口额与出口选择并无影响，如果它处于市场均衡价格以上，便会对这两个方面产生影响，且这个影响是负向的。最低工资上涨 1%，出口额便会减少 8.6%，出口概率降低 1.1 个百分点。研究还表明，最低工资对企业出口活动产生的影响体现的是倒“U”形关系，也就是说有一个临界值，如果最低工资低于临界值，那么它在上涨时就会使企业出口额增加、出口率以及出口密度提高；如果大于此临界值结果则相反。而且，它对企业出口活动产生的影响会随着企业生产率变化而产生差异，生产率越高，最低工资对其影响越小。不同于上述从企业层面进行研究的文献，范玉波和刘小鸽（2016）主要将研究方向聚焦于产业结构的转型，经过实证研究后发现，最低工资制度的实施能优化产业结构，使经济重心向第三产业转移；并且，最低工资水平提高不会对我国制造业出口的竞争优势产生负面影响，但是对加工贸易行业与高新技术产业会产生一定的影响，政府应关注这方面的问题。赵瑞丽和孙楚仁（2015）则是分析最低工资在城市出口复杂度方面产生何种影响。他们认为，最低工资能够促进企业进行创新，对市场产生优胜劣汰作用，将传统的低效率企业淘汰出市场，从而提高整个行业的技术水平与生产效率，提高城市整体出口的复杂度。

12.2 最低工资对企业出口结构的影响[①]

在劳动力成本不断上涨的背景下，劳动密集型行业企业的存续将受到很大影响，中国对外贸易产业的结构问题再一次显现，对经济结构进行优化，寻求可持续发展与具备国际竞争力的对外贸易模式刻不容缓。劳动力要素价格不断提高会倒逼企业调整生产结构进而影响企业的出口结构。劳动力成本上涨会迫使企业减少劳动力要素的使用，增加资本要素与技术要素的使用，购买更多的机器设备，改变生产技术结构，转向生产和出口更多的资本密集型产品。出口企业在研发和生产高技术产品的过程中，由于利润率提高，会对其他企业产生示范效应，生产要素也会流向这个产业，从而推动整个行业生产率提高，进一步激励企业创新并增加出口额（Hausmann and Rodrik，2003）。对于劳动力成本提高是否能够倒逼企业进行创新与转型升级，调整企业的出口结构，这方面的研究基本还停留在理论层面，缺乏有力的实证分析。本部分将利用中国海关的微观商品数据，量化研究劳动力成本提高是否能倒逼企业进行转型升级和创新，降低劳动密集型产品的出口比重，增加资本密集型产品的出口。对该问题的研究将验证劳动力成本提高是否能给我国的出口企业带来正面的影响，促进这些企业转型升级。面对严峻的出口贸易形势以及提高人民生活水平的施政目标，对于上述问题的研究对我国对外贸易行业制定未来的发展战略具有现实的参考意义，也有助于平衡收入增长过快与出口结构转型之间的关系。

12.2.1 数据和变量

本部分采用的数据是2004~2006年进出中国海关的所有商品的记录数据。采用海关进出口数据基于两方面的考虑，一是海关进出口数据有产品出口额、出口数量等信息，并且具有排他性；二是海关进出口数据能识别企业所在地市，可以借此分析地市最低工资标准上涨与企业出口结构的关系。在本部分的研究中所提到的劳动密集型产品与资本密集型产品主要根

① 本节部分内容发表于《世界经济文汇》2019年第1期，题目为《最低工资标准提高对企业出口结构的影响》，作者为邱光前、马双。

据联合国《商品名称及编码协调制度的国际公约》的界定来选取。劳动密集型产品具体包括：第 39 章，塑料及其制品；第 40 章，橡胶及其制品；第 42 章，皮革制品；第 60 章，针织物及钩编织物；第 61 章，针织或者钩编的服装；第 62 章，非针织或者非钩编的服装；第 63 章，其他纺织成品；第 64 章，鞋靴、护腿和类似品及其零件；第 65 章，帽类及其零件；第 94 章，家具、寝具、灯具、照明装置等；第 95 章，玩具、游戏品、运动用品及其零件、附件。资本密集型产品具体包括：第 16 类，机器、机械设备及零件；第 17 类，车辆、航空器、船舶及有关运输设备；第 18 类，精密仪器及设备；第 19 类，武器、弹药及其零件、附件。

根据研究需要，本书对中国海关数据进行如下处理。第一，将进口贸易的样本先剔除，仅保留出口贸易的样本。第二，仅保留出口劳动密集型产品或者资本密集型产品的企业样本。第三，将同一家企业在同一个月所出口的所有劳动密集型产品的金额相加，再除以这家企业在该月的总出口额，得到企业出口劳动密集型产品的比重。同样，将同一家企业在同一个月所出口的所有资本密集型产品的金额相加，再除以这家企业在该月的总出口额，得到企业出口资本密集型产品的比重。本书将使用这两个指标来衡量企业的出口结构。第四，将一个企业一年中每个月的进口额加总，并做对数处理，作为企业进口规模的控制变量。第五，贸易方式、运输方式、企业性质和出口目的地生成相应的虚拟变量作为企业层面的控制变量。第六，将企业在交易中所面对的实际汇率作为国家层面的控制变量加入模型中。假设企业甲出口商品 A 至美国，出口商品 B 至欧盟，则用商品 A 出口额占企业甲总出口额的比重乘以美元兑人民币的汇率，用商品 B 出口额占企业甲总出口额的比重乘以欧元兑人民币的汇率，再将两者相加，得到加权后的企业所面对的实际汇率。其他企业与商品的数据也应用此方法对原始汇率进行加权。第七，出口日期记录了企业出口每种产品的日期，可利用该变量生成时间虚拟变量，控制宏观经济因素、周期因素或季节因素对出口的影响。第八，出口产品类别的差异将带来出口额的显著差异，因此按出口产品的 HS 编码前两位对出口产品进行分类，并生成相应的虚拟变量，作为行业控制变量。

最后，本书将各地级市的最低工资标准、宏观经济数据和上述处理之后的中国海关数据合并，作为本部分进行实证分析的数据。共得到 8300659

个样本，包含112775个企业的出口数据，每个样本均表示单个企业的月度出口数据。此外，还基于2004~2007年规模以上企业数据进行影响机制分析和稳健性检验。

12.2.2 基准回归

在本部分的分析中，分别以劳动密集型产品与资本密集型产品出口比重为被解释变量，基于固定效应模型进行回归分析。在2004年的样本中，挑选出既出口劳动密集型产品又出口资本密集型产品的企业，这样处理是为了考察同时出口这两种产品的企业，在2004~2006年受最低工资标准提高影响后，是否改变了出口结构。表12-1中第（1）列是未加入任何控制变量的回归结果，回归系数表明，最低工资每提高1%，企业出口劳动密集型产品的比重将降低2.77个百分点。接着，继续在回归中加入地区层面的控制变量，回归系数仍然为负且在1%的水平下显著，最低工资标准提高对企业劳动密集型产品出口比重有负向影响。第（3）列是仅加入企业层面与国家层面控制变量，未加入地区层面控制变量的回归结果，此时回归系数依然为负且在1%的水平下显著，最低工资标准提高会降低企业出口劳动密集型产品的比重。第（4）列是加入企业层面、地区层面和国家层面控制变量的回归结果，回归系数与前三列相似。最后，将所有层面的控制变量、时间虚拟变量和行业虚拟变量加入模型中进行回归，结果显示，最低工资每提高1%，企业出口劳动密集型产品的比重将降低3.21个百分点。最低工资标准提高使企业用工成本增加，生产成本上涨将减少劳动密集型产品的出口，降低其出口比重。进一步，企业无法承受劳动力成本上涨带来的影响，开始逐渐进行研发与创新，寻求转型，转向生产技术水平与附加值较高的资本密集型产品。因此，本书继续分析，对于这些企业而言，最低工资标准的提高是否会增加其资本密集型产品的出口比重。

表12-1 企业出口结构的固定效应回归（劳动密集型产品出口比重）

变量	(1)	(2)	(3)	(4)	(5)
因变量：劳动密集型产品出口比重					
最低工资对数	−2.77***	−2.87***	−2.72***	−2.96***	−3.21***
	(0.33)	(0.43)	(0.33)	(0.44)	(0.46)

续表

变量	(1)	(2)	(3)	(4)	(5)
居民消费价格指数		-0.07 (0.08)		-0.05 (0.08)	-0.06 (0.08)
出口增长率		-0.00 (0.00)		-0.00 (0.00)	-0.00 (0.00)
GDP 增长率		0.17*** (0.04)		0.17*** (0.04)	0.17*** (0.04)
人均工资		6.57e-07 (1.89e-05)		1.45e-05 (1.92e-05)	2.12e-05 (1.98e-05)
总人口		5.72e-05 (0.00)		0.00 (0.00)	-2.05e-05 (0.00)
就业率		-0.04 (0.80)		-0.29 (0.81)	-0.01 (0.81)
固定资产投资		-1.37e-07*** (3.02e-08)		-1.49e-07*** (3.07e-08)	-1.57e-07*** (3.05e-08)
外商直接投资		1.46e-06 (9.48e-07)		2.21e-06** (9.61e-07)	1.68e-06* (9.57e-07)
企业层面控制变量	否	否	是	是	是
国家层面控制变量	否	否	是	是	是
时间虚拟变量	否	否	否	否	是
行业虚拟变量	否	否	否	否	是
常数项	56.87*** (1.63)	67.45*** (6.17)	65.94*** (3.07)	69.92*** (6.81)	71.67*** (7.07)
样本量	737916	725908	690136	678423	678423

注：***、**、*分别表示在 1%、5%、10%的水平下显著，括号中为稳健标准误，下表同。

以资本密集型产品出口比重作为因变量进行固定效应回归，得到的结果如表 12-2 所示。第（1）列是未加入任何控制变量的回归结果，回归系数表明，最低工资每提高 1%，企业出口资本密集型产品的比重将提高 1.33 个百分点。接着，继续在回归中加入地区层面的控制变量，回归结果如第（2）列所示，回归系数仍然为正且在 1%的水平下显著，最低工资标准提高对企业资本密集型产品的出口比重有正向影响。第（3）列是仅加入企业层面与国家层面控制变量、未加入地区层面控制变量的回归结果，此时回归系数依然为正且在1%的水平下显著，最低工资标准提高会增加企业资本密集型产品的出口比重。第（4）列是加入企业层面、地区层面和国家层面控制变量的回归结果，回归系数与前三列相似。最后，将所有层面的控制变量、时间虚拟变量和行业虚拟变量加入模型中进行回归，结果显示，最低工资每提高1%，企业出口资本密集型产品的比重将提高1.37个百分点。在最低工资标准不断提高的大背景下，出口企业确实在积极寻求转型，以出口劳动密集型产品为主的出口贸易是不可持续的。只有出口更多具备核心技术的产品，才能不惧劳动力成本的上涨。具备核心技术的产品附加值更高，出口企业不再依赖赚取加工费而盈利，利润空间更大。这些产品在市场上与其他产品存在差异，不容易被替代，企业能有更多的定价权。而且，生产资本密集型产品所需要的劳动力要素的比例更低，能在一定程度上避免劳动力成本上涨带来的约束。企业需要考虑的是继续加大研发投入，提高企业的创新能力。

表12-2　企业出口结构的固定效应回归（资本密集型产品出口比重）

变量	(1)	(2)	(3)	(4)	(5)
因变量：资本密集型产品出口比重					
最低工资对数	1.33***	1.15***	1.31***	1.06**	1.37***
	(0.34)	(0.44)	(0.34)	(0.44)	(0.47)
居民消费价格指数		0.23***		0.24***	0.25***
		(0.07)		(0.07)	(0.07)
出口增长率		0.00		0.00	0.00
		(0.00)		(0.00)	(0.00)
GDP增长率		0.01		0.01	0.01
		(0.04)		(0.04)	(0.04)
人均工资		3.71e-05*		4.09e-05**	3.24e-05
		(1.95e-05)		(1.94e-05)	(2.02e-05)
总人口		-0.00		-0.00	-0.00
		(0.00)		(0.00)	(0.00)
就业率		1.36*		1.40*	1.34*
		(0.81)		(0.81)	(0.81)
固定资产投资		-7.22e-08**		-6.45e-08*	-6.40e-08*
		(3.51e-08)		(3.50e-08)	(3.50e-08)

续表

变量	(1)	(2)	(3)	(4)	(5)
外商直接投资		1.02e-06 (1.18e-06)		9.74e-07 (1.18e-06)	1.04e-06 (1.18e-06)
企业层面控制变量	否	否	是	是	是
国家层面控制变量	否	否	是	是	是
时间虚拟变量	否	否	否	否	是
行业虚拟变量	否	否	否	否	是
常数项	0.36*** (0.02)	0.06 (0.07)	0.40*** (0.03)	0.12 (0.08)	0.09 (0.08)
样本量	546841	543236	541877	538287	538287

居民消费价格指数对劳动密集型产品的出口比重会产生负向的影响，对资本密集型产品的出口比重会产生正向影响。可能的原因是物价提高使劳动力报酬和其他生产要素价格都上涨，劳动密集型产品的出口价格对物价的影响更加敏感，出口额下降更多，资本密集型产品的出口额所受影响较小，因此劳动密集型产品的出口比重下降，但不显著，资本密集型产品的出口比重有所提高。出口增长率更高的地区，企业的盈利情况与增长势头良好，在面对外部条件恶化的情况下，为了不流失原有的客户，部分厂商能够牺牲利润来忍受生产成本的提高，但这种影响的程度很小，因此两种产品的出口比重都不会出现明显的变化。GDP 增长率高的地区经济发展较好，能吸引更多的劳动力流入，例如珠三角地区、长三角地区，能够形成产业发展集群，产生规模效应，促进对外出口。21 世纪初，我国的对外出口结构仍然以劳动密集型产品为主，城镇化水平较低，劳动力净流入以农民工等劳动密集型行业的劳动力为主，因此出口劳动密集型产品的企业受益更大，资本密集型产品出口受到的影响较小，体现在出口结构上就是劳动密集型产品的出口比重显著提高，资本密集型产品的出口比重保持平稳。人均工资对劳动密集型产品出口比重的影响较小。一方面，人均工资的提高会使企业生产成本上升，企业会因此提高出口产品的价格。另一方面，劳动力成本上升提高了工人的劳动积极性，也会促使企业购买新的机器用以替代工人，或者加大研发力度进行自主创新，这些都会提高生产率，

反而使产品出口价格下降。因此，人均工资提高对劳动密集型产品出口价格和出口额影响很小。资本密集型产品对劳动力要素的依赖很小，进而出口额所受影响较小。因此，平均工资的提高对两种产品出口比重的影响较小。人口多的地市，劳动力较多，政府会重视保障工人的利益。由于政府担心劳动力价格提高会造成较大面积的失业，因此每次在提高最低工资标准时，都会考虑企业的承受能力，调整的幅度会较小。而为了保障工人的利益，政府又会督促企业严格执行最低工资标准。因此，人口数对两种产品的出口额影响较小，出口比重受总人口变动的影响较小。就业率的提高可能来自劳动需求的减少，随着劳动力成本的提高，企业会购买更多的机器设备替代工人，转型生产资本密集型产品，造成劳动密集型产品出口比重下降，资本密集型产品出口比重提高。固定资产投资额对劳动密集型产品与资本密集型产品的出口比重影响均很小。企业增加固定资产的投资，通常是新建更多的厂房和购买机器设备，扩大生产规模，通过对固定资产的投资与建造，企业能够逐渐更新落后的机器设备，淘汰传统的生产部门，提高生产率，同时，扩大生产规模能够带来规模报酬递增，对于劳动密集型产品和资本密集型产品的生产均是有利的，两者出口同时增加，因此出口结构不会发生太大变化。同样，引进外资能够学习国外先进的生产技术与管理技术，从而提高劳动生产力，对两种产品的生产与出口均是有利的，因此出口结构所受影响较小。

资本密集型产品出口比重的上升不一定是因为出口资本密集型产品的数额增加，也有可能是因为劳动密集型产品出口的比重下降了。为了考察最低工资标准的提高是否会促进企业出口更多的资本密集型产品，本书以资本密集型产品出口额对数为因变量，最低工资对数为自变量进行分析，回归结果如表 12-3 所示，最低工资每提高 1%，企业资本密集型产品出口额将提高 0.41%。最低工资标准的提高，确实增加了企业对资本密集型产品的出口。

表 12-3　企业出口额的固定效应回归

变量	(1)	(2)	(3)	(4)	(5)
因变量：资本密集型产品出口额对数					
最低工资对数	0.78***	0.70***	0.77***	0.67***	0.41***
	(0.02)	(0.02)	(0.02)	(0.03)	(0.03)

续表

变量	(1)	(2)	(3)	(4)	(5)
居民消费价格指数		-0.03***		-0.03***	-0.04***
		(0.00)		(0.00)	(0.00)
出口增长率		-0.00***		-0.00***	-0.00***
		(0.00)		(0.00)	(0.00)
GDP 增长率		-0.00**		-0.00	-0.00
		(0.00)		(0.00)	(0.00)
人均工资		1.36e-05***		1.23e-05***	1.98e-05***
		(1.66e-06)		(1.62e-06)	(1.65e-06)
总人口		2.26e-05		1.27e-05	-5.52e-06
		(2.94e-05)		(2.87e-05)	(2.86e-05)
就业率		-0.33***		-0.29***	-0.32***
		(0.05)		(0.04)	(0.04)
固定资产投资		-7.94e-09***		-6.16e-09**	-5.77e-09**
		(2.57e-09)		(2.52e-09)	(2.50e-09)
外商直接投资		-3.56e-07***		-3.16e-07***	-3.49e-07***
		(8.62e-08)		(8.41e-08)	(8.35e-08)
企业层面控制变量	否	否	是	是	是
国家层面控制变量	否	否	是	是	是
时间虚拟变量	否	否	否	否	是
行业虚拟变量	否	否	否	否	是
常数项	5.85***	10.72***	5.71***	10.52***	13.28***
	(0.14)	(0.48)	(0.19)	(0.50)	(0.53)
样本量	546841	543236	541877	538287	538287

12.2.3 稳健性检验

1. 基于“准自然实验”的稳健性检验

为了考察基准回归结果的稳健性，本书首先构建了“准自然实验”进行稳健性检验。

福建省和江西省在地理位置上相邻且 2006 年经济发展状况相似。表 12-4 给出了 2006 年两个省的居民消费价格指数、GDP 增长指数、人口密度、GDP中工业增加值比重、第二产业增长率、工业增加值指数、批发和零售业增加值指数、就业率、城镇居民家庭人均收入增长率等宏观经济指标的对比结果。可以看出，虽然江西省的GDP中工业增加值比重、工业增加值指数、城镇居民家庭人均收入增长率和新增固定资产投资略高于福建省，人口密度和政府财政支出略低于福建省，但总体来说江西省和福建省的经济发展状况是比较相似的。2006年，江西省居民消费价格指数、GDP增长指数、第二产业增长率和就业率分别为101.8、12.3、16.3%与53.5%，与之对应福建省分别为102.2、13.6、17%与54.4%。

表12-4　2006年江西省与福建省宏观经济指标对比

经济指标	江西省	福建省
居民消费价格指数	101.8	102.2
GDP增长指数	12.3	13.6
人口密度（人/公里^2）	260	289
GDP中工业增加值比重（%）	49.5	44
第二产业增长率（%）	16.3	17
工业增加值指数（上年=100）	119	116.9
批发和零售业增加值指数（上年=100）	112	113.7
就业率（%）	53.5	54.4
城镇居民家庭人均收入增长率（%）	12.6	10.7
新增固定资产投资（万元）	14119911	12488700
政府财政支出（万元）	6964400	7287000

资料来源：中国经济与社会发展统计数据库。

为了提高劳动者的收入水平，福建省在2006年上调了最低工资标准，而与之相邻的江西省在2006年并未上调最低工资标准。因此，本章将江西省视为控制组，福建省视为实验组，进行DID回归分析，在排除经济和地理等其他因素的影响后，研究最低工资标准上调对出口结构的影响。

具体地，福建省在2006年8月1日起开始实行更高的最低工资标准，平均最低工资从474元/月上调到510元/月，涨幅为7.6%。其中，宁德市涨幅最大，从350元/月上调到480元/月，涨幅为37.1%；厦门市涨幅最小，从 600 元/月上调到 650 元/月，涨幅为 8.3%。江西省在 2006 年并未提高最低工资标准。图 12-1 显示了福建省和江西省企业劳动密集型产品出口金额占总出口额比重的月度平均值。从该比重的波动来看，季节波动明显。2006 年 8 月以前，实验组和控制组企业出口结构变动趋势基本一致，均缓慢下降后再度上涨。但 2006 年 8 月以后，相比江西省，福建省企业劳动密集型产品的出口比重出现下降，最低工资标准的上调可能是主要原因。

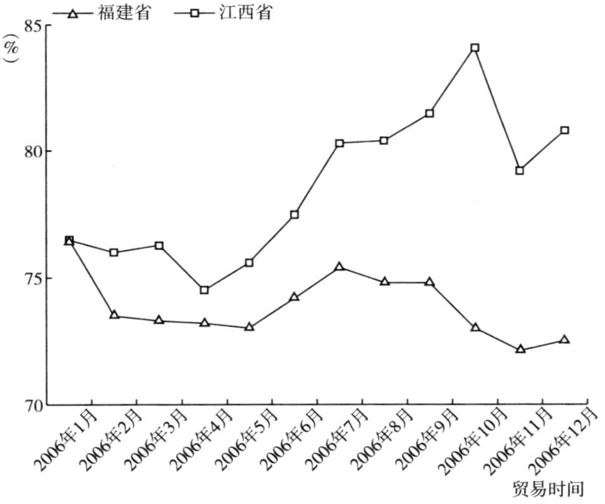

图 12-1 2006 年 1~12 月福建省与江西省企业劳动密集型产品出口比重平均值

回归结果如表 12-5 所示。第（1）列显示的是未加入国家层面和企业层面控制变量、行业虚拟变量的回归结果，最低工资标准提高 1%，福建省企业劳动密集型产品的出口比重降低 5.51 个百分点，在 1%的水平下显著。第（2）列显示的是加入国家层面和企业层面控制变量的回归结果，最低工资标准提高 1%，福建省企业劳动密集型产品的出口比重降低 4.70 个百分点，且在 1%的水平下显著。第（3）列显示的是加入所有控制变量和行业虚拟变量的回归结果，最低工资标准提高 1%，福建省企业劳动密集型产品的出口比重降低 3.86 个百分点，且在 1%的水平下显著。

表 12-5 江西省与福建省企业的 DID 回归

变量	(1)	(2)	(3)
Time	-2.41***	-1.65***	-0.05
	(0.35)	(0.33)	(0.31)
Treat	4.48***	3.34***	2.28***
	(0.50)	(0.47)	(0.44)
Inter	-5.51***	-4.70***	-3.86***
	(0.52)	(0.48)	(0.46)
国家层面控制变量	否	是	是
企业层面控制变量	否	是	是
行业虚拟变量	否	否	是
样本量	65961	65961	65961
R^2	0.00	0.14	0.23

注：*Time*、*Treat* 均为 0-1 变量，*Time* 表示最低工资上涨的时点，若样本数据所在月份属于最低工资调整后，则取值 1，否则取值 0；*Treat* 表示最低工资上涨的地点，若样本属于实验组，则取值 1，否则取值 0。下表同。

本书还借助其余地域相近的省份利用最低工资调整时间上的差异构建"准自然实验"，对回归结果再次进行检验。具体地，分别以 2006 年的安徽省、2006 年的湖南省、2005 年的河南省、2005 年的陕西省为实验组，对应的相邻省份（2006 年的江西省、2006 年的江西省、2005 年的安徽省和 2005 年的山西省）为控制组进行 DID 回归。如表 12-6 所示，各结果均在统计上显著，在此验证了研究结论的稳健性。

表 12-6 更多基于"准自然实验"的稳健性检验

变量	因变量：劳动密集型产品出口比重			
	(1)	(2)	(3)	(4)
	江西 VS 安徽	江西 VS 湖南	安徽 VS 河南	山西 VS 陕西
Time	-0.79**	-7.64***	3.52***	2.19
	(0.36)	(0.61)	(0.43)	(1.39)
Treat	2.19***	2.99***	-0.76*	5.04***
	(0.51)	(0.45)	(0.41)	(1.62)
Inter	-2.83***	-2.47***	-4.81***	-9.23***
	(0.66)	(0.81)	(0.81)	(1.79)

续表

变量	因变量：劳动密集型产品出口比重			
	(1)	(2)	(3)	(4)
	江西 VS 安徽	江西 VS 湖南	安徽 VS 河南	山西 VS 陕西
国家层面控制变量	是	是	是	是
企业层面控制变量	是	是	是	是
行业虚拟变量	是	是	是	是
样本量	34009	18903	30836	7326
R^2	0.27	0.37	0.27	0.29

为进一步验证上述结论的稳健性，本书同样进行了反事实检验。表 12-7 是最低工资标准调整时间设定为 2006 年 3 月的回归结果，可以看到，将时间设成最低工资标准未调整的月份，交乘项系数确实不显著，结果与预期一致。这说明，提高了最低工资标准的省份，相比地理位置上相邻的且未调整最低工资标准的省份，其所在地的企业劳动密集型产品的出口比重确实降低了。

表 12-7 基于“准自然实验”的反事实检验

变量	因变量：劳动密集型产品出口比重
Time	1.46 (1.61)
Treat	0.22 (1.79)
Inter	-1.39 (1.85)
国家层面控制变量	是
企业层面控制变量	是
行业虚拟变量	是
样本量	24870
R^2	0.21

同样，为了检验最低工资标准提高会增加企业资本密集型产品的出口比重这一结论的稳健性，本书也构建了“准自然实验”，回归结果均在统计上显著。

2. 更换样本的稳健性检验

为检验研究结论的可靠性，本书也采用2004~2007年规模以上制造业企业数据，以样本企业是否出口以及出口企业出口额对数为因变量，考察最低工资标准上涨对企业出口行为的影响。[①] 回归结果显示（见表12-8），最低工资标准每上涨1%，企业出口概率显著下降0.16个百分点。最低工资标准每上涨1%，出口企业的出口额显著下降0.10%。回归结果与基准回归结论具有内在的逻辑一致性，研究结论的可靠性得到进一步的印证。

表12-8 最低工资标准上涨与企业出口概率、出口额

变量	(1)	(2)
	因变量：企业是否出口	因变量：企业出口额对数
最低工资对数	-0.16***	-0.10***
	(0.00)	(0.03)
常数项	1.04***	1.48***
	(0.07)	(0.55)
企业特征变量	是	是
地市宏观经济变量	是	是
时间虚拟变量	是	是
样本量	784034	235009
R^2	0.01	0.05

12.2.4 机制检验

本部分将基于2004~2007年规模以上企业数据，检验最低工资上涨对企业出口结构的影响机制。

1. 生产成本效应

生产成本效应可能会使企业减少劳动密集型产品的出口额。最低工资标准提高使得企业用工成本提高，进而使生产成本提高，造成出口额下降。本书以2004~2007年规模以上企业为样本，并控制企业特征变量、地市宏观经济变量以及时间虚拟变量，以企业人均工资对数平方、企业人均工资对数为

① 使用Logit模型考察企业是否出口受最低工资标准提高的影响，使用Kyriazidou（1997）两阶段法分析企业出口额受最低工资标准提高的影响。

解释变量，企业出口额对数为被解释变量，分析生产成本效应产生的影响。

回归结果如表 12-9 所示，企业人均工资对数平方项回归系数为负，企业人均工资与企业出口额呈现出倒“U”形关系。当人均工资处于较低水平时，企业用工成本提高对企业出口额有正向的影响。这可能与效率工资有关，更高的工资水平提高了工人失业的代价，并激励工人认真工作提高生产效率，使企业出口额增加。随着劳动力成本的进一步提高，企业生产成本提高，效率工资效应下降，生产成本效应的负面影响变大，人均工资对企业出口额产生负向影响。因此，生产成本效应会使企业减少劳动密集型产品的出口。

表 12-9　劳动力成本上涨与企业出口额

变量	因变量：企业出口额对数	
	（1）	（2）
企业人均工资对数平方	-0.06***	-0.05***
	（0.00）	（0.00）
企业人均工资对数	0.69***	0.50***
	（0.02）	（0.02）
常数项	8.11***	16.26***
	（0.03）	（0.25）
企业特征变量	否	是
地市宏观经济变量	否	是
时间虚拟变量	否	是
样本量	297427	220333
R^2	0.04	0.06

2. 优胜劣汰效应

优胜劣汰效应可能会增加企业对资本密集型产品的出口。最低工资标准提高使得企业的生产成本上升，市场将淘汰低效率企业，高效率的企业生存下来。生产劳动密集型产品的企业受限于生产结构与设备情况，生产效率往往较低，且受到劳动力成本提高的影响更大，在经营亏损时更易被市场淘汰。生产资本密集型产品的企业依靠先进的技术设备提高效率，能够在劳动力成本上涨的市场环境中生存下来。因此，本书对 2004~2006 年只出口劳动密集型产品的企业和只出口资本密集型产品的企业数量进行了统计，以分析企业优胜劣汰效应产生的影响。

2004 年，只出口劳动密集型产品的企业有 38058 家。到了 2005 年，有 8727 家企业停止了出口，有 29331 家企业仍然在出口。到了 2006 年，相比 2005 年，有 10251 家企业退出了生产，有 19080 家企业仍然在出口。退出的企业数量在增加，增长幅度为 17.5%。另外，在 2004 年只出口资本密集型产品的企业有 29774 家。到了 2005 年，有 23339 家企业仍然在出口，新加入的企业则有 13316 家。到了 2006 年，相比 2005 年，有 28558 家企业仍然在出口，新加入的企业有 15134 家。新加入的企业数量在增长，增长幅度为 13.7%。

3. 创新效应

在劳动力成本提高的情况下，创新效应会使企业减少劳动力要素的使用，增加资本要素与技术的使用，提高生产率。为验证创新效应的影响机制，以企业生产率为被解释变量，最低工资对数为解释变量，分析劳动力成本提高对企业生产率的影响。根据 Head 和 Rise（2003）对近似全要素生产率的求解方法，Q 表示企业产出，L 表示劳动力投入，K 表示资本投入，s 表示生产函数中资本的贡献度，则全要素生产率公式为：$ATFP=\ln Q/L-s\ln K/L$，$s\in[0,1]$。这里参考 Hall 和 Charles（1999）的研究设定 $s=1/3$，理由有二：第一，相关文献多数使用该设定，且通过检验，基本符合实际，具有统计上的普遍性；第二，李春顶（2015）用中国数据做了简单的检验，发现这样的设定也是符合中国实际的。回归结果如表 12-10 所示，最低工资标准提高对企业生产率的影响是正向的。

表 12-10　最低工资标准提高与企业生产率

变量	因变量：企业生产率	
	(1)	(2)
最低工资对数	0.20***	0.04***
	(0.00)	(0.00)
常数项	0.82***	5.03***
	(0.02)	(0.10)
企业特征变量	否	是
地市宏观经济变量	否	是

续表

变量	因变量：企业生产率	
	(1)	(2)
时间虚拟变量	否	是
样本量	297427	220333
R^2	0.04	0.06

12.2.5　对企业出口结构影响的进一步思考

对于既出口劳动密集型产品又出口资本密集型产品的企业，最低工资标准提高确实能够倒逼它们进行转型升级，调整各类型产品的出口比重。那么，对于那些起初只出口劳动密集型产品的企业①，最低工资标准的提高是否也会推动它们进行调整，降低劳动密集型产品的出口比重？本部分将对这个问题进行分析。

本书选择在 2004 年只出口劳动密集型产品的企业，将 2004 年既出口劳动密集型产品又出口资本密集型产品的企业和 2004 年只出口资本密集型产品的企业剔除。进一步分析这些在 2004 年只出口劳动密集型产品的企业，2004~2006 年，面对最低工资标准的上涨，是否会进行转型升级，减少劳动密集型产品的出口。回归结果如表 12-11 所示。

表 12-11　只出口劳动密集型产品企业的固定效应回归

变量	因变量：劳动密集型产品出口比重				
	(1)	(2)	(3)	(4)	(5)
最低工资对数	-4.70*** (0.19)	-2.47*** (0.23)	-4.59*** (0.19)	-2.49*** (0.23)	-2.05*** (0.26)
企业层面控制变量	否	否	是	是	是
地区层面控制变量	否	是	否	是	是
国家层面控制变量	否	否	是	是	是
时间虚拟变量	否	否	否	否	是

① 笔者将这些企业称为单一型企业。

续表

变量	因变量：劳动密集型产品出口比重				
	(1)	(2)	(3)	(4)	(5)
行业虚拟变量	否	否	否	否	是
常数项	56.87***	67.45***	65.94***	69.92***	71.67***
	(1.63)	(6.17)	(3.07)	(6.81)	(7.07)
样本量	737916	725908	690136	678423	678423

表 12-11 第（1）列是未加入任何控制变量的回归结果，回归系数表明，最低工资每提高 1%，企业劳动密集型产品的出口比重将降低 4.70 个百分点。接着，进一步加入地区层面控制变量，回归结果如第（2）列所示，回归系数仍然为负且在 1%的水平下显著，最低工资标准提高对企业劳动密集型产品的出口比重有负向的影响。第（3）列是仅加入企业层面与国家层面控制变量的回归结果，此时回归系数依然为负且在 1%的水平下显著，最低工资标准提高会降低企业劳动密集型产品的出口比重。第（4）列是加入企业层面、地区层面和国家层面控制变量的回归结果，回归系数与前三列相似。最后，将所有层面的控制变量、时间虚拟变量和行业虚拟变量加入模型中进行回归，第（5）列的结果显示，最低工资每提高 1%，企业劳动密集型产品的出口比重将降低 2.05 个百分点。对于在 2004 年只出口劳动密集型产品的企业，最低工资标准提高确实会降低其劳动密集型产品的出口比重，倒逼企业进行转型升级。

12.2.6 结论和政策启示

基于 2004~2006 年中国海关的进出口商品微观数据，本部分使用固定效应模型与双重差分模型对最低工资标准提高如何影响企业出口结构进行了实证分析，研究发现最低工资标准提高会优化企业的出口结构。对于综合型企业而言，最低工资标准的提高使其劳动密集型产品的出口比重下降，资本密集型产品的出口比重上升。对于单一型企业，最低工资标准提高也会显著降低其劳动密集型产品的出口比重，部分企业可能会被市场淘汰，转型进入资本密集型产品出口行业。研究结果表明，最低工资标准提高能够倒逼企业进行转型升级。企业无法一直承受最低工资标准提高带来的成本压力，因此会寻求转型，加大研发力度与投入，逐渐转向生产和出口附加值更高的资本密集型产品。

12.3　最低工资对企业出口行为的影响①

前文考察了最低工资对企业出口结构的影响，本部分将考察最低工资对企业出口行为的影响。

12.3.1　数据和变量

本节的研究主要使用 1998~2007 年中国工业企业数据库的数据，以及对应年份的各地级市的最低工资数据及宏观经济数据。表 12-12 给出了变量的描述性统计。从表 12-12 中可以看出，城市的平均月最低工资是 381 元，其中最小值为 1999 年四川省雅安市的 140 元，最大值为 2007 年江苏省南京市的 850 元。出口企业数约占样本总数的 29%，平均出口额为 4809.7 万元。企业总资产约为总负债的 3 倍，企业存货占总产值的 18.4%，年营业利润接近总产出的 2%。内资企业占样本企业的 78.7%。大多数财务指标的离散程度相对较高，这表明不同企业间或同一企业不同年份间的差异较大。人均 GDP 方面，最小值为 2002 年辽宁省朝阳市的 1226 元，最大值为 2001 年广东省深圳市的 152099 元。

表 12-12　变量描述性统计

变量	单位	含义	均值	标准差	最小值	最大值
最低工资	元	市最低工资标准	381	125	140	850
企业出口	—	若企业有出口行为则为“1”，否则为“0”	0.29	0.45	0	1
出口价值	万元	企业的出口价值	4809.7	10804.4	0.1	78688.6
资产价值	万元	企业的资产价值	6626.5	17323.4	105.0	131366.7
企业雇用人数	人	企业的雇用人数	267	444	11	3017

① 部分内容发表于 *Journal of International Economics* 100（2016），题目为“The Higher Costs of Doing Business in China: Minimum Wages and Firms' Export Behavior”，作者为 Li Gan、Manuel A. Hernandez、Shuang Ma（马双，通讯作者）。

续表

变量	单位	含义	均值	标准差	最小值	最大值
资产负债比	%	总资产/总负债×100%	295	459	64	3502
存货占比	%	存货/当年总产值×100%	18.4	30.9	0	207
单位产值盈利	%	营业利润/当年总产值×100%	2	12	-67	32
企业人均工资	元	企业应付工资总额除以企业雇用人数，再除以12	1116	853	99	5481
资本-劳动力比率	—	总资产/劳动力人数	26.4	37.5	1.1	246.4
内资企业	—	若所有企业资金都来自中国内地，如国有、集体、股份合作、私营独资、私营合伙等，则为“1”，否则为“0”	0.787	0.409	0	1
国有控股企业	—	若企业为国家绝对控股或国家相对控股则为“1”，否则为“0”	0.148	0.355	0	1
市人均 GDP	元	城市人均 GDP	20097	16005	1226	152099
市总人口	万人	城市总人口数	120	140	13	1526
市职工年工资	元	市年平均工资	14501	7421	1969	141387
样本量	个	1261590				

12.3.2 基准回归

本部分主要分析了最低工资调整对企业出口行为的影响，基准回归结果见表 12-13。第（1）～（3）列是包含企业固定效应和不同控制变量的 LMP 模型的估计结果。结果显示，当地最低工资水平与企业出口可能呈负相关关系。第（1）列控制了时间固定效应、企业固定效应和最低工资，结果显示，最低工资每上涨 1%，企业出口概率下降 0.09 个百分点。第（2）列控制企业特征变量，如企业规模、经营状况和持股情况等，第（3）列继续增加城市宏观经济变量，结果均相同，皆为最低工资每上涨 1%，企业出口概率下降 0.09 个百分点，假设样本企业平均出口概率为 29%，则最低工资上涨 1%，企业出口概率下降 0.31 个百分点，弹性为-0.31。

表 12-13　最低工资对企业出口决策的影响

变量	因变量：企业出口			
	线性回归模型			Logit 模型
	(1)	(2)	(3)	(4)
最低工资的对数	-0.09*** (0.00)	-0.09*** (0.00)	-0.09*** (0.00)	-0.15** (0.05)
滞后一期的资产价值的对数		0.01*** (0.00)	0.01*** (0.00)	0.02** (0.00)
滞后一期的企业雇用人数的对数		0.02*** (0.00)	0.02 (0.00)	0.04** (0.01)
滞后一期的资产负债比		-0.00 (0.00)	-0.00 (0.00)	-0.00 (0.00)
滞后一期的存货占比		-0.01*** (0.00)	-0.01*** (0.00)	-0.03** (0.01)
滞后一期的单位产值盈利		0.01 (0.00)	0.01*** (0.00)	0.03** (0.01)
内资企业		-0.03*** (0.00)	-0.03*** (0.00)	-0.04** (0.01)
国有控股企业		0.00 (0.00)	0.00 (0.00)	0.00 (0.00)
市人均 GDP 的对数			0.02*** (0.00)	0.03** (0.01)
市总人口的对数			0.00** (0.00)	0.00 (0.00)
市职工年工资的对数			-0.03*** (0.00)	-0.04** (0.02)
常数项	0.55*** (0.01)	0.44*** (0.01)	0.40*** (0.03)	
最低工资控制	是	是	是	是
企业固定效应	是	是	是	是
时间固定效应	是	是	是	是
样本量	1261590	1261590	1261590	211130
最大似然估计	-385186	-386971	-387626	-76121

表 12-13 第（4）列显示了 Logit 模型的边际效应，使用该模型可以控制企业内部差异对企业出口决策的影响。结果显示，当地最低工资每提高 1%，出口概率下降 0.15 个百分点，弹性为-0.52。LMP 模型和 Logit 模型的估计结果都表明最低工资与企业出口概率之间存在显著的负相关关系。由于用于估计的样本差异很大，在后续的研究中，本书主要使用 LMP 模型进行估计。

其他控制变量的回归系数均比较符合预期。例如，资产和雇员较多的企业出口的可能性更高。外资企业的出口概率显著高于内资企业，这说明外商在中国投资主要是出于贸易目的。出口企业更倾向于在平均工资较低的地区经营，但如下文所述，平均工资较低的地区的出口企业数量少于平均工资较高的地区。此外，自 2001 年中国加入世界贸易组织（WTO）以来，出口企业的数量显著增加。

表 12-14 是最低工资对企业出口价值影响的估计结果。第（1）~（3）列是采用固定效应模型的回归结果，样本包括所有出口企业，但没有修正潜在的选择偏差。各列之间的差异在于回归中加入的控制变量不同。结果显示，当地最低工资与企业出口价值呈负相关关系。第（1）列考虑了时间固定效应、企业固定效应、最低工资控制，发现最低工资每提高 1%，企业出口价值减少 0.06%。第（2）列加入企业特征变量，第（3）列加入城市宏观经济变量，得到最低工资每上涨 1%，企业出口价值分别减少 0.06%和 0.08%的结果。

表 12-14 最低工资对企业出口价值的影响

变量	因变量：出口价值的对数			
	线性回归模型			两步估计法
	（1）	（2）	（3）	（4）
最低工资的对数	-0.06**	-0.06**	-0.08***	-0.17**
	（0.03）	（0.03）	（0.03）	（0.06）
滞后一期的资产价值的对数		0.29***	0.29***	0.09***
		（0.00）	（0.00）	（0.01）
滞后一期的企业雇用人数的对数		0.20***	0.20***	0.12***
		（0.01）	（0.01）	（0.02）
滞后一期的资产负债比		-0.00***	-0.00***	-0.00
		（0.00）	（0.00）	（0.00）

续表

变量	因变量：出口价值的对数			
	线性回归模型			两步估计法
	(1)	(2)	(3)	(4)
滞后一期的存货占比		-0.36*** (0.01)	-0.36*** (0.01)	0.18*** (0.03)
滞后一期的单位产值盈利		0.39*** (0.03)	0.40*** (0.03)	0.05 (0.07)
内资企业		-0.05** (0.02)	-0.04** (0.02)	0.02 (0.07)
国有控股企业		-0.02 (0.02)	-0.02 (0.02)	-0.08** (0.04)
市人均 GDP 的对数			0.11*** (0.01)	0.52*** (0.10)
市总人口的对数			0.02** (0.01)	-0.07 (0.08)
市职工年工资的对数			0.03** (0.01)	0.23 (0.12)
常数项	6.58*** (0.08)	3.67*** (0.09)	2.25*** (0.20)	0.51 (1.21)
最低工资控制	是	是	是	是
企业固定效应	是	是	是	是
时间固定效应	是	是	是	是
样本量	366003	366003	366003	52010
最大似然估计	-339945	-330578	-330433	-33570

当仅考虑出口企业的潜在选择偏差时，同样发现，提高最低工资后，出口价值有所减少。考虑到不同样本期间的回归结果所得的结论基本一致①，为了节省篇幅，表 12-14 第（4）列显示了使用 Kyriazidou（1997）的

① 估计结果显示，最低工资对出口价值的影响是负向的，在 95%的置信水平下，不同的样本期间得到的系数均具有统计学显著性，但最低工资对出口价值的影响程度不同。

两步估计法对2003~2004年的样本进行估计的结果。结果显示，最低工资每提升1%，出口价值显著减少0.18%。

大部分控制变量的回归系数仍如预期。拥有更多资产和雇员的企业在出口价值上也占优势。与外资企业相比，内资企业的出口价值较低，尽管该结果在统计上并不显著。此外，在工资高、人口多的地区经营的企业在出口价值上也占优势。虽然表12-14没有显示，但2000~2003年的出口价值与1998年相比的确有所减少，这可能是受20世纪90年代后期亚洲金融危机的影响；2004年后，出口价值又开始增加。

12.3.3 稳健性检验

上述研究表明，最低工资对企业出口行为有显著影响。本部分将对上述结果进行稳健性检验。首先，利用中国两个相邻地区在最低工资方面的显著差异进行DID回归分析；其次，考察对不同工资水平和资本-劳动力比率的企业的潜在异质性影响；再次，分析年度变化效应；最后，使用海关交易数据替代企业出口数据进行检验。

1. DID回归分析

借助2006~2007年福建省与其邻省广东省在最低工资调整上的差异，采用DID回归方法检验基准回归结论的稳健性。2006~2007年福建省大多数城市的最低工资增长率在8%以上。而相同时期的广东省除深圳市的最低工资提高了5%之外，其余各市均维持2006年的最低工资不变。

基于2006~2007年福建省和广东省这两个相邻地区在最低工资调整上的差异，构造DID模型进行回归分析。其中，福建省的城市是实验组，广东省的城市是控制组；若观测时间为2007年则时间变量取1，否则为0。DID回归方法对实验组和控制组的选择有严格的要求。虽然福建省与广东省在发展水平上有差异，但两省地域靠近，均是中国东南沿海省份，且均以制造业出口为主，经济结构趋同。本书着重比较福建省漳州市与广东省潮州市、汕头市和揭阳市的情况。2006~2007年漳州市的最低工资上涨了18%，而潮州市、汕头市和揭阳市的最低工资保持不变。表12-15显示了前述城市2006年的重要经济指标，指标说明实验组和控制组在经济发展和贸易方面较为相近，具有可比性。

表 12-15　2006 年福建省和广东省特定城市经济指标对比

指标	福建省	广东省
	漳州	潮州、汕头和揭阳
地区 GDP（亿元）	714.93	525.73
人数（万人）	472.00	437.86
人均 GDP（元）	15147	12010
第一产业所占份额（%）	0.23	0.13
第二产业所占份额（%）	0.43	0.53
第三产业所占份额（%）	0.34	0.37
出口（亿美元）	29.80	22.44
出口占地区 GDP 的比重（%）	34.76	35.60
进口（亿美元）	12.80	9.03
进口占地区 GDP 的比重（%）	14.88	14.32

表 12-16 是回归结果。第（1）列是最低工资对企业出口决策影响的回归结果，第（2）~（3）列是最低工资对企业出口价值影响的回归结果。与潮州市、汕头市和揭阳市相比，漳州市最低工资每上涨 1%，企业出口的可能性下降 0.07 个百分点。被选定城市的平均出口概率为 44.1%，漳州市该年份最低工资增加了 18%，折合弹性为-0.86，低于基础回归得到的弹性结果。而两地最低工资差异对企业出口价值的影响在 DID 回归中并不显著。

表 12-16　基于 DID 方法的稳健性检验

变量	DID 回归		两步估计法
	(1)	(2)	(3)
	因变量：企业出口	因变量：出口价值的对数	因变量：出口价值的对数
年份=2007 年	-0.14***	0.32***	0.36***
	(0.02)	(0.07)	(0.07)
地区=漳州	-0.90***	1.47***	1.89***
	(0.14)	(0.47)	(0.48)
年份×地区	-0.07***	0.11	0.14
	(0.02)	(0.09)	(0.09)
常数项	-9.88***	23.14***	26.19***
	(1.06)	(3.78)	(3.82)

续表

变量	DID 回归		两步估计法
	(1)	(2)	(3)
	因变量：企业出口	因变量：出口价值的对数	因变量：出口价值的对数
企业层面控制变量	是	是	是
城市层面控制变量	是	是	是
最低工资控制	是	是	是
行业固定效应	是	是	是
样本量	6832	3011	3011
最大似然估计	-3606	-4290	-4287

选用地域相邻且经济结构相似的地区进行 DID 回归分析得到的结论与上文相同，当地最低工资对企业出口行为，特别是对企业出口决策（扩展边际）有显著影响。当然，结果依赖于实验组和控制组之间可观测的和不可观测的变量是否具有严格的可比性，这在非实验环境中是很难做到的。

2. 异质性分析

最低工资调整可能会对不同企业产生不同的影响。Ma 等（2012）的研究为地方最低工资对不同人均工资企业的影响不同提供佐证，该研究发现人均工资水平接近最低工资标准的企业受最低工资调整的影响更大。因此，最低工资对不同类型企业出口行为的影响也可能有所不同。

本书首先关注最低工资对不同人均工资水平的企业的影响。最低工资对工资水平较低的企业可能更具有约束力，因此本书预期最低工资对这类企业会产生更大的影响。为检验这一猜想，本书按照企业人均工资水平从低到高将全部样本五等分，生成组别虚拟变量加入回归模型进行回归分析，表 12-17 为回归结果。第（1）列为最低工资对企业出口决策影响的结果，最低工资上涨对人均工资处于不同水平的企业出口的影响随着企业人均工资水平的提高而降低。最低工资每上涨 1%，人均工资处于最低 20% 的企业出口可能性降低 0.12 个百分点。对于人均工资介于 40%～60%、60%～80% 和 80%～100% 的企业，其出口概率受最低工资上涨的影响数值分别为 -0.09、-0.08 和 -0.06，较第一组的影响小。第（2）列为对企业出口价值影响的回归结果，结果显示，最低工资上涨对企业出口价值的负向影响随着企业人均工资水平的提高而降低，甚至转为正向影响。最低工资每提升

1%，平均工资处于最低 20%的企业的出口价值减少 0.50%；处于 20%～40%、40%～60%和 60%～80%的企业出口价值分别减少 0.37%、0.23%和 0.06%；而处于 80%～100%的企业，最低工资上涨反倒增加其出口价值，增加幅度为 0.28%。因此，企业的人均工资越低，越可能受当地最低工资调整的影响。

表 12-17　基于企业人均工资五等分的回归结果

变量	线性回归模型	
	(1)	(2)
	因变量：企业出口	因变量：出口价值的对数
最低工资的对数	-0.12*** (0.01)	-0.50*** (0.04)
最低工资的对数×企业人均工资（20%～40%）	0.01 (0.01)	0.13*** (0.05)
最低工资的对数×企业人均工资（40%～60%）	0.03*** (0.01)	0.27*** (0.05)
最低工资的对数×企业人均工资（60%～80%）	0.04*** (0.01)	0.44*** (0.05)
最低工资的对数×企业人均工资（80%～100%）	0.06*** (0.01)	0.78*** (0.05)
常数项	0.37*** (0.03)	2.64*** (0.20)
五等分的虚拟变量	是	是
企业层面控制变量	是	是
城市层面控制变量	是	是
最低工资控制	是	是
企业固定效应	是	是
时间固定效应	是	是
样本量	1261590	366003
最大似然估计	-387822	-329710

参照上述做法，本书将企业按照资本-劳动力比率从低到高五等分后，得到相同的研究结论。表 12-18 的回归结果显示，资本-劳动力比率越高的

企业，受最低工资调整的影响越小。也就是说，提高最低工资会减少家具、食品和纺织等劳动密集型行业企业的出口，但可能会增加塑料制品和电子设备等资本密集型行业企业的出口。对资本-劳动力比率处于最低 20%的企业而言，最低工资每提高 1%，企业出口概率下降 0.11 个百分点，出口价值降低 0.33%。对于处于最高 20%的企业来说，最低工资提高 1%会使得企业出口可能性下降 0.07 个百分点，但会使出口价值增加 0.31%。总而言之，最低工资的提高对人均工资较低和劳动密集型行业的企业的不利影响更大。

表 12-18　基于企业资本-劳动力比率五等分的回归结果

变量	线性回归模型	
	(1)	(2)
	因变量：企业出口	因变量：出口价值的对数
最低工资的对数	-0.11*** (0.01)	-0.33*** (0.03)
最低工资的对数×资本-劳动力比率（20%~40%）	0.00 (0.01)	0.03 (0.03)
最低工资的对数×资本-劳动力比率（40%~60%）	0.01* (0.01)	0.23*** (0.04)
最低工资的对数×资本-劳动力比率（60%~80%）	0.04*** (0.01)	0.32*** (0.04)
最低工资的对数×资本-劳动力比率（80%~100%）	0.04*** (0.01)	0.64*** (0.04)
常数项	0.36*** (0.03)	2.45*** (0.20)
五等分的虚拟变量	是	是
企业层面控制变量	是	是
城市层面控制变量	是	是
最低工资控制	是	是
企业固定效应	是	是
时间固定效应	是	是
样本量	1261590	366003
最大似然估计	-387732	-329873

3. 年度变化效应

本书还考察了随着年份变化，最低工资对企业出口行为的影响是否也有变化。本书预期，随着时间的推移，最低工资对企业出口行为的影响会越来越大。特别是 2004 年《最低工资规定》出台后，更严格的劳动监管机制和更高的违规成本加强了最低工资制度对企业的约束。而较高的劳动生产率（对应较高的工资水平）或者出口较多资本密集型和技术密集型产品可以削弱最低工资提高对企业出口的影响。

表 12-19 显示了最低工资年度变化效应的估计结果。值得注意的是，样本期间前几个年份的最低工资对企业出口决策产生的影响逐年减小，但 2003 年后情况发生了改变，最低工资对企业出口决策的影响甚至大于 1998~1999 年。从第（1）列可以看到，最低工资每提升 1%，在 1998~1999 年会使企业出口可能性降低 0.08 个百分点，在 2002~2003 年会使企业出口可能性降低 0.05 个百分点，而 2006~2007 年会使企业出口可能性降低 0.13 个百分点。第（2）列是最低工资对企业出口价值影响的回归结果，结果显示，最低工资每上涨 1%，在 1998~1999 年使企业出口价值减少 0.24%，在 2002~2003 使企业出口价值减少 0.02%，而在 2006~2007 年使企业出口价值减少 0.12%。[①]

表 12-19　最低工资的年度变化效应

变量	线性回归模型	
	(1)	(2)
	因变量：企业出口	因变量：出口价值的对数
最低工资的对数	-0.08***	-0.24***
	(0.01)	(0.05)
最低工资的对数×年份=2000~2001 年	0.01**	0.15***
	(0.00)	(0.04)
最低工资的对数×年份=2002~2003 年	0.03***	0.22***
	(0.01)	(0.05)

① 对 1998~2003 年和 2004~2008 年（《最低工资规定》出台前后）的样本进行分段回归后发现，近年来最低工资对出口决策的负向影响较大，但对出口价值的负向影响较小。

续表

变量	线性回归模型	
	(1)	(2)
	因变量：企业出口	因变量：出口价值的对数
最低工资的对数×年份=2004~2005年	-0.00 (0.01)	0.18*** (0.06)
最低工资的对数×年份=2006~2007年	-0.05 (0.01)	0.12** (0.06)
常数项	0.36*** (0.04)	2.70*** (0.24)
企业层面控制变量	是	是
城市层面控制变量	是	是
最低工资控制	是	是
企业固定效应	是	是
时间固定效应	是	是
样本量	1261590	366003
最大似然估计	-387908	-330653

最低工资对企业出口决策和出口价值的影响的年度差异受到很多因素的影响，而这些因素又恰恰是很难消除的。除了法律执行力度、劳动生产率和出口产品结构等因素，2004年政策改革中对地方政府至少每两年调整一次最低工资标准的要求，使得企业能够更好地预测最低工资的变化。在回归中加入企业特征变量的滞后项在某种程度上解释了当地最低工资变化的可预测性以及企业对最低工资变化可能的预期行为，但仍无法将这些预测性因素排除。

4. 更换样本数据

本书使用2004~2006年的海关交易数据进行检验。[①] 该数据比企业调查数据更准确、测量误差更小，包含了大量企业交易数据，包括年销售收入在500万元以下的企业。该数据可用于检验出口货物的价格和数量是否反映最低工资的增长，从而可以对本节的研究结论进行验证。但该数据集只包

① 该数据集包含了100万~200万条出口产品的月度交易记录。

含企业的基本信息，同时由于本书只考察出口企业的交易行为，所以可能受潜在选择偏误的影响。

表 12-20 的第（1）~（3）列显示了最低工资对单笔出口商品的出口价格、数量和价值的影响（以 4 位数产品 HS 编码为基础）。表中的回归系数值是由 100 个不同商品构成的样本组得到的平均回归系数值。最低工资每提高 1%，单笔出口价格上升 0.09%，单笔出口数量减少 0.11%，单笔出口价值整体降低 0.04%。因此，正如预期，最低工资上涨导致劳动力成本上升，进而导致出口商品价格提高，从而削弱了出口商的国际竞争力并使得出口数量减少。该结果也证明了最低工资与企业出口价值的负相关关系。对所有抽样商品的全样本回归结果显示，最低工资每上涨 1%，企业出口总值大致减少 0.1%。

表 12-20　基于海关数据的稳健性检验

变量	(1)	(2)	(3)
	单笔出口价格对数	单笔出口数量对数	单笔出口价值对数
最低工资的对数回归系数平均数	0.09***	-0.11***	-0.04*
系数的标准误	0.01	0.02	0.02
平均标准误	0.00	0.03	0.02
企业层面控制变量	是	是	是
城市层面控制变量	是	是	是
最低工资控制	是	是	是
企业固定效应	是	是	是
时间固定效应	是	是	是
产品固定效应	否	否	否
样本量	2117539	2125452	2130273

12.3.4　结论和政策启示

本节利用 1998~2007 年中国工业企业数据库数据，研究最低工资变化对企业出口决策（扩展边际）和出口价值（集约边际）的影响。回归结果表明，最低工资调整显著影响企业的出口决策。最低工资每提升 1%，企业出口概率降低 0.09 个百分点。结合样本企业 29%的平均出口概率，折合为弹性即为-0.31。此外，当地最低工资与企业出口价值呈负相关关系。以出口企业为样本，研究发现，最低工资每上涨 1%，企业出口价值下降 0.08%。当进一步控制特定子样本期间的出口可能性时，结果表明这种负相关关系继续保持或增强。

本节还采用别的估计方法对上述结论进行稳健性检验。借助“准自然实验”对比了福建和广东两省的相邻城市 2006~2007 年最低工资的显著差异对企业出口行为的影响，同样得到最低工资与企业出口决策存在负相关关系的结论。使用 2004~2006 年海关交易数据进行回归也得到类似的结果。进一步分析发现，人均工资水平、资本-劳动力比率和年度差异等因素会使得最低工资调整对不同企业产生不同的影响。就年度差异效应而言，最低工资的提高对企业出口可能性的影响在样本期间的初期逐年减少，但 2003 年后又呈现增强趋势。

研究结果表明，中国的出口和在国际市场上的比较优势在一定程度上受最低工资标准调整的影响。因为最低工资提高使企业劳动力成本上升，同时也反映了劳动法规的强约束力。即使不存在最低工资制度，在企业生产率存在差异和劳动力市场分割的情况下，当地劳动力市场紧缩仍然可能导致企业出口减少，特别是生产率较低的企业。同样，最低工资与企业出口行为相关程度也受一系列因素的影响，包括人力资本和资本投资变化驱动的劳动生产率的变化、工资增长率高于最低工资增长率、供应链流程和出口产品结构的变化等。然而，对这些因素进行分析超出了本节的研究范围，因此不再深入讨论。

12.4　最低工资对多产品制造业企业出口的影响①

12.4.1　研究背景

2019 年 5 月 10 日，美方对 2000 亿美元中国输美商品加征的关税税率从

① 本节部分内容发表于《中国工业经济》2021 年第 9 期，题目为《最低工资与中国多产品企业出口：成本效应抑或激励效应》，作者为袁劲、马双（通讯作者）。

10%上调至25%。国务院关税税则委员会决定，自2019年6月1日0时起，对原产于美国的部分进口商品加征关税税率，中美贸易摩擦再度升级。特朗普政府作为贸易摩擦的制造方，以平抑贸易逆差为诉求，实则遏制中国制造业相关战略实施。中国不仅是世界上最大的制造业国家，也是全世界唯一一个拥有联合国产业分类中全部工业门类的国家，包括41个工业大类、191个中类、525个小类，中国制造业的快速发展无疑引起了特朗普政府的警惕，面对中国制造业实力的日益增强和科技的高速发展，美国转向推行贸易保护主义，试图遏制中国制造业的发展和转型升级。随着贸易摩擦逐步升级，2019年5~8月，中国制造业采购经理指数（PMI）连续四个月处于收缩区间，中美贸易摩擦态势下，中国制造业面临下行压力。

与此同时，中国人口老龄化趋势明显，劳动力成本上涨已成事实。2018年，国家统计局发布了有关我国的人口统计数据，该数据表明：中国60周岁及以上人口约2.49亿人，占总人口数的17.9%；65周岁及以上人口约1.66亿人，占总人口的11.9%。相比2017年，中国60周岁及以上人口增长了859万人，增长率高达3.6%。人口老龄化对经济增长的负面影响是多方面的。劳动力成本上升是否会使中国制造业进入“寒冬”，又是否会阻碍贸易保护主义抬头下，中国制造业相关战略的顺利实施？基于对这类问题的思考，重新审视劳动力成本上涨对中国制造业出口企业的影响，成为“贸易摩擦”和“人口结构老龄化”双重背景下的重要议题。

本章以城市最低工资上调为视角，研究劳动力成本上升对中国制造业企业出口的影响。因为城市最低工资上涨可以反映劳动力成本上升的特征事实，相对于企业可变成本而言，城市层面的最低工资变化是企业在生产和出口行为中更为外生的成本变量。梳理现有文献，本书发现，最低工资对出口贸易影响的微观机制研究主要基于企业层面（孙楚仁等，2013a，2013b；马双、邱光前，2016；Gan et al.，2016），然而，仅从企业层面对该类问题进行研究，割裂了企业内部产品之间的紧密联系，忽略了企业多产品经营的特征事实。多产品制造业企业在国际市场中占据着举足轻重的地位，大量经验研究表明，多产品制造业企业在各国普遍存在，在国际贸易中出口占比远远高于出口单一产品的企业。1992年，美国的出口贸易中出口5种以上产品的企业数量占出口企业总数的30%，出口额却超过97%（Bernard et al.，2000）；1995~2003年，法国50%以上的出口企业是多产品出口企业（Berthou and Fontagné，2013）。多产品制造业企业不仅在发达国家占据着举足轻重的地位，在发展中国家的优势也日益彰显（Arkolakis and Muendler，2010；Iacovone and Javorcik，2010）。在中国，企业内的扩展边际对出口增长的贡献率约为44%，出口额占比超过95%（钱学锋等，2013），有关中国多产品制造业企业出口的研究也备受关注（Brambilla，2009；彭国华、夏帆，2013；易靖韬、蒙双，2017）。由此可见，从“企业-产品”维度研究最低工资对多产品制造业企业出口的影响是十分必要且具有实际意义的。

再者，多产品制造业企业内部核心产品和非核心产品间存在诸多差异：核心产品在企业内部的出口额占比一般高于非核心产品（Mayer et al.，2014；Eckel et al.，2015），核心产品的边际成本低于非核心产品（Mayer et al.，2014），生产效率高于非核心产品（Eckel and Neary，2010），消费者对核心产品的认可度也更高（Bernard et al.，2012）。面对外界冲击时，两者在出口市场的表现也不尽相同。比如，Iacovone和Javorcik（2010）发现，北美自由贸易区的成立对墨西哥核心产品的影响比非核心产品小，核心产品更不容易退出市场；Upward和Wang（2016）研究指出，取消贸易配额降低了中国纺织业核心产品占比。所以，最低工资的上涨对企业核心产品和非核心产品的作用效果可能存在差异。但是，如果仅从成本的角度考虑最低工资对贸易的影响，那么最低工资的上涨必然会导致劳动力成本相对较高的非核心产品的出口占比减少，但最低工资的上涨同样可能会提高企业对雇员的要求，从而提高企业的劳动生产率，考虑到最低工资上涨的激励效应，企业非核心产品的出口占比不一定会下降。现有文献主要从企业层面考察最低工资上涨对企业出口的影响，并且仅仅考虑工资上涨的成本效应，而忽略了其激励效应（Gan et al.，2016）。基于此，本章匹配了2002~2013年中国工业企业数据、中国海关进出口数据、各地级市最低工资数据、宏观经济数据和世界宏观经济数据，从“企业-产品”层面量化研究最低工资上涨对中国多产品制造业企业出口的影响。

与现有文献比较，本章可能的边际贡献主要体现在以下几个方面。其一，本章考虑了企业内部产品之间的差异，将产品分为核心产品和非核心产品，研究了最低工资对多产品制造业企业内不同类型产品出口额的影响。核心产品和非核心产品在出口市场中的表现存在较大差异，但现有最低工资对企业出口影响的研究并未对此进行区分。其二，本章采用“企业-产品-时间”三个维度和“企业-产品-出口市场-时间”四个维度的数据研究最低工资上涨对中国多产品制造业企业出口的影响，最低工资的变化可能带来企业新产品的进入和原有产品的退出，同样也可能带来产品在不同市场的进入和退出，仅仅采用企业层面的数据，并不能细分每类产品的出口变化，也无法比较产品在不同市场的变化趋势。比如，企业总出口保持不变，但核心产品出口增加、非核心产品出口减少，或者核心产品出口保持不变，但在美国的出口增加、在日本的出口减少。可见，仅仅使用企业层面的数据可能看不到产品出口的变化或者产品在出口目的国市场中的变化。而采用“企业-产品-时间”和“企业-产品-出口市场-时间”等高维数据，能够帮助我们分析企业内不同类型产品和产品在不同市场上出口额的变化，将最低工资的传导机制研究推广至多产品制造业企业内部。而且，进一步控制产品效应和市场效应后的结果与忽略这类效应采用企业层面加总数据的结果可能是不一致的。其三，本章在现有研究的基础上，归纳了最低工资变化对企业出口可能存在的影响机制，并将其运用于多产品制造业企业出口，证实了激励效应是最低工资政策影响多产品制造业企业出口的主要传导机制，而现有关于最低工资和贸易的微观研究仅考虑了工资上涨的成本效应，忽略了激励效应给出口带来的影响。

12.4.2　文献综述

与本章密切相关的文献主要包括两类：一类是关于多产品企业出口的研究；另一类是关于最低工资影响企业出口的研究。

20 世纪 70 年代经济学家开始关注多产品企业的存在，并从供给方面强调范围经济对多产品企业的影响（Panzar and Willing，1977；Bailey and Friedlaender，1982）。之后的学者开始研究需求层面的动因如何促使企业进行多产品生产、出口和策略互动（Brander and Eaton，1984；Shaked and Sutton，1990）。不过，这些研究并未建立完整的多产品企业出口贸易的理论体系。随着新兴贸易理论的建立和发展，国际贸易学者开始建立真正意义上的多产品企业理论。而且，现有理论对多产品企业出口的研究主要集中于垄断竞争市场和寡头垄断市场。

基于垄断竞争市场建立的多产品企业模型大多源于对 Melitz（2003）模

型的改进和推广：Feenstra 和 Ma（2007）在垄断竞争框架下建立多产品企业理论模型，并将 Melitz（2003）的理论研究扩展至多产品企业情形，考察贸易开放对生产企业数量和企业生产范围的影响；Melitz 和 Ottaviano（2008）采用拟线性效用函数研究多产品企业出口行为及其出口目的国选择行为；Mayer 等（2014）在垄断竞争框架下进一步将企业异质性和产品异质性同时纳入理论模型，考察竞争效应如何影响多产品企业产品范围；Arkolakis 和 Muendler（2010）采用 CES 效用函数研究固定成本效应对巴西多产品企业出口行为和产品范围的影响；Bernard 等（2010）在 Melitz（2003）的基础上建立了产品生产内生选择模型，研究了生产率和消费者偏好如何影响企业生产范围；之后，Bernard 等（2011）又将 Melitz（2003）的单一产品异质企业贸易模型扩展至多产品、多出口目的国情形，在一般均衡分析框架下考察贸易自由化对出口企业数量、企业的出口产品范围的影响；此后，一系列研究在 Melitz 和 Ottaviano（2008）、Bernard 等（2011）的基础上展开，涉及多产品企业生产效率、产品质量、福利效应、贸易自由化和贸易成本对产品出口行为（包括出口价格、数量、产品范围和出口目的国等）的影响等方面（Hallak and Sivadasan，2013；Manova and Zhang，2012；Melitz and Redding，2015）。

基于寡头垄断市场的多产品出口企业研究不同于垄断竞争市场，寡头垄断市场中生产和贸易的集中度较高，行业中少数“龙头企业”的战略行为决定了行业生产率、产出水平以及贸易规模与结构，企业所占据的市场规模与企业定价策略和产业结构集中度息息相关（Kee and Hoekman，2007）。所以，寡头垄断市场与垄断竞争市场不同，寡头垄断框架下企业的进入和退出会影响其他企业的生产行为和策略定价行为。Nocke 和 Yeaple（2006）在寡头垄断框架下建立多产品企业理论考察贸易自由化如何影响企业规模和产品种类，发现双边贸易自由化会导致小规模企业增加出口产品的种类，大规模企业则会减少出口产品的种类，而且，实行单边贸易自由化的国家，企业规模分布的偏度会提高。

虽然现有研究涉及多产品企业出口的各个方面，但鲜有文献探讨最低工资的变化对多产品制造业企业出口的影响。所以，本章试图从最低工资对企业生产和出口行为的影响的文献中归纳出最低工资对多产品制造业企业出口可能存在的影响，并对其进行检验。现有研究表明，最低工资对企业出口的影响是不确定的。首先，最低工资具有成本效应。最低工资的上涨推动企业平均工资上涨（Dube et al.，2010；Draca et al.，2011），同时使企业雇用规模减小（马双等，2012），从而抑制了企业的出口和规模扩张（Gan et al.，2016）。当然，最低工资上涨虽然推动了企业成本的上升，但对产品出口价格的传递效应可能并不大（Machin et al.，2003；Lemos，2008）。对中国的劳动密集型行业而言，最低工资上涨提高了该行业产品的出口价格，因而，出口产品的价格优势不复存在（马双、邱光前，2016）；同时，最低工资的上涨降低了企业的价格加成，削弱了企业的盈利能力（赵瑞丽等，2018）。以上研究表明，最低工资上涨通过成本效应影响出口产品的价格以及加成率，从而抑制了企业出口。其次，最低工资的上涨倒逼企业提高生产效率（孙楚仁等，2013a），具有激励效应。最低工资上涨提高了员工的营养水平，有利于员工的身心健康（McCarrier et al.，2011）。同时，最低工资上涨调动了员工的工作积极性，解决了消极怠工问题（Hirsch et al.，2015），从而缓解了劳动力市场的逆向选择问题。但最低工资的上涨，降低了企业对员工在职培训的概率和力度（马双、甘犁，2014），不过，企业对专业性更强的员工的培训力度加大了（Lechthaler and Snower，2008）。以上研究表明，最低工资上涨可以通过激励效应使员工身心健康、工作积极、专业技能增强，从而提高了劳动生产率水平，促进了企业的出口。最后，最低工资还可以通过替代效应和创新效应影响企业出口。最低工资上涨时，企业可能会用资本替代劳动，从而加速要素替代（Pischke，2005；Hau et al.，2016）。最低工资上涨对企业创新的影响是不确定的，最低工资上涨，一方面，挤占了企业的研发资金（Klasa et al.，2009；Matsa，2010），企业创新能力下降；另一方面，根据效率工资理论可知，最低工资上调会促使企业提高员工技能和创造力，从而对企业研发创新产生积极影响。

综上所述，最低工资上涨对企业出口的影响可以大致概括为成本效应、激励效应、替代效应和创新效应。其中，成本效应主要通过增加生产成本抑制企业出口；激励效应通过提高劳动生产率促进企业出口；替代效应和创新效应对企业出口的影响则是不确定的。本章主要检验了最低工资上涨对多产品制造业企业出口的影响，并尝试将以上几种效应纳入最低工资上涨对多产品制造业企业出口影响机制检验中，着重探讨成本效应的抑制作用和激励效应的促进作用是否同样存在于多产品制造业企业中。

12.4.3 数据、变量和回归模型

1. 数据来源

本章数据来源于2002~2013年中国工业企业数据库、中国海关进出口数据库、《中国城市统计年鉴》和宾夕法尼亚大学世界数据库（PWT9.0）。其中，中国海关进出口数据是中国海关总署统计产生的以HS8位编码为观测单位的月度数据，包括出口额、出口数量、出口目的国、运输方式、贸易类型以及企业的基本资料等信息。中国工业企业数据包括企业的基本信息和财务信息，比如企业名称、邮政编码、电话号码、所在省市、劳动投入、雇用人数、资本投入、资本存量、工业总产值等。《中国城市统计年鉴》统计了城市最低工资水平、人均工资水平、地区GDP和人口总量等城市层面的宏观经济变量。宾夕法尼亚大学世界数据库提供了世界各国国家层面的宏观经济指标。

本章首先匹配中国工业企业数据与中国海关进出口数据，具体方法见第6章，此处不再赘述。然后将《中国城市统计年鉴》中城市层面的宏观数据与中国工业企业数据库中企业所在城市匹配，得到城市最低工资水平等城市层面宏观经济变量与中国工业企业数据匹配的结果；并将PWT9.0中各国宏观经济指标与海关进出口数据按照各国ISO三位码进行匹配，得到目的地控制变量的相关数据。

2. 变量和统计性描述

本章基于“企业-产品-时间”三个维度和“企业-产品-出口市场-时间”四个维度的微观数据，研究中国最低工资上涨如何影响企业核心产品和非核心产品的出口额。

（1）被解释变量

本章的被解释变量是“企业-产品-时间”三个维度和“企业-产品-出口市场-时间”四个维度的产品的出口额，三维数据的出口额为企业j在t年出口产品i到全球范围的出口额E_{ijt}。四维数据的出口额为企业j在t年出口产品i到目的国市场d的出口额E_{ijdt}。中国海关进出口数据库直接记录了产品的出口额。

（2）核心解释变量

本章的核心解释变量为城市层面的最低工资。1994年，《劳动法》

保障了最低工资制度的顺利实施，从而抑制了收入差距的进一步扩大。发达国家的最低工资制度在全国范围内的实施标准是统一的，而中国最低工资的设定却存在较大的地区差异：2000~2017 年，最低工资水平最低的城市主要分布在陕西、四川、西藏、河南、江西、黑龙江、辽宁、湖南和湖北等省份，而最低工资水平最高的城市主要集中在上海、广东和浙江。

通常，不同城市的政府部门会根据当地的经济发展情况和居民生活水平制定当地的最低工资，一个省份往往会形成 3~4 个档次的最低工资。2004 年，劳动和社会保障部将《最低工资规定》推广至全国，并要求各城市每隔两年至少调整一次最低工资。所以，最低工资呈现显著的地区差异性和逐年上升的趋势。图 12-2 刻画了最低工资变化的趋势特征，从城市最低工资的最大值和最小值可以看出，最低工资存在较大的地区差异；从平均值可以看出城市平均最低工资从 2000 年的 266 元上升至 2017 年的 1467 元，增加了约 4.5 倍，因而呈现较快的增长态势，尤其是 2009 年之后，最低工资加速上涨，反映出近年来中国劳动力成本上升的趋势明显。此外，最大值和最小值差值不断扩大，方差也呈现上升趋势，说明城市间最低工资的差距不断扩大，经济较发达的沿海地区城市最低工资的增长额大于经济发展相对落后的中西部城市，但经济发展相对落后城市的最低工资增长速度快于经济较发达城市。

（3）控制变量

本章的控制变量包括城市层面的城市 GDP、城市总人口等，出口目的国市场层面的出口市场 GDP、出口市场总人口、进口依存度（进口额/GDP）、双边实际汇率等，企业层面的企业资产、企业负债、企业利润、企业雇用人数、企业生存年限、企业性质等，以上皆为随时间变化的控制变量，对出口额、GDP、总人口、资产、负债、利润和雇用人数取对数处理，表示这些变量的增长率，对以比率形式构成的变量和企业生存年限、企业性质等变量未进行对数处理。当然，本章分别控制了不随时间变化的三维数据中的“企业-产品”效应和四维数据中的“企业-产品-出口市场”效应，以及时间效应。表 12-21 展示了被解释变量、核心解释变量和随时间变化的主要控制变量的统计性描述。

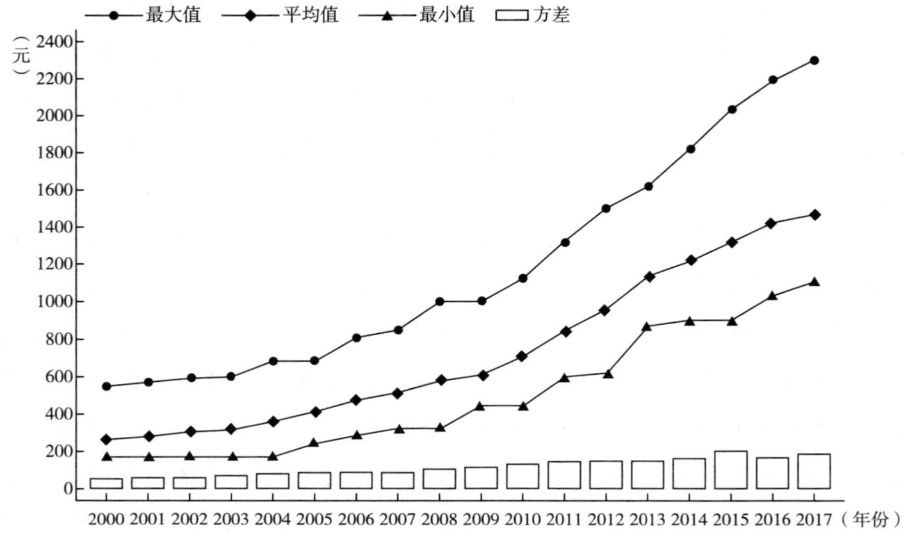

图 12-2　2000~2017 年中国城市最低工资变化趋势

表 12-21　变量统计性描述结果

变量	含义和单位	样本量	均值	最大值	最小值	中值	方差
ln*E*	产品出口额（美元）	1.20e+07	9.41	23.51	0	9.56	2.67
ln*citygdp*	城市 GDP（亿元）	1.09e+07	8.11	9.98	3.08	8.14	0.96
ln*citypop*	城市总人口（万人）	1.09e+07	6.24	8.11	2.79	6.35	0.63
ln*dengdp*	出口市场 GDP（亿美元）	1.12e+07	13.69	16.60	4.42	13.68	1.57
ln*denpop*	出口市场总人口（万人）	1.12e+07	3.62	7.15	-5.43	3.85	1.48
import	进口依存度	1.12e+07	0.43	42.08	0.03	0.31	0.46
xr	双边实际汇率	1.12e+07	600.68	20933.42	0.26	3.67	2601.02
ln*asset*	企业资产（万元）	1.14e+07	11.33	19.43	0	11.09	1.74
ln*liability*	企业负债（万元）	1.14e+07	10.61	18.77	0	10.42	1.88
ln*employee*	企业雇用人数（人）	1.14e+07	11.62	19.26	0	11.39	1.72
ln*profit*	企业利润（万元）	9373047	8.00	18.72	-0.58	8.01	2.52
duration	企业生存年限（年）	1.13e+07	10.43	63	0	9	6.88
foreign	企业性质	1.20e+07	0.61	1	0	1	0.48

注：企业生存年限统计时剔除了 1949 年前的样本；企业性质分为 1 和 0，1 表示外商投资企业或者港澳台投资企业，0 表示其他类型企业。

12.4.4　实证结果

1. 全样本的回归结果

（1）来自微观企业的证据

现有文献已经研究了最低工资上涨对企业出口额的影响，Gan 等（2016）发现中国的最低工资每上涨 1%，企业出口额下降 0.058%～0.171%。为了与现有文献进行比较，本章先利用企业层面的出口数据，估计最低工资上涨对企业出口额的影响，估计结果如表 12-22 所示。

表 12-22　最低工资对企业出口额的影响

变量	(1)	(2)	(3)
最低工资对数	-0.09*** (0.03)	-0.07** (0.03)	-0.13*** (0.04)
城市层面控制变量	否	是	是
企业层面控制变量	否	否	是
企业效应	是	是	是
时间效应	是	是	是
样本量	483429	482319	365205
R^2	0.60	0.60	0.61

表 12-22 中第（1）列是控制了企业效应和时间效应的回归结果，结果显示最低工资上调 1%，企业的出口额下降 0.09%；第（2）列在第（1）列的基础上进一步控制了城市层面随时间变化的控制变量，包括城市 GDP 和城市总人口等，结果显示最低工资每上涨 1%，企业出口额下降 0.07%；第（3）列在第（2）列的基础上加入企业层面随时间变化的控制变量，包括企业资产、企业负债、企业利润、企业雇用人数、企业生存年限、企业性质，其结果显示，最低工资上涨 1%，企业的出口额下降 0.13%。表 12-22 的结论和 Gan 等（2016）的结论相近，表 12-22 的结果显示，最低工资每上涨 1%，企业出口额下降 0.09%～0.13%，这一结果位于 0.058%～0.171%内，是 Gan 等（2016）支持的结论。虽然本章采用的样本年份不同，但这并没有导致与现有研究产生较大差异，说明我们采用的数据具有一定的说服力，模型整体构建和变量的选择、固定效应的控制都较为合理。所以，来自微

观企业维度的证据表明，最低工资上涨确实在一定程度上抑制了企业出口。

（2）来自“企业-产品-时间”三维数据的证据

接下来，我们采用“企业-产品-时间”三个维度的面板数据检验最低工资上涨对多产品制造业企业出口的影响，回归结果如表 12-23 所示。表 12-23 中第（1）列控制了“企业-产品”效应和时间效应，结果显示，最低工资上涨 1%，产品的出口额会增加 0.08%，第（2）列是在第（1）列基础上控制了城市层面随时间变化的因素的回归结果，第（3）列进一步控制了企业层面随时间变化的可观测因素，其结果都显示最低工资上涨可能会产生更强的激励效应，从而促进产品出口。

表 12-23　最低工资对产品出口额的影响（三维）

变量	(1)	(2)	(3)
最低工资对数	0.08*** (0.02)	0.07*** (0.02)	0.09*** (0.02)
城市层面控制变量	否	是	是
企业层面控制变量	否	否	是
“企业-产品”效应	是	是	是
时间效应	是	是	是
样本量	2609079	2606100	1964263
R^2	0.57	0.57	0.57

比较表 12-22 和表 12-23 可知，产品出口额的变化和企业出口额的变化是不一致的，但是，表 12-22 和表 12-23 的估计方程在构建思路和变量选择上是完全一致的，那么，两组估计结果为何不同呢？通过比较发现，表 12-22 与表 12-23 的不同，仅仅是因为表 12-23 中采用了更高维度的数据以及控制了“企业-产品”层面的固定效应，也就是说，数据维度的不同和固定效应的控制不同导致了估计结果的不同。采用高维数据控制“企业-产品”效应，比单纯控制企业效应，数据的分组更加细化，不随时间变化的特征控制得更为全面，这可能导致样本的趋势发生变化；另外，最低工资的变化可能带来企业新产品的进入和原有产品的退出，如果企业某类产品出口额增加量大致等于另一类产品出口额减少量，那么，仅仅采用企业层面的数据，观测的企业出口额是不变的，而采用“企业-产品-时间”三

维度的数据，观测到的产品出口额是变化的。所以，采用高维数据的估计结果很可能不同于采用企业层面数据的估计结果。总之，“企业-产品-时间”三维数据的证据表明，最低工资上涨可能有利于产品的出口。

（3）来自“企业-产品-出口市场-时间”四维数据的证据

进一步地，本章采用“企业-产品-出口市场-时间”四个维度的数据检验最低工资上涨对产品出口额的影响，回归结果如表 12-24 所示。

表 12-24 最低工资对产品出口额的影响（四维）

变量	（1）	（2）	（3）	（4）
最低工资对数	0.10*** （0.01）	0.09*** （0.01）	0.09*** （0.01）	0.08*** （0.01）
城市层面控制变量	否	是	是	是
出口目的国市场层面控制变量	否	否	是	是
企业层面控制变量	否	否	否	是
“企业-产品-出口市场”效应	是	是	是	是
时间效应	是	是	是	是
样本量	7621823	7614589	7451837	5822500
R^2	0.73	0.73	0.73	0.73

表 12-24 中第（1）列是控制了“企业-产品-出口市场”效应和时间效应的回归结果，结果显示最低工资上调 1%，产品出口额增长了 0.10%；第（2）列在第（1）列的基础上进一步控制了城市层面随时间变化的控制变量，包括城市 GDP 和城市总人口等，结果显示最低工资每上涨 1%，产品出口额增长 0.09%；第（3）列在第（2）列的基础上加入出口目的国市场层面随时间变化的控制变量，包括出口市场 GDP、出口市场总人口、进口依存度、双边实际汇率，该列回归结果与前两列基本一致；第（4）列进一步控制了企业层面随时间变化的控制变量，包括企业资产、企业负债、企业利润、企业雇用人数、企业生存年限、企业性质，其结果显示，最低工资上涨 1%，产品出口额增长 0.08%。采用“企业-产品-出口市场-时间”四个维度的数据发现，最低工资的上涨使企业出口到目的国市场的产品的出口额增加。这实际上支持了表 12-23 的结论，也就是说，从产品层面来

看，不论是否考虑出口目的国这一因素的影响，最低工资上涨都促进了产品的出口。

如前文所述，由于表12-23和表12-24控制了企业的资产和负债水平以及雇用人数，在一定程度上剔除了资本和劳动的相互替代作为中间机制的影响。所以，根据表12-23和表12-24的结果可以初步推断，最低工资上涨的激励效应大于其成本效应，进而最低工资上涨后企业的产品出口额增加了。后文中本章将对该机制进行详细讨论。

通过将企业层面的微观数据进一步细分为“企业-产品-时间”三个维度和“企业-产品-出口市场-时间”四个维度，本书发现最低工资上涨促进了企业出口，这说明最低工资上涨的激励效应很可能大于成本效应，由此，得到本章的第一个基本结论。

2. 细分产品的回归结果

（1）来自“企业-产品-时间”三维数据的证据

下文本章将基于“全球范围”的分类方式，将企业的产品类型分为核心产品和非核心产品，并分析最低工资对核心产品和非核心产品出口额的影响有何不同。如前文所述，“全球范围”的核心产品剔除了出口目的国不同所带来的影响，该定义下的核心产品是指企业出口到所有国家（并非某一具体目的国）的出口总额最大的产品。表12-25中第（1）~（3）列和第（4）~（6）列分别显示了最低工资上涨对企业核心产品和非核心产品出口额的影响，观察表12-25的回归系数不难发现，最低工资上涨并未对核心产品的出口额产生显著的影响，但最低工资上涨1%，非核心产品的出口额显著增长了0.09%，在控制城市和企业层面控制变量后，该结论仍然稳健。这说明，最低工资上涨对企业非核心产品出口额的影响更大也更加显著。

表12-25 最低工资对核心产品和非核心产品出口额的影响（三维）

变量	核心产品			非核心产品		
	(1)	(2)	(3)	(4)	(5)	(6)
最低工资对数	-0.04	-0.04	-0.04	0.09***	0.09***	0.09***
	(0.04)	(0.04)	(0.05)	(0.01)	(0.01)	(0.01)
城市层面控制变量	否	是	是	否	是	是

续表

变量	核心产品			非核心产品		
	(1)	(2)	(3)	(4)	(5)	(6)
企业层面控制变量	否	否	是	否	否	是
"企业-产品"效应	是	是	是	是	是	是
时间效应	是	是	是	是	是	是
样本量	422201	421222	312601	2107869	2106023	1583794
R^2	0.41	0.41	0.41	0.78	0.78	0.78

为了更为直接地比较最低工资上涨对企业核心产品和非核心产品出口额的影响，本章构造了产品类型和最低工资的交乘项，并将其加入模型中进行回归，该回归结果如表 12-26 所示。表 12-26 中，产品类型，核心产品取值为 1，非核心产品取值为 0。不难发现，最低工资对数的回归系数为正，说明最低工资上涨促进了产品出口额的增加，但交乘项的系数为负，说明，相对于非核心产品而言，企业核心产品出口额增长速度较小。所以，来自"企业-产品-时间"三维数据的证据表明，"最低工资上涨对企业非核心产品出口额的正向影响大于核心产品"这一结论仍然成立。如果如前文所述，最低工资的激励效应大于成本效应，那么，这一激励效应主要作用于企业的非核心产品。

表 12-26　最低工资对核心产品和非核心产品出口额的影响程度（三维）

变量	(1)	(2)	(3)
产品类型×最低工资对数	-0.14***	-0.14***	-0.17***
	(0.00)	(0.00)	(0.00)
最低工资对数	0.08***	0.08***	0.09***
	(0.01)	(0.01)	(0.01)
城市层面控制变量	否	是	是
企业层面控制变量	否	否	是
"企业-产品"效应	是	是	是
时间效应	是	是	是
样本量	2609083	2606104	1964267
R^2	0.70	0.70	0.71

（2）来自“企业-产品-出口市场-时间”四维数据的证据

根据“企业-产品-出口市场-时间”四个维度定义的“局部地区”核心产品是指当企业出口一系列不同产品到某个国家时，企业出口到该国的出口额最大的产品，与之对应，除核心产品外的其他产品为企业的非核心产品。表 12-27 中第（1）~（4）列列示了最低工资上涨对企业内核心产品出口额的影响，第（5）~（8）列列示了最低工资上涨对企业内非核心产品出口额的影响。表 12-27 第（1）列和第（5）列的结果显示，最低工资上涨 1%，企业的核心产品出口额增加 0.08%，非核心产品出口额增加 0.20%，进一步控制城市、出口目的国市场随时间变化的因素后，结果依然稳健；进一步控制企业随时间变化的因素后，虽然观测样本有一定程度减少，但估计结果显示，核心产品和非核心产品出口额依然分别增加 0.04%和 0.19%。对比表 12-27 中核心产品和非核心产品的估计结果发现，对于目的国市场，非核心产品出口额的增长速度快于企业所有产品出口额增长的速度（0.19>0.08），但核心产品出口额的增长速度低于企业所有产品出口额的增长速度（0.04<0.08），最低工资上涨对企业非核心产品出口额的影响明显大于核心产品（0.19>0.04），这一结论与表 12-25 中采用三维数据的估计结果是一致的①。所以，如果最低工资的激励效应大于成本效应，那么，这一激励效应对企业非核心产品的作用也相对更大一些。

表 12-27　最低工资对核心产品和非核心产品出口额的影响（四维）

变量	核心产品				非核心产品			
	（1）	（2）	（3）	（4）	（5）	（6）	（7）	（8）
最低工资对数	0.08***	0.08***	0.08***	0.04***	0.20***	0.21***	0.20***	0.19***
	（0.01）	（0.01）	（0.01）	（0.01）	（0.01）	（0.01）	（0.01）	（0.01）
城市层面控制变量	否	是	是	是	否	是	是	是
出口目的国市场层面控制变量	否	否	是	是	否	否	是	是

① 虽然在考察最低工资对核心产品出口额的影响时，由于数据维度的差异，采用三维数据和四维数据估计系数的显著性水平不完全一致，但并不影响本章通过对两类产品的比较得到的基本结论，即“最低工资上涨对企业非核心产品出口额的影响大于核心产品”。

续表

变量	核心产品				非核心产品			
	(1)	(2)	(3)	(4)	(5)	(6)	(7)	(8)
企业层面控制变量	否	否	否	是	否	否	否	是
“企业－产品－出口市场”效应	是	是	是	是	是	是	是	是
时间效应	是	是	是	是	是	是	是	是
样本量	3175703	3171141	3093153	2392459	3884071	3882004	3816175	2972228
R^2	0. 74	0. 74	0. 74	0. 74	0. 83	0. 83	0. 83	0. 84

同样，为了进一步说明最低工资对企业非核心产品出口额的正向影响大于核心产品，本章构造了产品类型和最低工资的交乘项，并将其加入模型中进行回归，回归结果如表 12-28 所示。表 12-28 中，产品类型，核心产品取值为 1，非核心产品取值为 0。从估计结果可以看出，最低工资上涨确实使产品在目的国的出口额增加了，但交乘项的系数为负，说明核心产品出口额增加速度小于非核心产品。所以，最低工资上涨对企业非核心产品出口额的正向影响显著大于核心产品。

表 12-28　最低工资对核心产品和非核心产品出口额的影响程度（四维）

变量	(1)	(2)	(3)	(4)
产品类型×最低工资对数	-0. 14*** (0. 00)	-0. 14*** (0. 00)	-0. 13*** (0. 00)	-0. 15*** (0. 00)
最低工资对数	0. 19*** (0. 01)	0. 19*** (0. 01)	0. 18*** (0. 01)	0. 16*** (0. 01)
城市层面控制变量	否	是	是	是
出口目的国市场层面控制变量	否	否	是	是
企业层面控制变量	否	否	否	是
“企业－产品－出口市场”效应	是	是	是	是
时间效应	是	是	是	是
样本量	7621828	7614594	7451842	5822505
R^2	0. 79	0. 79	0. 79	0. 80

通过将企业内产品细分为核心产品和非核心产品，本章发现最低工资上涨对企业非核心产品出口额的激励效应大于核心产品，这一结论得到了“企业-产品-时间”三维数据和“企业-产品-出口市场-时间”四维数据的支持。由此，得到本章的第二个基本结论。

3. 产品出口占比的回归结果

（1）来自“企业-产品-时间”三维数据的证据

本章利用“企业-产品-时间”三个维度的数据分析两类产品的出口占比问题。基于前文的结论，最低工资上涨时，企业非核心产品的出口额增速较快，核心产品增速十分缓慢（四维数据的估计结果为0.04，该值很小）甚至没有增长（三维数据的估计结果不显著），那么，一个基本的推论是：随着最低工资的上涨，非核心产品出口占比会越来越高，核心产品的出口占比相对而言会越来越低。所以，本章进一步检验三维数据中两类产品占比的变化。表12-29列示了最低工资上涨对企业核心产品出口占比的影响结果，但表12-29的估计结果并没有提供核心产品占比会随着最低工资上涨而下降的证据。但按照本章的推论，如果最低工资上涨对非核心产品的影响大于核心产品，那么，核心产品的出口占比会随着最低工资的上涨而下降。这一估计结果是否与我们之前的估计结果相违背，从而导致“随着最低工资的上涨，非核心产品出口占比会越来越高”这一推论无法成立呢？要回答这一问题，需要进一步考虑出口目的国市场，采用“企业-产品-出口市场-时间”四维数据进行分析。

表12-29　最低工资对核心产品出口占比的影响（三维）

变量	（1）	（2）	（3）
最低工资对数	0.00 （0.00）	0.00 （0.00）	0.01 （0.00）
城市层面控制变量	否	是	是
企业层面控制变量	否	否	是
“企业-产品”效应	是	是	是
时间效应	是	是	是
样本量	483533	482421	365287
R^2	0.45	0.44	0.44

（2）来自“企业-产品-出口市场-时间”四维数据的证据

下面，本章利用“企业-产品-出口市场-时间”四个维度的数据分析两类产品的出口占比问题。表 12-30 列示了最低工资上涨对核心产品在目的国市场出口占比的影响结果。不难发现，最低工资每上涨 1%，核心产品在目的国市场的出口占比下降 0.01 个百分点，这一结论在控制城市、出口目的国市场、企业层面控制变量后依然是稳健的且变化不大，采用四维数据的估计结果充分说明之前的结论稳健，并且“随着最低工资的上涨，非核心产品出口占比会越来越高，核心产品的占比相对而言会越来越低”这一推论成立。

表 12-30　最低工资对核心产品出口占比的影响（四维）

变量	（1）	（2）	（3）	（4）
最低工资对数	-0.01*** （0.00）	-0.01*** （0.00）	-0.01*** （0.00）	-0.01*** （0.00）
城市层面控制变量	否	是	是	是
出口目的国市场层面控制变量	否	否	是	是
企业层面控制变量	否	否	否	是
“企业-产品-出口市场”效应	是	是	是	是
时间效应	是	是	是	是
样本量	3789037	3783682	3683327	2894383
R^2	0.50	0.50	0.50	0.50

那么，为什么表 12-30 的结果显示企业的核心产品在每个出口目的国市场的份额都下降了，而表 12-29 显示核心产品出口在全球范围内的份额没有下降呢？如果核心产品在每一个出口目的国的份额都下降了，那么，是否可以推断，核心产品在全球范围内的出口份额就会下降呢？通过进一步分析，本章发现，答案是否定的，原因是并没有考虑核心产品是否比非核心产品更容易进入新的出口目的国市场：利用四维数据在控制“企业-产品-出口市场”效应后，只能观测到已经出口到目的国市场的核心产品占比，但进入新市场的核心产品只有采用三维数据时才能被观测到，也就是说，如果核心产品更容易出口到更多的国家，基于四维数据的核心产品出

口占比下降，但基于三维数据的核心产品占比不一定下降，因为基于三维数据的核心产品出口额不仅涵盖产品已出口的目的国市场，还包括产品新出口的目的国市场，核心产品在新市场出口额的增加弥补了在已有市场中出口额的减少，此时，基于三维数据的证据可能表现为核心产品在全球范围的占比不变或者增加。这也就是为何表 12-29 的结果显示，核心产品出口占比并未随着最低工资上涨而下降。当然，为了进一步论证这一推断，需要比较最低工资上涨时，相对于非核心产品而言，核心产品是否出口到了更多的国家。如果核心产品出口到了更多“企业-产品”层面的“零贸易”区域，那么更有理由相信基于四维数据和三维数据的证据是契合的。

（3）最低工资上涨对两类产品出口目的国数目的影响

表 12-31 检验了最低工资上涨对核心产品和非核心产品出口目的国数目的影响，其中，被解释变量为出口目的国市场的数目，核心解释变量为产品类型和最低工资对数的交乘项。对于产品类型，核心产品取值为 1，否则取值为 0。交乘项系数为正，表明最低工资上涨时，企业核心产品出口到了更多的国家，这较好地支撑了上面的推断。

表 12-31　最低工资对核心产品和非核心产品出口目的国数目的影响

变量	（1）	（2）	（3）	（4）
产品类型×最低工资对数	0.08*** （0.00）	0.08*** （0.00）	0.06*** （0.00）	0.06*** （0.00）
最低工资对数	-0.00 （0.00）	-0.00 （0.00）	0.02*** （0.00）	0.01* （0.00）
城市层面控制变量	否	是	是	是
均值（出口目的国市场层面）控制变量	否	否	是	是
企业层面控制变量	否	否	否	是
“企业-产品-出口市场”效应	是	是	是	是
时间效应	是	是	是	是
样本量	8231173	8225110	8128227	6667605
R^2	0.65	0.65	0.75	0.75

注：均值（出口目的国市场层面）控制变量控制了企业出口某类产品到不同目的国市场时，目的国市场 GDP、总人口、进口依存度、双边实际汇率等变量的平均值。

通过对核心产品占比的回归结果进行分析，本章发现最低工资上涨后，非核心产品较大的激励效应使其在原有市场上的占比上升，但由于核心产品更容易进入新的市场，所以尽管核心产品的激励效应较小，但这一效应却使企业能够将其核心产品销往更多的国家。最终，在现有市场上，核心产品出口占比下降、非核心产品出口占比上升，但在全球市场上，两者占比并未出现显著变化。由此，得到本章的第三个结论。

综上所述，我们发现以下三个基本结论：其一，最低工资上涨后，产品的出口额增加了，在剔除替代效应的影响（控制企业的劳动和资本投入）后，基本可以判断，这一结果很可能是最低工资的激励效应大于成本效应造成的；其二，最低工资调整对非核心产品的影响大于核心产品；其三，虽然在现有市场上，最低工资上涨对企业非核心产品出口影响更大，但是基于全球视角的核心产品占比却并未下降，原因是这一激励效应助推核心产品出口到了更多的国家，从而对核心产品扩展边际的作用效果更为明显。以上结论均得到了“企业-产品-时间”三维数据和“企业-产品-出口市场-时间”四维数据的支持。

12.4.5　机制检验

1. 成本效应

根据本节第四部分可以初步推断，最低工资上涨的激励效应大于成本效应，下文分别将成本效应和激励效应作为中间传导机制进行研究，并在此基础上进一步分析两者对不同类型产品出口额的影响。

首先，分析最低工资上涨的成本效应。城市最低工资的上涨可能会导致企业平均工资和城市平均工资的上升，最终会推动产品生产过程中可变成本增加，可变成本的增加会导致企业减少产品的生产，所以，成本效应的作用较大时，最低工资的上涨会抑制产品出口额的增加。根据第四部分的回归结果不难发现，最低工资的成本效应不会太大，表现为最低工资上涨后，产品的出口额并没有减少，反而增加了。为了进一步衡量最低工资上涨对企业出口额的成本效应，本章将企业平均工资和城市平均工资作为中间变量①，观测

① 相比于城市层面的平均工资水平，企业层面的平均工资水平作为可变成本列入中间传导机制能够更为准确地度量企业的用工成本，从而可以更好地验证成本效应的影响。但中国工业企业数据库只记录了截至 2007 年的企业工资水平，所以本章分别采用 2002~2013 年城市层面的平均工资水平和 2002~2007 年企业层面的人均收入度量可变成本。

剔除成本效应后，企业的出口额受最低工资的影响是否发生显著的变化。

表 12-32 检验了成本效应作为中间传导机制的作用效果。表 12-32 中第（1）~（3）列只控制“企业-产品-出口市场”效应和时间效应，第（4）~（6）列加入了城市层面控制变量，第（7）~（9）列加入了城市和出口目的国市场层面控制变量，第（10）~（12）列加入了城市、出口目的国市场和企业层面控制变量，这 12 列均是将城市层面的平均工资水平作为可变成本的估计结果；第（13）~（15）列则是将企业平均工资作为可变成本的估计结果。其中，表 12-32 第（1）、（4）、（7）、（10）、（13）列是对全样本的估计结果，第（2）、（5）、（8）、（11）、（14）列是对核心产品的估计结果，第（3）、（6）、（9）、（12）、（15）列是对非核心产品的估计结果。表 12-32 中被解释变量仍然为“企业-产品-出口市场-时间”四个维度的产品出口额的对数值，核心解释变量为城市最低工资取对数后的滞后一期①，中间变量为平均工资的对数。

表 12-32　机制检验：成本效应

变量	（1）	（2）	（3）	（4）	（5）	（6）	（7）
L. 最低工资对数	0.07***	0.07***	0.20***	0.07***	0.07***	0.21***	0.07***
	（0.01）	（0.02）	（0.02）	（0.01）	（0.02）	（0.02）	（0.01）
平均工资对数	0.04***	0.01	-0.01	0.04***	0.02	-0.02*	0.04***
	（0.01）	（0.01）	（0.01）	（0.01）	（0.01）	（0.01）	（0.01）
城市层面控制变量	否	否	否	是	是	是	是
出口目的国市场层面控制变量	否	否	否	否	否	否	是
企业层面控制变量	否	否	否	否	否	否	否
“企业-产品-出品市场”效应	是	是	是	是	是	是	是
时间效应	是	是	是	是	是	是	是

① 这里采用滞后一期的最低工资原因有二：一是为了避免最低工资与平均工资当期存在较为严重的多重共线性问题；二是此处讨论的中间机制是成本效应，传导链条是最低工资影响可变成本，可变成本影响产品出口，所以，在讨论机制传导时，将最低工资滞后一期在机制设定上更加合理，也使其更为外生。

续表

变量	(1)	(2)	(3)	(4)	(5)	(6)	(7)
样本量	2533667	1155821	1156115	2533136	1155460	1155993	2482917
R^2	0.76	0.77	0.86	0.76	0.77	0.86	0.75

变量	(8)	(9)	(10)	(11)	(12)	(13)	(14)	(15)
L. 最低工资对数	0.07*** (0.02)	0.21*** (0.02)	0.05*** (0.02)	0.04* (0.02)	0.19*** (0.02)	0.07** (0.03)	0.00 (0.05)	0.26*** (0.05)
平均工资对数	0.01 (0.01)	-0.02* (0.01)	0.03*** (0.01)	0.00 (0.01)	-0.03** (0.01)	0.00 (0.00)	0.00 (0.01)	0.00 (0.00)
城市层面控制变量	是	是	是	是	是	是	是	是
出口目的国市场层面控制变量	是	是	是	是	是	是	是	是
企业层面控制变量	否	否	是	是	是	是	是	是
“企业-产品-出品市场”效应	是	是	是	是	是	是	是	是
时间效应	是	是	是	是	是	是	是	是
样本量	1128205	1138588	1926888	869658	880496	507509	224460	204647
R^2	0.77	0.86	0.76	0.77	0.86	0.72	0.65	0.81

比较表 12-32 第（1）、（4）、（7）、（10）列的估计结果和表 12-24 的估计结果，可以发现，在控制中间变量城市平均工资后，最低工资上涨对产品出口额的影响并未发生较大变化，最低工资上涨 1%，产品出口额增长 0.05%，这与表 12-24 的估计结果相差不大。同样，比较表 12-32 第（2）、（5）、（8）、（11）列的估计结果和表 12-27 中第（1）~（4）列的估计结果，可以发现加入中间变量后，最低工资上涨对核心产品出口额的影响也未发生较大变化。比较表 12-32 第（3）、（6）、（9）、（12）列的估计结果和表 12-27 中第（5）~（8）列的估计结果，同样发现，成本效应对非核心产品的影响依然较小。也就是说，平均工资作为中间传导路径的影响是比较小的，或者说，最低工资的成本效应并不大。为了得到更为稳健的结论，采用企业层面的平均工资进行估计，结果见表 12-32 第（13）~（15）列。观察第（13）~（15）列可以发现，最低工资上涨 1%，产品出口额增加了 0.07%，其中，非核心产品出口额增加了 0.26%，这和此

前的估计结果相差不大[①]，同样说明最低工资的成本效应较小。

2. 激励效应

下面讨论最低工资上涨的激励效应。城市最低工资的上涨通过提升员工健康水平、提高雇员工作积极性、提升工人专业技能等方式提高企业的劳动生产率，从而促进产品的出口。所以，激励效应的作用较大时，最低工资的上涨会促进产品出口额的增加。从本节第四部分推断，最低工资的激励效应相对较大，因为城市最低工资上调后，产品的出口额增加了。

表 12-33 检验了激励效应作为中间传导机制的作用效果。表 12-33 中第（1）～（3）列是控制了“企业-产品-出口市场”效应和时间效应的回归结果，第（4）～（6）列、第（7）～（9）列、第（10）～（12）列逐步加入城市层面、出口目的国市场层面和企业层面控制变量。表 12-33 第（1）、（4）、（7）、（10）列是对全样本的估计结果，第（2）、（5）、（8）、（11）列是对核心产品的估计结果，第（3）、（6）、（9）、（12）列是对非核心产品的估计结果。表 12-33 中被解释变量为“企业-产品-出口市场-时间”四个维度的产品出口额的对数值，核心解释变量为最低工资对数，中间变量为企业的劳动生产率[②]。类似于对成本效应的检验方式，加入企业层面的劳动生产率作为中间变量。

将表 12-33 中第（1）、（4）、（7）、（10）列的估计结果和表 12-24 的估计结果进行对比后发现，在控制中间变量劳动生产率后，最低工资上涨对产品出口额的影响发生了较大变化。第（1）列的结果显示，剔除劳动生产率的影响后，最低工资上调不仅没有促进产品的出口，反而起到了微弱的抑制作用，第（4）、（7）、（10）列的结果显示，将劳动生产率的提高这一机制剔除后，最低工资上调对产品出口的影响不再显著。这些证据再次说明，最低工资的激励作用是影响产品出口的主要途径，排除这一机制的影响后，最低工资对产品出口额的影响并不大。除此之外，从表 12-33 中还可以看到，劳动生产率的提高确实促进了产品的出口，表现为劳动生产率的系数均显著为正，且结果稳健。

① 核心产品的估计结果显著性水平有一定变化，这可能与我们采用的样本时间为 2002～2007 年有一定的关系，并且，在控制一系列影响因素后，最低工资对核心产品出口额的估计系数也较小（0.04），所以，这一变化基本可以忽略。这些估计结果与本章的基本结论“最低工资对非核心产品的影响大于核心产品”并不矛盾。

② 劳动生产率用单位劳动的产出水平的对数值表示。

表 12-33　机制检验：激励效应

变量	(1)	(2)	(3)	(4)	(5)	(6)	(7)	(8)	(9)	(10)	(11)	(12)
最低工资对数	-0.02*	-0.00	0.03**	-0.01	0.00	0.05***	-0.01	0.00	0.04***	0.00	0.00	0.07***
	(0.01)	(0.01)	(0.01)	(0.01)	(0.01)	(0.01)	(0.01)	(0.01)	(0.01)	(0.01)	(0.01)	(0.01)
劳动生产率	0.07***	0.09***	0.08***	0.07***	0.08***	0.08***	0.07***	0.09***	0.08***	0.04***	0.04***	0.03***
	(0.00)	(0.00)	(0.00)	(0.00)	(0.00)	(0.00)	(0.00)	(0.00)	(0.00)	(0.00)	(0.00)	(0.00)
城市层面控制变量	否	否	否	是	是	是	是	是	是	是	是	是
出口目的国市场层面控制变量	否	否	否	否	否	否	是	是	是	是	是	是
企业层面控制变量	否	否	否	否	否	否	否	否	否	是	是	是
"企业-产品-出口市场"效应	是	是	是	是	是	是	是	是	是	是	是	是
时间效应	是	是	是	是	是	是	是	是	是	是	是	是
样本量	5024482	2100496	2465756	5019506	2097355	2464414	4968548	2068610	2447423	3746566	1534695	1840993
R^2	0.71	0.73	0.83	0.71	0.73	0.83	0.71	0.73	0.83	0.71	0.73	0.83

比较表 12-33 中第（2）、（5）、（8）、（11）列的估计结果和表 12-27 中第（1）~（4）列的估计结果，可以发现，在控制企业的劳动生产率后，最低工资对核心产品出口额的影响系数变小且不显著了，说明激励效应仍然是最低工资影响核心产品出口的主要路径。表 12-33 中第（3）、（6）、（9）、（12）列的估计结果虽然显著为正，但与表 12-27 中第（5）~（8）列的结果相比，估计系数大幅下降，说明对非核心产品的出口而言，激励效应也存在较大的影响。由此可见，劳动生产率作为中间传导路径的影响是较大的，最低工资的激励效应是其影响产品出口的主要机制。

由于前文发现劳动生产率是影响产品出口最为主要的中间变量，为了证明这一机制是成立的，本书进一步探究最低工资上涨是否有利于企业劳动生产率的提高。表 12-34 列出了最低工资对劳动生产率的影响的估计结果。观察表 12-34 的估计结果可以发现，最低工资上涨确实推动了企业劳动生产率的提高，在控制各因素后，最低工资上涨 1%，企业的劳动生产率提高 0.08 个百分点。通过以上结果可知，最低工资上涨通过推动企业劳动生产率的提高，促进了产品的出口，从而具有较强的激励效应。

表 12-34　最低工资对劳动生产率的影响

变量	（1）	（2）	（3）
最低工资对数	0.53***	0.11***	0.08***
	（0.00）	（0.00）	（0.00）
城市层面控制变量	否	是	是
企业层面控制变量	否	否	是
企业效应	是	是	是
时间效应	是	是	是
样本量	483533	482421	365287
R^2	0.45	0.44	0.44

3. 创新效应

本节第二部分将最低工资对企业出口的影响大致概括为成本效应、激励效应、替代效应和创新效应。前文已经讨论了成本效应和激励效应作为中间传导机制对企业出口的影响，并且控制了企业的资产和负债以及雇用人数，一定程度上剔除了资本和劳动的相互替代作为中间机制的影响。最后，本节尝试检验可能存在的创新效应作为中间传导机制的影响，为后续的研究提供一些思路。

本节将研发费用作为企业创新投入的衡量指标，但基于现有数据无法分离出企业对每一类产品的研发投入，因而也无法观测研发投入中用于原有产品改良的比例和用于新产品开发的比例，但通过上文的分析可知，激励效应是最低工资对产品出口的主要影响途径，剔除企业劳动生产率作为中间变量的影响后，最低工资上涨对总样本和核心产品出口额的影响均不显著，对非核心产品出口额的影响也大幅下降，这说明创新效应至少没有对原有出口产品的出口额产生较大影响，对原有出口产品出口额起决定性作用的是激励效应。那么，可以初步推断，如果创新效应存在，其作用方式应该是促进企业新产品的开发。因此，若最低工资的上涨推动了企业的创新（研发投入增加），创新又带来了企业产品种类的增加，则说明最低工资上涨的创新效应表现为企业新产品的开发。

表 12-35 检验了最低工资上涨后企业研发费用的变化情况，结果表明，最低工资每上调 1%，企业的研发费用增加 1.08%，控制企业效应、时间效应、城市和企业层面控制变量后，该结果仍然显著。说明最低工资具有创新效应，最低工资的上涨迫使企业加大了研发投入力度。

表 12-35　最低工资对研发费用的影响

变量	(1)	(2)	(3)
最低工资对数	1.08***	1.62***	1.53***
	(0.01)	(0.02)	(0.04)
城市层面控制变量	否	是	是
企业层面控制变量	否	否	是
企业效应	否	是	是
时间效应	否	是	是
样本量	575754	574653	276355
R^2	0.00	0.94	0.95

企业增加的研发投入可能用于原有产品改良，也可能用于新产品开发，通过上文的分析可知，企业增加的研发投入很可能用于新产品开发，表 12-36 将对此进行检验。表 12-36 中被解释变量为企业出口产品种类的对数，

解释变量为企业研发费用的对数，估计系数显著为正，说明企业研发费用的增加带来了出口产品种类的增加，所以，企业主要以开发新产品的方式进行创新。中国工业企业数据库记录了2005~2007年的研发费用数据，所以表12-35和表12-36中采用的是2005~2007年的数据。这里并未采用检验成本效应（见表12-32）和激励效应（见表12-33）所使用的方法，因为这里检验的是新产品的种类是否增加，而并非在前文的基础上检验原有产品出口额在剔除中间机制后的变化。

表12-36 研发费用对出口产品种类的影响

变量	(1)	(2)	(3)
研发费用对数	0.09*** (0.00)	0.00*** (0.00)	0.00* (0.00)
城市层面控制变量	否	是	是
企业层面控制变量	否	否	是
企业效应	否	是	是
时间效应	否	是	是
样本量	576159	575050	276355
R^2	0.04	0.61	0.62

通过机制检验发现，在基本排除替代效应的影响后，最低工资上涨的激励效应大于成本效应，表现为最低工资上涨促进了产品出口额的增加。剔除成本效应的影响后，最低工资上涨对产品出口额的影响未发生太大变化，但剔除激励效应的影响后，最低工资上涨对产品出口额的影响基本不显著。此外，最低工资上涨还可能存在创新效应，表现为最低工资上涨迫使企业增加研发投入，进而使企业出口的产品种类增加，但囿于数据年份等因素，本节仅对创新效应进行了初步讨论，以期为后续研究提供更多可能。

12.4.6 稳健性检验和进一步讨论

1. 最低工资上涨的“准自然实验”估计

虽然相对于企业可变成本而言，城市层面的最低工资变化在企业生产和出口行为中是更为外生的成本变量，但为了进一步排除未能观测到的其他经济政策和宏观经济波动的影响，本书借助2006~2007年福建省各市全面上调最低工资但广东省除深圳外其他各市最低工资均维持不变的“准自然实验”，采用双重差分法（DID）构建计量模型，进行回归分析。

Treat 为二元变量，区分实验组和控制组，选取福建省和广东省相邻的城市分别归入实验组和控制组，将最低工资发生变化的福建省漳州市归入实验组，*Treat* 取值为 1，与之相邻的最低工资未发生变化的广东省潮州市、揭阳市和汕头市归入控制组，*Treat* 取值为 0。*Time* 为时间虚拟变量，最低工资变化前（2006 年）取值为 0，最低工资变化后（2007 年）取值为 1。*Inter* 为 *Time* 和 *Treat* 的交乘项。表 12-37 的回归结果表明，在控制了“产品-出口市场”效应后，最低工资上调的福建省漳州市相比广东省三市产品出口额增加了 0.25%，进一步控制随时间变化的各类因素后，结果依然稳健。所以，基于福建和广东两省相邻城市的“准自然实验”的回归结果支持了表 12-24 的结论。

表 12-37　最低工资对产品出口额的影响（DID）

变量	(1)	(2)	(3)	(4)
Inter	0.25***	0.26***	0.24***	0.18***
	(0.04)	(0.04)	(0.04)	(0.04)
Time	0.96***	0.97***	1.23***	1.21***
	(0.01)	(0.02)	(0.03)	(0.03)
Treat	-0.83***	-0.83***	-0.816***	-0.77***
	(0.04)	(0.04)	(0.04)	(0.05)
城市层面控制变量	否	是	是	是
出口目的国市场层面控制变量	否	否	是	是
企业层面控制变量	否	否	否	是
“产品-出口市场”效应	是	是	是	是
样本量	44531	44531	42498	38054
R^2	0.36	0.36	0.36	0.37

2. 最低工资上涨是否挤出了低效率企业

最低工资上涨的激励效应使企业的劳动生产率提高，进而使企业产品的出口额增加。但是，提高企业劳动生产率的同时，也可能提高了企业的进入门槛，进入门槛的提高又会挤出部分低效率企业。也就是说，激励效应使在位者劳动生产率提高（表 12-34 的估计结果）的同时，更容易挤出低效率企业。为了比较不同劳动生产率的企业在面对最低工资上涨时的退出行为，本章将企业是否退出作为被解释变量（退出为 1，未退出为 0），将企业退出前一期的最低工资对数和企业退出前一期的劳动生产率的交乘项作为核心解释变量，并分别控制了企业退出前一期城市层面和企业层面随时间变化的因素，考察最低工资上涨时，劳动生产率低的企业是否比劳动生产率高的企业更容易退出出口市场。由于退出企业当期的劳动生产率是不可观测的，所以我们观察的是上一期最低工资的上涨和企业劳动生产率的交乘项对企业当期选择退出行为的影响。分别采用 Probit 模型和 Logit 模型进行估计，结果见表 12-38。

表 12-38　最低工资、企业效率与企业退出

变量	(1)	(2)	(3)	(4)	(5)	(6)
最低工资对数×劳动生产率	-0.003*** (0.000)	-0.003*** (0.000)	-0.004*** (0.000)	-0.005*** (0.001)	-0.005*** (0.001)	-0.008*** (0.001)
城市层面控制变量	否	是	是	否	是	是
企业层面控制变量	否	否	是	否	否	是
χ^2	56.78	96.64	1030.42	55.93	94.54	568.05
Log likelihood	-162739.8	-162507.7	-125156.3	-162740.3	-162508.8	-125158.1
样本量	385916	385228	295428	385916	385228	295428
伪 R^2	0.0002	0.0003	0.0023	0.0002	0.0003	0.0023

表 12-38 中第（1）、（2）、（3）列列示了 Probit 模型的估计结果，第（4）、（5）、（6）列则列示了 Logit 模型的估计结果。表 12-38 中交乘项的系数为负，说明劳动生产率越高的企业，在面临最低工资上涨时，退出出口市场的概率越小。也就是说，最低工资上涨时，劳动生产率低的企业比劳动生产率高的企业更容易退出出口市场。

3. 最低工资上涨对“目的国扩展边际”影响的探讨

本章的基本结论显示，最低工资上涨时，企业核心产品出口到了更多的国家（见表 12-31），从而最低工资上涨对核心产品“目的国扩展边际”的影响较大。这里，本章以分销成本为视角，讨论为什么核心产品更容易出口到更多的国家。

分销成本是指产品在出口过程中产生的运输费用、批发和零售成本、营销和广告费用以及产品在目的地的交通和服务费用（Burstein et al., 2003）。学习效应和网络效应（Eaton et al., 2014）、缺乏对消费者信誉的了解（Iacovone and Javorcik, 2010）以及信息广告理论（Arkolakis and Muendler, 2010）都说明，刚出口的边缘产品出口数量少、价值较小，企业需要为产品支付更多的搜寻成本、广告费用或取得客户信任的成本，进入市场的初始成本也相对较高（Alessandria and Choi, 2007），所以，边缘产品一般面临较大的分销成本；而出口数量多、价值较大的核心产品，面临较小的分销成本。由此可见，企业核心产品已经在一定程度上获得了消费者的认可，企业为其支付的宣传和销售费用低于非核心产品，如果企业核心产品在出口市场上占比上升，企业的销售费用和广告费用相应降低，那么说明核心产品的分销成本相对较低。由企业异质性理论可知，如果核心产品的分销成本较低，那么，该类产品面临的出口门槛也会更低，从而更容易出口到更多的国家。因此，本章基于已有的数据①，检验核心产品的分销成本是否确如以上研究所述，小于非核心产品。

表 12-39 呈现了估计结果。其中，第（1）~（4）列展示了交乘项对企业销售费用的影响，第（5）~（8）列展示了交乘项对企业广告费用的影响。第（1）列和第（5）列是没有加入控制变量的回归结果，第（2）列和第（6）列加入了企业雇用人数、资产、负债等企业层面的控制变量，第（3）列和第（7）列进一步控制了企业效应和时间效应，第（4）列和第（8）列将企业的融资成本（财务费用）和盈利能力（利润总额）等控制变量纳入回归模型。所有回归结果的系数都为负值，并且大部分在 1%的显著性水平下显著，说明向海外扩张的企业或者高度依赖于出口的企业，核心产品占比提高时，企业的销售费用和广告费用都下降了，也就是说，企业出口的核心产品的分销成本确实比较小。所以说，最低工资上涨对核

① 中国工业企业数据库中广告费用在 2002 年、2003 年、2008 年、2009 年以及 2011~2013 年均有较多缺失，此处仅对已有的数据进行估计。

心产品“目的国扩展边际”影响较大，这是由于核心产品在出口市场上具有更低的分销成本。

表 12-39 核心产品占比对分销成本的影响

变量	销售费用				广告费用			
	(1)	(2)	(3)	(4)	(5)	(6)	(7)	(8)
核心产品出口占比×出口交货值对数（*FPM*）	-0.26***	-0.06***	-0.06***	-0.06***	-0.24***	-0.09***	-0.098***	-0.10***
	(0.00)	(0.00)	(0.00)	(0.00)	(0.00)	(0.01)	(0.010)	(0.01)
核心产品出口占比×出口交货值对数（*FP*）	-0.29***	-0.05***	-0.05***	-0.03***	-0.24***	-0.04*	-0.044*	-0.04*
	(0.00)	(0.00)	(0.00)	(0.00)	(0.02)	(0.02)	(0.025)	(0.02)
核心产品出口占比×出口占比（*FPM*）	-0.61***	-0.13***	-0.11***	-0.03***	-1.05***	-0.56***	-0.559***	-0.37***
	(0.00)	(0.00)	(0.00)	(0.00)	(0.00)	(0.00)	(0.009)	(0.01)
核心产品出口占比×出口占比（*FP*）	0.15***	-0.07***	-0.07***	-0.07***	-0.95***	-0.73***	-0.736***	-0.63***
	(0.02)	(0.02)	(0.02)	(0.03)	(0.02)	(0.03)	(0.037)	(0.04)
*Control*1	否	是	是	是	否	是	是	是
*Control*2	否	否	否	是	否	否	否	是
企业效应	否	否	是	是	否	否	是	是
时间效应	否	否	是	是	否	否	是	是

注：*Control*1 表示是否控制企业雇用人数、资产、负债，*Control*2 表示是否控制企业的融资成本和盈利能力，*Control*1 和 *Control*2 中变量均取对数；第二行和第四行是考虑了产品出口目的国的差异，采用四维数据的回归结果，第三行和第五行是未考虑出口目的国的差异，采用三维数据的回归结果。

4. 最低工资上涨影响程度和范围的争议

最低工资上涨的影响程度和范围一直是备受争议的话题，虽然本章已经列举的文献中，从不同角度阐述了最低工资的影响及其作用机制，但仍有部分学者认为，最低工资上涨只会影响少部分低收入群体的就业，对整个劳动力市场的作用效果是十分有限的，并且只是对部分劳动密集型行业或者低技术产业产生较为显著的影响（Card，1992；Neumark and Wascher，2007；马双、邱光前，2016）。为了对以上争论进行回答，本章分别检验最低工资上涨对高低收入城市、高低技术产业和高低价格产品出口额的影响 。

表 12-40 第（1）、（2）列分别估计了最低工资对低收入城市和高收入城市产品出口额的影响，第（3）、（4）列分别估计了最低工资对低技

术产业[①]和高技术产业产品出口额的影响，第（5）、（6）列分别估计了最低工资对低价格产品和高价格产品出口额的影响。不难发现，最低工资的上涨通过激励效应增加了产品的出口额，并且最低工资在低收入城市、低技术产业和低价格产品中的作用效果更大。具体表现为最低工资上涨 1%，低收入城市产品出口额增加 0.23%，低技术产业产品出口额增加 0.07%，而低价格产品出口额增加 0.05%。最低工资上涨并没有对高收入城市和高价格产品出口额产生显著影响，虽然高技术产业的产品出口额也增加了，但增长幅度小于低技术产业。这说明最低工资的影响程度和范围确实是有限的，最低工资的影响主要局限在低收入城市、低技术产业和低价格产品的出口额上。

表 12-40　最低工资对高低收入城市、高低技术产业和高低价格产品出口额的影响

变量	(1)	(2)	(3)	(4)	(5)	(6)
最低工资对数	0.23*** (0.02)	-0.04 (0.05)	0.07** (0.03)	0.06** (0.02)	0.05** (0.02)	-0.01 (0.04)
"企业-产品-出口市场"效应	是	是	是	是	是	是
时间效应	是	是	是	是	是	是
L. 最低工资对数	是	是	是	是	是	是
样本量	811503	1020041	546649	1380131	1400407	358851
R^2	0.75	0.77	0.75	0.76	0.76	0.78

注：为更加全面地评估最低工资对经济变量的影响，特别是关注最低工资长期效应，表中的回归引入了最低工资的滞后项。

① 本章低技术产业主要包括初级产品部门、劳动和资源密集制造部门和低技术制造部门。本章将 HS 编码与 SITC 编码对应，再把 SITC 编码转换为中国 GB/T 标准码，最后，将中国工业部门二位编码划分到以上三类制造业部门，具体参照盛斌和马涛（2008）的做法。其中，初级产品部门包括：01 煤炭采选业、02 石油和天然气开采业、03 黑色金属矿采选业、04 有色金属矿采选业、05 非金属矿采选业、06 木材及竹材采运业、07 食品加工和制造业、21 化学纤维制造业、26 有色金属冶炼及压延加工业。劳动和资源密集制造部门包括：10 纺织业、12 皮革毛皮羽绒及其制品业、13 木材加工及竹藤棕草制品业、14 家具制造业、15 造纸及纸制品业、18 石油加工及炼焦业、24 非金属矿物制品业。低技术制造部门包括：25 黑色金属冶炼及压延加工业、27 金属制品业。

12.4.7 结论与政策启示

本节分别采用“企业-产品-时间”三个维度和“企业-产品-出口市场-时间”四个维度的数据从微观层面客观揭示了最低工资上涨对中国多产品制造业企业出口的影响，结果表明最低工资上涨的激励效应大于成本效应，表现为最低工资上涨使得企业劳动生产率提高，从而促进了产品出口额的增加。这一激励效应对非核心产品的影响更加显著，因而非核心产品在现有出口目的国市场的出口额增长更快且出口占比增加。核心产品在现有出口目的国市场的出口额增长较慢且出口占比下降，但在全球范围内，核心产品出口占比并未显著下降。原因是核心产品分销成本较低，虽然最低工资对核心产品的激励效应较小，但其更容易出口到之前未出口的新增市场。这些结论在控制高维个体效应、时间效应以及各类随时间变化的因素后仍然稳健。此外，本章还发现，对非核心产品而言，最低工资上涨还可能存在创新效应，表现为最低工资上涨迫使企业增加研发投入，进而使企业出口的产品种类增加；最低工资上涨也使得低效率的企业更容易退出出口市场；而且，其影响程度和范围也有一定的局限性，体现为最低工资对低收入城市、低技术产业和低价格产品出口额的影响更为显著。

利用高维数据检验的结果说明，最低工资合理增长是有一定的积极效应的，至少从产品维度，我们看到了其激励效应，这是以往的研究忽略的效果之一。所以，最低工资上涨引致劳动力成本上升目前并不是中国劳动力市场不能容忍的现象。然而，最低工资上涨的激励效应是有限的，其作用效果主要体现在低收入城市、低技术产业和低价格产品上，对城市集群的建设、产业结构的优化和产品质量的提升并未起到促进作用，并且，最低工资上涨后，低效率的企业更容易退出，这很可能导致真正需要最低工资保护的人失去获得最低工资的机会。所以，最低工资政策是一把“双刃剑”，其激励效应可以提高劳动生产率，推动中国制造业发展战略进一步实施，但仍需警惕，对以高新技术为主的产业，最低工资的激励作用十分有限，不能片面追求低收入城市、低技术产业劳动生产率的提高而忽略就业市场的波动。

第13章　最低工资长期效应研究：基于人力资本视角

13.1　最低工资对居民健康的影响

13.1.1　研究背景

最低工资制度在学界日益受关注，但准确评估最低工资制度不能只关注其对劳动力市场的影响，对健康等的影响不应该被忽略。国务院印发的《“健康中国2030”规划纲要》指出，健康是促进人的全面发展的必然要求，是经济社会发展的基础条件。实施最低工资制度是为了保障劳动者收入，从而进一步保障劳动者身体健康。最低工资制度的政策目的实现了吗？在经济快速发展的今天，我们更应该关注国民健康，那么最低工资对健康的作用是什么呢？它的影响机制又有哪些呢？

越来越多的文献开始评估最低工资对各种健康结果的影响，包括自我健康、出生体重和死亡率等。Lenhart（2017）利用1980~2010年24个OECD国家的数据，从宏观层面发现更高的最低工资与总体死亡率的下降显著相关，其使贫穷人口比例、医疗需求不被满足的人口比例下降（McCarrier et al.，2011），以及医生咨询次数上升。Lenhart（2017）和Reeves等（2017）利用英国家庭小组调查（BHPS）的纵向数据，发现最低工资上涨对自我健康和心理健康存在积极影响。而Kronenberg等（2017）发现，英国最低工资的引入对低收入者的心理健康没有影响，与Reeves等（2017）的结果不同，被归因为建立治疗组和对照组的方式不同。Horn等（2016）使用美国行为风险因素监测系统（BRFSS）的低技能工人的数据进行研究，没有发现最低工资增长与自我健康正相关的证据。Meltzer和Chen（2011）发现，实际最低工资上涨与美国超重率和肥胖率的下降有关。段志民（2020）基于2010~2015年中国综合社会调查（CGSS）数据，发现各省（区、市）最低工资制度对适龄低收入劳动力群体（16~60岁在职人员）的综合健康状况及生理和心理健康状况均有显著正向影响。在州级层面的自杀率方面，Gertner等（2019）发现了最低工资对健康的积极影响。关于婴儿健康也有丰富的讨论，Komro等（2016）证明，最低工资的上涨与州一级新生儿死亡率的降低有关。Wehby等（2016）认为，在18~39岁的低学历母亲样本中，较高的最低工资与婴儿出生体重呈正相关。

不同关注对象、不同的数据和计量方法，加之国家地区间不同的政策，使得不同的学者的结论不一致。首先，大部分学者只关注劳动者，甚至是在职人员（Du and Leigh，2018；Horn et al.，2016），没有考虑到最低工资增加带来的工作时间变化、失业的可能或家庭成员劳动力供给的变化。其次，美国学者经常使用横截面数据——美国行为风险因素监测系统（BRFSS）数据研究最低工资对个体的影响。为此，学者们通常使用三重差分法（DDD）（Clark et al.，2020）处理内生性问题。也有学者使用了其他纵向数据如CPS、PSID等进行补充。最后，样本代表性问题。BRFSS不包括儿童和青年、机构化人口以及没有电话服务的家庭，但拥有丰富的健康状况和健康行为指标。而英国最低工资的研究大多选择英国家庭小组调查（BHPS）的纵向数据，但其依赖于1999年全国最低工资政策引入的政策冲击。学者们大多采用双重差分法（DID）进行研究，时间范围的选择以及实验组和控制组的定义常使得研究结论有所不同（Kronenberg et al.，2017）。最低工资调整频率、水平、执行力度、惩罚力度不同，如在英美两国蓄意违反最低工资可能面临罚款及刑事起诉，惩罚相较于以罚款为主的中国更为严厉。

学者们就最低工资对健康结果的可能影响机制进行了讨论，如Meltzer和Chen（2011）发现，最低工资上涨使得消费者减少快餐消费，促进消费者健康水平提升。Clark等（2020）发现，最低工资上涨使得低收入受雇人群收入增加，对其水果和蔬菜消费有积极效应。也有学者发现了复杂的结果，Horn等（2016）发现，最低工资的增加减少了所有男性和在职男性每天消耗的水果和蔬菜的数量，而降低了所有女性吸烟和酗酒的可能性。Andreyeva和Ukert（2018）发现，最低工资上涨增加了劳动者肥胖的可能性，减少了其日常水果和蔬菜的摄入量，但也减少了其身体功能受限的天数。McCarrier等（2011）

将较高的最低工资与低技能人群未满足的医疗需求联系起来。

最低工资对健康的影响是多渠道的，上述研究更多地关注劳动者的健康行为（医疗需求满足、锻炼、食用蔬菜、吸烟、饮酒等）和经济状况感知（财务压力）。本章关注的影响机制为最低工资上涨带来的社会保险参与和工作时间变化对劳动者健康的影响。劳动者的薪酬是由工资和附加福利构成的（五险一金、实物福利、工作环境等）。尽管最低工资规定了其不包含加班、正常补贴等项目，但执行这些规定极其困难（Wang and Gunderson，2010）。事实上，上海、北京、河南、安徽的最低工资不包含社会保险费和住房公积金。四川、重庆、云南等公布的最低工资明确包含五险一金或三险一金等，降低了最低工资的含金量。山东、河北等并未明确是否包含五险一金。段亚伟（2015）通过构建企业、职工和政府的三方博弈模型发现，当社保缴费水平超出了企业的承受能力和职工从参保中所得的收益时，企业、职工和地方政府可能会合谋逃避社保缴费。有学者发现最低工资上涨，降低了企业参与社会医疗保险的积极性（刘子兰等，2020；Long and Yang，2016）。在 Wang 和 Gunderson（2010）的定性访谈中，受访者表示，最低工资上涨后，失去零食和第 13 个月工资以及免费的住宿。通过对中国东部地区两个城市的雇员、雇主和政府劳动监察人员进行定性访谈，发现中国的雇主通过冻结工资增长和减少补偿中的非工资成分来抵消最低工资上涨的影响。最低工资上涨，在小时工资标准下，企业可能会通过缩减工作时间来降低劳动成本；在月工资标准下，企业更有可能要求员工加班，而不支付正常的加班费。Peng 和 Zhang（2011）发现，中国提高最低工资会降低女性的就业率，增加男性每周工作的时间。

面对最低工资上调，企业可能会采取削减各种附加福利、冻结工资增长、增加工作时间等措施来应对。因此，策略性调整后，劳动力市场可能不会有消极的就业影响。但是在多渠道调整下，劳动者是受益的吗？我们不能单纯地将就业作为最终目的，劳动者的工资收入、工作条件、工作福利也是需要关注的问题。不合理的工作时间和不足的社会保障可能会损害劳动者的健康。如果最低工资的上涨进一步恶化这种情况，那么最低工资政策就可能违背其保护劳动者的初衷。

本章结合中国实际情况，从工作时间和社会保险参与两个角度，试图解释最低工资对健康的消极影响的作用机制，为研究最低工资对健康的影响提供新的经验证据。本章借助 2015 年和 2017 年中国家庭金融调查数据，利用区县层面最低工资标准的时间和空间差异，分析最低工资对居民健康的影响。本章研究与现有研究的区别主要体现在以下四个方面。第一，使用手工收集的中国区县级最低工资数据，比较最低工资在时间、空间上的差异，为研究识别提供保障。由于美国以联邦最低工资和州最低工资标准为主、英国以年龄划分国家最低工资标准等，学者们只能基于国家层面（Lenhart，2016）或州一级（Meltzer and Chen，2011）的最低工资标准进行研究。实证过程中解释变量变化不足，学者通常使用长面板数据丰富解释变量的变化，或借助政策冲击，使用 DID 方法识别最低工资效应。然而，中国《最低工资规定》中，省（区、市）范围内的不同行政区域可以有不同的最低工资标准，使得我们可以捕捉到最低工资标准的更多差异。第二，中国家庭金融调查（CHFS）数据包含个人工作情况、受访者家庭成员信息、主观和客观健康指标、家庭成员社会保险参与情况等丰富的微观个体信息，并且是具有全国代表性的追踪数据，样本量大、代表性强。相较于不包括儿童和青年、机构化人口和没有电话服务家庭的 BRFSS 数据，CHFS 数据的优势在于其为追踪数据，可以控制个体随时间变化的不可观测变量，并且可以更充分考虑个体经济、家庭特征，代表性更强；不足之处在于其没有 BRFSS 的更具针对性、更全面的健康指标。第三，现有研究大多只关注低技能工人。本章不局限于此，关注了劳动人口（排除了农民）以及最低工资政策更广泛的社会效益。第四，关注的影响机制不同。现有研究从工作强度、财务压力（Lenhart，2017）、个人健康行为（段志民，2020）等角度分析可能的影响渠道。与现有研究不同，本章结合中国实际情况，主要关注工作时间和社会保险参与这两个影响渠道，为研究最低工资对健康的影响提供了新的经验证据。

13.1.2 数据和变量

本章数据来源于 2015 年和 2017 年中国家庭金融调查，通过保留 16~60 岁劳动人口数据并剔除农民数据，关注最有可能受最低工资影响的劳动力群体。

本章主要关注自我健康书。2015 年、2017 年问卷针对所有家庭成员询问"与同龄人相比，您现在的身体状况如何?"限定于与同龄人相比的自我健康，减少了不同年龄、社会经济地位差异带来的回答偏误（齐亚强，2014），提高了指标的可比性。本书将回答"非常健康、健康、一般"的取值为 1，将回答

“不健康、非常不健康”的取值为 0，以此作为本章的被解释变量；还将回答“一般”的样本剔除，进行稳健性检验。在经济领域，个人对疾病负担的主观评价与认知对个体生活质量的影响甚至比一些客观的健康指标更为关键（Murray and Chen，1992）。Murray 和 Chen（1992）认为，个体健康状况包括能够自我感知但通过外部手段难以观测的疼痛和不适感、既能自我感知又能观测到的机体变化，以及无法自我感知却可以测量到的机体变化。全面了解个体的健康状况，有必要同时收集自评健康指标和客观体测结果（齐亚强，2014）。因此，本章同时使用了家庭成员的住院情况作为客观代理变量。

本章的关键解释变量为区县最低工资，由笔者通过手工收集获得。2004 年之前，各地最低工资调整频率平均为 2.59 年/次，2004~2019 年调整频率提高至 1.64 年/次。从 2004 年以来最低工资的增长率来看，最低工资政策工具发挥着比以往更加积极的作用。最低工资在中国不同地区的差异，为研究最低工资法规的影响提供了良好的基础。由表 13-1 可知，自我健康书均值为 0.91，样本方差为 0.29。区县最低工资均值为 1354.45 元，样本方差为 263.39 元，最低为 830 元，最高为 2190 元。

表 13-1　描述性统计

变量类型	变量	样本量	均值	方差	最小值	最大值
被解释变量	自我健康书	126130	0.91	0.29	0	1
关键解释变量	区县最低工资（滞后一期）（元）	702	1354.45	263.39	830	2190
个体特征变量	年龄（岁）	131538	38.38	12.54	16	60
	受教育年限（年）	129711	10.90	3.80	0	21
	有无伴侣	128894	0.75	0.43	0	1
家庭特征变量	0~3 岁男性人数（人）	131538	0.09	0.29	0	3
	4~7 岁男性人数（人）	131538	0.10	0.31	0	3
	8~15 岁男性人数（人）	131538	0.15	0.39	0	6
	60 岁以上男性人数（人）	131538	0.21	0.42	0	4
	0~3 岁女性人数（人）	131538	0.07	0.27	0	3
	4~7 岁女性人数（人）	131538	0.08	0.28	0	4
	8~15 岁女性人数（人）	131538	0.13	0.37	0	5
	60 岁以上女性人数（人）	131538	0.23	0.43	0	3

续表

变量类型	变量	样本量	均值	方差	最小值	最大值
城市特征变量（有城市编码）	年平均人口（万人）	320	541.17	361.68	58.00	3382.00
	职工平均工资（元/年）	320	55252.24	13488.77	27205.47	122749.00
	地区生产总值（万元）	321	34259663.73	43833362.11	2010289	281786500
	平均在岗人数（万人）	319	75.28	100.51	6	729
其他辅助变量	社会医疗保险参与	123211	0.87	0.33	0	1
	职工医疗保险参与	123211	0.27	0.44	0	1
	居民医疗保险参与	123211	0.59	0.49	0	1
	每天加班与否	64731	0.41	0.49	0	1
	每月周末加班与否	65320	0.52	0.49	0	1
	到手现金工资（元）	61419	1811	3412	0	258333
	现金工资和福利奖金（元）	63241	3434	5043	0	525000

同时，从国研网上获取城市层面的宏观经济变量的数据，有职工平均工资、地区生产总值等，以控制最低工资的内生性。我国各地政府在制定最低工资标准时往往也会基于当地经济发展水平、城镇居民生活费用支出、职工平均工资、职工个人缴纳的社会保险费和住房公积金等因素综合考虑，而这些因素均会对居民健康产生重要影响（Deaton，2013）。为此，进一步控制滞后一期的地区相关特征，包括地区生产总值、职工平均工资、年平均人口、平均在岗人数。

将数据合并在一起，再依次剔除区县编码无法对应中文区县信息的观测值（没有最低工资信息）、城市编码无法对应中文城市信息的观测值（没有城市特征变量）、城市编码无法对应自我健康书的观测值（没有健康特征变量）、城市编码无法对应个体特征的观测值（没有个体特征），最后用于分析的样本有121612个。

13.1.3 基准回归

在Grossman（1972）模型基础上，本章利用区县一级最低工资构建如下模型：

$$Health_{ijt} = \alpha + \beta \ln miwage_{j,t-1} + \gamma X_{ijt} + \delta Z_{c,t-1} + \theta_j + \tau_t + \varepsilon_{ijt} \quad (13.1)$$

$Health_{ijt}$ 表示 t 年 j 县的 i 受访者的自我健康书，本章将自我健康为"非常健康""健康""一般"的，取值为 1，其余取值为 0；$miwage_{j,t-1}$ 指 $t-1$ 年 j 县的最低工资；X_{ijt} 指 t 年 j 县的 i 受访者的个体和家庭特征，包括年龄、年龄的平方、受教育年限、有无伴侣、0~3 岁 / 4~7 岁 / 8~15 岁 / 60 岁以上男/女性人数等；$Z_{c,t-1}$ 指 $t-1$ 年 c 市随时间变化的特征变量，包括地区生产总值对数、职工平均工资对数、年平均人口对数、平均在岗人数对数；θ_j 为区县固定效应；τ_t 为时间固定效应；ε_{ijt} 是误差项。

基于模型（13.1）的回归结果由表 13-2 给出。在控制了区县和时间固定效应以及个体及城市特征变量后，回归结果显示，最低工资上涨对居民健康有消极影响，在 5%的水平下显著。其他控制变量的回归结果也符合预期。年龄平方项的系数为负，年龄对健康的影响为抛物线式，在生命历程的某一阶段达到最优。教育对健康有显著积极影响。本章的基准回归结果与现有研究结果不同，段志民（2020）、Lenhart（2017）和 Reeves 等（2017）发现，最低工资上涨对劳动力群体（或低收入群体）健康状况有积极影响。本章将进一步分析最低工资对健康具有消极影响的原因。

表 13-2　最低工资对自我健康书的影响（FE）

变量	自我健康书
区县最低工资对数（滞后一期）	-0.10**
	(-2.56)
年龄	0.01***
	(3.01)
年龄平方	-0.00***
	(-3.17)
受教育年限	0.00***
	(4.50)
有无伴侣	0.00
	(0.80)

续表

变量	自我健康书
0~3 岁男性人数	0.00 (1.22)
4~7 岁男性人数	0.00 (0.29)
8~15 岁男性人数	0.01 (1.46)
60 岁以上男性人数	0.00 (0.23)
0~3 岁女性人数	0.00 (0.45)
4~7 岁女性人数	-0.00 (-0.29)
8~15 岁女性人数	-0.01 (-1.63)
60 岁以上女性人数	-0.00 (-0.30)
年平均人口对数（滞后一期）	0.03 (1.34)
职工平均工资对数（滞后一期）	-0.09*** (-2.98)
地区生产总值对数（滞后一期）	0.01 (0.68)
平均在岗人数对数（滞后一期）	-0.01 (-0.43)
常数项	1.97*** (3.96)
区县固定效应	是
时间固定效应	是
样本量	121612
组内 R^2	0.00
组间 R^2	0.00

注：括号内为 t 值；*、**、*** 分别表示在 10%、5%和 1%的水平下显著，下表同。

13.1.4　异质性检验

本章进一步区分有工作和无工作群体，表 13-3 的 Panel A 给出根据个体有无工作进行分组的回归结果。第（1）列显示，最低工资每上涨 10%，有工作的个体的自我健康书将显著下降 0.9%（p<0.05）。第（2）列显示，最低工资变动对没有工作的群体没有显著影响。最低工资对有工作群体的健康损害更大。表 13-3 的 Panel B 给出根据个体所在家庭有无参加工作的人进行分组的回归结果。第（1）列显示，最低工资每上涨 10%，家中至少有 1 人拥有工作的个体的自我健康书将显著下降 1.0%（p<0.01）。第（2）列显示，最低工资变动对全家均无工作的群体没有显著影响。

表 13-3　最低工资对健康影响的异质性

变量	(1)	(2)
Panel A：有无工作	有	无
区县最低工资对数（滞后一期）	-0.09** (-2.15)	-0.09 (-1.05)
样本量	81901	39057
Panel B：家里有无参加工作的人	有	无
区县最低工资对数（滞后一期）	-0.10*** (-2.60)	0.13 (0.42)
样本量	116768	4844
个体和家庭特征变量	是	是
城市特征变量	是	是
区县固定效应	是	是
时间固定效应	是	是

根据 2015 年、2017 年 CHFS 中“您是否有工作?”这一问题尝试定义出，在这期间“一直有工作”“重新获得工作”“失去工作”“一直没有工作”等四个群体。由于受访者在调查间隔中的工作变动无法逐一获知，所以定义会有所偏差。表 13-4 给出了相关回归结果。回归结果显示，最低工资上涨对一直处在工作状态的人的健康有显著的负向影响，而对其他群体无显著的影响。可见，最低工资的上涨对拥有工作的劳动者的健康损害更大。

表 13-4　最低工资对健康影响的异质性

变量	(1)	(2)	(3)	(4)
	一直有工作	重新获得工作	失去工作	一直没有工作
区县最低工资对数（滞后一期）	-0.09^{**} (-2.15)	-0.09 (-1.02)	0.02 (0.14)	-0.09 (-1.05)
样本量	40912	8732	6935	14288
个体和家庭特征变量	是	是	是	是
城市特征变量	是	是	是	是
区县固定效应	是	是	是	是
时间固定效应	是	是	是	是

进一步地，本章关注议价能力低、最可能受到最低工资调整冲击的群体，如低技能群体、兼职群体等。最低工资上涨时，本书认为人力资本水平较低的群体的自我健康书更有可能受到影响。表 13-5 的 Panel A 的第（1）列显示，初中及以下学历劳动者的影响系数为-0.18（$p<0.01$），第（2）列显示，初中以上学历劳动者的自我健康书不受最低工资影响，与本章预期相一致。

表 13-5　最低工资对健康影响的异质性

变量	(1)	(2)
Panel A：受教育年限	初中及以下学历	初中以上学历
区县最低工资对数（滞后一期）	-0.18^{***} (-2.87)	0.01 (0.39)
样本量	58525	63087
Panel B：行业	技能要求较低	技能要求较高
区县最低工资对数（滞后一期）	-0.22^{**} (-2.23)	-0.06 (-0.55)
样本量	36559	13312
Panel C：工作属性（宽口径）	高技能	非高技能
区县最低工资对数（滞后一期）	-0.00 (-0.00)	-0.24^{**} (-2.24)
样本量	13821	33287
Panel D：工作属性（窄口径）	低技能	非低技能

续表

变量	(1)	(2)
区县最低工资对数（滞后一期）	-0.20* (-1.79)	-0.02 (-0.15)
样本量	31535	18384
Panel E：工资收入	到手工资低于 2 倍最低工资	到手工资不低于 2 倍最低工资
区县最低工资对数（滞后一期）	-0.16* (-1.88)	-0.07 (-1.20)
样本量	47116	74741
Panel F：单位性质	私营/外企/个体工商户/其他类型单位	政府/事业单位/集体/军队
区县最低工资对数（滞后一期）	-0.16** (-2.46)	-0.01 (-0.17)
样本量	50806	21945
个体和家庭特征变量	是	是
城市特征变量	是	是
区县固定效应	是	是
时间固定效应	是	是

表 13-5 的 Panel B 将劳动者工作所属行业分为技能要求较低行业和技能要求较高行业进行异质性分析。第（1）列显示，最低工资每上涨 10%，技能要求较低行业的劳动者的自我健康书显著下降 2.2%（$p<0.05$）。第（2）列显示，最低工资变动对技能要求较高行业的劳动者的自我健康书没有显著影响。

本章还根据劳动者的工作属性定义出宽口径和窄口径的低技能人群。表 13-5 的 Panel C 先挑出高技能人群，定义出宽口径的低技能人群。表 13-5 的 Panel D 先挑出低技能人群，定义出窄口径的低技能人群。回归结果显示，最低工资上涨给低技能人群的自我健康书带来了更显著的消极影响，回归结果与本章预期一致。最低工资上涨时，本书认为人力资本水平较低的群体的自我健康书更有可能受到冲击。Panel E 根据受访者的工资收入是否低于相应的 2 倍最低工资进行分组回归，发现工资收入较低的群体对最低工资的调整更为敏感。

表 13-5 的 Panel F 将劳动者按单位性质分为两类，私营/外企/个体工

商户/其他类型单位归为一类，政府/事业单位/集体/军队归为另一类。研究发现，最低工资上涨对属于私营/外企/个体工商户/其他类型单位的劳动者的自我健康书有显著消极的影响（$p<0.05$），但对于属于政府/事业单位/集体/军队的劳动者并无显著影响。

13.1.5 稳健性检验

1. *受访者与非受访者*

首先，我们检验由受访者代替家庭成员回答自我健康书是否对本章基准回归的结论有影响。CHFS 通常选择受访户中 16 周岁以上、比较了解家庭经济情况者作为受访者，并将家庭成员定义为共享收入、共担支出者，即受访者与其家庭成员联系较为密切。为排除由他人代替回答自我健康书的影响，本书分析了受访者本人及非受访者本人回答的自我健康书。表 13-6 给出了回归结果，最低工资对二者均有显著的负向影响，也即代替家庭成员回答的情况并不影响本章基本结论。

表 13-6 最低工资对健康影响的区分受访者与非受访者的稳健性检验

变量	(1)	(2)
	受访者	非受访者
区县最低工资对数（滞后一期）	-0.21*** (-2.81)	-0.09** (-2.16)
个体和家庭特征变量	是	是
城市特征变量	是	是
区县固定效应	是	是
时间固定效应	是	是
样本量	38217	83395
组内 R^2	0.01	0.01
组间 R^2	0.03	0.00

2. *重新定义被解释变量*

前文均是将自我健康书前 3 个等级视为健康，取值为 1；后 2 个等级视为不健康，取值为 0。本部分改变健康的定义，将“非常健康”“健康”取值为 1，将“不健康”“非常不健康”取值为 0，以此讨论结论的稳健性。

表 13-7 回归结果显示，最低工资每上涨 10%，居民自我健康书显著下降 1.1%（$p<0.05$）。可以看到改变被解释变量的定义，不会改变本章结论。

表 13-7　重新定义被解释变量的稳健性检验

变量	自我健康书
区县最低工资对数（滞后一期）	-0.11** (-2.49)
个体和家庭特征变量	是
城市特征变量	是
区县固定效应	是
时间固定效应	是
样本量	86343
组内 R^2	0.00
组间 R^2	0.02

3. 更换被解释变量

全面了解个体的健康状况，有必要同时收集自评健康指标和客观体测结果。因此，本章同时使用了受访者家庭成员的住院情况作为客观代理变量，表 13-8 给出了回归结果。回归结果显示，最低工资上涨 10%，居民住院指标将显著上涨 0.7%（$p<0.1$）。

表 13-8　更换被解释变量的稳健性检验

变量	是否有住院
区县最低工资对数（滞后一期）	0.07* (1.83)
个体和家庭特征变量	是
城市特征变量	是
区县固定效应	是
时间固定效应	是
样本量	123869
组内 R^2	0.00
组间 R^2	0.00

4. 加入更多控制变量

最低工资制定时，考虑了城市平均工资、经济发展水平以及赡养人口等，研究可能会存在内生性问题。本章在基准回归模型中控制了职工平均工资、地区生产总值等城市层面宏观经济变量，在此基础上，再逐步控制第一产业占比、财政收入占比、家庭存款余额、老年人口抚养比和价格指数等宏观经济变量。表 13-9 给出了回归结果。回归结果显示，最低工资对健康存在消极影响。

表 13-9　加入更多控制变量的稳健性检验

变量	(1)	(2)	(3)
区县最低工资对数（滞后一期）	-0. 10** (-2. 57)	-0. 11*** (-2. 93)	-0. 11*** (-2. 89)
第一产业占比	0. 00 (0. 81)	0. 00 (0. 18)	0. 00 (0. 15)
财政收入占比		-0. 00** (-2. 32)	-0. 00** (-2. 12)
家庭存款余额对数		-0. 11*** (-3. 32)	-0. 11*** (-3. 16)
老年人口抚养比			-0. 00 (-0. 20)
价格指数			0. 00 (0. 36)
个体和家庭特征变量	是	是	是
城市特征变量	是	是	是
区县固定效应	是	是	是
时间固定效应	是	是	是
样本量	121612	121265	121265
组内 R^2	0. 00	0. 00	0. 00
组间 R^2	0. 00	0. 00	0. 00

5. 加入工具变量

尽管本章在基准回归模型中控制了职工平均工资、地区生产总值等城市层面宏观经济变量，但仍可能存在遗漏变量。因此，参考刘子兰等（2020）的做法，将所在城市除该地区外其他地区滞后两期的最低工资作为本章的工具变量。表 13-10 回归结果显示，最低工资对健康存在消极影响。

表 13-10　最低工资对健康的影响（工具变量）

变量	(1)	(2)
	2SLS	第一阶段
区县最低工资对数（滞后一期）	-0.25*** (-3.12)	
同市其他区县最低工资对数（滞后两期）		0.15*** (10.46)
个体和家庭特征变量	是	是
城市特征变量	是	是
区县固定效应	是	是
时间固定效应	是	是
样本量	121195	126080
组内 R^2	0.00	0.89
组间 R^2	0.01	0.17

13.1.6　机制检验

本章主要关注最低工资的上涨是否会通过影响居民社会医疗保险参保和工作属性进一步影响居民健康。首先，学者们发现医疗保险制度可以保障人们在患病时对医疗卫生服务获得的财务可及性，促进参保居民健康水平提高（潘杰等，2013；吴联灿、申曙光，2010）。中国社会医疗保险由各市统筹，职工基本医疗保险费由用人单位和职工双方共同负担。2020 年，用人单位缴费比例一般为上年度职工工资总额的 5.5%，个人缴费占本人工资的 2%（见表 13-11）。企业以本单位上年度职工工资总额作为缴费基数，职工以本人缴费工资作为缴费基数。例如，广州市职工社保缴费标准显示，个人需承担职工基本医疗保险费用下限由 2015 年的 74 元上升至 2020 年的 123 元，尽管 2020 年企业仅承担 5.5%的费用，但缴费仍在增加。城乡居民医疗保险的筹资来源主要是个人缴费和政府补助，具体由地方政府根据当地居民家庭和财政负担能力而定（潘杰等，2013）。同样，城乡居民医疗保险个人缴费标准也在逐年上涨。例如，广州市城乡居民医疗保险缴费标准由 2015 年的 152 元/年上升至 2020 年的 343 元/年（见表 13-12）。最低工资上涨会使得缴费基数上涨，增加企业和个人缴费压力（尽管政府在实行减税降费），企业仍有动机单方面或与劳动者“合谋”，逃避缴费（Nyland et al., 2006)。因此，本章进行了相关的实证检验。

表 13-11　2015 年和 2020 年职工基本医疗保险缴费基数和比例

单位：元,%

适用	2020 年			2015 年		
	缴费基数	单位（缴费比例）	个人（缴费比例）	缴费基数	单位（缴费比例）	个人（缴费比例）
企业与之形成劳动关系的劳动者	6175～30876	5.5	2	3712～18561	8	2
灵活就业人员、退休延缴人员、失业人员	6175	—	7.5	3712	—	10

表 13-12　2015 年和 2010 年广州城乡居民医疗保险缴费标准

适用	2020 年	2015 年
具有本市户籍且未参加职工社会医疗保险的城乡居民等	343 元/年	152 元/年

中国家庭金融调查询问了 16 周岁及以上家庭成员社会医疗保险的参保种类，本章将回答包括“城镇职工基本医疗保险”、“城镇居民基本医疗保险”、“新型农村合作医疗保险”、“城乡居民基本医疗保险”或“公费医疗”的视为拥有社会医疗保险，否则视为未拥有社会医疗保险。表 13-13 给出了回归结果。第（1）列显示，最低工资每上涨 10%，居民参与社会医疗保险的可能性下降 0.4 个百分点（$p<0.05$）。

表 13-13　最低工资对社会医疗保险参与的影响

变量	(1)	(2)	(3)
	自变量=社会医疗保险参与	自变量=职工医疗保险参与	自变量=居民医疗保险参与
区县最低工资对数（滞后二期）	-0.04** (-2.33)	-0.03* (-1.86)	-0.01 (-0.86)
个体和家庭特征变量	是	是	是

续表

变量	(1)	(2)	(3)
	自变量=社会医疗保险参与	自变量=职工医疗保险参与	自变量=居民医疗保险参与
城市特征变量（滞后二期）	是	是	是
区县固定效应	是	是	是
时间固定效应	是	是	是
样本量	119232	119232	119232

本章进一步细分社会医疗保险的参与类型，将其分为职工医疗保险与居民医疗保险。表 13-13 第（2）列显示，最低工资每上涨 10%，居民参与职工医疗保险的可能性下降 0.3 个百分点（$p<0.1$）。表 13-13 第（3）列显示，最低工资每上涨 10%，居民参与居民医疗保险的可能性下降 0.1 个百分点，但在统计上不显著。本部分实证结果表明，最低工资上涨可能会使劳动群体社会医疗保险参与度下降，从而损害劳动人口的健康。

最低工资影响健康的研究一般从工作强度、财务压力等角度分析可能的影响渠道。本部分考察了最低工资对工作时间、工作压力以及工资收入的影响，表 13-14 给出了相应的回归结果。其中，表 13-14 第（1）列显示，最低工资每上涨 10%，职工每天工作超 8 小时的可能性增加 0.6 个百分点（$p<0.1$）；第（2）列显示，最低工资每上涨 10%，职工周末加班的可能性增加 1.1 个百分点（$p<0.5$）。超长的工作时间需要占用职工休闲或就医时间，从而损害职工健康。再者第（3）列显示，最低工资上涨使得职工工资收入显著上涨（$p<0.01$），与现有研究结果一致。然而，进一步分析职工每月奖金和补贴等，发现最低工资上涨并没有使得总收入显著增加。

表 13-14　其他可能的影响渠道

变量	(1)	(2)	(3)	(4)
	每天是否工作超 8 小时	是否周末加班	去年到手纯粹月工资	月工资加上奖金补贴
区县最低工资对数（滞后二期）	0.06^{*} (1.75)	0.11^{**} (2.20)	0.95^{***} (5.01)	-0.07 (-0.85)
家庭特征变量	是	是	是	是
城市特征变量	是	是	是	是

续表

变量	(1)	(2)	(3)	(4)
	每天是否工作超8小时	是否周末加班	去年到手纯粹月工资	月工资加上奖金补贴
区县固定效应	是	是	是	是
时间固定效应	是	是	是	是
样本量	64249	64830	62925	61111
组间 R^2	0.04	0.00	0.05	0.84
组内 R^2	0.01	0.00	0.09	0.09

13.1.7 结论与政策启示

最低工资制度旨在保障劳动者合法权益，提高其生活水平。但最低工资制度的政策目标实现了吗？几十年来，关于最低工资的优点和最低工资水平的争论一直很多，而且一直存在。大多数争论集中在最低工资对劳动力市场的影响上，而就业是最常被争论的，最低工资对健康等非市场结果的影响常被忽略。本章借助2015年和2017年中国家庭金融调查数据，匹配相应年份中国区县级最低工资数据进行分析，关注最低工资政策更广泛的社会效益。研究发现，最低工资的上涨对居民自我健康书存在显著负向影响，并且低技能、私营/外企/个体工商户/其他类型单位职工等群体更为敏感。社会医疗保险参与度的降低，以及劳动者每天工作超8小时和周末加班的情况增加或许可以解释最低工资对健康的负向影响。政府制定最低工资政策时，应该更多地考虑这部分群体，并且关注企业用工情况。

13.2 最低工资对企业在职培训的影响①

13.2.1 研究背景

在职培训作为人力资本形成的重要方式之一，最早由Becker（1962，

① 本节部分内容发表于《经济学》（季刊）2013年第1期，题目为《最低工资对企业在职培训的影响分析》，作者为马双、甘犁。

1964）进行了系统分析。他认为在完全竞争的劳动力市场条件下，企业是否提供在职培训与培训的知识性质有关。由于对企业员工专用性知识的培训不提高员工在其他企业的劳动生产率，仅提高员工在本企业的劳动生产率，因此这类培训不存在外部性，企业愿意承担培训的有关费用。相反，对于通用性知识，由于它在不同的企业中具有通用性，所以企业对这类知识的培训不仅能提高劳动者在本企业的劳动生产率，同时也会提高劳动者在其他企业的劳动生产率。在完全竞争的劳动力市场条件下，工资取决于劳动者在市场上的边际生产率，因而员工会获得这类知识培训的全部收益。在这种情况下，除非员工接受初始工资的相应扣减，否则企业不会提供这类知识的在职培训。即使员工愿意接受工资的扣减，但由于合同的不完备性，企业也很可能会在第一阶段支付较低工资，而在第二阶段拒绝提供在职培训。这也可能会使员工与企业之间的有效合约无法达成，从而导致员工不愿意接受工资扣减，企业不愿提供在职培训。此后，部分学者围绕该问题进行了大量研究，他们发现现实情况可能与之相反，企业的在职培训并没有导致员工工资的大幅扣减（Barron et al.，1999；Loewenstein and Spletzer，1998），对通用性知识的培训普遍存在。对此，Acemoglu 和 Pischke（1998，2003）从劳动力市场不完全竞争①的角度出发，认为劳动力的市场工资将受不完全市场的压制，培训带来的员工边际工资的增幅要小于培训带来的企业边际生产率的增幅，因此企业仍可以从这类培训中受益。确实，Barron 等（1989，1999）、Bishop（1991）的研究就发现企业每提供一小时的培训，企业生产率的增幅就会达到员工工资增幅的 5 倍。

在这些理论框架下讨论最低工资与企业在职培训的关系对理论研究本身是非常有意义的。因为根据不同的理论可以得出不同的推论，基于该问题的分析将有助于本书对理论模型进行甄别。具体地，根据 Becker（1962，1964）的理论，企业提供在职培训的前提条件是员工接受工资的相应扣减，而最低工资的实施无疑会在一定程度上阻止该情况的发生，从而阻碍企业提供在职培训。但从 Acemoglu 和 Pischke（1998，2003）的研究出发结论却有所不同。根据 Acemoglu 和 Pischke（2003）的模型，对生产率足够低的员

① 比如本企业与其他企业在员工生产率的认识上信息不对称，市场上其他企业仅以平均的生产率水平支付工资。

工进行培训，最低工资制度的实施反而使企业完全获得培训带来的收益，即生产率的提高。此时，若员工与企业的“匹配收益”足够大，那么企业会增加员工的在职培训。的确，在文献中最低工资与企业在职培训的关系通常被用来判断人力资本模型的有效性（Bartel，1992）。

研究最低工资与企业在职培训的关系也符合我国在职培训的现实需要。早在1996年政府就为规范企业职工培训工作、提高职工队伍素质、增强职工工作能力，制定并颁发了《企业职工培训规定》，从制度上规定企业在员工培训上的责任。虽然我国企业员工培训有一定程度的发展，但仍存在一些问题，例如企业在员工培训上的经费投入仍然偏低等。根据国务院发展研究中心企业研究所的调查，在职培训花费占公司销售收入3‰~5‰的企业仅占8.7%，占销售收入0.5‰以下的企业占比却高达48.2%。这很可能是企业不愿承担在职培训的成本所致。为此，国务院在2002年颁布了《关于大力推进职业教育改革与发展的决定》（国发〔2002〕16号）。该决定指出企业须足额提取职工教育培训经费，保证经费专项用于职工的教育和培训；同时“职工教育经费”可通过列入企业的成本开支，减少企业的纳税支出。与之对应，财政部与国家税务总局在2006年下发《关于企业技术创新有关企业所得税优惠政策的通知》（财税〔2006〕88号），对企业计提“职工教育经费”的税收优惠进行了明确的规定，即企业当年提取并实际使用的职工教育经费，不超过计税工资总额2.5%的部分，可在企业所得税前扣除。那么，这些转移企业培训成本的措施是否行之有效？在职培训的成本转移是不是企业提供在职培训的关键？对这些问题进行解答需要认识企业在员工培训上的行为规律，而从最低工资的角度切入无疑是可行的选择。

经验结论更支持哪个模型呢？Hashimoto（1982）通过检验最低工资与工资增长的关系，发现最低工资法的实施减缓了白人男性的工资增长速度，从而间接得出最低工资将减少员工得到在职培训机会的推论，支持人力资本模型。但Grossberg和Sicilian（1999）指出，用工资增长来间接检验最低工资与在职培训机会的关系可能会得出错误的结论，因为他们在实证研究中发现，最低工资制度的实施的确减缓了工资的增长速度，但没有证据表明最低工资会同时减少员工在职培训的机会。Neumark和Wascher（1998）借助最低工资的州际差异，直接检验了最低工资是否能减少员工在职培训的机会。结论显示，正如Becker（1962）模型所预测的那样，最低工资显著减少员工在职培训的机会。最低工资对人力资本积累的影响总体上是负向的。Acemoglu 和 Pischke（2003）放大了最低工资在各州间的差异，修正了计量模型，直接检验最低工资与员工获得在职培训机会的关系。他们认为，已有文献得出的最低工资与员工在职培训的负向关系是不成立的。最低工资倾向于增加职工在职培训的机会，但在统计水平下不显著。对此现象，Acemoglu 和 Pischke（2003）给出的解释是，最低工资对培训的影响可能有两个途径，一是最低工资增加企业对高技术工人的培训，二是最低工资减少低技术工人的就业，从而减少培训。[①]

这些研究无疑有助于认识最低工资与企业在职培训的关系，但不可忽略的是，不同的研究得出了不同的结论。如 Hashimoto（1982）、Neumark 和 Wascher（1998）发现，最低工资能够减少员工在职培训，而 Grossberg 和 Sicilian（1999）、Acemoglu 和 Pischke（2003）却没有发现这个现象。究其原因，一方面可能是因为研究的经济环境、前提假设不同；另一方面可能是因为这些结论的得出都依赖于一个共同的特点，即采用个体调查数据来控制个体之间的差异，以排除个体不同导致的变量内生问题。比如，个人能力的差异将反映在工资差异上，能力较差的个体其工资水平也较低，相比能力高的个体他们更有可能受最低工资影响，同时企业往往也不倾向于向能力较差的个体提供在职培训，因此在未能很好地控制个体差异的情况下，有关最低工资与企业在职培训的回归结果很可能反映个体能力差异的影响（Acemoglu and Pischke，2003）。而在现实中，个体能力差异表现在多个维度，且部分差异在研究中很难得到准确控制，这也可能导致结论存在差异。本书将采用企业层面数据进行分析，尽管企业之间也存在众多差异，但在与企业相关的财务状况、经营状况等指标完备的情况下，无疑对企业之间差异的控制更容易实现。同时，基于企业层面数据进行分析能更好地满足理论研究的需要，因为企业才是员工在职培训决策的主体。

本书将借助最低工资的地区差异、时间差异来考察最低工资与企业在职培训的关系，为相关讨论提供发展中国家的证据。采用发展中国家数据有一个好处，即相比发达国家，发展中国家受最低工资变动影响的群体更

---

① 在技术水平的分布上，最低工资将增加技术的不平等性，且在现实中不容忽视（Lechthaler and Snower，2008）。

广泛。例如，那些研究发达国家最低工资的文献更多地将样本选定为青少年，因为在他们看来只有这个群体才会受最低工资的影响。相反，在发展中国家的研究不受该条件的限制。在中国，员工的工资水平整体较低，受最低工资影响的人群较为普遍。本书使用的数据是2004~2007年中国规模以上制造业企业数据，该数据覆盖了所有国有企业以及年销售收入500万元以上的非国有企业，包括企业工资、雇用人数、经营状况、财务状况等方面的信息。此外，本书还手工收集了2004~2007年全国各市的最低工资标准数据。通过企业所在地变量与年份变量，将各地最低工资标准与企业微观数据合并，最终得到本书使用的数据，总计约70万个。数据显示，各地在最低工资标准的制定和调整上存在较大差异。在控制地区固定效应、时间效应以及地区随时间变化的一些特征后，该差异相对于微观数据来讲是外生的，这构成了本书识别最低工资效应的基础。值得说明的是，本书与Grossberg和Sicilian（1999）、Acemoglu和Pischke（2003）的识别方法略有区别。Grossberg和Sicilian（1999）、Acemoglu和Pischke（2003）根据最低工资是否对员工有直接影响来构造虚拟变量，进而识别最低工资上涨与员工获得在职培训的关系，其本质是对比受最低工资影响的员工与未受最低工资影响的员工在获得培训上的差异。该方法有它的合理性，但也依赖于一定的前提假设，即最低工资对不同群体在职培训的影响存在差异，最低工资的溢出效应不存在。本书的识别则不依赖于这个假设，同时本书还可通过分组直接判断最低工资是否存在溢出效应。

13.2.2 我国企业的在职培训

国务院发展研究中心企业研究所对全国2100多家企业进行的调查显示，制订员工培训计划的企业占比高达69%，尤其是西部企业、国有企业，制订培训计划企业的占比更是分别高达72%、76%。2010年以网络形式开展的中国企业培训管理现状调查也表明，企业已逐步认识到在职培训的重要性。2010年在被调查的3106家企业中，“有健全培训体系”的占24%，“有基本培训管理”的占65%，“培训毫无章法”或“从不进行培训管理”的企业仅占10%。2004~2007年的制造业企业数据也显示，有将近41%的制造业企业计提非零的“职工教育经费”。尽管如此，我国企业的在职培训还是存在一系列问题。第一，企业在员工培训上的经费投入偏低。根据国务院发展研究中心企业研究所的调查，企业在员工培训上的花费占公司销售收入 3‰~5‰的企业占比仅为 8.7%，占销售收入 0.5‰以下的企业占比却高达 48.2%。第二，员工培训计划的执行情况较差。在制订培训计划的企业中，“严格执行”的企业只占 42.9%，“执行不力”的企业占比将近 57.1%。第三，培训后的后续跟踪与评价不足。根据国务院发展研究中心企业研究所的调查，企业中对培训效果“进行”跟踪评价的比例为 48.6%，“没有进行”或“准备进行”跟踪评价的企业比例高达 51.4%。

根据 Becker（1962，1964）的理论，企业在员工培训上的经费投入偏低可能是由于企业不愿意承担在职培训所带来的成本，同时员工也不愿意接受初始工资的扣减。鉴于此，国家促进企业在职培训的发展，转移企业在职培训的成本就显得尤为重要。

本章主要通过 2004~2007 年中国规模以上制造业企业数据中的“职工教育经费”数据识别企业在职培训。“职工教育经费”指“企业按职工工资总额的 1.5%计提，并实际用于职工培训、学习的费用”，具体填报时“根据企业会计‘职工教育经费’明细科目的贷方累计发生额填列或有关发生费用分析填列”。用“职工教育经费”来识别企业在职培训可能会面临以下几个问题。

第一，企业计提“职工教育经费”可能反映了企业的一些策略性行为，如企业通过计提“职工教育经费”规避税收。若真如此，“职工教育经费”将不能准确反映企业在员工培训上的真实投入。根据《中华人民共和国企业所得税法实施条例》的规定，按工资总额的 1.5%提取“职工教育经费”，准予在税前扣除，超过部分也准予在以后纳税年度结转扣除。因此，从理论上讲，企业可以通过虚假计提“职工教育经费”的行为达到逃避税收的目的。若企业真基于规避税收的角度计提“职工教育经费”，那么有理由相信企业一旦开始计提“职工教育经费”，则该策略性行为将一直持续下去。而图 13-1 反映的情况可能与此正好相反。从图 13-1 中可以看出，对 2004~2007 年均存在于数据库的样本进行分析，那些 2004 年计提“职工教育经费”的企业在 2005 年仅 70%继续计提，2007 年更是只有 65%的企业计提，比例大幅度下降。同样，对 2005~2007 年均存在于数据库的样本进行分析，2005 年计提“职工教育经费”的企业中仅 76.4%的企业在 2006 年继续计提“职工教育经费”，2007 年该比重进一步下降到 70%。2006 年计提“职工教育经费”的企业，2007 年也仅 74%计提。由此可见，企业计提

“职工教育经费”的行为并未像所预设的那样，基于规避税收目的一直持续下去。基于同样的原因，政府强制企业计提“职工教育经费”的现象也不明显，至少对那些对“职工教育经费”计提状态来回调整的企业是这样。

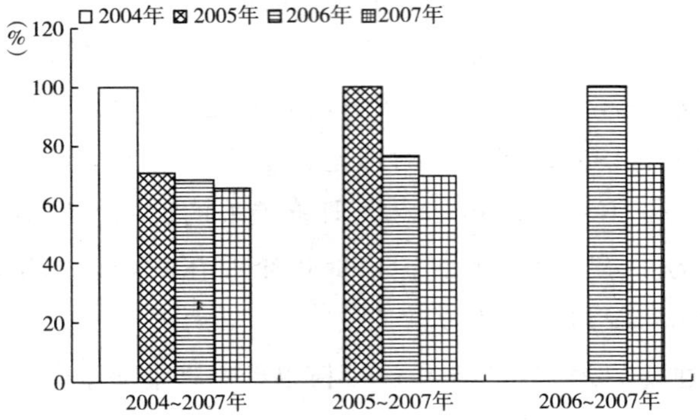

图 13-1　计提“职工教育经费”的企业在后续年份的计提比例

第二，以“职工教育经费”识别企业在职培训还可能面临另一个问题，即该指标的绝对值没有太大意义，它可能仅反映了税法所允许达到的最大计提比例。对该问题，需考察企业计提的“职工教育经费”占企业“应付工资总额”比重的分布情况。图 13-2 给出了企业计提的“职工教育经费”占企业“应付工资总额”比重的分布情况。① 从图 13-2 中可以看出，该比例的分布严重左偏，且存在两个峰值，分别对应税法所规定的 1.5%和略高于 0。企业严格按照税法规定的最高比例计提“职工教育经费”以及企业在员工培训上经费投入不足的现象均有所体现。从比重上看，在计提“职工教育经费”的企业中，将近 20% 的企业计提的“职工教育经费”占企业“应付工资总额”的比重介于税法规定的 1.5%的上下各 10%（1.35%～1.65%）；约 30%的企业计提的“职工教育经费”的比例介于税法规定的最高比例（1.5%）的上下各 20%（1.2%～1.8%）。同样对“职工教育经费”计提不足的企业，计提“职工教育经费”的比例小于 0.5%的企业占计提“职工教育经费”企业的 24.5%；计提“职工教育经费”的比例低于 0.3%

① 排除了前后各 1%的样本。

的企业占计提“职工教育经费”企业的近 16.6%。值得说明的是，从企业计提“职工教育经费”比例的双峰情况来看，企业出于规避税收目的计提“职工教育经费”的论断可能不准确。因为从图 13-2 中可以看出，很大一部分企业根本没有将“职工教育经费”计提到税法所规定的最大计提比例，明显与企业基于规避税收目的的行为规则相违背。

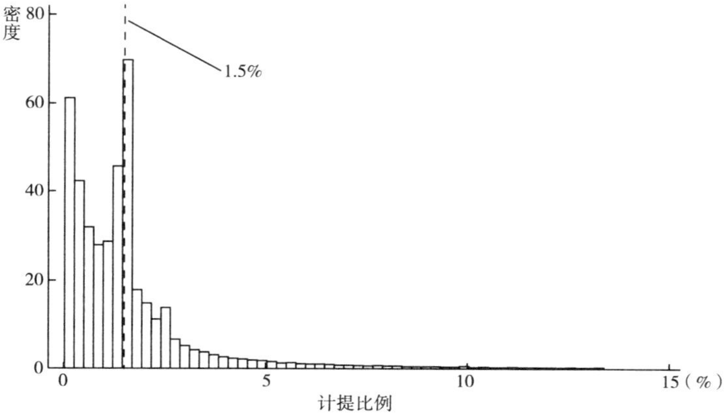

图 13-2　计提“职工教育经费”的企业计提比例的分布

在后文，本书将主要根据企业是否计提“职工教育经费”来进行分析，但在必要时也会从企业计提的“职工教育经费”大小上对问题进行讨论。

13.2.3　数据描述

1. 最低工资制度

1993 年，劳动部发布《企业最低工资规定》，提出我国将实施最低工资制度。紧接着 1994 年《劳动法》通过，确立了最低工资的法律地位，最低工资制度在我国正式实施。但实施之初，它只是在部分城市和地区得到执行，1995 年全国仅有约 130 个城市实施该政策。2004 年，劳动和社会保障部又通过了《最低工资规定》，将其推广至全国。《最低工资规定》明确指出，最低工资标准一般采取月最低工资和小时最低工资两种形式。其中，月最低工资适用于全日制劳动者，小时最低工资适用于非全日制劳动者。在最低工资标准的确定上，政府通常有两种方法，即比重法和恩格尔系数法。前者是指按照贫困户（按一定比例确定）的人均生活费用支出水平，乘以赡养系数得到；而后者指根据相关数据计算出最低食物支出标准，然后除以恩格尔系数，乘以赡养系数得到。现实中，政府往往还会对计算的月最低工资标准进行必要修正，通常职工个人缴纳社会保险费和住房公积金、职工平均工资水平、社会救济金和失业保险金标准、就业状况、经济发展水平等都是政府考虑的因素。

2004 年底，我国 31 个省（区、市）都建立了最低工资制度，采用月最低工资标准。随着改革开放后经济的发展，最低工资标准的绝对量有很大的增长。1998 年月度最低工资基本不超过 300 元，但到 2007 年，绝大部分省份的最低工资集中在 500~750 元。同时，最低工资标准的地区差异较大。2007 年，全国各省（区、市）最低工资标准的标准差为 115. 5 元，极差为 480 元，最高的为上海 840 元，最低的是新疆 360 元，仅相当于上海的 42. 9%。

2. 本部分的数据

本部分使用的数据为国家统计局收集的规模以上制造业企业数据，它是由我国工业统计报表制度收集的工业统计数据的一部分。工业统计报表制度是国家为了解工业经济现状、制定经济政策、编制工业计划和检查工业计划执行情况等制定的统计报表制度，分为年报和定期报表两部分，分别由综合表和基层表构成。综合表由各省（区、市）统计局或有关部门报送给国家统计局，而基层表由国家统计局制定，各省（区、市）结合地方要求进行补充后，交由辖区内的工业企业填报。本部分的数据对应工业统计报表制度中“法人单位基本情况”与“工业企业主要经济指标”两表，两者均属于“年报”与“基层报表”，其填报对象是“辖区内规模以上工业法人企业”，即国有企业与年销售收入 500 万元以上的非国有企业。数据主要包括工业增加值、工业总产值、工业销售产值、主要工业产品产量、主要工业产品销售量、主要工业产品库存量、主要财务成本指标、从业人员数、工资总额等。从数据代表性上看，它涉及创造第二产业一半以上产值的企业。在数据清理过程中，本书排除了不采用企业会计制度及机构类型属于事业单位、机关、社会团体、民办非企业单位的样本，在企业营业状态上，也只保留目前处于营业状态的企业。

构成本部分数据的还有全国各市 2004~2007 年制定的最低工资标准以及该市的宏观经济指标数据。对于前者，由于没有统一的数据来源，只能通过浏览当地政府网站、统计公报、最低工资的法规获取，因此部分年份的部分地市数据缺失。最终搜集到693个数据，涉及地市占2004~2007年全国333个地市（或自治州、盟）的51.4%。对于后者，即2004~2007年各市GDP、总人口、职工平均工资、平均雇用人数等，从中经数据网上获得，数据相对完整。通过企业所在地变量与年份变量，可以将企业微观数据与市最低工资标准数据合并，选出那些既有企业微观数据又有企业所在地最低工资标准的样本构成本部分的使用样本。最终，总样本约70万个。借用2004~2007年规模以上制造业企业数据来分析最低工资对企业在职培训的影响，首先要面临的问题是最低工资是否对这些企业有影响。从本部分使用的数据本身来看，虽然这些企业都是规模以上企业，但还是有相当一部分企业的平均工资低于当期最低工资标准，最低工资标准对这些企业产生影响是可能的。本部分统计了2004~2007年规模以上制造业企业中人均工资低于当地最低工资标准的企业占比情况，数据显示，2004年约8%的企业平均工资低于市最低工资标准，2005年该比重基本维持不变。到2006年，将近10%的企业平均工资比当地最低工资低。比例最低的是2007年，平均工资低于当地最低工资的企业占比仅6%，较最高水平下降了近4个百分点。

表13-15给出了变量的描述性统计。从中可以看出，约38%的企业计提“职工教育经费”，平均计提金额约5.23万元。在此期间，名义最低工资标准为590.5元，占企业平均工资的45.6%。其余变量大致可归入以下几类。第一，描述企业规模的变量。根据Holtmann和Idson（1991）的研究，企业规模与企业在职培训密切相关，大型企业更有可能进行在职培训。因此本书采用企业的资产规模来衡量企业大小。第二，区分企业性质、资金来源的变量。根据Görg等（2007）所分析的内、外资企业员工的工资状况，外资企业较高的工资或工资较快的增速主要取决于外资企业更好的在职培训，因此企业的在职培训与企业资金来源的构成有关。从不同性质企业在样本中的占比来看，约76%的企业为内资企业，仅7%的企业为国有控股企业。第三，控制企业异质性的变量，如反映企业销售能力、盈利能力的变量等。从企业资产负债比可以看出，企业总资产是总负债的2.69倍，资产负债比总体上较高。在总产值中，企业存货约占11%，且在企业间的差异较大。从单位产值的盈利上看，企业的盈利能力不太高，单位产值的平均盈利略大于0。第四，地市宏观经济变量，如市GDP、市总人口、市平均工

资以及市就业人数。这些变量不仅可以控制地区随时间变化的经济差异，还可以避免地区基于当地工资水平、就业水平的考虑而制定最低工资标准所导致的变量内生问题。2004~2007 年，各市 GDP 均值约为 544 亿元，市辖区人口平均为 144 万人。其中，职工人数约 26.3 万人，占总人口的 18.3%。

表 13-15　变量描述性统计

变量	含义	均值	标准差	最小值	最大值
是否提供在职培训	企业“职工教育经费”大于 0，则取值为 1，否则为 0	0.38	0.49	0	1
“职工教育经费”平均计提额（万元）	“职工教育经费”非零的企业平均计提金额	5.23	7.93	0.20	31.2
最低工资（元）	市最低工资标准	590.5	128.3	280.0	850.0
平均工资（元）	企业应付工资总额除以企业雇用人数，再除以 12	1295	700	460	3190
资产对数	企业资产的自然对数	9.78	1.44	0.00	20.15
资产负债比	总资产/总负债	2.69	2.46	1.02	10.83
存货占比（%）	存货/当年总产值×100%	11	13	0	48
单位产值盈利	营业利润/当年总产值	0.04	0.06	-0.08	0.17
内资企业（%）	所有企业资金均来源于中国境内，如国有、集体、股份合作、私营独资、私营合伙等	76	43	0	100
国有控股企业（%）	国家绝对控股与国家相对控股	7	25	0	100
市 GDP 对数	各地市辖区内 GDP（亿元）取对数	6.54	1.19	2.80	9.12
市总人口对数	各地市辖区内总人数（万人）取对数	5.09	0.76	2.70	7.33
市平均工资对数	各地市辖区内职工年工资收入（元）取对数	10.04	0.29	7.58	11.84
市就业人数对数	各地市辖区内职工人数（万人）取对数	3.37	0.97	0.56	6.13

注：对资产负债比、存货占比、单位产值盈利等企业特征变量前后各 5%的样本进行了缩尾处理。

13.2.4　最低工资与企业在职培训

1. 回归模型

与 Acemoglu 和 Pischke（2003）的处理类似，本章的被解释变量为二元变量。若企业对应的“职工教育经费”大于 0，则取值为 1，表示该企业提供员工培训；相反，若企业“职工教育经费”等于 0，则取值为 0，表示企业未提供在职培训。具体的回归方程为：

$$DTrain_{ijt} = \gamma_0 + \gamma_1 X_{ijt} + \gamma_2 \ln miwage_{ijt} + v_{ij} + \pi_j + \gamma_3 Z_{jt} + T_t + u_{ijt} \quad (13.2)$$

其中，$DTrain_{ijt}$表示 j 地区 i 企业在时间 t 是否提供在职培训。X 为企业的特征变量，具体包括企业资产负债比、存货占比、单位产值盈利、企业性质、资产规模等变量。v_{ij} 为企业不随时间变化的个体特征。π_j 与 Z_{jt} 分别为地区固定效应以及地区随时间变化的特征，包括市 GDP、市就业人数、市平均工资以及市总人口。T 为时间虚拟变量，控制整体的宏观经济形势，u 为随机扰动项。γ_2 是我们关心的回归系数，表示最低工资对企业在职培训的影响。根据计量经济学，以二元变量为因变量时，OLS 将受异方差的影响，对应的解决途径为利用 LPM 模型、Probit 模型以及 Logit 模型进行分析。在大样本且均值水平下，三个模型得出的回归结果接近。因此，在后文，基于利用面板数据消除企业固定效应以及简化回归的考虑，本书主要采用 LPM 模型。

值得说明的是，与 Grossberg 和 Sicilian（1999）、Acemoglu 和 Pischke（2003）使用的识别方法略有区别，本书直接通过各地最低工资标准随时间变化的不同趋势来识别最低工资上涨对企业培训的影响。他们根据最低工资是否对员工有直接影响来构造虚拟变量，进而识别最低工资上涨与员工获得在职培训的关系，其本质是对比受最低工资影响的员工与未受最低工资影响的员工在获得员工培训上的差异。该方法有它的合理性，但也面临一定的问题。例如，怎样区分受最低工资影响的个体与未受最低工资影响的个体？对此，Grossberg 和 Sicilian（1999）直接将员工工资是否接近最低工资标准作为识别的关键变量，但正如 Acemoglu 和 Pischke（2003）指出的那样，员工是否受最低工资的影响可能还与员工不可观测的个体特征相关，而这些特征可能也决定了员工是否能够获得在职培训，因此 Grossberg 和 Sicilian（1999）所定义的关键变量是内生的。在此基础上，Acemoglu 和 Pischke（2003）采用员工基期的工资水平是否低于当前最低工资标准且最低工资标准在前一年基础上是否上涨来识别最低工资上涨对员工在职培训的影响。无疑 Acemoglu 和 Pischke（2003）的识别更加有效，但他们在模型设定上忽略了培训在受最低工资直接影响的员工与未受最低工资直接影响的员工之间本身就存在的差异，以及最低工资上涨地区与最低工资未上涨地区之间的差异。同时，他们的识别方法均要求最低工资的溢出效应不存在。

2. 最低工资与企业是否提供在职培训

表 13-16 是企业是否提供在职培训对最低工资的 LPM 回归结果。其中，每一列都控制了地区固定效应、行业固定效应以及时间虚拟变量，因此在表 13-16 的回归结果中识别的是最低工资随时间的不同变化趋势对企业在职培训的影响。第（1）列结果显示，在未控制其他变量的情况下最低工资上涨显著降低企业提供在职培训的可能性，最低工资每上涨 10%，企业提供在职培训的可能性下降 0.8 个百分点。表 13-15 中企业提供在职培训的平均可能性为 38%，那么最低工资上涨 10%，企业提供在职培训的可能性下降 2.1 个百分点，弹性为-0.21。第（2）列控制了企业特征变量如资产、资产负债比、存货占比等，结果仍然类似，最低工资每上涨 10%，企业提供在职培训的可能性显著降低 0.7 个百分点。在其他变量方面，企业资产规模越大，企业提供在职培训的可能性越高，与 Holtmann 和 Idson（1991）的研究一致。与 Görg 等（2007）的研究结论相反的是，内资企业有更大的可能性提供在职培训，这可能与我国的国情相关。相比其他控股形式的企业，国有控股企业更愿意进行员工培训。第（3）列继续控制地市宏观经济变量以消除地区随时间变化的因素。结果显示，最低工资每上涨 10%，企业提供在职培训的可能性显著下降 0.9 个百分点。表 13-15 中企业提供在职培训的平均可能性为 38%，则最低工资上涨 10%，企业提供在职培训的可能性减少 2.4 个百分点。

表 13-16 最低工资与企业是否提供在职培训：LPM 模型

变量	(1)	(2)	(3)	(4)
最低工资对数	-0.08** (6.78)	-0.07** (6.49)	-0.09** (8.30)	-0.20** (7.82)
资产对数		0.08** (184.64)	0.08** (182.79)	0.08** (84.36)

续表

变量	(1)	(2)	(3)	(4)
资产负债比		-0.01 **	-0.01 **	-0.00 **
		(20.64)	(20.62)	(2.90)
存货占比		0.04 **	0.04 **	0.00
		(9.10)	(9.09)	(0.13)
单位产值盈利		0.21 **	0.20 **	0.20 **
		(20.11)	(19.40)	(8.97)
内资企业		0.06 **	0.06 **	0.09 **
		(39.09)	(38.29)	(23.77)
国有控股企业		0.15 **	0.15 **	0.16 **
		(61.70)	(61.05)	(28.18)
市 GDP 对数			-0.03 **	0.03
			(3.53)	(1.70)
市总人口对数			0.05 **	0.02 **
			(10.69)	(2.86)
市平均工资对数			0.04 **	-0.03
			(3.58)	(0.63)
市就业人数对数			0.01	0.03
			(1.55)	(0.91)
时间 = 2005 年	-0.03 **	-0.04 **	-0.05 **	-0.03 **
	(10.54)	(17.54)	(16.07)	(3.41)
时间 = 2006 年	-0.02 **	-0.05 **	-0.04 **	-0.01
	(6.64)	(12.96)	(9.35)	(0.73)
时间 = 2007 年	-0.02 **	-0.04 **	-0.04 **	-0.00
	(4.39)	(10.24)	(6.38)	(0.17)
地区固定效应	是	是	是	是
行业固定效应	是	是	是	是
常数项	1.10	0.23	-1.07	0.36
	(14.56) **	(3.13) **	(0.00)	(0.68)
样本量	701487	695750	682834	163011
R^2	0.07	0.13	0.13	0.12

注：括号里的值是 t 统计量，***、**、* 分别表示在 1%、5%、10% 的水平下显著，下表同。

根据前文数据部分的介绍，本书仅收集到51.4%的地市的最低工资标准数据，这会导致回归样本的严重不平衡。为了避免样本缺失可能带来的回归偏差，表13-16第（4）列仅使用2004~2007年平衡样本进行回归。从样本量来看，回归的有效样本只剩约16.3万个。但从最低工资与企业在职培训的关系上看，最低工资的上涨与企业提供在职培训的可能性仍显著负相关。最低工资每上涨10%，企业提供在职培训的可能性显著下降2.0个百分点，弹性约为-0.53。

LPM模型无法消除企业不随时间变化且不可观测的特征变量的影响，而要实现这个目的需借助数据的面板性质，通过同一个企业在时间上的变化差异来识别变量间的因果关系。其实，不论采用LPM模型还是固定效应模型，回归结论应相差不大，因为最低工资数据取决于政府的政策制定，它相对于微观数据来讲是外生变量。采用固定效应模型只是为了更准确地了解最低工资上涨对企业在职培训的影响。表13-17是相应的回归结果，回归的R^2较小，其原因可能是变量间关系的识别来自组内。因为表13-17采用的是固定效应模型，在采用该模型后，组间差异被消除，变量识别依靠组内差异。从表13-17的组内R^2与组间R^2可看出，除第（1）列以外组间差异远比组内差异大。从表13-17中可以看出，最低工资与企业在职培训仍显著负相关，且系数与前文所得的回归系数相差不大。以控制所有变量的第（3）列回归系数为例，最低工资每上涨10%，企业提供在职培训的可能性显著下降0.9个百分点，与表13-16的回归系数一致。同样，采用平衡样本后的第（4）列回归结果也显示，数据缺失所导致的样本不平衡使回归系数增大，但对最低工资上涨显著降低企业提供在职培训可能性的结论影响不大。

表13-17 最低工资与企业是否提供在职培训：固定效应模型

变量	非平衡样本			平衡样本
	（1）	（2）	（3）	（4）
最低工资对数	-0.08**	-0.08**	-0.09**	-0.20**
	（7.29）	（7.40）	（7.62）	（9.64）
企业特征变量	否	是	是	是
市宏观经济变量	否	否	是	是

续表

变量	非平衡样本			平衡样本
	(1)	(2)	(3)	(4)
时间虚拟变量	是	是	是	是
常数项	0.905**	0.598**	0.735**	1.317**
	(13.47)	(8.47)	(6.31)	(3.43)
样本量	701388	695655	682741	163011
组内 R^2	0.00	0.00	0.00	0.00
组间 R^2	0.00	0.07	0.04	0.03

当然，前文的结论都是基于二元因变量的数据连续性的特征进行回归得到的。为了结论的可靠性，本书还采用了 Probit 模型以及 Logit 模型进行回归。这两个模型假设残差分别服从正态分布和极值分布，更符合二元因变量的处理习惯。表 13-18 即为模型改变后最低工资与企业在职培训的回归结果。其中，第（1）列采用 Probit 模型，结果表明最低工资的上涨与企业提供在职培训的可能性仍负相关。从边际效果来看，最低工资每上涨 10%，企业提供在职培训的可能性显著下降 2.7 个百分点。第（2）列为采用 Logit 模型的回归结果，最低工资的回归系数仍显著为负，最低工资上涨显著降低企业提供在职培训的可能性。第（3）列为 FE-Logit 回归，即在采用 Logit 模型的同时，消除企业不随时间变化的固定效应，新的模型设定仍能得到相同的结论，最低工资的上涨与企业提供在职培训的可能性仍显著负相关。总之，模型的选择对结果的影响不大。

表 13-18　最低工资与企业是否提供在职培训：Logit 模型和 Probit 模型

变量	全样本：2004~2007 年		
	Probit	Logit	FE-Logit
	(1)	(2)	(3)
最低工资对数	-0.27**	-0.45**	-0.71**
	(12.07)	(12.31)	(8.69)
企业特征变量	是	是	是
市宏观经济变量	是	是	是
地区固定效应	是	是	否

续表

变量	全样本：2004~2007 年		
	Probit	Logit	FE-Logit
	(1)	(2)	(3)
行业固定效应	是	是	否
时间虚拟变量	是	是	是
常数项	-1.31** (7.89)	-2.07** (7.52)	
样本量	682740	682740	182208

现有结论都说明一个问题，最低工资的上涨将显著降低企业提供在职培训的可能性，与 Becker（1962，1964）的人力资本模型的预测一致。直观来讲，最低工资的上涨将使企业扣减员工初始工资变得越来越困难，因此在不能让员工承担培训的相关费用的情况下，企业会更多地选择不提供在职培训。那么，这些基本结论是否可靠？下文本书将换一种思维方法，从“准自然实验”的角度考察这些结论的可靠性。

3. 稳健性检验

“准自然实验”是借助政策的突然改变带来的冲击识别变量间因果关系的一种方法，Meyer（1995）对其进行了系统分析。“准自然实验”的好处是，在微观个体没有相应预期的情况下，有关政策的突然实施就如同一次外生的冲击，借助此外生冲击可以观测微观个体做出的各种反应。例如，Card 和 Krueger（1994）就利用新泽西州最低工资的一次突然上涨，在收集新泽西州以及与之相邻的宾夕法尼亚州的快餐行业雇工数据后，讨论了最低工资的上涨与就业的关系。本书也基于相似的想法，找出地域相邻而且经济结构相似的两个地区，其中一个地区最低工资有一定幅度的上涨，而另一个地区最低工资保持不变，对比两个地区企业在提供在职培训上的差异来识别最低工资对企业在职培训的影响。最终，本书选取了 2006~2007 年广东省、福建省企业数据进行“准自然实验”分析。2006~2007 年，福建省最低工资标准除泉州市仅提高 8%以外，其余各市均有 14%~19%的增幅。在此期间，广东省除深圳市最低工资小幅提升外，其余各市均维持 2006 年最低工资不变。同时，广东省与福建省地域靠近，均是我国东南沿海的省份，均以出口贸易为经济的主要发展模式，经济结构是趋同的。这些都构成了“准自然实验”得以有效进行的基础。

本书采用 DID 的回归方法检验前文结论是否稳健。具体设定如下回归模型：

$$DTrain = \theta_0 + \theta_1 X_{ijt} + \theta_2 Time_t + \theta_3 Treat_{ij} + \theta_4 Inter_{ijt} + \pi_j + \theta_5 Z_{jt} + u_{ijt} \quad (13.3)$$

其中，*Time* 为时间虚拟变量，若观测时间为 2007 年，则取值为 1，否则取值为 0。*Treat* 为二元变量，区分实验组与控制组。若企业所在地为除深圳市外的广东省其他地市，则该样本归入控制组，*Treat* 取值为 0；若企业所在地为福建省，则样本归入实验组，*Treat* 的相应取值为 1。*Inter* 为 *Time* 与 *Treat* 的交乘项，其回归系数体现了最低工资的上涨对企业提供在职培训可能性的影响。其他变量的含义与式（13.2）相同。

表 13-19 是回归的结果，从交乘项系数来看，福建省最低工资的上涨使其企业提供在职培训的可能性显著降低，在 5%的统计水平下显著。在控制企业特征变量、市宏观经济变量以及地区固定效应、行业固定效应后，福建省 2006~2007 年最低工资的上涨将使福建省的企业提供在职培训的可能性下降 0.02 个百分点。从弹性的角度看，最低工资每上涨 10%，企业提供在职培训的可能性显著下降 0.05 个百分点，弹性为-0.005。相比前文的回归结果，弹性绝对值虽然偏小，但最低工资上涨显著降低企业提供在职培训可能性的结论却是不变的。

表 13-19　最低工资与企业是否提供在职培训：稳健性检验（DID）

变量	因变量：企业是否提供在职培训
Time（2007 年=1）	0.02 (0.89)
Treat（最低工资上涨地区=1）	0.56 (1.19)
Inter	-0.002** (4.76)
企业特征变量	是
市宏观经济变量	是

续表

变量	因变量：企业是否提供在职培训
地区固定效应	是
行业固定效应	是
常数项	-0.72 (0.60)
样本量	83285
R^2	0.12

福建省最低工资上涨对福建省企业提供在职培训可能性的负向影响较小，这可能反映了最低工资对企业在职培训影响的地域差异、行业差异。比如，这里仅使用福建省、广东省的企业进行回归，样本存在地域上的差异。同时，其构成也与前文的有所不同，福建省、广东省企业可能更多的是一些出口贸易、加工贸易企业。[①]

13.2.5 最低工资对企业在职培训的影响差异

表 13-20 是沿用 Grossberg 和 Sicilian（1999）、Acemoglu 和 Pischke（2003）的识别方法进行的回归，对应的样本为2004~2007年的平衡样本。[②]其中，前两列对应 Grossberg 和 Sicilian（1999）的方法，即采用人均工资水平与最低工资标准的接近程度来定义变量。从结果来看，在控制了地区和行业固定效应、时间效应、市宏观经济变量、企业特征变量后，人均工资位于最低工资上下各10%的企业，相比其他企业将显著减少在职培训。同样，适当降低人均工资与最低工资的接近程度，结论没有显著改变。但正如 Acemoglu 和 Pischke（2003）所指出的那样，通过人均工资来识别企业是否受最低工资的影响，那些影响企业人均工资的不可观测的个体特征很可能也会影响企业提供在职培训的可能性，从而导致变量内生。取而代之的是 Acemoglu 和 Pischke（2003）提出的识别方法，即表 13-20 后两列对应的回归。若最低工资上涨且基期工资水平低于当前最低工资标准，则变量取值为1，否则取值为0，而其他控制变量均取一阶差分。从第（3）列可以看出，与

① 是否有更深层次的原因，需要进一步进行研究。

② 选取平衡样本是为满足回归变量设定的需要。

Acemoglu 和 Pischke（2003）的结论类似，最低工资上涨反而使企业在职培训增加，与 Grossberg 和 Sicilian（1999）的结论相反。Acemoglu 和 Pischke（2003）的回归模型也存在一定的缺陷，如未控制基期工资水平低于当前最低工资标准企业与其他企业的系统差异以及最低工资上涨地区与未上涨地区的系统差异。第（4）列对 Acemoglu 和 Pischke（2003）的模型进行修正，控制最低工资上涨地区与未上涨地区间的差异、基期工资水平低于当前最低工资标准企业与其他企业的差异，结果显示，最低工资上涨对企业提供在职培训可能性的正向效果不再显著。

表 13-20　最低工资与企业是否提供在职培训：不同的识别方法

变量	因变量：企业是否提供在职培训			
	（1）	（2）	（3）	（4）
人均工资介于最低工资上下各 10%之间	-0.05** （9.02）			
人均工资介于最低工资上下各 20%之间		-0.05** （14.28）		
最低工资上涨且基期工资水平低于当前最低工资标准			0.01* （2.24）	0.00 （0.16）
控制企业差异	否	否	否	是
企业特征变量	是	是	是	是
市宏观经济变量	是	是	是	是
行业固定效应	是	是	否	否
地区固定效应	是	是	否	否
时间趋势项	是	是	是	是
样本量	163011	163011	117095	117095
R^2	0.12	0.12	0.003	0.003

经过模型修正后的回归结果显示，最低工资上涨与企业提供在职培训的可能性没有显著关系。那么，与前文结论的差异是如何导致的？笔者认为一个可能的原因是最低工资具有溢出效应，通过对比不同人群受最低工资影响的差异来识别最低工资与在职培训的关系会失效。表 13-21 第（1）列是对企业平均工资水平 5 等分的回归结果。结果显示，最低工资上涨对平

均工资处于不同水平的企业在职培训的影响并没有随着企业平均工资水平的提高而显著消失。具体地，根据固定效应模型回归结果，最低工资每上涨10%，平均工资处于最低20%的企业提供在职培训的可能性下降0.8个百分点，平均工资处于20%~40%、40%~60%、60%~80%、80%~100%的企业，提供在职培训的可能性进一步降低，但均在10%的水平下不显著。最低工资上涨对不同人均工资水平企业的影响表现出溢出效应，它既影响低工资企业的在职培训，又影响高工资企业的在职培训。表13-21第（2）列为按人均资本5等分后的回归结果。从中可以看出，最低工资上涨对人均资本最低的20%的企业的在职培训有显著影响，对其余企业在职培训的影响虽从数值上看有所减弱，但未消失。

表13-21　按不同指标分组后的回归结果

变量	因变量：企业是否提供在职培训	
	（1）	（2）
	按平均工资分组	按人均资本分组
最低工资对数	-0.08** （6.04）	-0.10** （6.75）
最低工资对数×q（20%~40%）	-0.01 （1.03）	0.01 （0.87）
最低工资对数×q（40%~60%）	-0.00 （0.20）	0.01 （0.40）
最低工资对数×q（60%~80%）	-0.00 （0.31）	0.02 （1.38）
最低工资对数×q（80%~100%）	-0.00 （0.01）	0.02 （1.22）
分组变量	是	是
企业特征变量	是	是
市宏观经济变量	是	是
时间虚拟变量	是	是
常数项	0.70** （5.58）	0.72** （5.50）
样本量	682741	682741
R^2	0.005	0.005

当然，正如 Acemoglu 和 Pischke（2003）所指出的那样，表 13-21 的回归结果仍可能会面临 Grossberg 和 Sicilian（1999）面临的问题，即平均工资（或人均资本）可能受企业不可观测特征的影响，若这些特征与最低工资水平有关联且决定了企业提供在职培训的概率，那么以平均工资（或人均资本）来分组将导致具有相同特征的企业处于同一组。[①] 为了解决这一问题，表 13-22 考察了最低工资上涨对上一期人均工资介于两期最低工资（上一期最低工资与当期最低工资）之间的企业和其他企业在职培训的影响差异。这些企业将切实感受到最低工资上涨的影响，因此若最低工资对不同企业提供在职培训的影响存在差异，那么这类企业在职培训受最低工资上涨的影响应是最大的。回归结论可能与预期的相反，最低工资倾向于进一步影响人均工资介于两期最低工资之间企业的在职培训，但差异不显著。

表 13-22　平均工资介于两期最低工资间的企业的回归结果

变量	固定效应模型
	因变量：企业是否提供在职培训
最低工资对数	-0.09** (7.55)
平均工资介于上一期最低工资与当期最低工资之间的企业	0.11 (0.56)
最低工资对数×平均工资介于上一期最低工资与当期最低工资之间的企业	-0.02 (0.56)
分组变量	是
企业特征变量	是
市宏观经济变量	是
时间虚拟变量	是
地区固定效应	否
常数项	0.74** (6.28)
样本量	682741
R^2	0.004

最低工资如何产生溢出效应？笔者认为可以从两个角度进行思考。首

① 若这些特征不随时间变化，那么采用固定效应模型可以消除该因素的影响。

先，从效率工资理论出发，虽然最低工资仅直接提高了工资水平位于最低工资附近（低技术）工人的工资，但对那些高技术工人，企业为了激发他们的工作积极性，必定会增加他们的工资以维持员工间的工资差距，不管它是否切实受到最低工资上涨的影响。其次，最低工资上涨还有可能是向市场传递出一些信号，如劳动力成本上涨、劳动供给减少等。在企业没有切实意识到在职培训对企业带来好处的情况下，企业可能会基于节约成本的角度考虑而减少向员工提供在职培训。

13.2.6 最低工资与企业在职培训：从数值的角度分析

前文均是从企业是否向员工提供在职培训的角度进行分析，为了研究的完整性，本书也从企业计提“职工教育经费”的金额角度考察最低工资与企业在职培训的关系。根据前文的分析，企业计提的“职工教育经费”很可能是企业应付工资总额的一个固定比例，对此可在回归方程中加入企业“应付工资总额”变量，对应的回归方程如下所示：

$$\ln Train_{ijt} = \beta_0 + \beta_1 X_{ijt} + \beta_2 \ln miwage_{ijt} + v_{ij} + \pi_j + \beta_3 Z_{jt} + T_t + u_{ijt} \qquad (13.4)$$

其中，ln*Train* 为企业在员工培训上的投入，即企业计提的“职工教育经费”对数。X 为控制变量，与（13.2）式相同，唯一的区别是此处增加了企业应付工资总额的对数。v_{ij} 为企业不随时间变化的个体特征。π 与 Z 分别为地区固定效应以及地区随时间变化的特征，包括市 GDP、市就业人数、市平均工资以及市总人口。T 是时间虚拟变量，以控制宏观经济形势，u 是随机扰动项。同样，为消除企业不随时间变化的特征，主要采用固定效应模型，对应的样本为计提非零“职工教育经费”的企业。

表 13-23 为回归结果，其中第（1）列对应 2004~2007 年的非平衡样本。结果显示，最低工资每上涨 10%，企业计提的“职工教育经费”反而增加 0.9%，与前文的结果完全相反。对此，笔者认为样本选择问题可能导致了回归偏差。企业只有计提“职工教育经费”后，才能观测到“职工教育经费”的数额，因此很可能存在 Heckman 所分析的样本选择问题。表 13-23 第（2）列显示的是对 2004~2007 年连续 4 年均计提“职工教育经费”的企业进行回归的结果。这些企业连续计提“职工教育经费”，因此它

们受是否计提“职工教育经费”的影响应较小。回归结果也正如预测的那样，最低工资每上涨 10%，企业计提的“职工教育经费”下降 1.3%。

表 13-23　最低工资与企业在职培训：从“职工教育经费”数值的角度分析

变量	因变量：企业计提的“职工教育经费”对数		
	(1)	(2)	(3)
	非平衡样本	平衡样本	样本选择修正
最低工资对数	0.09* (2.25)	-0.13 (1.33)	-0.23* (2.50)
企业应付工资总额对数	0.27** (40.48)	0.26** (18.33)	0.16** (11.98)
企业特征变量	是	是	是
市宏观经济变量	是	是	是
时间虚拟变量	是	是	是
样本量	262450	30699	79240
R^2	0.06	0.08	0.02

根据 Heckman 的研究，从计量的角度严格解决样本选择问题，通常的处理方法是采用两步法，即由式（13.2）得出企业计提“职工教育经费”的概率，然后构造 Mills 比率加入式（13.4）进行回归。但对面板数据情况略有不同，除了考虑样本选择问题以外，还要消除企业固定效应。在两期样本的数据结构下，Kyriazidou（1997）给出了解决途径。

根据 Kyriazidou（1997）的研究，此问题也采用两步法回归。第一步，通过式（13.2）获得回归系数 $\hat{\gamma}_2$，然后计算企业两期计提“职工教育经费”可能性的差值 $\Delta w_{ij}\hat{\gamma}_2$，$w$ 为控制变量。通过式（13.5）构造样本权重。两期样本计提“职工教育经费”可能性差距越大，则权重越小，这些样本会受到“惩罚”。K（·）为 Kernel 密度函数，h_n 为频宽。

$$\hat{\psi}_{ij} = \frac{1}{h_n} K\left(\frac{\Delta w_{ij}\hat{\gamma}_2}{h_n}\right) \tag{13.5}$$

第二步，选出两期均计提“职工教育经费”的企业，以式（13.5）所

获得的 $\sqrt{\hat{\psi}_{ij}}$ 为权重进行加权固定效应模型回归。

表 13-23 第（3）列为相应的回归结果，使用的两期数据是 2006~2007 年的数据。结论同第（2）列类似，最低工资每上涨 10%，企业计提的“职工教育经费”下降 2.3%，且在 5%的统计水平下显著。企业应付工资总额的回归系数显著为正，企业应付工资总额每增加 10%，企业计提的“职工教育经费”增加 1.6%。这可能与图 13-2 所反映的绝大部分企业并非完全按照税法所规定的以应付工资总额的 1.5%计提“职工教育经费”有关。

同样，本书也从 2006~2007 年福建省最低工资上涨的“准自然实验”角度进行了有关最低工资与企业计提的“职工教育经费”之间关系的稳健性检验。从表 13-24 的结果来看，福建省 2006~2007 年最低工资上涨，福建省企业计提的“职工教育经费”减少，但在 10%的统计水平下不显著，从数值角度考察，最低工资上涨与企业在职培训关系的结论并不稳健。

表 13-24　基于“职工教育经费”数值角度的最低工资与企业在职培训：稳健性检验

变量	因变量：企业计提的“职工教育经费”对数
	广东省 VS 福建省
Time（2007 年=1）	-0.46** (3.96)
Treat（最低工资上涨地区=1）	-9.70** (4.24)
Inter	-0.00 (0.20)
企业应付工资总额对数	0.36** (30.11)
企业特征变量	是
市宏观经济变量	是
行业固定效应	是
地区固定效应	是
样本量	23440
R^2	0.32

13.2.7　最低工资与企业在职培训：其他结果

表 13-25 是从时间的角度考察最低工资与企业在职培训的关系。随着时间的推移，"人口红利" 消失，企业对劳动力成本上涨应更加敏感。同时，随着制度的完善，最低工资制度在实施过程中的监督也在持续加强。因此，最低工资上涨对企业在职培训的影响应随时间的推移而增加。表 13-25 是对应的回归结果，相比 2004 年，最低工资上涨使企业提供在职培训的可能性在 2005~2007 年进一步降低。具体地，最低工资每上涨 10%，2004 年企业提供在职培训的可能性显著下降 0.6 个百分点，2005 年企业提供在职培训的可能性进一步下降 0.4 个百分点，2007 年进一步下降 0.4 个百分点。相比 2004 年，2005 年和 2007 年最低工资的影响突然增加，这可能与 2004 年劳动和社会保障部通过的《最低工资规定》相关，因为在随后年份有关最低工资的监督明显加强（丁守海，2010），2006 年的影响差异不显著的原因有待进一步研究。

表 13-25　基于时间角度的最低工资与企业在职培训

变量	因变量：企业是否提供在职培训
最低工资对数	-0.06** (4.63)
最低工资对数×D（时间=2005 年）	-0.04** (3.53)
最低工资对数×D（时间=2006 年）	-0.01 (0.72)
最低工资对数×D（时间=2007 年）	-0.04** (3.58)
企业特征变量	是
市宏观经济变量	是
时间虚拟变量	是
常数项	0.65** (5.36)
样本数	682741
R^2	0.005

13.2.8 结论

最低工资与企业在职培训的关系在理论上不清晰，解决问题的最好方法是进行严谨的实证研究。分析2004~2007年中国规模以上制造业企业调查数据，结论显示，最低工资每上涨10%，企业提供在职培训的可能性显著下降0.9个百分点。从弹性的角度看，2004~2007年企业提供在职培训的平均比例为38%，则最低工资每上涨10%，企业提供在职培训的可能性显著下降2.4个百分点，对应的弹性为-0.24。借助福建省2006~2007年最低工资上涨的“准自然实验”，对比广东省、福建省企业2006~2007年提供在职培训的可能性发现，最低工资降低企业提供在职培训的可能性。按平均工资、人均资本5等分对比不同平均工资、不同人均资本的企业在职培训受最低工资影响的差异。随着平均工资、人均资本的增加，最低工资对企业提供在职培训的可能性的影响没有显著改变，溢出效应明显。这可能是Acemoglu和Pischke（2003）的识别方法失效的原因。从企业在职培训的经费投入上看，最低工资与企业在职培训有负向关系。在控制企业应付工资总额后，最低工资每上涨10%，企业计提的“职工教育经费”显著减少2.3%。

这些结论都比较支持Becker（1962，1964）的人力资本模型。对于员工在职培训这个问题，培训成本在企业与员工之间的转移是企业提供在职培训的关键。当最低工资上涨，企业向员工转移培训成本的空间被压缩时，企业可能会选择不提供在职培训或减少在职培训的经费投入。政府若想让企业向员工提供在职培训，转移企业培训成本是行之有效的措施，如政府可以通过税收调整或向提供在职培训的企业进行补贴等方式实现这个目的。

第 14 章　最低工资总效应评估：基于幸福感视角①

14.1　最低工资总效应的研究背景

针对最低工资制度产生的效应，学界已从工资收入、就业、员工培训、企业出口、创业等各种角度进行了讨论（马双等，2012；杨娟、李实，2016；马双、甘犁，2014；许和连、王海成，2016；周广肃，2017），这些都是基于经济效应的视角。而一个更综合的视角是考察最低工资制度对居民幸福感的影响，这是因为幸福感是指个体按照特定标准对自身生活状态的一类综合性评价（Diener，2012），居民幸福感的提升关乎全社会福利，应当成为政策制定者的主要关注目标。

为什么需要政府制定政策来提高居民幸福感？第一，民众劳动的目的是追求幸福，对财富、名誉等追求的最终目的也是提高个人幸福感。所以，国家发展经济和制定政策的目的也应是提升居民幸福感（田国强、杨立岩，2006），这是政府的职责所在。第二，很多提升个体幸福感的事情已超出了个体控制范围（郝身永，2013）。个人追求幸福有可能导致集体非理性或负外部性，就社会现实而言，个人追求更高的收入需要付出更多的努力，而其他个体也会按此行事，导致人人努力加班。结果是绝对收入虽然提高了，但是相对收入却没有改变，幸福感也并不会因此增强。这一恶性循环最终会对低技能劳动者产生负外部性，对其收入和生活质量都会产生影响。而这时，就需要政府通过具体的政策实现帕累托改进，促进社会整体福利提升。

研究幸福感影响因素的文献目前主要集中于年龄、婚姻、受教育年限

① 本章部分内容来自工作论文《最低工资制度是否具有社会福利效应?》，作者为巩阅瑄、马双（通讯作者）。

等个体特征（Oswald，1997），以及收入、就业、住房状况等经济或民生因素（Easterlin，1974；Oshio and Kobayashi，2010；罗楚亮，2006；李涛等，2011），探究制度对幸福感影响的研究还较少。目前的相关文献只涉及社会保障制度、户籍制度和保险制度（殷金朋等，2016；陈钊等，2012；Shin and Ercolano，2018；陈璐、熊毛毛，2020）。我们发现有关制度对幸福感影响的研究起步较晚，且这些制度都有关注民生或者提高低阶层群体生活水平的特点。而最低工资制度是国家干预收入分配并保障低收入劳动者基本生活的制度，是保障劳动者权益的重要工具，可以看作一种特殊的社会保障制度。所以，笔者认为最低工资标准的制定对居民幸福感也可能产生影响。

那么最低工资会通过何种途径影响幸福感呢？第一，最低工资的上涨会增加劳动者的工资收入（马双等，2012；邸俊鹏、韩清，2015；杨娟、李实，2016），尤其对于低收入的劳动者而言，最低工资的收入效应会更加显著。而在收入与幸福感关系的大量研究中，虽然存在“幸福-收入之谜”假说，即收入与幸福感之间并非正向关系，但借助中国微观数据的检验基本显示，收入的上升对主观幸福感具有显著提升作用（罗楚亮，2006；田国强、杨立岩，2006）。第二，实证分析中，最低工资对就业大多显示为抑制作用（丁守海，2010；马双等，2012；杨翠迎、王国洪，2015；张世伟、杨正雄，2016），而失业能使居民主观幸福感下降。第三，最低工资可能会影响劳动者参与创业，目前的研究显示最低工资可能抑制创业（吴群锋、蒋为，2016），也可能促进创业（周广肃，2017）。而创业伴随的高风险性和高重压性也会降低个体主观幸福感（Carree and Verheul，2012；Shir et al.，2018）。基于以上研究的推论，能够找到最低工资和居民幸福感之间建立关联的桥梁，但是难以断定最低工资对幸福感的作用究竟是提升还是抑制。目前考察最低工资标准影响效应的文献主要是考察经济效应，研究最低工资与幸福感或生活满意度这类综合指标关系的文献几乎没有。所以，探索最低工资是否具有幸福效应，也是考察最低工资标准的制定是否以促进社会福利提升为目的。这对建立服务型政府形象、提高政府公信力具有极其重要的意义。

14.2 幸福感的相关文献综述

幸福感一般分为主观幸福感（Subjective Well-Being，SWB）和心理幸福感（Psychological Well-Being，PWB）两大类。主观幸福感主要是指个体按照自我界定的标准对其生活状况的综合评价（Diener，1984）。心理幸福感包含实现幸福感（Eudaimonia Well-Being）和享乐幸福感（Hedonia Well-Being），即认为生命的意义是以追求幸福为目的的（Waterman，1993）。在这两类幸福感的研究中，针对主观幸福感的研究更为广泛。主观幸福感的测量是相对多元的，主要基于生活质量指标（如总体生活满意度）和心理健康指标（如正性情感和负性情感）进行测量，而二者之间又存在大量联系，故绝大多数研究将两者看作一个整体来考虑（Diener et al.，1999）。本章使用的幸福感指标正是受访者对其生活状态和心理感受的综合评价，属于主观幸福感的界定范围。

主观幸福感的相关研究已较为丰富，并且构建了一系列解释幸福感的相关理论。根据不同理论依据，学者基于不同侧重点探究影响幸福感的因素。其中，认知动机理论认为，人的认知、人格、目标、文化背景以及适应性等内部差异是产生幸福感差异的根源，外界环境对幸福感的影响也会因为个体认知不同而有所差异（Diener et al.，1999）。在这一理论的基础上衍生出一些考察内部心理因素的幸福感理论和实证研究。如基于社会比较理论，学者发现幸福感并非取决于个体绝对收入的大小，而是取决于与他人比较后的相对收入（Esterlin，1995；Hagerty，2000；Ferrer-i-Carbonell，2005）。而根据期望理论，幸福是由个人的期望与其实际达到的状态两者相比较而共同决定的。学者普遍将此理论应用于收入与个体幸福感关系的探讨中，发现人们对收入的期望越高，主观幸福感就越低（Stutzer，2004；罗楚亮，2006；傅红春、王瑾，2013）。此外，适应理论认为，个体对生活中的变化会有反应，但随着时间的推移，会逐渐适应这种变化，回到原本的幸福水平。这一理论用来解释彩票中奖者的幸福感与其他人并没有显著差异（Brickman et al.，1978）以及收入的变动与主观幸福感之间相关性较低（Diener，2012）等问题。但也有研究发现，人们对有些变化即使在长期也是很难适应的，因此会对幸福感产生持续影响，如噪声（Frederick and Loewenstein，1999）、失业（李维，2005）等。

以上的诸多理论和研究结论是基于内在心理因素的分析视角，外部社会因素对幸福感的影响分析也不容忽视，该类研究依据遗漏变量理论展开。遗漏变量理论将个体的内部心理因素放置于理论解释体系之外，认为宏观经济发展所带来的其他附加效应如社会因素的变化会对个体幸福感产生重要影响（李路路、石磊，2017）。在实证分析中，学者发现经济增长、环境污染、气候变化、官员腐败等外部社会因素的改变均与个体幸福感密切相关（Hagerty and Veenhoven，2003；Welsch，2005；Rehdanz and Maddison，2007；Welsch，2008）。此外，制度对幸福感的影响也属于外部社会因素。目前，对于影响幸福感的制度或政策因素的研究还较少，且主要集中于政府再分配政策。

黄有光（2003）指出，政府提供的公共服务和公共产品能减少攀比效应产生的幸福损失，提高个体幸福感。Ram（2009）基于145个国家的跨国数据分析发现，政府支出能显著提高国民幸福水平。国外学者也发现，政府的失业保障支出以及医疗卫生支出等社会保障性支出的增加均有助于提升居民幸福水平（Kotakorpi and Laamanen，2010）。国内学者分析中，阳义南和章上峰（2016）基于CGSS混合截面数据实证分析发现，没有医疗保险和养老保险的个体，幸福水平会显著低4.84%和4.64%。张子豪和谭燕芝（2018）借助CFPS数据构建居民幸福感评价体系后发现，五大社会保险均可以显著提升居民幸福感。梁土坤（2019）使用城乡贫困家庭生活状况入户调查数据研究发现，最低生活保障制度可以显著提高贫困人口的幸福水平。不过也有少量研究表明，社会保障对幸福感的影响并不显著。Ouweneel（2002）针对42个国家的横截面数据的分析发现，失业人员与就业人员之间的幸福感差异并不会因政府失业保障支出的增加而减小。Shin和Ercolano（2018）的研究指出，公共养老金制度能够提高居民对寿命的预期，但并没有对个体幸福感产生显著影响。孙良顺（2016）发现，农村地区居民参加商业性养老保险并不会增强其幸福感。除社会保障制度外，还有研究分析了城乡户籍分割等政府管制政策对居民幸福感的消极影响（Jiang et al.，2012）；更加完善的政治环境和民主制度能够满足居民的非物质需求，进而提升居民幸福水平（Bjørnskov et al.，2010）；政府效率、公共物品供给和财产权利保护等政府服务质量的分项指标都会显著促进居民幸福感提升（陈刚、李树，2012）。

通过对以上文献归纳可以发现，影响幸福感的外部制度性因素研究还处于起步阶段，中国学者的研究也仅限于几篇研究社会保障或社会保险对幸福感影响的文章。相较而言，最低工资制度既具有社会保障的政策内涵，又具有调节收入再分配的效果，因此研究最低工资制度对幸福感的作用效果既具有理论基础，又有现实意义和创新性。

本章的主要贡献可归纳为以下几点。第一，以往研究只探讨了最低工资制度产生的多种经济效应，本章首次使用微观数据，实证分析最低工资制度对个体幸福感的影响。这为研究最低工资的幸福感效应提供可供参考的证据，同时也考察了最低工资政策的综合执行效果。第二，本章利用手动搜集的 2015 年和 2017 年区县级的最低工资数据，相比地市级和省级的最低工资数据，数据层级更加细化，为实证分析提供了更加可信的识别基础。第三，机制分析中，不仅发现最低工资产生的经济效应是增强幸福感的途径之一，还考察了最低工资对政府就业服务满意度的影响，这或许说明最低工资制度对提升政府公信力也有帮助。

14.3　最低工资影响个体幸福感研究的数据和变量

14.3.1　数据

2015 年和 2017 年的区县级最低工资标准的数据来自手动搜集，主要数据来源包含 2015 年和 2017 年各省份人力资源和社会保障厅对省域内各区县最低工资标准的通知，以及各区县人民政府网站的相关通知或公告。从本章使用的数据来看，在 CHFS 数据涉及的 355 个区县中，从 2015 年到 2017 年，有 9 个区县的最低工资标准上调幅度较大，超过 40%。其中，变动最大的区县是湖北省的秭归县、大悟县、罗田县和建始县，2015~2017 年上涨了 46.7%。有 84 个区县的最低工资标准在两年内没有变动，如广东省的海珠区、越秀区等 21 个区县；山西省的迎泽区、杏花岭区等 15 个区县；吉林省的南关区、农安县等 14 个区县；河南省的文峰区等 11 个区县；等等。其余区县的最低工资标准均有不同程度的上调。

本章被解释变量和主要控制变量采用的数据主要来自 2015 年以及 2017 年中国家庭金融调查（CHFS）。控制变量中社区层面的相关变量数据来自 2015 年和 2017 年的中国综合社会调查（CGSS）。CGGS 数据库每年收集约 1400 个村（居）委会的数据，来自全国 29 个省（区、市）的 355 个县（市、区），主要调查内容包含社区的面积、人口、宗教等基本信息以及社区基本公共服务设施建设、社区经济、社区政治、环境卫生、社会保障、教育文化、基层法治等多方面的内容。

14.3.2 变量

本章关注的因变量是幸福感。询问受访者“总的来说，您现在觉得幸福吗?”回答选项包含“非常幸福”、“幸福”、“一般”、“不幸福”以及“非常不幸福”五类。本章先将幸福感这一变量处理为虚拟变量，即将回答“非常幸福”、“幸福”以及“一般”的赋值为1，将回答其余两项的赋值为0。在稳健性检验中也尝试因变量以序列变量形式以及其他赋值的虚拟变量形式进行考察。

本章的核心变量是各区县的最低工资标准，2015年和2017年均保留有共同的355个区县。最低工资标准有月最低工资标准和小时最低工资标准两类，本章所使用的是月最低工资标准，各省（区、市）根据各区县的经济发展等情况制定了不同的最低工资标准。

此外，本章还加入其他控制变量消除个体和家庭的异质性。控制变量主要包括受访者的个体特征，如年龄及年龄的平方项、性别、受教育年限，其中性别为虚拟变量，女性赋值为1，男性赋值为0。受教育年限按最终学历对应的受教育年份进行推算，即0年（未上学）、6年（小学）、9年（初中）、12年（高中）、15年（专科）、16年（本科）、19年（硕士研究生）及22年（博士研究生）。家庭特征包括家庭总收入、家庭房产及其平方项、家庭总人口数、家庭老人数、家庭孩子数。其中，家庭老人数是指年龄大于60岁的家庭成员数，家庭孩子数是指年龄小于16周岁的家庭成员数。另外，加入一些相对客观的控制变量，如家庭不同年龄段（包含0~3岁、4~7岁、8~16岁、17~35岁以及36~65岁）的男女性别比例。此外，本章还控制了社区资产来消除社区层面的异质性，同时加入了区县级别固定效应。

表14-1为各变量在2015年和2017年的描述性统计，将受访者年龄保留到年满16岁的法定工作年龄，将每年各个变量的观测值进行统一，以增强不同回归分析之间的可比性。

表14-1 描述性统计

变量	样本量	均值	标准差	最小值	最大值
2015年					
幸福感	33185	0.62	0.48	0	1

续表

变量	样本量	均值	标准差	最小值	最大值
最低工资（元）	355	1370.50	289	750	2030
年龄（岁）	33185	52.50	14.50	16	103
性别	33185	0.45	0.49	0	1
受教育年限（年）	33185	9.12	4.32	0	22
家庭总收入（元）	33185	83326	626339	0	100000000
家庭房产（元）	33185	825260	9725931	0	1000000000
家庭总人口（人）	33185	3.64	1.70	1	20
家庭老人数（人）	33185	2.57	1.40	0	12
家庭孩子数（人）	33185	0.18	0.45	0	7
0~3 岁男女比	33185	0.00	0.06	0	2
4~7 岁男女比	33185	0.00	0.08	0	3
8~16 岁男女比	33185	0.02	0.17	0	6
17~35 岁男女比	33185	0.24	0.48	0	7
36~65 岁男女比	33185	0.68	0.52	0	9
社区资产（元）	1253	4587449	39400000	0	1000000000
2017 年					
幸福感	33914	0.71	0.45	0	1
最低工资（元）	354	1532.90	299	1000	2300
年龄（岁）	33914	55.40	13.79	16	102
性别	33914	0.19	0.39	0	1
受教育年限（年）	33914	9.29	4.12	0	22
家庭总收入（元）	33914	95594	295719	0	30000000
家庭房产（元）	33914	949010	2277913	0	100000000
家庭总人口（人）	33914	3.23	1.54	1	15
家庭老人数（人）	33914	0.51	0.75	0	5
家庭孩子数（人）	33914	0.50	0.77	0	7
0~3 岁男女比	33914	0.00	0.06	0	3
4~7 岁男女比	33914	0.00	0.07	0	2
8~16 岁男女比	33914	0.02	0.16	0	5
17~35 岁男女比	33914	0.17	0.40	0	4
36~65 岁男女比	33914	0.63	0.51	0	4
社区资产（元）	1382	7713167	57800000	0	1400000000

由描述性统计可知，2015 年有 62%的受访者感到幸福，而 2017 年有 71%的受访者感到幸福，幸福感有所增强。从最低工资的值域和均值来看，各区县的最低工资标准也从 2015 年的平均 1370. 50 元上升到 2017 年的平均 1532. 90 元。在其他控制变量上，家庭总收入、家庭房产、社区资产等也有不同程度的增加。

14.4 最低工资影响个体幸福感的实证分析

14.4.1 基准回归

表 14-2 为基于固定效应模型分析最低工资上涨对个体幸福感影响的结果。其中，第（1）列仅考察最低工资上涨对个体主观幸福感的影响，第（2）列和第（3）列为加入个体特征和家庭人口特征的回归结果，第（4）列为进一步加入家庭总收入、家庭房产及其平方项的回归结果，第（5）列在其基础上将社区资产加入模型中。此外，所有的回归模型均控制了年份固定效应和区县固定效应。

表 14-2 最低工资对个体幸福感的影响

变量	因变量：幸福感				
	（1）	（2）	（3）	（4）	（5）
最低工资对数	0. 20***	0. 20***	0. 20***	0. 20***	0. 20***
	（0. 06）	（0. 06）	（0. 06）	（0. 06）	（0. 06）
年龄		-0. 01*	-0. 02**	-0. 02**	-0. 02**
		（0. 01）	（0. 01）	（0. 01）	（0. 01）
年龄的平方		0. 00***	0. 00***	0. 00***	0. 00***
		（0. 00）	（0. 00）	（0. 00）	（0. 00）
性别		0. 00	0. 00	0. 00	0. 00
		（0. 00）	（0. 00）	（0. 00）	（0. 00）
受教育年限		0. 00	0. 00	0. 00	0. 00
		（0. 00）	（0. 00）	（0. 00）	（0. 00）

续表

变量	因变量：幸福感				
	(1)	(2)	(3)	(4)	(5)
家庭总人口			0.00	-0.00	-0.00
			(0.00)	(0.00)	(0.00)
家庭老人数			-0.00*	-0.00	-0.01
			(0.00)	(0.00)	(0.00)
家庭孩子数			0.00	0.01	0.01
			(0.01)	(0.01)	(0.01)
0~3 岁男女比			0.04	0.05	0.05
			(0.05)	(0.05)	(0.05)
4~7 岁男女比			-0.03	-0.03	-0.03
			(0.04)	(0.04)	(0.04)
8~16 岁男女比			-0.03	-0.02	-0.02
			(0.03)	(0.03)	(0.03)
17~35 岁男女比			-0.00	-0.00	-0.00
			(0.01)	(0.01)	(0.01)
36~65 岁男女比			0.00	-0.00	-0.00
			(0.01)	(0.01)	(0.01)
家庭总收入				0.01***	0.01***
				(0.00)	(0.00)
家庭房产				0.00	0.00
				(0.01)	(0.01)
家庭房产的平方				0.00	0.00
				(0.00)	(0.00)
社区资产					0.00
					(0.00)
常数项	-0.78*	-0.44	-0.24	-0.40	-0.39
	(0.43)	(0.52)	(0.55)	(0.55)	(0.55)
年份固定效应	是	是	是	是	是
区县固定效应	是	是	是	是	是
样本量	67099	67099	67099	67099	67099
调整 R^2	0.03	0.03	0.03	0.03	0.03

注：括号里的值是稳健标准误；*** 、** 、* 分别表示在 1%、5%、10%的水平下显著，下表同。

回归结果显示，最低工资每上涨 10%，会使个体感到幸福的可能性提高 2.0 个百分点，且均在 1%的水平下显著。当控制所有的控制变量后，最低工资的回归系数仍为 0.20。可见，最低工资的上涨能够显著提升居民幸福感。

14.4.2 稳健性检验

本章从限定样本范围、调整变量定义方式以及改变模型设定的角度进行稳健性检验，具体如下。

1. 只考察劳动群体的回归分析

根据《劳动法》等规定，法定劳动年龄指年满 16 岁至退休年龄。退休年龄根据不同性别和工种有些微差异，一般是 60 岁、55 岁以及 50 岁三类。为此本章保留 16~60 岁、16~55 岁以及 16~50 岁三类样本，并观察最低工资对幸福感的影响是否会产生差异。回归结果如表 14-3 所示，在控制所有变量的情况下，最低工资每上涨 10%，16~60 岁、16~55 岁、16~50 岁的法定工作年龄群体感到幸福的可能性分别提高 3.0 个百分点、3.4 个百分点、2.9 个百分点。本章进一步将样本限定到有工作的个体，就回归结果来看，最低工资每上涨 10%，有工作群体感到幸福的可能性提高 2.5 个百分点。限定工作年龄样本以及针对劳动群体的这几类回归分析中，最低工资对幸福感的影响系数均变大，这可能是由于全样本里含有未工作的群体，将最低工资上涨对幸福感的作用效果拉低了。但该回归结果不会影响最低工资制度显著提升居民幸福感的研究结论。

表 14-3　最低工资与幸福感：基于劳动群体的检验

变量	因变量：幸福感			
	年龄：16~60 岁	年龄：16~55 岁	年龄：16~50 岁	有工作的样本
最低工资对数	0.30*** (0.08)	0.34*** (0.09)	0.29*** (0.11)	0.25*** (0.08)
其他变量	是	是	是	是
年份固定效应	是	是	是	是
区县固定效应	是	是	是	是
样本量	44007	36734	27526	41505
调整 R^2	0.03	0.03	0.02	0.04

2. 只保留没有工作的样本

在前文中已经发现最低工资上涨对幸福感的提升作用在工作群体中显著增强。实际上，最低工资标准的执行应该只对工作群体发挥作用。为此，本章检验了没有工作的群体的幸福感是否会受到最低工资变动的影响。从回归结果来看（见表 14-4），无论如何调整控制变量，回归系数均不显著。这说明对没有工作的群体而言，最低工资的上涨对其幸福感并不会产生任何作用。

表 14-4　最低工资与幸福感：保留没有工作的样本

变量	因变量：幸福感		
	(1)	(2)	(3)
最低工资对数	-0.04 (0.12)	-0.04 (0.12)	-0.04 (0.12)
家庭变量	否	是	是
社区变量	否	否	是
年份固定效应	是	是	是
区县固定效应	是	是	是
样本量	25594	25594	25594
调整 R^2	0.02	0.03	0.03

3. 调整幸福感的定义方式

本章定义幸福感的方式较为单一，进一步尝试用不同方式定义幸福感，具体如下：将变量命名为"极度幸福"，将回答"非常幸福"的赋值为 1；将回答"幸福"、"一般"、"不幸福"以及"非常不幸福"的赋值为 0；将变量命名为"比较幸福"，将回答"非常幸福"、"幸福"的赋值为 1；将回答"一般"、"不幸福"以及"非常不幸福"的赋值为 0；将变量命名为"序列幸福感"，将幸福感定义为 1~5 的序列变量。实证分析结果见表 14-5，可以发现，调整幸福感的定义会对系数的大小产生一定影响，但是对系数的正负和显著性的影响并不大。

表 14-5　最低工资与幸福感：基于幸福感的不同定义

变量	极度幸福	比较幸福	序列幸福感
	(1)	(2)	(3)
最低工资对数	0.14*** (0.05)	0.05* (0.03)	0.42*** (0.10)

续表

变量	极度幸福	比较幸福	序列幸福感
	(1)	(2)	(3)
其他变量	是	是	是
年份固定效应	是	是	是
区县固定效应	是	是	是
样本量	67099	67099	67099
调整 R^2	0.02	0.01	0.05

4. DID 检验

本章还使用双重差分模型（DID）进行稳健性检验。2015~2017 年最低工资上涨幅度介于 0%~47%。为提高检验的准确度，本章按照不同上涨幅度设置不同的实验组和控制组。具体地，将 2015~2017 年最低工资上涨 10%以上的区县设为实验组，上涨幅度小于 10%的设为控制组（设为 *Treat*1）。将 2015~2017 年最低工资上涨 15%以上的区县设为实验组，上涨幅度小于 15%的设为控制组（设为 *Treat*2）。类似地，继续将最低工资上涨 20%、25%以及 30%分别设为实验组和控制组的分界线，并分别生成 *Treat*3、*Treat*4 以及 *Treat*5。同时生成时间虚拟变量 *Post*，2015 年赋值为 0，2017 年赋值为 1。基于这五组分别考察 5 个 DID 模型，因变量均为幸福感，需要关注的是 *Treat* 和 *Post* 的交乘项。

实证分析结果如表 14-6 所示，分别以全样本和工作样本进行考察。从全样本的回归结果来看，五个交乘项的系数均显著为正，2015~2017 年最低工资涨幅较大的实验组比涨幅较小的控制组感到幸福的可能性高，在 1%或 5% 的统计水平下显著。从参与工作的样本来看，2015~2017 年最低工资涨幅较大的实验组比涨幅较小的控制组感到幸福的可能性高。

表 14-6 最低工资与幸福感：DID 和 DID+Matching 模型

变量		因变量：幸福感				
DID		*Treat*1×*Post*	*Treat*2×*Post*	*Treat*3×*Post*	*Treat*4×*Post*	*Treat*5×*Post*
全样本	回归系数	0.02**	0.03***	0.02**	0.02**	0.05***
	标准误	(0.01)	(0.01)	(0.01)	(0.01)	(0.02)

续表

变量		因变量：幸福感				
工作样本	回归系数	0.02***	0.02***	0.02**	0.02*	0.05***
	标准误	(0.01)	(0.01)	(0.01)	(0.02)	(0.02)
DID+Matching		*Treat1×Post*	*Treat2×Post*	*Treat3×Post*	*Treat4×Post*	*Treat5×Post*
全样本	回归系数	0.02**	0.03***	0.02**	0.02**	0.05***
	标准误	(0.01)	(0.01)	(0.01)	(0.01)	(0.02)
工作样本	回归系数	0.02***	0.02***	0.03**	0.02*	0.05***
	标准误	(0.01)	(0.01)	(0.01)	(0.02)	(0.02)

此外，为增加实验组和控制组样本的可比性，本章进一步使用 DID+Matching 模型进行回归，即先使用倾向得分匹配法得到实验组和控制组个体特征和家庭特征相似的样本后再进行 DID 分析。回归结果显示，DID+Matching 模型与 DID 模型的回归结果相差不大，在全样本和工作样本的实证分析中，2015~2017 年最低工资涨幅较大的实验组比涨幅较小的控制组感到幸福的可能性高。

5. 加入可能的遗漏变量

《最低工资规定》第六条规定："确定和调整月最低工资标准，应参考当地就业者及其赡养人口的最低生活费用、城镇居民消费价格指数、职工个人缴纳的社会保险费和住房公积金、职工平均工资、经济发展水平、就业状况等因素。"为处理这一情况，本章分别考虑将当期以及滞后期区县和城市级别的宏观经济变量加入模型中，包括 t 期和 $t-1$ 期的区县人均 GDP、区县 GDP 增长率、区县人均收入、区县就业率。t 期和 $t-1$ 期市级人均 GDP、市级人口数、市级人均工资、市级失业人数、市级 GDP 增长率。回归结果如表 14-7 所示，当加入所有的 t 期区县宏观经济变量时，最低工资对数的回归系数为 0.19，在 1%的水平下显著；当加入所有 $t-1$ 期区县宏观经济变量时，最低工资每上涨 10%，个体感到幸福的可能性提高 2.3 个百分点。可见，当加入区县级别的宏观经济变量后，最低工资对数的系数变动不大，也仍在 1%的水平下显著。后两列为加入 t 期和 $t-1$ 期市级宏观经济变量后的回归结果。加入市级宏观经济变量后，最低工资上涨，个体感到幸福的可能性显著上升。从该实证分析的结果可以总结出，加入区县级和市级当期以及滞后期的宏观经济变量后，最低工资制度对个体幸福感的影响变化不大。

表 14-7　最低工资与幸福感：加入区县级和地市级宏观经济变量

变量	加入 t 期区县变量	加入 $t-1$ 期区县变量	变量	加入 t 期市级变量	加入 $t-1$ 期市级变量
最低工资对数	0.19*** (0.07)	0.23*** (0.08)	最低工资对数	0.09* (0.07)	0.19*** (0.07)
区县人均 GDP	-0.01*** (0.01)	0.091 (0.08)	市级人均 GDP	0.03 (0.04)	0.012 (0.06)
区县人均收入	0.02 (0.03)	0.10** (0.05)	市级人口数	0.01 (0.04)	-0.12 (0.09)
区县就业率	0.12 (0.08)	0.00** (0.01)	市级人均工资	(0.05) (0.07)	0.22*** (0.08)
区县 GDP 增长率	0.07 (0.05)	-0.023 (0.08)	市级失业人数	0.01 (0.01)	0.02 (0.02)
			市 GDP 增长率	-0.09* (0.02)	-0.00 (0.01)
其他变量	是	是	其他变量	是	是
样本量	48920	26207	样本量	48829	60633
调整 R^2	0.04	0.05	调整 R^2	0.04	0.03

此外，本章还参照 Xing 和 Xu（2016）、马双等（2017）的研究将政治竞争性因素加入。为此，本章还考虑了最近、邻近区县以及邻近、经济水平相近省份的最低工资，将其加入回归模型中，实证分析结果如表 14-8 所示。无论是将这四个变量单独加入基准回归模型中，还是将这四个变量同时加入基准回归模型中，最低工资上涨，个体感到幸福的可能性均显著提升。可见，当加入政治竞争性因素后，最低工资对幸福感的作用效果变动不大。

表 14-8　最低工资与幸福感：加入政治竞争性因素

变量	因变量：幸福感				
	(1)	(2)	(3)	(4)	(5)
最低工资对数	0.23*** (0.09)	0.20** (0.10)	0.21*** (0.06)	0.24*** (0.06)	0.23*** (0.02)

续表

变量	因变量：幸福感				
	(1)	(2)	(3)	(4)	(5)
最近区县的最低工资对数	-0.03 (0.10)				-0.20 (0.21)
邻近区县的最低工资对数		0.01 (0.11)			0.22 (0.24)
邻近省份的最低工资对数			0.17 (0.15)		0.22 (0.14)
经济水平相近省份的最低工资对数				0.11*** (0.04)	0.12*** (0.04)
其他变量	是	是	否	否	是
样本量	66931	66931	65744	67099	65606
调整 R^2	0.03	0.03	0.03	0.03	0.03

14.4.3　机制检验

本章尝试探究最低工资上涨为何会增强个体的幸福感。在文献综述部分已经提及，在影响幸福感的众多因素的讨论中，个人收入与主观幸福感有非常强的正相关性（Veenhoven，1991；Hayo，2003；邢占军，2011）。已有学者研究了最低工资对微观个体行为的影响，发现最低工资上涨会引起劳动者工资收入增加（马双等，2012；向攀等，2016；邸俊鹏、韩清，2015），但是对就业的影响却没有一致性结论。有学者得出了最低工资上涨会显著减少就业的结论（Sabia and Burkhauser，2010；丁守海，2010；马双等，2012；杨娟、李实，2016），也有学者就细分领域或区域的研究得出了不同的结论，如最低工资标准与农民工就业存在倒“U”形关系（罗小兰，2007b），又如最低工资标准上涨会减少东部地区就业，但在中西部地区则表现为促进就业（Ni et al.，2011）。

在以上研究的基础上，本章认为最低工资上涨可能会通过使劳动者在劳动力市场中获得更高的收入来提升其生活幸福感。基于此，本章分别探讨最低工资上涨对工资收入、就业的影响。从表 14-9 的回归结果中可以发现，对于劳动者而言，最低工资每上涨 10%，会引起工资收入上涨 4.3%。最低工资的这一作用对正式受雇者更强，最低工资每上涨 10%，正式受雇者的工资收入会上涨 5.7%。最低工资上涨对临时工的工资收入没有影响。对劳动力市场参与而言，最低工资上涨对是否参与工作没有显著影响。可见，个体幸福感增强的原因之一是最低工资增加了劳动者的工资收入。

表 14-9　最低工资对劳动者可能的影响

变量	工资收入	正式受雇者的工资收入	临时工的工资收入	是否参与工作
	(1)	(2)	(3)	(4)
最低工资对数	0.43** (0.18)	0.57** (0.22)	0.13 (0.38)	-0.02 (0.04)
其他变量	是	是	是	是
样本量	26155	14340	9499	74855
调整 R^2	0.06	0.13	0.02	0.01

除收入之外，参与创业也可能对个体幸福感产生影响。虽然创业者可以创造更多财富，获得社会声誉和地位，实现宏伟的事业追求和自我价值。但是创业者往往承受了异于常人的风险和压力，甚至会牺牲自身健康。过重的工作压力不仅使闲暇时间减少，压力带来的负面情绪也会降低生活满意度和家庭幸福感（Carree and Verheul，2012；Naudé et al.，2014；Shir et al.，2018）。相关研究发现，最低工资对创业倾向和创业活力均有抑制效果（吴群锋、蒋为，2016）。本章同样对此进行了检验，以是否参与创业为被解释变量，从表 14-10 的回归结果可以看出，最低工资每上涨 10%，参与创业的可能性降低 1.0 个百分点，在 10%的水平下显著。可见，最低工资上涨所带来的劳动力成本效应对劳动者参与创业会有显著的抑制作用，从而提高了居民幸福感。

表 14-10　最低工资对创业的影响

变量	因变量：是否参与创业
最低工资对数	-0.10* (0.06)

续表

变量	因变量：是否参与创业
其他变量	是
样本量	39911
调整 R^2	0.03

主观幸福感是指人们对自身生活满意程度的认知评价，心理学者普遍会选取总体生活满意度或具体领域满意度来衡量（邢占军，2002）。如林南与卢汉龙（1989）对上海市民的生活满意度进行研究，主要考察指标便是家庭生活、职业的社会特征、职业收入与家庭经济、文化休闲条件、公共服务设施、住房及环境、家庭外社会关系、子女教育等 8 个具体领域的满意度。本章借鉴这种研究思路，考察最低工资对个体对就业保障、环境卫生、社会救助、文体娱乐、社会治安、公共交通以及公共教育等七类政府公共服务满意度的影响。这七类满意度均处理为二元变量，将回答“非常满意”和“比较满意”的赋值为 1，将回答“一般”、“比较不满意”和“非常不满意”的赋值为 0。由表 14－11 的回归结果可以发现，最低工资每上涨 10%，个体对政府就业保障感到满意的可能性提升 1.2 个百分点，但是最低工资对其他几类满意度均没有显著作用。这一结论符合最低工资制度制定的初衷，说明最低工资提升个体幸福感的渠道之一是提高个体就业服务满意度。

表 14-11　最低工资与各类满意度

变量	因变量：各领域满意度						
	就业保障	环境卫生	社会救助	文体娱乐	社会治安	公共交通	公共教育
最低工资对数	0.12* (0.11)	0.14 (0.10)	−0.05 (0.11)	0.03 (0.12)	0.10 (0.09)	0.07 (0.09)	−0.02 (0.09)
其他变量	是	是	是	是	是	是	是
样本量	31853	45802	38906	40845	48463	47832	46504
调整 R^2	0.01	0.06	0.03	0.03	0.01	0.08	0.01

14.4.4　异质性检验

本章从性别、学历、年龄三类个体特征，以及工资收入、工作稳定性、是否为雇员、是否创业四类工作特征入手，分别进行异质性分析，实证结果如表 14-12 所示。

按个体特征来分。首先，按照性别分组的回归结果显示，女性和男性劳动者均会受到最低工资上涨的影响从而幸福感增强，女性幸福感的增幅更大一些。其次，按照学历分组的回归结果显示，最低工资每上涨 10%，初中及以下较低学历群体感到幸福的可能性提高 1.9 个百分点。但是对高中及以上学历群体不会产生显著影响。最后，基于年龄分组的实证结果显示，年龄在 16~35 岁以及在 46~60 岁的劳动力群体均会受到最低工资上涨的影响而使幸福感增强。对于 16~35 岁的年轻群体而言，最低工资每上涨 10%，其感到幸福的可能性提高 7.2 个百分点。对于 46~60 岁的中老年群体而言，最低工资每上涨 10%，其感到幸福的可能性提高 3.0 个百分点。从性别、学历以及年龄这三类个体特征的异质性分析可以看出，最低工资制度对幸福感的提升作用在女性、低学历以及年轻群体和中老年群体等职场相对弱势群体中更加显著，这部分群体也是受最低工资保障的主要群体。

表 14-12　最低工资对幸福感影响的异质性考察

分类	最低工资对数	样本量	分类	最低工资对数	样本量
按性别分类			按工资收入分类		
女性	0.35*** (0.13)	21673	低收入	0.52** (0.22)	12045
男性	0.17*** (0.07)	45426	高收入	0.27 (0.20)	11962
按学历分类			按工作稳定性分类		
初中及以下	0.19*** (0.07)	43343	稳定工作	0.26 (0.20)	8704
高中到大学	0.16 (0.13)	18066	不稳定工作	0.52** (0.22)	20319
研究生及以上	0.13 (0.26)	5690	按是否为雇员分类		
按年龄分类			雇员	0.33** (0.14)	21405
16~35 岁	0.72** (0.28)	7261	非雇员	0.31 (0.20)	14434

续表

分类	最低工资对数	样本量	分类	最低工资对数	样本量
36~45 岁	0.24 (0.17)	11667	按是否创业分类		
46~60 岁	0.30*** (0.10)	25073	创业	0.08 (0.19)	10190
			非创业	0.19*** (0.07)	56909

按工作特征来分。首先，按照工资收入分组的异质性分析表明，最低工资上涨仅对低收入群体的幸福感有影响。从回归结果可以看出，最低工资每上涨 10%，低收入群体感到幸福的可能性提高 5.2 个百分点。但是，最低工资上涨对高收入群体的幸福感并没有显著影响。其次，在工作稳定性方面，本章将公务员、机关事业单位工作以及国企工作归为“稳定工作”，其他工作归为“不稳定工作”。按照工作稳定程度分组回归的结果显示，最低工资上涨仅对不稳定工作群体的幸福感有显著提升作用，这可能是因为稳定工作在就业保障甚至薪资水平等方面均较非稳定工作更具有优势。再次，按照劳动者是否为雇员（正式签订雇用合同）分类，实证结果表明，最低工资每上涨 10%，雇员感到幸福的可能性提高 3.3 个百分点，对非雇员的幸福感没有显著作用。最后，按照是否创业分类的异质性分析表明，最低工资上涨仅对非创业人员的幸福感有显著提升作用，表现为最低工资每上涨 10%，非创业群体感到幸福的可能性提高 1.9 个百分点。基于四类工作特征的异质性分析也能看出，最低工资制度对低收入者、不稳定工作者、雇员和非创业者这四类群体幸福感的提升作用更显著。

14.5 结论与政策启示

本章的研究发现可总结为以下几个方面。第一，基于固定效应模型的回归分析，在控制所有的控制变量后，最低工资每上涨 10%，个体感到幸福的可能性提高 2.0 个百分点。可见最低工资制度对居民幸福感的提升作用是很明显的。第二，在稳健性检验上，分别从限定样本范围、调整变量定义方式以及改变模型设定等角度进行稳健性检验。如将样本限定为劳动年龄群体以及有工作的劳动群体，最低工资上涨对幸福感的影响略微变大，这可能与全样本中含有部分未工作的个体有关，该稳健性检验同样支持了本章的基本结论；进一步考察没有工作的样本是否会受到最低工资制度的影响，回归结果显示最低工资制度并不会对无工作群体的幸福感产生任何作用；尝试调整被解释变量的定义方式，发现结果依然稳健；基于5种实验组和控制组分类的DID和DID+Matching的回归结果显示，最低工资涨幅较大的实验组比涨幅较小的控制组感到幸福的可能性高；加入区县级和市级当期以及滞后期的宏观经济变量与政治竞争性因素后，最低工资制度对个体幸福感的影响变化不大。第三，在进一步的机制分析中，本章参考最低工资产生经济效应的研究以及幸福感影响因素的相关文献，并结合现有数据，分别考察了最低工资上涨对工资收入、就业以及创业的影响。实证结果与已有文献的结论基本一致，即最低工资上涨能显著促进工资收入增加，对创业具有抑制作用，而工资收入的增加和更少的创业参与均对居民幸福感提升有促进作用。此外，本章还选取个体对政府各项公共服务的满意度作为因变量进行检验，结果发现最低工资上涨能促进个体对政府就业服务的满意度提升。这些机制分析均为本章的结论提供了更多的解释和依据。第四，在异质性分析方面，根据个体特征的异质性分析的回归结果得出，最低工资制度对幸福感的提升作用在女性、低学历以及年轻群体和中老年群体等职场相对弱势群体中更加显著，这部分群体也是受最低工资制度保障的主要群体。而基于四类工作特征的异质性分析也能看出，最低工资制度会显著提升低收入者、不稳定工作者、雇员和非创业者这四类更加可能受到最低工资保障的群体的幸福感。这些结果均符合预期。

居民幸福感能体现出公民对国家政策制度的认可度，对其进行研究可为政策制定和调整提出建设性意见。最低工资制度是国家干预收入分配并保障低收入劳动者基本生活的制度，是保障劳动者权益的重要工具，可以看作一种特殊的社会保障制度。国民幸福感的提升关乎全社会福利，应当成为政策制定者的主要关注目标。本章研究发现最低工资制度具有较强的幸福感效应，这说明最低工资制度能够增强居民幸福感、促进社会福利提升，满足了政策制定的初衷。

参考文献

巴曙松．小微企业融资发展报告——中国现状及亚洲实践．2013.

白南生，何宇鹏．回乡，还是外出？——安徽四川二省农村外出劳动力回流研究［J］．社会学研究，2002，(3)：64-78.

财政部财政科学研究所课题组，白景明，王志刚，等．我国劳动力成本状况与中美经济关系［J］．经济与管理研究，2009，(4)：5-11.

蔡昉．劳动力迁移的两个过程及其制度障碍［J］．社会学研究，2001，(4)：44-51.

蔡昉．人口转变、人口红利与刘易斯转折点［J］．经济研究，2010，45 (4)：4-13.

曹春方．政治权力转移与公司投资：中国的逻辑［J］．管理世界，2013，(1)：143-155.

曹佳．我国劳动参与率变化分析［J］．中国劳动，2012，(11)：5-10.

陈刚，李树．政府如何能够让人幸福？——政府质量影响居民幸福感的实证研究［J］．管理世界，2012，(8)：55-67.

陈璐，熊毛毛．基本医疗保险制度的幸福效应［J］．社会保障研究，2020，(5)：51-62.

陈钊，徐彤，刘晓峰．户籍身份、示范效应与居民幸福感：来自上海和深圳社区的证据［J］．世界经济，2012，35 (4)：79-101.

陈志武．对儒家文化的金融学反思［J］．制度经济学研究，2007，(1)：1-17.

邓曲恒，古斯塔夫森．中国的永久移民［J］．经济研究，2007，(4)：137-148.

邸俊鹏，韩清．最低工资标准提升的收入效应研究［J］．数量经济技术经济研究，2015，32 (7)：90-103.

丁仁船，骆克任．人口结构变动对城市劳动参与率的影响——以合肥为例［J］．统计教育，2007，（2）：18-21.

丁仁船．家庭经济因素对城镇个人劳动供给决策的影响［J］．人口与经济，2009，（4）：37-42，77.

丁守海．提高最低工资标准的就业效应及福利后果研究——方法论的演进［J］．中州学刊，2009a，（1）：59-63.

丁守海．提高最低工资标准对农民工离职率的影响分析——基于北京市827名农民工的调查［J］．中国农村观察，2009b，（4）：26-36.

丁守海．最低工资管制的就业效应分析——兼论《劳动合同法》的交互影响［J］．中国社会科学，2010，（1）：85-102，223.

董金秋．推动与促进：家庭资本对青年农民非农就业行为的影响机制探析［J］．青年研究，2011，（1）：55-62，95.

都阳，朴之水．迁移与减贫——来自农户调查的经验证据［J］．中国人口科学，2003，（4）：56-62.

都阳，曲玥．劳动报酬、劳动生产率与劳动力成本优势——对2000—2007年中国制造业企业的经验研究［J］．中国工业经济，2009，（5）：25-35.

杜凤莲，董晓媛．转轨期女性劳动参与和学前教育选择的经验研究：以中国城镇为例［J］．世界经济，2010，33（2）：51-66.

杜鹏，李一男，王澎湖，等．流动人口外出对其家庭的影响［J］．人口学刊，2007，（1）：3-9.

段亚伟．企业、职工和政府合谋逃避参保的动机——基于三方博弈模型的分析［J］．江西财经大学学报，2015，（2）：59-68.

段志民，郝枫．最低工资政策的城镇家庭收入分配效应研究［J］．统计研究，2019，36（7）：65-76.

段志民．最低工资政策的健康效应存在吗？——来自中国综合社会调查数据的经验证据［J］．南开经济研究，2020，（2）：3-24.

范玉波，刘小鸽．最低工资的经济结构效应——基于省际面板数据的实证检验［J］．产业经济研究，2016，（1）：40-48.

封进，张涛．农村转移劳动力的供给弹性——基于微观数据的估计［J］．数量经济技术经济研究，2012，29（10）：69-82.

冯伟，邵军，徐康宁．市场规模、劳动力成本与外商直接投资：基于我国1990—2009年省级面板数据的研究［J］．南开经济研究，2011，(6)：3-20.

冯小兵，黄烨菁，朱琳．金融危机背景下中国澳大利亚汇率波动的贸易传递效应［J］．世界经济研究，2010，(12)：43-47，71，85.

冯永琦，张蓦严．中国劳动力成本问题研究综述［J］．人口学刊，2018，40(4)：103-112.

傅红春，王瑾．两种幸福悖论：收入悖论和欲望悖论［J］．华东师范大学学报（哲学社会科学版），2013，45(1)：79-86，154.

郭娟娟．最低工资标准与中国制造业企业引资行为［J］．世界经济研究，2019，(10)：99-118，136.

郭晓杰．中国已婚女性劳动力供给影响因素分析——基于标准化系数研究方法［J］．人口与经济，2012，(5)：47-51.

郭云南，姚洋．宗族网络与农村劳动力流动［J］．管理世界，2013，(3)：69-81，187-188.

国艳敏．最低工资制度研究进展［J］．经济学动态，2009，(8)：93-98.

郝身永．决策效用、感受效用与幸福——理论分析与中国实证［D］．南开大学，2013.

和红，任迪．新生代农民工健康融入状况及影响因素研究［J］．人口研究，2014，38(6)：92-103.

贺聪，尤瑞章，莫万贵．制造业劳动力成本国际比较研究［J］．金融研究，2009，(7)：170-184.

胡晓红．社会记忆中的新生代农民工自我身份认同困境——以S村若干新生代农民工为例［J］．中国青年研究，2008，(9)：42-46.

胡昭玲，宋佳．基于出口价格的中国国际分工地位研究［J］．国际贸易问题，2013，(3)：15-25.

黄肖琦，柴敏．新经济地理学视角下的FDI区位选择——基于中国省际面板数据的实证分析［J］．管理世界，2006，(10)：7-13，26，171.

黄有光．谈效用、福利与快乐——关于“三人对谈录”的一点感想［J］．浙江社会科学，2003，(2)：37-39.

贾朋，张世伟．最低工资标准提升的就业效应——一个基于自然实验的经验研究［J］. 财经科学，2012a，(5)：89-98.
贾朋，张世伟. 最低工资标准提升的劳动供给效应——基于回归间断设计的经验研究［J］. 中国人口科学，2012b，(2)：25-35，111.
贾朋，张世伟. 最低工资标准提升的溢出效应［J］. 统计研究，2013，30(4)：37-41.
江小涓. 吸引外资对中国产业技术进步和研发能力提升的影响［J］. 国际经济评论，2004，(2)：13-18.
金碚，李钢. 中国企业盈利能力与竞争力［J］. 中国工业经济，2007，(11)：5-14.
金碚. 企业竞争力测评的理论与方法［J］. 中国工业经济，2003，(3)：5-13.
李春顶. 中国企业"出口-生产率悖论"研究综述［J］. 世界经济，2015，38(5)：148-175.
李凤，罗建东，路晓蒙，等. 中国家庭资产状况、变动趋势及其影响因素［J］. 管理世界，2016，(2)：45-56，187.
李磊，王小霞，蒋殿春，等. 中国最低工资上升是否导致了外资撤离［J］. 世界经济，2019，42(8)：97-120.
李路路，石磊. 经济增长与幸福感——解析伊斯特林悖论的形成机制［J］. 社会学研究，2017，32(3)：95-120，244.
李佩源，王春阳. 外资企业选址与企业生产率［J］. 南方经济，2015，(9)：66-79.
李琴，雷晓燕，赵耀辉. 健康对中国中老年人劳动供给的影响［J］. 经济学(季刊)，2014，13(3)：917-938.
李清香. 国外最低工资制度介绍［J］. 中国劳动科学，1991，(4)：39-41.
李涛，史宇鹏，陈斌开. 住房与幸福：幸福经济学视角下的中国城镇居民住房问题［J］. 经济研究，2011，46(9)：69-82，160.
李晓春，何平. 最低工资线的农民工就业效应——以长三角地区为例［J］. 江苏社会科学，2010，(4)：59-66.
李秀芳，施炳展. 出口企业竞争强度是中国出口低价格的主要因素吗？［J］. 世界经济研究，2012，(2)：39-44，88.
李应振，李玉举. 制造业发展的劳动力成本：国际比较与前景分析［J］. 生产力研究，2006，(9)：170-172.
梁俊伟．劳动力比较优势、贸易利益与经济增长——基于中国的数据 [J]. 经济科学，2006，(4)：18-28.
梁土坤．三维制约：社会政策对困难家庭经济获得感的影响机制研究 [J]. 华东经济管理，2019，33 (8)：95-102.
林灵，阎世平．最低工资标准调整与企业外资持股行为 [J]. 中南财经政法大学学报，2017，(2)：117-127.
林南，卢汉龙．社会指标与生活质量的结构模型探讨——关于上海城市居民生活的一项研究 [J]. 中国社会科学，1989，(4)：75-97.
林毅夫．中国的奇迹：发展战略与经济改革．当代经济学系列丛书 [M]. 上海人民出版社，1999.
刘传江，程建林．第二代农民工市民化：现状分析与进程测度 [J]. 人口研究，2008，(5)：48-57.
刘刚，胡增正．汇率、工资和经济增长对我国 FDI 流入的影响——基于全国与地区层面的实证检验 [J]. 中央财经大学学报，2013，(2)：86-90，96.
刘贯春，张军，陈登科．最低工资、企业生产率与技能溢价 [J]. 统计研究，2017，34 (1)：44-54.
刘宏，李述晟．FDI 对我国经济增长、就业影响研究——基于 VAR 模型 [J]. 国际贸易问题，2013，(4)：105-114.
刘建丽．新中国利用外资 70 年：历程、效应与主要经验 [J]. 管理世界，2019，35 (11)：19-37.
刘林平，王茁．新生代农民工的特征及其形成机制——80 后农民工与 80 前农民工之比较 [J]. 中山大学学报 (社会科学版)，2013，53 (5)：136-150.
刘行，赵晓阳．最低工资标准的上涨是否会加剧企业避税？[J]. 经济研究，2019，54 (10)：121-135.
刘玉成，童光荣．最低工资标准上涨与城镇正规部门女性就业挤出——基于中国城镇单位省际面板数据的实证研究 [J]. 经济与管理研究，2012，(12)：66-76.
刘子兰，刘辉，杨汝岱．最低工资制度对企业社会保险参保积极性的影响——基于中国工业企业数据库的分析［J］. 经济学（季刊），2020，19（4）：1267-1290.
卢小波. 中国最低工资对劳动力市场供给的影响研究［D］. 武汉大学，2016.
陆利丽. 中国城镇已婚女性劳动力供给及其收入分配效应研究［D］. 浙江大学，2014.
陆铭. 玻璃幕墙下的劳动力流动——制度约束、社会互动与滞后的城市化［J］. 南方经济，2011，（6）：23-37.
陆瑶，施新政，刘璐瑶. 劳动力保护与盈余管理——基于最低工资政策变动的实证分析［J］. 管理世界，2017，（3）：146-158.
吕政. 论中国工业的比较优势［J］. 中国工业经济，2003，（4）：5-10.
罗楚亮. 城乡分割、就业状况与主观幸福感差异［J］. 经济学（季刊），2006，（2）：817-840.
罗小兰，丛树海. 基于攀比效应的中国企业最低工资标准对其他工资水平的影响［J］. 统计研究，2009，26（6）：60-65.
罗小兰. 我国劳动力市场买方垄断条件下最低工资就业效应分析［J］. 财贸研究，2007a，（4）：1-5.
罗小兰. 我国最低工资标准农民工就业效应分析——对全国、地区及行业的实证研究［J］. 财经研究，2007b，（11）：114-123，143.
罗小兰. 最低工资对农村贫困的影响：基于中国农民工的实证分析［J］. 经济科学，2011，（3）：68-78.
联合国贸易和发展组织. 世界投资报告2019：特别经济区［M］. 南开大学出版社，2019.
马双，甘犁. 最低工资对企业在职培训的影响分析［J］. 经济学（季刊），2014，13（1）：1-26.
马双，李雪莲，蔡栋梁. 最低工资与已婚女性劳动参与［J］. 经济研究，2017，52（6）：153-168.
马双，邱光前. 最低工资对中国劳动密集型出口产品价格的影响［J］. 世界经济，2016，39（11）：80-103.
马双，张劼，朱喜. 最低工资对中国就业和工资水平的影响［J］. 经济研究，2012，47（5）：132-146.

聂辉华，江艇，杨汝岱．中国工业企业数据库的使用现状和潜在问题［J］．世界经济，2012，35（5）：142-158．

聂雷，郭忠兴，钟国辉，等．转型期中国土地出让收入和价格的演变规律——基于财政分权与经济目标的视角［J］．财经理论与实践，2015，36（6）：78-84．

宁光杰．中国最低工资标准制定和调整依据的实证分析［J］．中国人口科学，2011，（1）：26-34，111．

潘杰，雷晓燕，刘国恩．医疗保险促进健康吗？——基于中国城镇居民基本医疗保险的实证分析［J］．经济研究，2013，48（4）：130-142，156．

潘锦棠．经济转轨中的中国女性就业与社会保障［J］．管理世界，2002，（7）：59-68．

彭国华，夏帆．中国多产品出口企业的二元边际及核心产品研究［J］．世界经济，2013，36（2）：42-63．

彭青青，李宏彬，施新政，等．中国市场化过程中城镇女性劳动参与率变化趋势［J］．金融研究，2017，（6）：33-49．

齐欣，施炳展．中国出口价格的变动趋势与对应环节：1995~2009［J］．改革，2010，（10）：122-128．

齐亚强．自评一般健康的信度和效度分析［J］．社会，2014，34（6）：196-215．

钱学锋，龚联梅．贸易政策不确定性、区域贸易协定与中国制造业出口［J］．中国工业经济，2017，（10）：81-98．

钱学锋，王胜，陈勇兵．中国的多产品出口企业及其产品范围：事实与解释［J］．管理世界，2013，（1）：9-27．

史晋川，吴兴杰．我国地区收入差距、流动人口与刑事犯罪率的实证研究［J］．浙江大学学报（人文社会科学版）预印本，2009，（9）：34-45．

宋维佳．工资水平与外商直接投资区位变动研究［J］．财经问题研究，2013，（10）：48-54．

孙楚仁，田国强，章韬．最低工资标准与中国企业的出口行为［J］．经济研究，2013a，48（2）：42-54．

孙楚仁，张卡，章韬．最低工资一定会减少企业的出口吗［J］．世界经济，2013b，36（8）：100-124．

孙良顺．社会经济地位、社会保障、生态环境与城乡居民幸福感——基于CGSS（2013）数据的实证分析［J］．湖南科技大学学报（社会科学版），2016，19（6）：86-92.

孙三百，黄薇，洪俊杰．劳动力自由迁移为何如此重要？——基于代际收入流动的视角［J］．经济研究，2012，47（5）：147-159.

孙文凯，白重恩，谢沛初．户籍制度改革对中国农村劳动力流动的影响［J］．经济研究，2011，46（1）：28-41.

孙中伟，舒玢玢．最低工资标准与农民工工资——基于珠三角的实证研究［J］．管理世界，2011，（8）：45-56，187-188.

孙自铎．农民跨省务工对区域经济发展的影响研究［J］．中国农村经济，2004，（3）：28-33.

汤哲，项曼君，Zimmer Zachary，等．北京市老年人健康预期寿命及其变化［J］．中华流行病学杂志，2005，（12）：939-942.

田国强，杨立岩．对"幸福—收入之谜"的一个解答［J］．经济研究，2006，（11）：4-15.

田茂茜，万亮，虞克明．一种基于众数的收入分配差距测度方法［J］．数量经济技术经济研究，2015，32（1）：129-145.

王春光．新生代农村流动人口的社会认同与城乡融合的关系［J］．社会学研究，2001，（3）：63-76.

王春兰，丁金宏，杨上广．大城市青年农民工的就业特征及存在的若干问题——以上海市闵行区为例［J］．华东师范大学学报（哲学社会科学版），2006，（3）：111-117.

王贺嘉，宗庆庆，陶佶．竞次到底：地市级政府工业用地出让策略研究［J］．南方经济，2013，（9）：37-51.

王会娟，陈锡康．工资上涨对我国物价和出口品成本的影响分析［J］．系统科学与数学，2011，31（2）：197-205.

王岚，李宏艳．中国制造业融入全球价值链路径研究——嵌入位置和增值能力的视角［J］．中国工业经济，2015，（2）：76-88.

王美艳．中国最低工资制度的设计和执行［J］．宏观经济研究，2013，（7）：18-25，83.

王增文，韩苹，邓大松．最低工资制度对青少年就业影响效应——以江苏省为例［J］. 青年研究，2015，(4)：19-28，94.
王志鹏，李子奈. 外资对中国工业企业生产效率的影响研究［J］. 管理世界，2003，(4)：17-25.
魏后凯，贺灿飞，王新. 外商在华直接投资动机与区位因素分析——对秦皇岛市外商直接投资的实证研究［J］. 经济研究，2001，(2)：67-76，94.
吴联灿，申曙光. 新型农村合作医疗制度对农民健康影响的实证研究［J］. 保险研究，2010，(6)：60-68.
吴群锋，蒋为. 最低工资会抑制创业吗？——基于中国微观数据的实证研究［J］. 产业经济研究，2016，(6)：1-10.
奚美君，黄乾，李蕾蕾. 最低工资政策对中国制造业企业出口的影响研究——基于 DID 与 Heckman 两步法相结合的方法［J］. 财贸研究，2019，30 (1)：43-54.
夏怡然，陆铭. 城市间的“孟母三迁”——公共服务影响劳动力流向的经验研究［J］. 管理世界，2015，(10)：78-90.
向攀，赵达，谢识予. 最低工资对正规部门、非正规部门工资和就业的影响［J］. 数量经济技术经济研究，2016，33 (10)：94-109.
项本武. 东道国特征与中国对外直接投资的实证研究［J］. 数量经济技术经济研究，2009，26 (7)：33-46.
谢冬水. 农地转让权、劳动力迁移与城乡收入差距［J］. 中国经济问题，2014，(1)：49-59.
谢科进，蔡云芝，包尚艳. 劳动力成本上升对我国吸引 FDI 的影响研究［J］. 管理世界，2018，(7)：166-167.
谢勇. 就业稳定性与新生代农民工的城市融合研究——以江苏省为例［J］. 农业经济问题，2015，36 (9)：54-62，111.
谢勇. 最低工资制度在农民工就业中的落实情况及影响因素研究［J］. 经济管理，2010，32 (3)：164-170.
邢占军. 我国居民收入与幸福感关系的研究［J］. 社会学研究，2011，25 (1)：196-219，245-246.
邢占军. 主观幸福感测量研究综述［J］. 心理科学，2002，(3)：336-338，342.

熊广勤，殷宇飞．FDI在中国西部地区的区位选择：1998-2011［J］．经济问题探索，2014，（9）：62-67.

徐康宁，陈健．跨国公司价值链的区位选择及其决定因素［J］．经济研究，2008，（3）：138-149.

许和连，王海成．最低工资标准对企业出口产品质量的影响研究［J］．世界经济，2016，39（7）：73-96.

阳义南，章上峰．收入不公平感、社会保险与中国国民幸福［J］．金融研究，2016，（8）：34-50.

杨翠迎，王国洪．最低工资标准对就业：是促进，还是抑制？——基于中国省级面板数据的空间计量研究［J］．经济管理，2015，37（3）：12-22.

杨娟，李实．最低工资提高会增加农民工收入吗？［J］．经济学（季刊），2016，15（4）：1563-1580.

杨宜勇，朱小玉．我国最低工资标准发展历程及相关因素定量研究［J］．甘肃理论学刊，2012，（3）：113-117.

杨用斌．最低工资对外商直接投资企业规模的影响——基于全要素产出模型［J］．山西财经大学学报，2012，34（S4）：14-16.

姚先国，谭岚．家庭收入与中国城镇已婚妇女劳动参与决策分析［J］．经济研究，2005，（7）：18-27.

姚植夫，张译文．新生代农民工工作满意度影响因素分析——基于西北四省的调查数据［J］．中国农村经济，2012，（8）：46-55，78.

叶静怡，杨洋．最低工资标准及其执行差异：违规率与违规深度［J］．经济学动态，2015a，（8）：51-63.

叶静怡，杨洋．最低工资标准与农民工收入不平等——基于北京市农民工微观调查数据的分析［J］．世界经济文汇，2015b，（5）：22-45.

叶静怡，赵奎，方敏．市场、社会行动与最低工资制度［J］．经济研究，2014，49（12）：113-125.

叶林祥，T. H. Gindling，李实，等．中国企业对最低工资政策的遵守——基于中国六省市企业与员工匹配数据的经验研究［J］．经济研究，2015，50（6）：19-32.

易靖韬，蒙双．多产品出口企业、生产率与产品范围研究［J］．管理世界，2017，（5）：41-50.

殷金朋，赵春玲，贾占标，等．社会保障支出、地区差异与居民幸福感［J］．经济评论，2016，(3)：108-121.

余勃，贾金荣．个体基本特质差异对新生代农民工就业行为的影响［J］．西北工业大学学报（社会科学版），2011，31（3）：52-55，59.

余淼杰，袁东．贸易自由化、加工贸易与成本加成——来自我国制造业企业的证据［J］．管理世界，2016，(9)：33-43，54.

岳金桂，陆晓晨．地方政府竞争、土地价格与外商直接投资——基于69个地级市面板数据的分析［J］．南京审计大学学报，2018，15（2）：35-45.

张斐．新生代农民工市民化现状及影响因素分析［J］．人口研究，2011，35（6）：100-109.

张广婷，王陈无忌．主动变革、开放包容与制度创新：新中国70年吸引外资的内在逻辑［J］．世界经济研究，2019，(12)：3-12，131.

张杰，黄泰岩．中国企业的工资变化趋势与决定机制研究［J］．中国工业经济，2010，(3)：42-53.

张军，赵达，周龙飞．最低工资标准提高对就业正规化的影响［J］．中国工业经济，2017，(1)：81-97.

张世伟，贾朋．中国城镇居民劳动参与工资弹性的地区差异［J］．吉林大学社会科学学报，2011，51（1）：121-129，160.

张世伟，贾朋．最低工资标准调整的收入分配效应［J］．数量经济技术经济研究，2014，31（3）：3-19，37.

张世伟，杨正雄．最低工资标准提升是否影响农民工就业与工资［J］．财经科学，2016，(10)：100-109.

张先锋，陈婉雪．最低工资标准、劳动力素质与FDI［J］．工业技术经济，2017，36（2）：87-95.

张欣．价格粘性机制下汇率变动对出口价格的传递门限效应研究［J］．商业研究，2014，(1)：34-38.

张子豪，谭燕芝．社会保险与中国国民幸福感［J］．金融经济学研究，2018，33（3）：116-128.

赵达，张军，周龙飞．最低工资的提高能成为产业升级的“催化剂”吗？［J］．金融管理研究，2017（2）：33-60.

赵芳."新生代",一个难以界定的概念——以湖南省青玄村为例[J].社会学研究,2003,(6):71-83.

赵惠敏,蔺大勇.结构性减税与小微企业发展[J].当代经济研究,2012,(9):48-52.

赵江林.外资与人力资源开发:对中国经验的总结[J].经济研究,2004,(2):47-54.

赵瑞丽,孙楚仁,陈勇兵.最低工资与企业出口持续时间[J].世界经济,2016,39(7):97-120.

赵瑞丽,孙楚仁,陈勇兵.最低工资与企业价格加成[J].世界经济,2018,41(2):121-144.

赵瑞丽,孙楚仁.最低工资会降低城市的出口复杂度吗?[J].世界经济文汇,2015,(6):43-75.

赵伟,郑雯雯.生产性服务业—贸易成本与制造业集聚:机理与实证[J].经济学家,2011,(2):67-75.

赵耀辉.中国农村劳动力流动及教育在其中的作用———以四川省为基础的研究[J].经济研究,1997,(2):37-42,73.

郑恒.对中国女性劳动参与率变动的经济分析[D].浙江大学,2003.

郑磊,吴映雄.劳动力迁移对农村留守儿童教育发展的影响——来自西部农村地区调查的证据[J].北京师范大学学报(社会科学版),2014,(2):139-146.

周闯.城镇居民劳动参与的工资弹性分析——基于人口特征的视角[J].中国劳动,2015,(22):9-13.

周闯.中国城镇居民劳动供给行为的经验研究[D].吉林大学,2010.

周广肃.最低工资制度影响了家庭创业行为吗?——来自中国家庭追踪调查的证据[J].经济科学,2017,(3):73-87.

周密,张广胜,杨肖丽,等.城市规模、人力资本积累与新生代农民工城市融入决定[J].农业技术经济,2015,(1):54-63.

朱农.离土还是离乡?——中国农村劳动力地域流动和职业流动的关系分析[J].世界经济文汇,2004,(1):53-63.

邹湘江.基于"六普"数据的我国人口流动与分布分析[J].人口与经济,2011,(6):23-27,33.

Aaronson D., Agarwal S., French E. The Spending and Debt Response to Minimum Wage Hikes [J]. American Economic Review, 2012, 102 (7): 3111-39.

Aaronson D., French E. Product Market Evidence on the Employment Effects of the Minimum Wage [J]. Journal of Labor Economics, 2007, 25 (1): 167-200.

Aaronson D. Price Pass-Through and the Minimum Wage [J]. The Review of Economics and Statistics, 2001, 83 (1): 158-169.

Abadie A., Imbens G. Simple and Bias - Corrected Matching Estimators for Average Treatment Effects [R] . NBER Working Paper, 2002.

Abowd J., Killingsworth M. Structural Models of Minimum Wage Effects: Analysis of Wage and Coverage Policies [J]. Report of the Minimum Wage Study Commission, 1981: 143-170.

Acemoglu D., Pischke J. The Structure of Wage and Investment in General Training [R]. NBER Working Paper, 1998, 6357.

Acemoglu D., Pischke J. Minimum Wages and On - the - Job Training [J]. Research in Labor Economics, 2003, 22: 159-202.

Acemoglu D. When Does Labor Scarcity Encourage Innovation? [J]. CEPR, 2009, DP7247.

Adams S., Blackburn M. K. L., Cotti C. D. Minimum Wages and Alcohol - Related Traffic Fatalities Among Teens [J]. Review of Economics and Statistics, 2012, 94 (3): 828-840.

Agénor P. R., Aizenman J. Macroeconomic Adjustment with Segmented Labor Markets [J]. Journal of Development Economics, 1999, 58 (2): 277-296.

Akinlo A. E. Foreign Direct Investment and Growth in Nigeria: An Empirical Investigation [J]. Journal of Policy Modeling, 2004, 26 (5): 627-639.

Alessandria G., Choi H. Do Sunk Costs of Exporting Matter for Net Export Dynamics [J]. Quarterly Journal of Economics, 2007, 122 (1): 289-336.

Alex K., Gertner, Jason S., et al. Association Between State Minimum Wages and Suicide Rates in the U. S. [J]. American Journal of Preventive Medicine, 2019, 56 (5): 648-654.

Andreyeva E., Ukert B. The Impact of the Minimum Wage on Health [J]. International Journal of Health Economics and Management, 2018, 18 (4): 337-375.

Apel H., Bachmann R., Berge P. V., et al. Mindestlohn im Bauhauptgewerbe: Folgen für die Beschftigung Blieben Aus (The German Minimum Wage in the Main Construction Sector: Consequences on Employment Failed to Appear) [J]. IAB-Kurzbericht, 2012.

Arango C. A., Pachón A. The Minimum Wage in Colombia 1984 - 2001: Favoring the Middle Class with a Bite on the Poor [J]. Ensayos Sobre Politica Economica, 2008: 16.

Arkolakis C., Muendler M. A. The Extensive Margin of Exporting Porducts: A Firm-Level Analysis [R]. NBER Working Paper, 2019.

Arkolakis C., Muendler M. A. The Extensive Margin of Exporting Products: A Firm-level Analysis [M]. Social Science Electronic Publishing, 2010.

Arulampalam W., Booth A. L., Bryan M. L. Training and the New Minimum Wage [J]. Economic Journal, 2004, 114 (494): C87-C94.

Ashenfelter O., Smith R. S. Compliance with the Minimum Wage Law [J]. Journal of Political Economy, 1979, 87 (2): 333-350.

Autor D., Manning A., Smith C. The Contribution of Minimum Wage to U. S. Wage Inequality over Three Decades: A Reassessment [R]. NBER Working Paper, No. 16533, 2010.

Bai X., Chatterjee A., Krishna K., Ma H. Trade and Minimum Wages in General Equilibrium: Theory and Evidence [R]. NBER Working Papers, 2018.

Bailey E. E., Friedlaender A. F. Market Structure and Multiproduct Industries [J]. Journal of Economic Literature, 1982, 20 (3): 1024-1048.

Barron J., Black D., Loewenstein M. Job Matching and On-the-Job Training [J]. Journal of Labor Economics, 1989, 7: 1-19.

Barron J. M., Berger M. C., Black D. A. Do Workers Pay for On-the-Job

Training? [J]. The Journal of Human Resources, 1999, 34 (2): 235-252.

Bartel A. Training, Wage Growth and Job Performance: Evidence from a Company Database [R]. NBER Working Paper, 4027, 1992.

Battle K. Minimum Wage Rates in Canada: 1965-2015 [R]. Canada Social Report, 2015.

Baxter M., Kouparitsas M. A. What Causes Fluctuations in the Terms of Trade? [J]. International Finance, 2006, 9: 63-86.

Bazen S., Skourias N. Is There a Negative Effect of Minimum Wages on Youth Employment in France? [J]. European Economic Review, 1997, 41 (3-5): 723-732.

Bazen S., Marimoutou V. Looking for a Needle in A Haystack—A Reexamination of the Time Series Relationship between Teenage Employment and Minimum Wages in the United States [J]. Oxford Bulletin of Economics and Statistics, 2003, 64 (S): 699-725.

Becker G. Investment in Human Beings [J]. National Bureau of Economic Research, (NBER) Special Conference 15, Journal of Political Economy, 1962, 70 (suppl.): 9-49.

Becker G. Human Capital: A Theoretical and Empirical Analysis, with Special Reference to Education [R]. NBER: New York, 1964.

Belman D., Wolfson P. A Time-series Analysis of Employment, Wages and the Minimum Wage [J]. Unpublished Paper, 1997.

Belman D., Wolfson P. Its Bark is Worse Than Its Bite: The Wage and Employment Effects of the Minimum Wage in the US [J]. Australian Economics Papers, 1999, 38 (2): 143-163.

Belser P., Rani U. Extending the Coverage of Minimum Wages in India: Simulations from Household Data [R]. ILO Working Papers, International Labour Organization, 2010.

Berg G., Vallden J. Multiple Equilibrium and Minimum Wages in Labor Markets with Informational Frictions and Heterogeneous Production Technologies [J]. International Economic Review, 44 (4), 2003: 1337-1357.

Bernard A., Eaton J., Jenson J. B., Kortum S. Plants and Productivity in International Trade [R]. NBER Paper, NO. 7688, 2000.

Bernard A. B., Jensen J. B. Why Some Firms Export: Experience, Entry Costs, Spillovers, and Subsidies. [J]. Mimeo, Yale University, 1997.

Bernard A. B., Jensen J. B., Redding S., Schott P. Empirics of Firm Heterogeneity and International Trade [J]. Annual Review of Economics, 2012, 4 (1): 283-313.

Bernard A. B., Jensen J. B. Export, Jobs and Wages in U. S. Manufacturing, 1976-1987 [J]. Brooking Papers on Economic Activity, Microeconomic, 1995, (137): 67-119.

Bernard A. B., Redding S. J., Schott P. K. Multi-product Firms and Trade Liberalization [J]. Quarterly Journal of Economics, 2011, 126 (3): 1271-1318.

Bernard A. B., Redding S. J., Schott P. K. Multiple-Product Firms and Product Switching [J]. American Economic Review, 2010, 100 (1): 70-97.

Bernard A. B., Jensen J. B. Why Some Firms Export: Experience, Entry Costs, Spillovers, and Subsidies [R]. Mimeo, Yale University, 1997.

Bernard A. B., Redding S. J., Schott P. K. Comparative Advantage and Heterogeneous Firms [J]. Rev. Econ. Stud, 2007, 74: 31-66.

Berthou A., Fontagne L. How Do Multiproduct Exporters React to a Change in Trade Cost [J]. Scandinavian Journal of Economics, Wiley, 2013, 115 (2): 326-353.

Bhorat H., Kanbur R., Mayet N. The Impact of Sectoral Minimum Wage Laws on Employment, Wages, and Hours of Work in South Africa [J]. IZA Journal of Labor & Development, 2013, 2 (1): 1-27.

Bhorat H. Are Minimum Wage Adjustments an Effective Mechanism for Poverty Alleviation? Some Simulations for Domestic and Farm Workers [C]. Paper Presented at the Trade and International Policy Secretariat (TIPS) 2000 Annual Forum. Development Policy Research Unit, South Africa.

Bishop J. On the Job Training of New Hires. [M]. In Market Failure in Training? New Economic Analysis and Evidence on Training of Adult

Employees, edited by David S., and Rizen. J. M. New York: Springer-Verlag, 1991: 61-96.

Biswas-Diener D. R. Will Money Increase Subjective Well-Being?: A Literature Review and Guide to Needed Research [J]. Social Indicators Research, 2002, 57 (2): 119-169.

Bjørnskov C., Dreher A., Justina A. V. Formal Institutions and Subjective Well-Being: Revisiting the Cross-country Evidence [J]. European Journal of Political Economy, 2010, 26 (4): 419-430.

Bloom D. E., Canning D., Fink G., Finlay J. E. Fertility, Female Labor Force Participation, and the Demographic Dividend [J]. Journal of Economic Growth, 2009, 2: 79-101.

Blundell R., Macurdy T. Labor Supply: A Review of Alternative Approaches [J]. Handbook of Labor Economics, 1999, 3A: 1559-1695.

Bodvarsson Ö. B., Simpson N. B., Sparber C. Chapter 1 - Migration Theory [J]. Handbook of the Economics of International Migration, North-Holland, 2015, 1: 3-51.

Boffy-Ramirez E. Minimum Wages, Earnings, and Migration [J]. IZA Journal of Migration, 2013, 2 (1): 1-24.

Boffy-Ramirez E. Expected Earnings and Migration: The Role of Minimum Wages [J]. IZA Journal of Migration, 2010, 2 (1): 17.

Borjas G. J. Does Immigration Grease the Wheels of the Labor Market? [J]. Brookings Papers on Economic Activity, 2001, (1): 69-119.

Bossler M., Broszeit S. Do Minimum Wages Increase Job Satisfaction? Micro-Data Evidence from the New German Minimum Wage [J]. Labour, 2017, 4 (1), 1-14.

Brander J. A., Eaton J. Product Line Rivalry [J]. The American Economic Review, 1984, 74 (3): 323-334.

Brandt L., Biesebroeck J. V., Zhang Y. F. Creative Accounting or Creative Destruction? Firm-level Productivity Growth in Chinese Manufacturing [J]. Journal of Development Economics, 2012, 97 (2): 339-351.

Brecher R. A. Increased Unemployment from Capital Accumulation in a

Minimumwage Model of an Open Economy [J]. Canadian Journal of Economics, 1980, 13 (1): 152-158.

Brecher R. A. Minimum Wage Rates and the Pure Theory of International Trade [J]. Quarterly Journal of Economics, 1974a, 88 (1): 98-116.

Brecher R. A. Optimal Commercial Policy for a Minimum-wage Economy [J]. Journal of International Economics, 1974b, 4: 139-149.

Brickman P., Coates D., Janoff-Bulman R. Lottery Winners and Accident Victims: Is Happiness Relative? [J]. Journal of Personality and Social Psychology, 1978, 36 (8): 917.

Broadberry S., Gupta B. The Early Modern Great Divergence: Wages, Prices and Economic Development in Europe and Asia 1500-1800 [J]. The Economic History Review, 2006, 59 (1): 2-31.

Broadberry S. N. The Productivity Race: British Manufacturing in International Perspective 1850-1990 [M]. Published by Canmbridge University Press, 1997.

Brown C., Gilroy C., Kohen A. The Effect of The Minimum Wage on Employment and Unemployment [J]. Journal of Economic Literature, 1982, 20 (2): 487-528.

Brown C. Minimum Wages, Employment, and the Distribution of Income [J]. In Orley Ashenfelter and David Card, Handbook of Labor Economics, 1999, 3: 2101-2163.

Brown C., Gilroy C., Kohen A. Time-Series Evidence of the Effect of the Minimum Wage on Youth Employment and Unemployment [J]. Journal of Human Resources, 1983, 18 (1): 3-31.

Brown C. Minimum Wage Laws: Are They Overrated? [J]. Journal of Economic Perspectives, 1988, 2 (3): 133-145.

Burdett K., Mortensen D. T. Wage Differentials, Employer Size, and Unemployment [J]. International Economic Review, 1998, 39 (2): 257-273.

Burdett K., Mortensen D. T. Equilibrium Wage Differentials and Employer Size [R]. Center for Mathematical Studies in Economics and Management

Science, Northwestern University, Discussion Paper No. 860, October.

Burkhauser R. V., Couch K. A., Wittenburg D. C. A Reassessment of the New Economics of the Minimum Wage Literature with Monthly Data from the Current Population Survey [J]. Journal of Labor Economics, 2000a, 18 (4): 653-680.

Burkhauser R. V., Couch K. A., Wittenburg D. C. Who Minimum Wage Increases Bite: An Analysis Using Monthly Data from the SIPP and CPS [J]. Southern Economic Journal, 2000b, 67 (1): 16-40.

Burkhauser R. V., Sabia J. S. The Effectiveness of Minimum Wage Increase in Reducing Poverty: Past, Present, and Future [J]. Contemporary Economic Policy, 2007, 25 (2): 262-281.

Burstein A. T., Neves J. C., Rebelo S. Distribution Costs and Real Exchange Rate Dynamics during Exchange-Rate-Based Stabilizations [J]. Journal of Monetary Economics, 2003, 50 (6): 1189-1214.

Butcher K. F., Dinardo J. The Immigrant and Native-Born Wage Distributions: Evidence from United States Censuses [J]. Industrial and Labor Relations Review, 2002, 56 (1): 97-121.

Cadena B. C. Native Competition and Low-Skilled Immigrant Inflows [J]. Journal of Human Resources, 2013, 48 (4): 910-944.

Cadena B. C. Recent Immigrants as Labor Market Arbitrageurs Evidence from the Minimum Wage [J]. Journal of Urban Economics, 2014, 80: 1-12.

Campolieti M. How Minimum Wages Affect Schooling-Employment Outcomes in Canada, 1993-1999 [J]. Journal of Labor Research, 2005, 26 (3): 533-545.

Card D., Krueger A. B. Minimum Wages and Employment: A Case Study of the Fast-Food Industry in New Jersey and Pennsylvania [J]. American Economic Review, 1994, 84 (5): 772-793.

Card D. Do Minimum Wages Reduce Employment? A Case Study of California, 1987-89 [J]. Ilr Review, 1992, 46 (1): 38-54.

Card D., Krueger A. B. Myth and Measurement: The New Economics of the Minimum Wage [M]. Princeton, NJ: Princeton University Press, 1995.

Carsten C., Neary J. P. Multi-Product Firms and Flexible Manufacturing in the Global Economy [J]. The Review of Economic Studies, 2010, 77 (1): 188-217.

Castillo-Freeman A., Freeman R. When the Minimum Wage Really Bites the Effect of the U. S. - Level Minimum on Puerto Rico [R]. NBER Chapters, 1992.

Chang Y. M., Ehrlich I. On the Economics of Compliance with the Minimum Wage Law [J]. The Journal of Political Economy, 1985, (1): 84-91.

Chang Y. M. Noncompliance Behavior of Risk-Averse Firms Under the Minimum Wage Law [J]. Public Finance Review, 1992, 20 (3): 390-401.

Chaplin D. D., Turner M. D., Pape A. D. Minimum Wages and School Enrollment of Teenagers: A Look at the 1990's [J]. Economics of Education Review, 2003, 22 (1): 11-21.

Chen Z., Jiang S., Lu M., Sato H. How Do Heterogeneous Social Distances Affect the Neighborhood Effect in Rural - Urban Migration?: Empirical Evidence From China [J]. JEL Classification 2010: 12-14.

Cheng L. K., Kwan Y. K. What Are the Determinants of the Location of Foreign Direct Investment? The Chinese Experience [J]. Journal of International Economics, 2000, 51 (2): 379-400.

Chinese Culture Connection. Chinese Values and the Search for Culture - Free Dimensions of Culture [J] . Journal of Cross-Cultural Psychology, 1987, 18 (2): 143-164.

Chiswick B. R., Le A. T., Miller P. W. How Immigrants Fare Across the Earnings Distribution: International Analyses [J]. IZA Discussion Paper No. 2405, 2006.

Chuang Y. C. The Effect of Minimum Wage on Youth Employment and Unemployment in Taiwan [J]. Hitotsubashi Journal of Economics, 2006, 47 (2): 155-168.

Clark K. L., Pohl R. V., Thomas R. C. Minimum Wages and Healthy Diet [J]. Contemporary Economic Policy, 2020, 38.

Clark X, Hatton T. J., Williamson J. G. Explaining US Immigration, 1971 -

1998 [J]. The Review of Economics and Statistics, 2007, 89 (2): 359-373.

Coe D. T., Helpman E. International R&D Spillovers [R]. NBER Working Papers, NO. 4444, 1995.

Couch K. A., Wittenburg D. C. The Response of Hours of Work to Increases in the Minimum Wage [J]. Southern Economic Journal, 2001, 68 (1): 171-177.

Crofton S. O., Anderson W. L., Rawe E. C. Do Higher Real Minimum Wages Lead to More High School Dropouts? Evidence from Maryland across Races, 1993-2004 [J]. American Journal of Economics and Sociology, 2009, 68 (2): 445-464.

Currie J., Fallick B. C. The Minimum Wage and the Employment of Youth: Evidence From the Nlsy [J]. The Journal of Human Resources, 1996, 31 (2): 404.

David P. A. Technical Choice Innovation and Economic Growth: Essays on American and British Experience in the Nineteenth Century [M]. Published by Cambridge University Press, 1975.

Deaton A. The Great Escape: Health, Wealth, and the Origins of Inequality [M]. Princeton University Press, 2013.

Di T. R., MacCulloch R., Oswald A. The Macroeconomics of Happiness [J]. The Review of Economic and Statistics, 2003, 85 (4): 809-827.

Dickerson A., Jones P. Estimating the Impact of a Minimum Wage on the Labour Market Behaviour of 16 and 17 Years Old [R]. Research Report for the Low Pay Commission, 2004.

Diener E. New Findings and Future Directions for Subjective Well-being Research [J]. American Psychologist, 2012, 67 (8): 590-597.

Diener E. Subjective Well - Being [J]. Psychological Bulletin, 1984, 95: 542-575.

Diener E., et al. Subjective Well - Being: Three Decades of Progress [J]. Psychological Bulletin, 1999, 125 (2): 276-302.

Dinkelman T., Ranchhod V. Evidence on the Impact of Minimum Wage Laws in an Informal Sector: Domestic Workers in South Africa [J]. J Develop Econ Elsevier, 2012, 99: 27-45.

Draca M., Machin S., Reenen J. V. Minimum Wages and Firm Profitability [J]. LSE Research Online Documents on Economics, 2006.

Draca M., Machin S., Reenen J. V. Minimum Wages and Firm Profitability [J]. American Economic Journal: Applied Economics, 2011, 3 (1): 129-151.

Du J., Leigh J. P. Effects of Minimum Wages on Absence from Work Due to Illness [J]. Social Science Electronic Publishing, 2018, 18 (1).

Du Y., Park A., Wang S. Migration and Rural Poverty in China [J]. Journal of Comparative Economics, 2005, 33 (4): 688-709.

Du Y., Pan W. Minimum Wage Regulation in China and Its Applications to Migrant Workers in the Urban Labor Market [J]. China and World Economy, 2009, 17 (2): 79-93.

Dube A., Lester T. W., Reich M. Minimum Wage Effects Across State Borders: Estimates Using Contiguous Counties [J]. Social Science Electronic Publishing, 2010, 92 (4): 945-964.

Dube A., Suresh N., Michael R. The Economic Effects of a Citywide Minimum Wage [J]. Industrial and Labor Relations Review, 2007, 60 (4): 522-543.

Dunning J. H. Trade, Location of Economic Activity and the Multinational Enterprise: A Search for an Eclectic Approach [J]. International Allocation of Economic Activity, 1977: 395-418.

Détang-Dessendre C., Goffette-Nagot F., Piguet V. Life Cycle and Migration to Urban and Rural Areas: Estimation of a Mixed Logit Model on French Data [J]. Journal of Regional Science, 2008, (4): 789-824.

Easterlin R. Does Economic Growth Improve the Human Lot? Some Empirical Evidence [M]. In David, P. and M. Reder (eds.) Nations and Households in Economic Growth: Essays in Honor of Moses Abramowitz. New York: Academic Press, 1974.

Easterlin R. A. Will Raising the Incomes of All Increase the Happiness of All?

[J]. Journal of Economic Behavior and Organization, 1995, 27 (1): 35-47.

Eaton J., Marcela E., David J., Krizand C. J., Tybout J. A Search and Learning Model of Export Dynamics [R]. Working Paper, The Pennsylvania State University, 2014.

Eckel C., Iacovone L., Javorcik B., Neary J. P. Multi-product Firms at Home and Away: Cost - Versus Quality - Based Competence [J]. Journal of International Economics, 2015, 95 (2): 216-232.

Edwards P., Gilman M. Pay Equity and the National Minimum Wage: What Can Theories Tell us? [J]. Human Resource Management Journal, 1999, 9 (1), 20-38.

Egger H., Egger P., Markusen J. R. International Welfare and Employment Linkages Arising from Minimum Wages [R]. NBER Working Paper Series, No. 15196, 2012.

Ehrenberg R. G., Marcus A. J. Minimum Wages and Teenagers' Enrollment—Employment Outcomes: A Multinomial Logit Model [J]. Journal of Human Resources, 1982, 17 (1): 39-58.

Esterlin R. A. Will Raising the Incomes of All Increase the Happiness of All? [J]. Journal of Economic Behavior and Organization, 1995 (1): 35-48.

Fairris, D., Pedace R. The Impact of Minimum Wages on Job Training—An Empirical Exploration with Establishment Data [J]. Southern Economic Journal, 2004, 70 (3): 566-583.

Fajnzylber P. Minimum Wage Effects throughout the Wage Distribution: Evidence from Brazil's Formal and Informal Sectors [J]. Economics, 2001.

Falk A., Fehr E., Zehnder C. Fairness and Reservation Wage—The Behavioral Effect of Minimum Wage Laws [J]. Quarterly Journal of Economics, 2006, 121 (4): 1347-1381.

Fang T., Lin C. Minimum Wages and Employment in China [J]. IZA Journal of Labor Policy, 2015, 4 (1): 1-30.

Feenstra P., Ma H. Optimal Choice of Product Scope for Multiproduct Firms Under Monopolistic Competition [R]. NBER Working Paper, 2007.

Ferrer-i-Carbonell A. Income and Well-Being: An Empirical Analysis of the Comparison Income Effect [J]. Journal of Public Economics, 2005, 89 (5-6): 997-1019.

Flavin P., Shufeldt G. The State of the Minimum Wage: Federalism, Economic Policy, and Workers' Well-Being [J]. The Forum, 2017, 15 (1): 167-187.

Flinn C. J. Minimum Wage Effects on Labor Market Outcomes under Search with Bargaining [R]. IZA Discussion Papers, 2003.

Flinn C. J. Minimum Wage Effects on Labor Market Outcomes under Search, Matching, and Endogenous Contact Rates [J]. Econometrica, 2006, 74 (4): 1013-1062.

Flug K., Galor O. Minimum Wage in a General Equilibrium Model of International Trade and Human Capital [J]. International Economic Review, 1986, 27 (1): 149-164.

Fougere D., Gautier E., Roux S. Understanding Wage Floor Setting in Industry - Level Agreements: Evidence from France [J]. Sébastien Roux, 2016.

Fraja G. D. Minimum Wage Legislation, Productivity and Employment [J]. Economica, 1999, 66 (264): 473 -488.

Frederick S., Loewenstein G. Hedonic Adaptation [M]. In Kahneman D., Diener E., and Schwarz N. (Eds.), Well-Being: The Foundations of Hedonic Psychology. New York: Russell Sage Foundation, 1999: 302-329.

Gan L., Hernandez M. A., Ma S. The Higher Costs of Doing Business in China: Minimum Wages and Firms' Export Behavior [J]. Journal of International Economics, 2016, 100: 81-94.

Garloff A. Side Effects of the New German Minimum Wage on (un-) Employment: First Evidence from Regional Data [R]. IAB Discussion Paper, 2016.

Gindling T., Terrell K. The Nature of Minimum Wages and Their Effectiveness as a Wage Floor in Costa Rica, 1976 - 1991 [J]. World Development,

1995, 23 (8): 1439-1458.

Gindling T. H., Terrell K. The Effect of Minimum Wages on Actual Wages in Formal and Informal Sectors in Costa Rica [J]. World Develop Elsevier, 2005, 33: 1905-1921.

Giulietti C. Do Minimum Wages Induce Immigration [J]. IZA World of Labor, Institute of Labor Economics (IZA), 2015, 151.

Giulietti C. Is the Minimum Wage a Pull Factor for Immigrants? [J]. Industrial & Labor Relations Review, 2014, 67 (3): 649-674.

Goldfarb R. S. The Policy Content of Quantitative Minimum Wage Research [J]. Proceedings of the Industrial Relations Research Association, 1974, 261-68.

Gramlich E. Impact of Minimum Wages on Other Wages, Employment and Family Incomes [J]. Brooking Papers on Economic Activity, 1976, 7: 409-451.

Greenwood J., Guner N., Kocharkov G., et al. Technology and the Changing Family: A Unified Model of Marriage, Divorce, Educational Attainment, and Married Female Labor-force Participation [J]. American Economic Journal: Macroeconomics, 2016, 8 (1): 1-41.

Greenwood N., Guner G., Santos C. Technology and the Changing Family: A Unified Model of Marriage, Divorce, Educational Attainment and Married Female Labor Force Participation [J]. American Economic Journal Macroeconomic Electronic Journal, 2015.

Grenier G. On Compliance with the Minimum Wage Law [J]. Journal of Political Economy, 1982, 90 (1): 184-187.

Grossberg A. J., Sicilian P. Minimum Wages, On-the-Job Training, and Wage Growth [J]. Southern Economic Journal, 1999, (3): 539-556.

Grossman M. The Demand for Health: A Theoretical and Empirical [M]. National Bureau of Economy Research and Columbia University Press: New York, NY, USA, 1972: 1-111.

Gulal F., Ayaita A. The Impact of Minimum Wages on Well-Being: Evidence from a Quasi-experiment in Germany [J]. Journal of Happiness Studies,

2019: 1-24.

Görg H., Michael H., Eric S. Grant Support and Exporting Activity [J]. The Review of Economics and Statistics, 2008, 90: 168-174.

Görg H., Strobl E., Walsh F. Why Do Foreign-Owned Firms Pay More? The Role of On-the-Job Training [J]. Review of World Economics, 2007, 143: 464-482.

Hagerty M. R. Social Comparisons of Income in One's Community: Evidence from Survey Income and Happiness [J]. Journal of Personality and Social Psychology, 2000, 78 (4): 764.

Hagerty M. R., Veenhoven R. Wealth and Happiness Revisited: Growing National Income Does Go with Greater Happiness [J]. Social Indicators Research, 2003, 64 (1): 1-27.

Hall R. E., Charles J. Why Do Some Countries Produce So Much More Output per Worker than Others [J]. Quarterly Journal of Economics, 1999, 114 (1): 83-116.

Hallak J. C., Sivadasan J. Product and Process Productivity: Implications for Quality Choice and Conditional Exporter Premia [J]. Journal of International Economics, 2013, 91 (1): 53-67.

Han Z., Wei Z. Empirical Study on Minimum Wage Level in China: The ELES Approach [J]. Journal of Contemporary China, 2011, 20 (71): 639-657.

Hare D. Women's Economic Status in Rural China: Household Contributions to Male - Female Disparities in the Wage - Labor Market [J]. World Development, 1999, 27 (6): 1011-1029.

Harris J. R., Todaro M. P. Migration, Unemployment and Development: A Two-Sector Analysis [J]. The American Economic Review, 1970, 60 (1): 126-142.

Hashimoto M. Minimum Wage Effects on Training on the Job [J]. The American Economic Review, 1982, 72 (5): 1070 -1087.

Hau H, Huang Y, Wang G. Firm Response to Competitive Shocks: Evidence from China's Minimum Wage Policy [J]. Review of Economic Studies,

2020, 87 (6): 2639-2671.

Hau H, Huang Y, Wang G. Firm Response to Competitive Shocks: Evidence from China's Minimum Wage Policy [R]. SSRN Working Paper, 2016.

Hausmann R., Rodrik D. Economic Development as Self - Discovery [J]. Journal of Development Economics, 2003, 72 (2): 603-633.

Hayo B. Happiness in Eastern Europe [J]. Paper presented at 5th Conference ISQOLS, Frankfurt, Germany, 2003.

Head K., Rise J. Heterogeneity and the FDI versus Export Decision of Japanese Manufactures [J]. Japanese Int. Economics, 2003, 17: 448-467.

Heckman J., Sedlacek G. The Impact of Minimum Wage on the Employment and Earnings of Workers in South Carolina [J]. Report of the Minimum Wage Study Commission, 1981, 225-272.

Heckman J., Sedlaced G. The Impact of Minimum Wage on the Fast Food Industry [J]. Industrial and Labor Relations Review, 1981, (1): 6-21.

Heckman J., Thomas E. M. A Life Cycle Model of Female Labor Supply [J]. Review of Economic Studies, 1980, 47: 47-74.

Hertz T. The Effect of Minimum Wages on the Employment and Earnings of South Africa's Domestic Service Workers [R]. Working Paper No. 2005-04, Department of Economics, American University, USA, 2015.

Hill H. D., Romich J. L. How Will Higher Minimum Wages Affect Family Life and Children's Well-Being? [J]. Child Development Perspectives, 2018, 12 (2): 109-114.

Hirsch B. T., Kaufman B. E., Zelenska T. Minimum Wage Channels of Adjustment [J]. Industrial Relations: A Journal of Economy and Society, 2015, 54 (2): 199-239.

Hoekman B., Kee H. L., Olarreaga M. Tariffs, Entry Regulation and Markups: Country Size Matters [J]. Contributions in Macroeconomics, 2004, 4 (1): 1260.

Hoekman B., Kee H. L. Imports, Entry and Competition Law as Market Disciplines [J]. European Economic Review, 2007, 51: 831-858.

Hohberg M., Lay J. The Impact of Minimum Wages on Informal and Formal

Labor Market Outcomes: Evidence from Indonesia [J]. IZA Journal of Labor & Development, 2015, 4 (1) .

Hohberg M., Lay J. The Impact of Minimum Wages on Informal and Formal Labor Market Outcomes: Evidence from Indonesia [J]. IZA Journal of Labor & Development, 2015, 4 (1) .

Holtmann A. G., Idson T. L. Employer Size and On-the-Job Training Decisions [J]. Southern Economic Journal, 1991, 58 (2): 339-355

Horn B. P., et al. Do Minimum Wage Increases Influence Worker Health? [J]. Economic Inquiry, 2017.

Horn B. P., Maclean J. C., Strain M. R. Do Minimum Wage Increases Influence Worker Health? [R]. NBER Working Papers, 2016.

Hsieh C. T., Klenow J. K. Misallocation and Manufacturing TFP in China and India [J]. The Quarterly Journal of Economics, 2009, 124 (4): 1403-1448.

Huang W., Ren R. Analysis of Trend Changes in China's Price Competitiveness Based on the Real Effective Exchange Rate Calculation of Unit Labor Costs [J]. The World Economy, 2008 (6) .

Huang Y., Wang G., Prat A., et al. Firm Response to Competitive Shocks: Evidence from China's Minimum Wage Policy [J]. The Review of Economic Studies, 2020 (6) .

Huang Y., Loungani P., Wang G. Minimum Wages and Firm Employment: Evidence from China [R]. IMF Working Paper, 2014.

Hymer S. The International Operation of National Firms: A Study of Direct Foreign Investment [M]. MIT Press, 1960.

Iacovone L., Javorcik B. S. Multi - product Exporters: Product Churning, Uncertainty and Export Discoveries [J]. Economic Journal, 2010, 120 (544): 481-499.

Imbert C., Seror M., Zhang, Y., Zylbergerg, Y. Internal Migration and Firm Growth: Evidence from China [J]. Economics, 2017.

Inoue, T., Itsumi Y. A Note on International Trade with a Minimum Wage and Endogenous Labor Supply Economy [J]. International Economic Review,

1992, 33 (1): 239-244.

Jiang S. Q., Lu M., Sato H. Identity, Inequalith and Happiness: Evidence from Urban China [J]. World Development, 2012, 40 (6): 1190-1200.

Jing W., Morley G. Adjustments to Minimum Wages in China: Cost-Neutral Offsets [J]. Relations Industrielles, 2015, 70 (3): 510.

Kaitz H. Experience of the Past: The National Minimum, Youth Unemployment and Minimum Wages [M]. Bulletin 1657, U. S. Department of Labor, Bureau of Labor Statistics, Washington, DC, 1970.

Kang S. J., Lee H. S. The Determinants of Location Choice of South Korean FDI in China [J]. Japan and the World Economy, 2007, 19 (4): 441-460.

Kapelyuk, S. The Effect of Minimum Wage on Poverty [J]. Economics of Transition, 2015, 23 (2): 389-423.

Karemera D., Oguledo V. I., Davis B. A Gravity Model Analysis of International Migration to North America [J]. Applied Economics, 2000, 32 (3): 1745-1755.

Katz L. F., Krueger A. B. The Effect of the Minimum Wage on the Fast Food Industry [J]. Industrial and Labor Relations Review, 1992, 46 (1): 6-21.

Kaufman B. E. The Real Problem: The Deadly Combination of Psychologisation, Scientism, and Normative Promotionalism Takes Strategic Human Resource Management Down a 30 - year Dead End [J]. Human Resource Management Journal, 2020, 30: 1, pages 49-72.

Kilburn M., Wolfe B. Resources Devoted to Child Development by Families and Society [M]. Published in: Child Rearing in America: Challenges Facing Parents of Young Children (eds.) Neal Halfon, Kathryn Taaffe McLearn and Mark A. Schuster, New York, NY: Cambridge University Press, 2002: 21-49.

Kim T., Taylor L. J. The Employment Effect in Retail Trade of California's Minimum Wage Increase [J]. Journal of Business & Economic Statistics, 1995, 13: 175-182.

Klasa S., Maxwell W. F., Ortiz-Molina H. The Strategic Use of Corporate Cash

Holdings in Collective Bargaining with Labor Unions [J]. Journal of Financial Economics, 2009, 92 (3): 421-442.

Kleinknecht A. Is Labor Market Flexibility Harmful to Innovation [J]. Cambridge of Economics, 1998, 22 (3): 387-396.

Komro K. A., Livingston M. D., Markowitz S., et al. The Effect of an Increased Minimum Wage on Infant Mortality and Birth Weight [J]. American Journal of Public Health, 2016, 106 (8): e1-e3.

Kotakorpi K., Laamanen J. P. Welfare State and Life Satisfaction: Evidence from Public Health Care [J]. Economica, 2010, 77 (307): 565-583.

Kronenberg C., Jacobs R., Zucchelli E. The Impact of the UK National Minimum Wage on Mental Health [J]. SSM - Population Health, 2017, 3: 749-755.

Krugman P. A Model of Innovation, Technology Transfer, and the World Distribution of Income [J]. Journal of Political Economy, 1979, 87 (2): 253-266.

Krugman P. R. Pricing to Market When the Exchange Rate Changes [R]. NBER Working Paper, No. 1926, 1986.

Krugman P. R. Scale Economics, Product Differentiation, and the Pattern of Trade [J]. America Economic Review, 1980, 70: 950-959.

Krugman P. R. Target Zones and Exchange Rate Dynamics [J]. The Quarterly Journal of Economics, 1991, 106 (3): 669-682.

Kugler M., Verhoogen E. Prices, Plant Size, and Product Quality [J]. The Review of Economic Studies, 2012, 79 (1): 307-339.

Kuroki M. Subjective Well - Being and Minimum Wages: Evidence from U. S. States [J]. Health Economics, 2018, 27 (2): 171-180.

Kyriazidou E. Estimation of a Panel Data Sample Selection Model [J]. Econometrica, 1997, 65: 1335-1364.

Lall S. The Technological Structure and Performance of Developing Country's Manufactured Exports 1985 - 1998 [J]. Oxford Development Studies, 2000, 28 (3): 337-368.

Landon, S. High School Enrollment, Minimum Wages and Education Spending

[J]. Canadian Public Policy, 1997, 23 (2): 141-164.

Lechthaler W., Snower D. Minimum Wage and Training [J]. Labor Economics, 2008, 15: 1223-1237.

Lee E. S. A Theory of Migration [J]. Demography, 1966, 3 (1): 47-57.

Leighton L., Mincer J. The Effect of Minimum Wage on Human Capital Formation [M]. In The Economics of Legal Minimum Wage, edited by Simon R., the American Enterprise Institute, 1981.

Lemos S., Rigobon R., Lang K. Minimum Wage Policy and Employment Effects: Evidence from Brazil [J]. Economia, 2004, 5 (1): 219-266.

Lemos S. A Survey of the Effects of the Minimum Wage on Prices [J]. Journal of Economic Surveys, 2008, 22 (1): 187-212.

Lemos S. Anticipated Effects of the Minimum Wage on Prices [J] . Applied Economics, 2006a, 38 (3): 325-337.

Lemos S. Minimum Wage Effects in a Developing Country [J]. Discussion Papers in Economics, 2006b.

Lenhart O. The Impact of Minimum Wages on Population Health: Evidence from 24 OECD Countries [J]. The European Journal of Health Economics, 2017c, 18 (8): 1031-1039.

Lenhart O. The Impact of Minimum Wages on Population Health: Evidence from 24 OECD Counties [J]. European Journal of Health Economics, 2016: 1-9.

Lenhart O. Do Higher Minimum Wages Benefit Health? Evidence from the UK [J]. Journal of Policy Analysis and Management, 2017a, 36: 828-852.

Lenhart O. The Impact of Minimum Wages on Population Health: Evidence from 24 OECD Countries [J]. The European Journal of Health Economics, 2017b, 18: 1031-1039.

Levinwaldman O. M. Why the Minimum Wage Orthodoxy Reigns Supreme [J]. Challenge, 2015, 58 (1): 29-50.

Levitan S., Belous, R. S. More than Subsistence: Minimum Wages for the Working Poor [M]. Baltimore: Johns Hopkins Univ. Press, 1979.

Li X., Liu X. Foreign Direct Investment and Economic Growth: An Increasingly

Endogenous Relationship [J]. World Development, 2005, 33 (3): 393-407.

Li P. An Increase in the Minimum Wage can Make Inferior EnterPrises Disappear [J]. Nanfang Daily (ln Chinese), 2006.

Loewenstein M., Spletzer J. Dividing the Costs and Returns to General Training [J]. Journal of Labor Economics, 1998, 16 (1): 142-171.

Long, C., Yang J. How Do Firms Respond to Minimum Wage Regulation in China? Evidence from Chinese Private Firms [J]. China Economic Review, 2016, 38: 267-284.

Lopresti J. W., Mumford K. J. Who Benefits from a Minimum Wage Increase? [J]. ILR Review, 2016, 69 (5): 1171-1190.

Lopresti J., Mumford K. J. Who Benefits from a Minimum Wage Increase [J]. Industrial and Labor Relations Review, 2016, 69 (5): 1171-1190.

Machin S., Manning A., Rahman L. Where the Minimum Wage Bites Hard: Introduction of Minimum Wages to a Low Wages Sector [J]. Journal of the European Economic Association, 2003, 1: 154-180.

Machin S., Woods. Human Resource Management as a Substitute for Trade Unions in British Workplaces [J]. Industrial & Labor Relations Review, 2005, 58 (2): 201-218.

Maloney W., Núñez J. Measuring the Impact of Minimum Wages: Evidence from Latin America [R]. Working Paper, No. 9800, National Bureau of Economic Research, 2003.

Manning A. How Do We Know that Real Wages Are too High? [J]. The Quarterly Journal of Economics, 1995, 110 (4): 1111-1125.

Manning A. Monopsony in Motion: Imperfect Competition in Labor Markets [M]. Princeton, NJ, Princeton University Press, 2003.

Manova K., Zhang M. Z. Export Price Across Firm and Destinations [J]. Quarterly Journal of Economic, 2012, 127 (1) .

Marbot C., Givord P., Aeberhardt R. Minimum Wage and Wage Inequality in France: An Unconditional Quantile Regression Approach [J]. 2011.

Marioni L. The Effects of Minimum Wage on Education Acquisition in Brazil

[J]. 2018.

Mark A. L., Spletzer J. R. Dividing the Costs and Returns to General Training [J]. Journal of Labor Economics, 1998, 16 (1): 142-171.

Martin A. Carree and Ingrid Verheul. What Makes Entrepreneurs Happy? Determinants of Satisfaction among Founders [J]. Journal of Happiness Studies, 2012, 13 (2): 371-387.

Martin D., Termos A. Does a High Minimum Wage Spur Low - Skilled Emigration [J]. Economics Letters, 2015, 137: 200-202.

Matsa D. A. Capital Structure as a Strategic Variable: Evidence from Collective Bargaining [J]. Journal of Finance, 2010, 65: 1197-1232.

Maurerfazio M., Connelly R., Chen L., Tang L. Childcare, Eldercare, and Labor Force Participation of Married Women in Urban China, 1982-2000 [J]. Journal of Human Resources, 2009, 46 (4204): 261-294.

Mayda A. M. International Migration: A Panel Data Analysis of the Determinants of Bilateral Flows [J]. Journal of Population Economics, 2010, 23 (4): 1249-1274.

Mayer T., Melitz M. J., Ottaviano G. I. P. Market Size, Competition, and the Product Mix of Exporters [J]. American Economic Review, 2014, 104 (2): 495-536.

Mayneris F., Poncet S., Tao Z. Improving or Disappearing: Firm - Level Adjustments to Minimum Wages in China [J]. Journal of Development Economics, 2018, 135: 20-42.

McCarrier K. P., Zimmerman F. J., Ralston J. D., Martin D. P. Associations between Minimum Wage Policy and Access to Health Care: Evidence from the Behavioral Risk Factor Surveillance System, 1996-2007 [J]. American Journal of Public Health, 2011, 101: 359-367.

McFadden D. Conditional Logit Analysis of Qualitative Choice Behavior [J]. Working Paper, Institute of Urban and Regional, 1974, 105-142.

Melitz M. J., Ottaviano G. I. P. Market Size, Trade, and Productivity [J]. Social Science Electronic Pulishing, 2008, 75 (1): 295-316.

Melitz M. J., Reddings S. J. New Trade Models, New Welfare Implications [J].

American Econmic Review, 2015, 105 (3): 1105-1146.

Melitz M. J. The Impact of Trade on Intra-Industry Real Locations and Aggregate Industry Productivity [J]. Econometrica, 2003, 71 (6): 1695-1725.

Meltzer D. O., Chen Z. The Impact of Minimum Wage Rates on Body Weight in the United States [M]. In Economic Aspects of Obesity, Chicago, IL: University of Chicago Press, 2011.

Meltzer D. O., Zhuo C. The Impact of Minimum Wage Rates on Body Weight in the United States [R]. NBER Working Papers, 2009, 15485 (1).

Meng L. Can Grain Subsidy Impede Rural-Urban Migration in Hinterland China? Evidence From Field Surveys [J]. China Economic Review, 2010, 23 (3): 12-14.

Metcalf D. The Impact of the National Minimum Wage on the Pay Distribution Employment and Training [J]. Economic Journal, 2004, 114 (494): C84-C86.

Meyer B. D. Natural and Quasi - Experiments in Economics [J], Journal of Business & Economic Statistics, 1995, 13: 151-161.

Mincer J. Labor Force Participation of Married Women: A Study of Labor Supply [J]. Economics of Women and Work, 1962, 555 (4): 334-345.

Mincer J. Unemployment Effects of Minimum Wages [J]. Journal of Political Economy, 1976, 84 (4, part 2): S87-S104.

Mody A., Srinivasan K. Japanese and US Firms as Foreign Investors: Do They March to the Same Tune? [J]. Canadian Journal of Economics, 1998, 31 (4): 778-799.

Montmarquette C., Viennot - Briot N., Dagenais M. Dropout, School Performance, and Working While in School [J]. Review of Economics and Statistics, 2007, 89 (4): 752-760.

Murray C., Chen L. C. Understanding Morbidity Change [J]. Population and Development Review, 1992, 18 (3): 481-503.

Na L., Lightfoot W. S. Determinants of Foreign Direct Investment at the Regional Level in China [J]. Journal of Technology Management in China, 2006, 1 (3): 262-278.

Naudé W., Amorós J. E., Cristi O. "Surfeiting, the Appetite May Sicken": Entrepreneurship and Happiness [J] . Small Business Economics, 2014, 42 (3): 523-540.

Neary J. P. International Factor Mobility, Minimum Wage Rates, and Factor-price Equalization: A Synthesis [J]. Quarterly Journal of Economics, 1985, 100 (3): 551-570.

Neri M., Gonzaga G., Camargo J. M. Salário Mínimo, "Efeito-Farol" e Pobreza [J]. Revista de Economia Política, 2001, 21 (2): 78-99.

Neumark D., Wascher W. The Effect of New Jersey's Minimum Wage Increase on Fast-Food Employment: A Re-evaluation Using Payroll Records [J]. NBER Working PaPers 5224, 1995a.

Neumark D., Nizalova O. Minimum Wage Effects in the Longer Run [J]. Journal of Human Resources, 2007, 42 (2): 435-452.

Neumark D., Postlewaite A. Relative Income Concerns and the Rise in Married Women's Employment [J]. Journal of Public Economics, 1998, 70 (1): 157-183.

Neumark D., Wascher W. Minimum Wages and Employment: A Case Study of the Fast-Food Industry in New Jersey and Pennsylvania: Comment [J]. American Economic Review, 2000a, 90 (5): 1362-1396.

Neumark D., Wascher W. Do Minimum Wages Fight Poverty? [J]. Economic Inquiry, 2002, 40 (3): 315-333.

Neumark D., Wascher W. Employment Effects of Minimum and Subminimum Wages: Panel Data on State Minimum Wage Laws [J]. Industrial & Labor Relations Review, 1992, 46 (1): 55-81.

Neumark D., Wascher W. Minimum Wage and Training Revisited [R]. NBER Working Paper, 1998, 6651.

Neumark D., Wascher W. Minimum Wage Effects on Employment and School Enrollment [J]. Journal of Business & Economic Statistics, 1995b, 13 (2): 199-206.

Neumark D., Wascher W. Minimum Wage Effects throughout the Wage Distribution [J]. Journal of Human Resources, 2004, 2: 425-450.

Neumark D., Wascher W. Minimum Wages and Employment: A Review of Evidence from the New Minimum Wage Research [R]. NBER Working Paper No. 12663, 2006.

Neumark D., Wascher W. Minimum Wages and Employment: A Review of Evidence from the New Minimum Wage Research [J]. Working Papers, 2007.

Neumark D., Wascher W. Minimum Wages and Skill Acquisition: Another Look at Schooling Effects [J]. Economics of Education Review, 2003, 22 (1): 1-10.

Neumark D., Wascher W. Minimum Wages and Training Revisited [J]. Journal of Labor Economics, 2001, 19 (3): 563-595.

Neumark D., Wascher W. Minimum Wages [M]. MIT Press, 2008.

Neumark D., Wascher W. The Effects of Minimum Wages on Teenage Employment and Enrollment: Evidence from Matched CPS Surveys [J]. NBER Working Papers, 1995c.

Neumark, D., Wascher W. Spatial-Level Estimates of Minimum Wage Effects: New Evidence and Interpretations from Disequilibrium Methods [J]. Journal of Human Resources, 2002b, 37 (1): 35-62

Ni J., Wang G., Yao X. Impact of Minimum Wages on Employment: Evidence from China [J]. The Chinese Economy, 2011, 44: 18-38.

Nocke V, Yeaple S. Cross-Border Merges and Acquisitions Versus Greenfield Foreign Direct Investment: The Role of Firm Heterogeneity [A]. Working Paper, 2006 (9).

Nyland C., Smyth R., Zhu C. J. What Determines the Extent to which Employers will Comply with Their Social Security Obligations? Evidence from Chinese Firm-Level Data [J]. Social Policy & Administration, 2006.

Orrenius P. M., Zavodny M. The Effect of Minimum Wages on Immigrants' Employment and Earnings [J]. Industrial & Labor Relations Review, 2008, 61 (4): 544-563.

Oshio T., Kobayashi M. Area-level Income Inequality and Happiness: Evidence from Japan. Journal of Happiness Studies [J]. Online First, 2

September, 2010.

Oswald A. J. Happiness and Economic Performance [J]. Economic Journal, 1997, 107 (445): 1815-1831.

Ouweneel P. Social Security and Well-Being of the Unemployed in 42 Nations [J]. Journal of Happiness Studies, 2002, 3 (2): 167-192.

Panzar W., Willing R. D. Economics of Scale in Multi-Output Production [J]. Quarterly Journal of Economics, 1977, 9: 481-493.

Partridge M, Partridge J. Do Minimum Wage Hikes Reduce Employment? State-Level Evidence from the Low-Wage Retail Sector [J]. Journal of Labor Research, 1999, 20 (3): 393-413.

Peng J., Zhang S. Employment and Working Hour Effects of Minimum Wage Increase: Evidence from China [J]. China & World Economy, 2011 (2): 1-23

Pereira, S. C. The Impact of Minimum Wages on Youth Employment in Portugal [J]. European Economic Review, 2003, 47 (2): 229-244.

Pesta B. J., Mcdaniel M. A., Bertsch S., et al. Toward an Index of Well-Being for the Fifty U. S. States [J]. Intelligence, 2010, 38 (1): 160-168.

Petrongolo B., Segundo M. J. Staying-on at School at 16: The Impact of Labor Market Conditions in Spain [J]. Economics of Education Review, 2002, 21 (4), 353-65.

Pischke J. S. Labor Market Institutions, Wages and Investment: Review and Implications [J]. CESifo Economic Studies, 2005, 51 (1) .

Polachek S. W., Horvath F. W. A Life Cycle Approach to Migration: Analysis of the Perspicacious Peregrinator [J]. Research in Labor Economics, 1997, 1 (1): 103-149.

Pye G. Gauging the Default Premium [J]. Financial Analysts Journal, 1974, 30 (1): 49-52.

Ram R. Government Spending and Happiness of the Population: Additional Evidence from Large Cross-coutry Samples [J]. Public Choice, 2009, 138: 483-490.

Rebitzer J. B., Taylor L. J. The Consequences of Minimum Wage Laws: Some

New Theoretical Ideas [J]. Journal of Public Economics, 1995, 56 (2): 245-255.

Reeves A., Mckee M., Mackenbach J., et al. Introduction of a National Minimum Wage Reduced Depressive Symptoms in Low-Wage Workers: A Quasi-Natural Experiment in the UK [J]. Health Economics, 2017, 26 (5): 639.

Rehdanz K., Maddison D. Local Environmental Quality and Life-Satisfaction in Germany [J]. Ecological Economics, 2007, 64 (4): 787-797.

Rice P. The Impact of Local Labour Markets on Investment in Further Education: Evidence from the England and Wales Youth Cohort Studies [J]. Journal of Population Economics, 1999, 12 (2): 287-312.

Richardson S. Over-Investment of Free Cash Flow [J]. Review of Accounting Studies, 2006, 11 (2-3): 159-189.

Ronconi L. Enforcement and Compliance with Labor Regulations [J]. Industrial and Labor Relations Review, 2010, 63 (4) .

Royalty, A. Do Minimum Wage Increases Lower the Probability That Low-Skilled Workers Will Receive Fringe Benefits [J]. Working Paper, Indiana University-Purdue University Indianapolis, and Stanford University, 2000.

Rozelle S., Guo L., Shen M., Hughart A., Giles J. Leaving China's Farms: Survey Results of New Paths and Remaining Hurdles to Rural Migration [J]. The China Quarterly, 1999, 158: 367-393.

Sabia J. J. , et al. Do Minimum Wages Really Increase Youth Drinking and Drunk Driving [J]. Working Paper, 2014.

Sabia J. J. The Effect of Minimum Wage Increases on Retail and Small Business Employment [J]. Employment Policies, 2006.

Sabia J. J. The Effects of Minimum Wage Increases on Retail Employment and Hours: New Evidence from Monthly CPS Data [J]. Journal of Labor Research, 2009, 30 (1): 75-97.

Sabia J. J., Burkhauser R. Minimum Wages and Poverty: Will a MYM9. 50 Federal Minimum Wage Really Help the Working Poor? [J]. Southern Economic Journal, 2010, 76 (3): 592-623.

Salas－Hernández L. K.， Komro K. A.， Livingston M. D. Effects of Increased Minimum Wages by Unemployment Rate on Suicide in the USA [J]. British Journal of Social Medicine，2020，74（3）：219－224.

Sandell S. H. Women and the Economics of Family Migration [J]. The Review of Economics and Statistics，1977，406－414.

Sasaki H.， Matsuyama J.， Sako K. The Macroeconomic Effects of the Wage Gap Between Regular and Non－Tegular Employment and of Minimum Wages [J]. Structural Change and Economic Dynamics，2003，26：61－72.

Sasaki M. The Causal Effect of Family Structure on Labor Force Participation among Japanese Married Women [J]. Journal of Human Resources，2002：429－440.

Sasaki M. The Causal Effect of Family Structure on Labor Force Participation among Japanese Married Women [J]. The Journal of Human Resources，2002，37（2）：429－440.

Schmitt J. Why Does the Minimum Wage Have No Discernible Effect on Employment? [J]. CEPR Reports and Issue Briefs，2013.

Schulten T. Minimum wages in Europe [J]. Transfer：European Review of Labour and Research，2006，12（2）：277－281.

Schweinberger A. G. Employment Subsidies and the Theory of Minimum Wage Rates in General Equilibrium [J]. Quarterly Journal of Economics，1978，92（3）：361－374.

Sebastien J. The Labor Market Integration of Immigrants in OECD Countries [J]. OECD Worling Paper，2006.

Shaked A.， Sutton J. Relaxing Price Competition through Product Differentiation [J]. Review of Economic Studies，1990，49（1）：3－13.

Shin I.， Ercolano，S. Could Pension System Make Us Happier? [J]. Cogent Economics & Finance，2018，6（1）：1－26.

Shir N.， Nikolaev B.， Wincent J. Enterpreneurship and Well－Being：The Role of Psychological Autonomy，Competence，and Relatedness [J]. Journal of Business Venturing，2018，34（5），105875.

Simmons L. A.， Braun B.， Charnigo R.， Havens J.， and Wright D. Depression and Poverty Among Rural Women: A Relationship of Social Causation or Social Selection [J]. Journal of Rural Health, 2010, 24 (3): 292-298.

Simon K., Kaestner R. Do Minimum Wages Affect Non-Wage Job Attributes? Evidence on Fringe Benefits [J]. Industrial and Labor Relations Review, 2004, 58 (1): 52-70.

Sjaastad L. A. The Costs and Returns of Human Migration [J]. The Journal of Political Economy, 1962: 80-93.

Steven P. Z. The Minimum Wage and Youth Unemployment, 1978 [J]. Eonomic Review, 1978: 3-16.

Stigler G. J. The Economics of Minimum Wage Legislation [J]. American Economic Review, 1946, 36 (3): 358-365.

Storesletten K. Sustaining Fiscal Policy through Immigration [J]. Journal of Political Economy, 2000, 108 (2): 300-323.

Stutzer A. The Role of Income Aspirations in Individual Happiness [J]. Journal of Economic Behavior & Organization, 2004, 89.

Tiebout C. M. A Pure Theory of Local Expenditures [J]. The Journal of Political Economy, 1956: 416-424.

Todaro M. P. A Model of Labor Migration and Urban Unemployment in Less Developed Countries [J]. The American Economic Review, 1969, 59 (1): 138-148.

Turner M., Demiralp B. Do Higher Minimum Wages Harm Minority and Inner-City Teens? [J]. Review of Black Political Economy, 2001, 28 (4): 95-121.

Ueda A. Dynamic Model of Childbearing and Labor Force Participation of Married Women: Empirical Evidence from Korea and Japan [J]. Journal of Asian Economics, 2008, 2: 170-180.

Upward R., Wang Z. Quota Restrictions and Intra-firm Reallocation: Evidence from Chinese Exports to the U. S. [J]. Economics Letters, 2016, 144 (7): 71-74.

van den Berg G. J. Multiple Equilibria and Minimum Wages in Labor Markets with Informational Frictions and Heterogeneous Production Technologies [J].

International Economic Review, 2003, 44 (4): 1337-1357.

Van Reenen J. The Creation and Capture of Rents: Wages and Innovation in a Panel of UK Companies [J]. The Quarterly Journal of Economics, 2007, 111 (1): 195-226.

Vedder R., Gallaway L. The Minimum Wage and Poverty Among Full Time Workers [J]. Journal of Labor Research, 23 (1): 41-49.

Veenhoven R. Is Happiness Relative? [J]. Social Indicators Research, 1991, 24 (1): 1-34.

Vergeer R., Kleinkecht A. Jobs Versus Productivity? The Causal Link from Wages to Labor Productivity Growth [R]. EAEPE Conference Paper, 2007.

Vernon R. International Investment and International Trade in the Product Cycle [J]. The Quarterly Journal of Economics, 1966, 80 (2): 190-207.

Wang J., Gunderson M. Minimum Wage Impact in China: Estimation from a Prespecified Research Design 2000 - 2007 [J]. Contemporary Economic Policy 2010, 29 (3): 392-406.

Wang Z. Q., Swain N. Determinants of Inflow of Foreign Direct Investment in Hungary and China: Time-Series Approach [J]. Journal of International Development, 1997, 9 (5): 695-726.

Waterman A. S. Two Conceptions of Happiness: Contrasts of Personal Expressiveness (Eudaimonia) and Hedonic Enjoyment [J]. Journal of Personality and Social Psychology, 1993, 64: 678-691.

Weber A., Theory of the Location of Industries [M]. University of Chicago Press, 1929.

Wehby G. L., Dave D., Kaestner R., et al. Effects of the Minimum Wage on Infant Health [J]. Journal of Policy Analysis and Management, 2019.

Wehby G., Dave D., Kaestner R. Effects of the Minimum Wage on Infant Health [R]. NBER Working Papers, 2016.

Welch F. Minimum Wage Legislation in the United States [M]. In O. Ashenfelter and J. Blum (eds.), Evaluating the Labor Market Effects of Social Programs, Princeton University Press, 1976: 1-38.

Wellington A. J. Effects of the Minimum Wage on the Employment Status of Youths: An Update [J]. Journal of Human Resources, 1991: 27-46.

Welsch H. Environment and Happiness: Valuation of Air Pollution Using Life Satisfaction Data [J]. Ecological Economics, 2005, 58 (4): 801-813.

Welsch H. The Welfare Cost of Corruption. Applied Economics, 2008, 14, 1839-1849.

Wessels W. J. Minimum Wages and Tipped Servers [J]. Economic Inquiry, 1997, 35 (2): 334-349.

Wessels W. J. Does the Minimum Wage Drive Teenagers Out of the Labor Force [J]. Journal of Labor Research, 2005, 26 (1): 169-176.

Whalley J., Zhang S. A Numerical Simulation Analysis of (Hukou) Labour Mobility Restrictions in China [J]. Journal of Development Economics, 2007, 83 (2): 392-410.

Whitton T. The National Minimum Wage in France [J]. Low Pay Review, 1989.

Williams N., Mills J. A. The Minimum Wage and Teenage Employment: Evidence From Time Series [J]. Applied Economics, 2011, 33 (3): 285-300.

World Bank. World Development Report 2019: The Changing Nature of Work [R]. The World Bank, 2018.

Xiao X., Xiang B. The Impact of Minimum Wage Policy on Wages and Employment in China [J]. International Conference on Information Management, Innovation Management and Industrial Engineering, 2009.

Xing C., Xu J. Regional Variation of the Minimum Wages in China [J]. IZA Journal of Labor and Development, 2016, 5 (1): 1-22.

Yaniv G. Complaining about Noncompliance with the Minimum Wage Law [J]. International Review of Law & Economics, 2004, 14 (3): 351-362.

Yaniv G. Withholding and Non-Withheld Tax Evasion [J]. Journal of Public Economics, 1988, 35: 183-204.

Yap L. Y. The Attraction of Cities: A Review of the Migration Literature [J]. Journal of Development Economics, 1977, 4 (3): 239-264.

Zhang X., Li G. Does Guanxi Matter to Nonfarm Employment? [J]. Journal of Comparative Economics, 2003, 31 (2): 315-331.

Zhao Y. Leaving the Countryside: Rural-to-Urban Migration Decisions in China [J]. The American Economic Review, 1999, 89 (2): 281-286.

Zhao Y. The Role of Migrant Networks in Labor Migration: The Case of China [J]. Contemporary Economic Policy, 2003, 21 (4): 500-511.

Zhao Z., Wei Z., Mok V. W. Empirical Study on Minimum Wage Level in China: The ELES Approach [J]. Journal of Contemporary China, 2011, 20 (71): 639-657.

Zheng L. On the Comparative Advantage of Chinese Industries [J]. China Economic, 2004, 37 (2): 6-15.

Zipf G. K. The P 1 P 2 D Hypothesis: On the Intercity Movement of Persons [J]. American Sociological Review, 1946, 11 (6): 677-686.

图书在版编目（CIP）数据

中国最低工资制度研究 / 马双著. -- 北京：社会科学文献出版社，2024.8

ISBN 978-7-5228-3081-0

Ⅰ.①中… Ⅱ.①马… Ⅲ.①工资制度-研究-中国 Ⅳ.①F249.24

中国国家版本馆 CIP 数据核字（2024）第 019318 号

中国最低工资制度研究

著　　者 / 马　双

出 版 人 / 冀祥德
组稿编辑 / 周　丽
责任编辑 / 张丽丽
文稿编辑 / 赵亚汝
责任印制 / 王京美

出　　版 / 社会科学文献出版社 · 生态文明分社（010）59367143
地址：北京市北三环中路甲 29 号院华龙大厦　邮编：100029
网址：www.ssap.com.cn
发　　行 / 社会科学文献出版社（010）59367028
印　　装 / 三河市尚艺印装有限公司

规　　格 / 开　本：787mm × 1092mm　1/16
印　张：31.5　字　数：515 千字
版　　次 / 2024 年 8 月第 1 版　2024 年 8 月第 1 次印刷
书　　号 / ISBN 978-7-5228-3081-0
定　　价 / 98.00 元

读者服务电话：4008918866